Der Fernabsatz und seine rechtliche Ausgestaltung in der Europäischen Union

Europäische Hochschulschriften
Publications Universitaires Européennes
European University Studies

Reihe II
Rechtswissenschaft

Série II Series II
Droit
Law

Bd./Vol. 3742

PETER LANG
Frankfurt am Main · Berlin · Bern · Bruxelles · New York · Oxford · Wien

Manfred Reuter

Der Fernabsatz und seine rechtliche Ausgestaltung in der Europäischen Union

Die Richtlinie 97/7/EG über den Verbraucherschutz bei Vertragsabschlüssen im Fernabsatz sowie der Vorschlag für eine Richtlinie über den Fernabsatz von Finanzdienstleistungen an Verbraucher

PETER LANG
Europäischer Verlag der Wissenschaften

Bibliografische Information Der Deutschen Bibliothek
Die Deutsche Bibliothek verzeichnet diese Publikation in der Deutschen Nationalbibliografie; detaillierte bibliografische Daten sind im Internet über <http://dnb.ddb.de> abrufbar.

Zugl.: Frankfurt (Main), Univ., Diss., 2002

D 30
ISSN 0531-7312
ISBN 3-631-50969-3

www.peterlang.de

Für Lilli

Vorwort

Der Fernabsatz hat viele Gesichter, wie etwa der klassische Katalogversand, Internet, e-commerce, TV-Shopping, um nur einige zu nennen. Gemeinsam ist diesen Vertriebsformen, dass sie über große Distanzen abgewickelt werden können, also auch über die Landesgrenzen hinaus. Dementsprechend werden diese Vertriebsformen auch am meisten vom Europäischen Binnenmarkt profitieren und ein Zusammenwachsen des Binnenmarktes fördern. Von einem grenzüberschreitenden Fernabsatz profitiert wiederum der europäische Verbraucher, da ihm hierdurch das reichhaltige Angebot von Waren und Dienstleistungen aus sämtlichen Mitgliedstaaten zur Verfügung steht und er die Preise sowie die Qualität der angebotenen Leistungen ohne größeren Aufwand miteinander vergleichen kann. Der grenzüberschreitende Fernabsatz setzt allerdings einen einheitlichen rechtlichen Rahmen in den Mitgliedstaaten voraus, damit Unternehmer wie auch Verbraucher vor bösen Überraschungen geschützt werden und ohne Ängste die Möglichkeiten des grenzüberschreitenden Absatzes nutzen können.

Diese Notwendigkeit wurde auf europäischer Ebene erkannt und mit der Richtlinie 97/7/EG über den Verbraucherschutz bei Vertragsabschlüssen im Fernabsatz eine einheitliche rechtliche Ausgestaltung des Fernabsatzes in der EU angestrebt. Die vorliegende Untersuchung setzt sich mit der Frage auseinander, inwieweit die Richtlinie geeignet ist, die gewünschte Rechtsangleichung herzustellen und hierdurch die Bereitschaft zum grenzüberschreitenden Fernabsatz zu fördern. Der sensible Bereich der Finanzdienstleistungen ist allerdings aus dieser bestehenden Fernabsatzrichtlinie ausgeklammert worden und soll nunmehr in einer eigenen Richtlinie geregelt werden. Der aktuelle Entwurf dieser Richtlinie wird im zweiten Teil dieses Buches auf seine Eignung geprüft.

Dem vorliegenden Buch liegt meine im Promotionsverfahren vor der Johann Wolfgang Goethe-Universität Ende 2001 eingereichte Dissertation zugrunde mit dem Titel „Der Fernabsatz und seine rechtliche Ausgestaltung in der Europäischen Union – Die Richtlinie 97/7/EG über den Verbraucherschutz bei Vertragsabschlüssen im Fernabsatz sowie der Vorschlag für eine Richtlinie über den Fernabsatz von Finanzdienstleistungen an den Verbraucher". Zwischenzeitlich wurde am 19.12.2001 der Gemeinsame Standpunkt des Rates über eine Richtlinie zum Fernabsatz von Finanzdienstleistungen vorgelegt, weshalb der zweite Teil des vorliegenden Buches unter Berücksichtigung der dortigen Änderungen aktualisiert wurde.

Ich möchte Herrn Professor Dr. Manfred Zuleeg danken, der mir diese Arbeit ermöglicht hat, Herrn Professor Dr. Manfred Wolf für die Erstellung des Zweitgutachtens sowie den Rechtsanwälten Drost und Dr. Grafe für deren Unterstützung. Ferner möchte ich meinem Vater Manfred Reuter sen. und meinem Freund Harald Ruffert für die inspirierenden Diskussionen danken.

Frankfurt am Main im Februar 2003 — Manfred Reuter

Inhaltsverzeichnis

I. Einleitung

„Das Verdienst ein Versandgeschäft größeren Styles bei uns ins Leben gerufen zu haben, gebührt der Firma May & Edlich zu Plagwitz, dem Vorort der alten Musenstadt Leipzig. Die Firma May & Edlich sendet an Jedermann, der es verlangt gratis und franco diesen mit Illustrationen versehenen eleganten Katalog. Heute expediert dieß Geschäft täglich 600 bis 1000 Postpakete."

Diese Notiz aus den Pionierzeiten des Versandgeschäftes erschien am 20. Oktober 1883 in der Leipziger „Illustrierten Zeitung".[1] Seither hat sich diese Branche sowohl in qualitativer, als auch in quantitativer Hinsicht weitestgehend verändert. In Europa setzte der Siegeszug des Versandhandels mit dem Ende des Zweiten Weltkrieges ein, da einerseits aufgrund des jahrelangen Verzichts eine sehr hohe Nachfrage nach Konsumgütern entstanden war, andererseits jedoch, vor allem in Deutschland, die städtischen Zentren des Einzelhandels durch die Kriegsfolgen zerstört waren und Verkaufsräume nur in begrenzter Zahl zur Verfügung standen.[2] Hierdurch konnte sich der Versandhandel etablieren, der gerade ohne Verkaufsräume und unmittelbaren Kundenkontakt auskommt. Der Kauf eines Artikels konnte im Versandgeschäft einfach aufgrund der Produktpräsentation im Versandhauskatalog durch postalische Bestellung erfolgen.

---

[1] entnommen aus „Versandhandel in Deutschland", Informationsschrift des Bundesverbandes des Deutschen Versandhandels (BVH), Stand 4. Auflage Stand 1999

[2] entnommen aus der „History of distance-selling" des Europäischen Versandhandelsverbandes AEVPC, welche im Internet abrufbar ist unter http://www.emota-aevpc.org/mailorder/b_hist.htm

I.1. Quantität

Aus diesen Ansätzen entwickelte sich eine gewichtige eigenständige Vertriebssparte, die aus deutscher Sicht Konzerne wie Neckermann, Otto oder Quelle hervorbrachte[3]. Statistisch stellte sich der europäische Versandhandel im Jahre 1998 wie folgt dar[4]:

Land	Umsatz in nationaler Währung (in Mio.)	Umsatz in EURO (in Mio.)	pro Einwohner in EURO
Belgien	26.400	655	64
Dänemark	4.915	657	123
Deutschland	39.400	**20.145**	**246**
Finnland	4.000	673	129
Frankreich	50.400	**7.663**	**126**
Großbritannien	7.358	**10.968**	**186**
Irland	25	33	9
Italien	1.450	748	13
Niederlande	2.320	1.053	87
Norwegen	5.800	671	187
Österreich	15.200	1.105	138
Portugal	50.000	250	20
Schweden	7.541	854	96
Schweiz	1.750	1.087	153
Spanien	105.300	633	16
Tschechien	5.000	140	14
Ungarn	16.500	78	7
Insgesamt 1998		**47.462**	**119**

Der Gesamtumsatz des europäischen Versandhandels lag dementsprechend in 1998 bei über 47 Milliarden EURO (etwa 92 Mrd. Mark), während der weltweite Versandhandelsumsatz ca. 126 Mrd. EURO betrug, zu 90% erwirtschaftet allein in den fünf Staaten USA, Deutschland, Japan, Frankreich und Großbritannien[5]. Allein in Deutschland betrug der Umsatz im Versandhandel in 2001 20,4 Mrd EURO[6]. Statistisch kauft jeder zweite europäische Haushalt regelmäßig per Versandhandel ein, wobei eine geschätzte pro-Kopf-Ausgabe von 119 EURO (ca. DM 234,00) zu ver-

[3] Die größten Versandfirmen weltweit sind europäische Versandhäuser, wobei mit dem Otto-Versand und Quelle die beiden Weltmarktführer aus Deutschland kommen, gefolgt von dem britischen Versandhaus Great Universal Stores, Umsatz in 1990 von Otto Versand: US$ 7,4 Mrd.; Quelle: US$ 6,35 Mrd.; Great Universal Stores: US$ 4,68 Mrd.; aus der Begründung für den Vorschlag einer Fernabsatzrichtlinie, abgedruckt in der BR-Drucksache 445/92 S. 4.

[4] „History of distance-sellieng" a.a.O.

[5] „Versandhandel in Deutschland" BVH S.12

[6] http://www.bvh-versandhandel.de/branche.html, Stand 09.06.2001

zeichnen ist[7]. Im Bereich der klassischen Versandprodukte, wie Kleidung, Kleingeräte, Bücher etc. erreicht der Versandhandel in einigen Mitgliedstaaten einen Marktanteil am Gesamtverkauf von über 10%[8].

I.2. Qualität

In qualitativer Hinsicht ist erst einmal festzustellen, daß der Versandhandel sowohl für den Anbieter, als auch für den Kunden einige wesentliche Vorteile gegenüber dem Kauf im Ladengeschäft hat:

⇒ umfassende Preistransparenz wegen der schnellen Vergleichbarkeit der Angebote
⇒ große Sortimentsbreite und –tiefe wegen der fehlenden räumlichen Begrenztheit
⇒ zeitliche und räumliche Flexibilität wegen der fehlenden Bindung an Ladenstandorte und Ladenöffnungszeiten
⇒ bequemer Einkauf in der eigenen Wohnung

Aufgrund des technischen Fortschritts konnten die beschriebenen Vorteile des Versandhandels noch weiterentwickelt werden. Insbesondere im Bereich der Warenpräsentation und der Warenbestellung haben sich hierdurch neue Möglichkeiten ergeben. Die Verbesserungen wurden eingeleitet durch das Telefon, welches sowohl für den Bestellvorgang[9], als auch – beispielsweise im Telefonmarketing – für die Produktpräsentation eingesetzt werden kann[10].

Auch das in Privathaushalten immer mehr verbreitete Faxgerät[11] läßt sich, ähnlich wie das Telefon, gut im Versandhandel nutzen. Daneben hat sich auch das Fernsehgerät für die Warenpräsentation etabliert, welches unter dem Stichwort „TV-Shopping" bereits eine eigene Sparte des Versandhandels belegt[12].

Das größte Entwicklungspotential für den Versandhandel dürfte sich allerdings aus der Nutzung des Internet ergeben, denn das bietet die Möglichkeit, im grenzenlosen World Wide Web auch am entlegensten Winkel der Erde Produkte ohne größeren Aufwand zu präsentieren und sogleich über dasselbe Medium die Bestellung entge-

---

[7] wie vor

[8] wie vor

[9] Obwohl die Technik schon seit vielen Jahrzehnten zur Verfügung stand, wurde das Telefon beispielsweise in Deutschland erst seit 1963 gezielt zur Bestellannahme im Fernvertrieb eingesetzt, und zwar durch den Otto-Versand, vgl.: „Das Versandhaus Otto" in „Deutsche Standards: Klassiker von morgen, Arcum Verlag, 1997.

[10] Zur Präsentation bzw. Anpreisung von Waren wird das Telefon in Europa nach Auskunft des Deutschen Direktmarketingverbandes seit dem Ende der 80er Jahre genutzt.

[11] Ca. 3 Mio. deutsche Privathaushalte verfügen derzeit über einen Faxanschluß, bisher wird dieses Medium jedoch hauptsächlich im gewerblichen Distanzvertrieb genutzt, vgl. Broschüre „Versandhandel in Deutschland" des BVH, S. 16.

[12] Insbesondere in Italien ist das Anfang der 80er Jahre in den USA entwickelte TV-Shopping verbreitet, bei welchem Werbeblöcke oder sogar ganze Fernsehkanäle für die Präsentation von Waren genutzt werden, welche dann über eine eingeblendete Telefonnummer bestellt werden können; seit dem 16.10.1996 ist in Deutschland mit H.O.T. (Home Order Television) ebenfalls ein entsprechender Sender auf Sendung.

genzunehmen. Das Angebot eines Händlers im Internet kann laufend angepaßt und sogar auf individuelle Kundenprofile zugeschnitten werden[13]. Das Einsatzgebiet des herkömmlichen Kataloges endet regelmäßig an den nationalen Grenzen, da die Versendung der teueren Druckwerke[14] über weite Strecken, an fremdsprachige Kunden, nicht rentabel ist. Die Kosten der Präsentation im Internet sind dagegen minimal, unabhängig davon, wieviele Kunden über welche Entfernungen erreicht werden sollen. Auch die Sprachbarrieren fallen, da sich im Internet die englische Sprache zwischenzeitlich als lingua franca eingebürgert hat.

Wegen der beschriebenen Vorzüge sind die Zuwachszahlen bei der kommerziellen Nutzung des Internet - dem Electronic Commerce - auch beachtlich, wobei bisher nur ein geringer Teil des Potentials ausgeschöpft wurde. Auf rund 300 Mio. Menschen wird die derzeitige Gruppe der Online-Nutzer geschätzt[15] und für das Jahr 2005 werden sogar 720 Mio. Internet User in aller Welt, also mehr als das doppelte, prognostiziert[16]. Der Anteil Europas an der weltweiten Nutzung des Internets war bisher mit 22% noch vergleichsweise gering, wobei der Abstand zu den in diesem Bereich führenden USA jedoch zunehmend aufgeholt wird. Innerhalb der europäischen Staaten ist der Zugang zum Internet in Großbritannien sowie den skandinavischen Ländern am weitesten verbreitet. Deutschland nimmt in Europa mit derzeit ca. 18 Mio. Online-Nutzern lediglich eine Position im Mittelfeld ein, wobei allerdings nach einer Studie der Gesellschaft für Konsumforschung (GfK) allein in der ersten Jahreshälfte 2000 die Zahl der deutschen Internet-Nutzer um 30% angestiegen ist[17].

Der Einzug der Internet-Technologie wird in der Wirtschaft bereits als „zweite industrielle Revolution" bezeichnet[18], da sie eine bisher nicht gekannte Globalisierung des Waren- und Dienstleistungsvertriebs ermöglicht. Während zum Jahreswechsel 1999/2000 weltweit ein jährlicher Umsatz von ca. 200 Milliarden US-Dollar im E-Commerce zu verzeichnen war, soll im Jahre 2002 die Schwelle von 1 Billion US-Dollar überschritten werden[19]. In den 6 Monaten von November 2001 bis April 2002 haben 58,8 Millionen Personen in Deutschland, Frankreich Großbritannien, den Niederlanden, Belgien und Spanien im Internet eingekauft, wobei dieses im Vergleich zum vorangegangenen Halbjahr ein Plus von 13 Prozent darstellt[20]. Insbesondere im europäischen Wirtschaftsraum kann daher weiterhin mit sehr hohen Zuwachsraten gerechnet werden. Für das Gebiet der Bundesrepublik prognostizieren optimistische

---

[13] So werden beim Online-Händler „amazon" automatisch Kundenprofile auf der Grundlage der jeweiligen Bestellungen eines Kunden erstellt, um diesem seinen Vorlieben entsprechend Waren anbieten zu können.

[14] Die Produktionskosten für einen Katalog betragen bis zu DM 15,00 zzgl. Porto, vgl. Broschüre „Versandhandel in Deutschland" des BVH, S. 28.

[15] Michael Kaufmann „Handeln heißt dem Wandel auf der www-Spur bleiben" im „Wirtschaftsforum" der IHK Frankfurt am Main vom Mai 2000, S. 8

[16] FOCUS Marktstudie „Der Markt der Online-Kommunikation – Fakten 2000" vom Februar 2000 entnommen, welche unter http://medialine.focus.de/M/MF/MFF/MFFZ/mffz.htm heruntergeladen werden kann

[17] vgl. Artikel in der F.A.Z. „Ungebrochenes Wachstum der Internet-Nuzung in Deutschland", F.A.Z. vom 22.08.2000, S. 18

[18] Frank Albrecht „Einzelhandel muß sich auf Koexistenz mit elektronischer Konkurrenz einstellen" im „Wirtschaftsforum" der IHK Frankfurt am Main vom Mai 2000, S. 7

[19] Jens von Lackum „Der Richtlinienvorschlag der EU-Kommission zum Europäischen Geschäftsverkehr", Absatz 1 in JurPC Web-Dokument 130/1999

[20] http://www.gfk-webgauge.com/titelseite/contentdetail.php?sprache=1 , Stand 09.06.2002

Studien ein Umsatzpotential in den Bereichen Online- und Teleshopping von ca. 30 Milliarden EURO innerhalb der nächsten Jahre[21]. Allein der Karstadt-Quelle Konzern plant im e-commerce bis zum Jahr 2002 eine Verzehnfachung des Umsatzes auf ca. 1 Mrd. EURO[22].

I.3. Distanzvertrieb und der Europäische Binnenmarkt

Von dieser Entwicklung dürfte vor allem der Europäische Binnenmarkt profitieren, wodurch der grenzüberschreitende Versandhandel eines der wichtigsten Ziele[23] der Europäischen Union umsetzt: den freien Verkehr von Waren und Dienstleistungen – also die Möglichkeit eines jeden Bürgers der EU, Waren und Dienstleistungen bei jedem Anbieter innerhalb der EU beziehen zu können. Hierbei wird der grenzüberschreitende Versandhandel in Europa durch die Einführung des EURO in den meisten Mitgliedstaaten als einheitliches Zahlungsmittel seit dem 01.01.2002 zusätzlich begünstigt. Das Umrechnen der einzelnen Währungen beim grenzüberschreitenden Einkauf ist somit für den größten Teil der EU-Bürger entfallen, wodurch ein vor allem psychologisches Handelshemmnis beseitigt wird.

Der weiteren rasanten Ausbreitung des Versandhandels in der EU steht somit grundsätzlich nichts mehr im Wege, wenn und soweit eine weitere wichtige Voraussetzung gegeben ist: die umfassende und auch für den Laien übersichtliche rechtliche Einbettung dieser Vertriebsform. Ein unzureichender rechtlicher Rahmen hält zwangsläufig sowohl Anbieter als auch Kunden davon ab, dieser Vertriebsform – noch dazu grenzüberschreitend– näherzutreten.

I.3.1. Anforderungen an ein Regelungswerk zum Distanzvertrieb

Ein Regelungswerk zum Distanzvertrieb muß vor allem den spezifischen Gefahren entgegenwirken, die dem Kunden bzw. Verbraucher aus Bestellung einer Leistung über größere Entfernungen erwachsen. In diesem Zusammenhang muß man sich vor Augen führen, daß der Versandhandel im Vergleich zum Kauf einer Ware im Ladengeschäft einige erhebliche Unterschiede aufweist: Der Versandhandel zeichnet sich dadurch aus, daß die Vertragspartner üblicherweise zu keinem Zeitpunkt in einen persönlichen Kontakt treten. Vielmehr erfolgt die gesamte Vertragsabwicklung, wie auch der Vertragsschluß selbst, über die Distanz. Der Kunde im Versandhandel hat daher regelmäßig auch keine Möglichkeit, die von ihm gewünschte Leistung vor der Bestellung persönlich in Augenschein zu nehmen. Er kauft also „die Katze im Sack“. Die sich im Versandhandel für den Verbraucher ergebenden Nachteile gegenüber dem Kauf im Ladengeschäft sind wie folgt zusammenzufassen:

⇒ **Informationsdefizit im Hinblick auf den Vertragsgegenstand** – Durch die fehlende persönliche in Augenscheinnahme ist der Verbraucher daran

---

[21] Bericht der Enquete Kommission...in BT-Drucksache 12/11004, 1998, S. 21
[22] vgl. Mitteilung vom 22.08.2000, abrufbar unter http://de.biz.yahoo.com/000822/14/112q4.html
[23] vgl. Art. 28 EGV n.F.

gehindert, eine Leistung nach ihrer ausgiebigen Erprobung und Untersuchung auszuwählen oder gar hierfür eine persönliche Beratung zu erhalten. Er kann lediglich hoffen, daß das Produkt den Beschreibungen des Anbieters und den eigenen Vorstellungen entspricht.

⇒ **Erhöhte Gefahr von Leistungsmängeln** - Die Gefahr, daß der Verbraucher mit der Vertragsabwicklung nicht zufrieden ist und sich daher vom Vertrag lösen möchte, ist im Fernabsatz besonders groß. Der Besteller muß befürchten, überhaupt nicht, nicht rechtzeitig oder nicht richtig beliefert zu werden. Das gelieferte Produkt kann von der Katalogbeschreibung oder von den subjektiven Vorstellungen des Bestellers abweichen, mangelhaft sein oder schlicht dem Käufer in natura nicht gefallen. Darüber hinaus ist bei Warenbestellungen das Risiko einer Beschädigung oder Verschlechterung der Ware während des Transportes gegeben.

⇒ **Informationsdefizit im Hinblick auf den Vertragspartner** - Obwohl somit im Fernabsatz die Möglichkeit zur Rückabwicklung des Vertrages wichtiger ist als beim Kauf im Ladengeschäft, wird der Verbraucher hier vor zusätzliche Probleme gestellt. Er kennt seinen Vertragspartner nicht persönlich und hat bei unzureichenden Informationen Schwierigkeiten, diesen zu lokalisieren. Gerade im Bereich des Fernabsatzes ist daher die Gefahr, unseriösen Anbietern aufzusitzen, besonders groß. Ohne genaue Kenntnis des Vertragspartners ist es dann nicht möglich, die eigenen Rechte gegebenenfalls auf gerichtlichem Wege durchzusetzen.

⇒ **Vertragspartner im Ausland** – Insbesondere durch die zunehmende Verbreitung des Internet und des e-commerce dürfte wegen der weltweiten Zugriffsmöglichkeit auch der grenzüberschreitende Fernabsatz an Bedeutung gewinnen. Die zuvor beschriebenen unzureichenden Informationen über den Vertragspartner wiegen hier doppelt schwer, da dessen Lokalisierung im Ausland einen noch größeren Aufwand erfordert. Außerdem ist die Gefahr sprachlich bedingter Irrtümer und Mißverständnisse im Rahmen der Vertragsanbahnung besonders hoch, da der Verbraucher zwangsläufig mit fremdsprachigen Angeboten konfrontiert wird. Schließlich ist zu berücksichtigen, daß der Verbraucher seine Rechte gegen einen ausländischen Vertragspartner nicht ohne weiteres durchsetzen kann. Zu denken ist hierbei insbesondere an Fallgestaltungen, in denen zwischen dem Heimatstaat des Verbrauchers und dem Staat des Anbieters keinerlei Abkommen zur Vollstreckung von Gerichtsentscheidungen existieren, so daß der Verbraucher ein erstrittenes Urteil kaum wird durchsetzen können.

⇒ **Übereilte Bestellung** – Wegen der langwierig auszufüllenden Bestellformulare und des Weges zum Briefkasten besteht beim herkömmlich abgewickelten Fernabsatz via postalischer Bestellung kaum die Gefahr einer übereilten und unüberlegten Bestellung. Eine andere Situation ergibt sich jedoch durch den Einsatz moderner Kommunikationstechniken. Beim TV-Shopping wird der Kaufentschluß beim Verbraucher durch „reißerisch“ aufgemachte TV-Spots regelmäßig kurzfristig herbeigeführt. Durch Hinweise auf ein angeblich begrenztes Warenangebot oder Vergünstigungen für zügige Besteller – „Für Kurzentschlossene gibt es bei jeder Bestellung ... gratis dazu" – wird darüber hinaus häufig eine besondere Eilbedürftigkeit suggeriert, so daß der Verbraucher nicht selten die eingeblendeten Telefonnummern der Bestellaufnahme anwählt, ohne sich eine ausreichende Bedenkzeit auszunehmen.

Daneben fördert auch die Verwendung des Internet die Gefahr einer übereilten Bestellung, da nicht einmal ein Anruf erforderlich ist, sondern ein einfacher „Mausklick" ausreicht, um dem manchmal spontan entstandenen Anschaffungswunsch nachzugeben.

Teilweise wird jedoch auch die Auffassung vertreten, daß die Gefahr einer übereilten Bestellung bzw. einer Überrumpelung des Verbrauchers im Fernabsatz nicht größer ist, als bei einem unbesonnenen Käufer im Einzelhandelsgeschäft[24]. Als Argument wird angeführt, der Verbraucher im Fernabsatz hat, wie der Käufer im Ladengeschäft, die Möglichkeit, frei darüber zu entscheiden, ob er Kontakt zu einem Anbieter aufnimmt, also den Fernseher oder Computer einschaltet, um dessen Angebot zu studieren. Darüberhinaus könne er auch ohne weiteres den Kontakt wieder abbrechen. Die Situation sei somit nicht vergleichbar mit der Überrumpelung bei Haustürgeschäften, bei denen der Anbieter den psychologischen Vorteil des überraschenden Auftritts habe, dem sich der Verbraucher kaum entziehen könne.

Diese Sichtweise greift jedoch zu kurz. Es reicht nicht, die Situation des Verbrauchers beim Haustürgeschäft mit der des Verbrauchers im Fernabsatz zu vergleichen. Maßstab ist vielmehr allein der Käufer im Ladengeschäft und die Frage, ob angesichts des Vergleichs mit dieser Verbrauchergruppe die Gefahr einer unüberlegten Bestellung im Fernabsatz größer ist. Zumindest für das Internet muß dieses bejaht werden. Hierbei ist zu bedenken, daß bereits ein irrtümliches „klicken" an der falschen Stelle eine Bestellung auslösen kann. Außerdem ist für die Kaufentscheidung alleine eine Fingerbewegung erforderlich, nicht einmal die Brieftasche muß hervorgeholt werden, so daß die Gefahr eines leichtfertigen und unüberlegten Kaufes wesentlich größer ist, als im Ladengeschäft.
Jedoch auch im Bereich des TV-Shoppings dürfte ein erhöhtes Risiko der Übereilung und der Überrumplung gegeben sein, da der Verbraucher eben nicht alleine beeinflussen kann, ob er mit konkreten Kaufaufforderungen im Fernsehen konfrontiert wird. Hierbei ist insbesondere zu berücksichtigen, daß die TV-Shopping-Angebote nicht allein über spezielle Fernsehsender ausgestrahlt werden, sondern häufig auch innerhalb gewöhnlicher Werbeblöcke oder sogar normaler Fernsehübertragungen – bei Sportübertragungen wird nicht selten die telefonische Bestellung von Fanartikeln angebo-

[24] vgl. Armin Willingmann „Auf dem Weg zu einem einheitlichen Vertriebsrecht für Waren und Dienstleistungen" in VuR 1998, S. 385 (399)

ten. Hierbei geht die erste Kontaktaufnahme, einschließlich der Kaufaufforderung, vom Anbieter aus, der Zuschauer wird dementsprechend durch das unerwartete Angebot überrascht. Folglich dürfte die Überrumpelungsgefahr hierbei ebenfalls größer sein, als beim Kauf im Ladengeschäft.

Hieraus ergibt sich, daß bei einem Regelungswerk zum Distanzvertrieb das Hauptaugenmerk auf den Schutz des Kunden vor den besonderen Risiken im Versandhandel zu richten ist[25]. Diese Risiken können dadurch reduziert werden, dass der Anbieter verpflichtet wird, den Kunden umfangreich über die eigene Identität und über die Eigenschaften der angebotenen Leistung zu informieren. Außerdem ist dem Kunden die Möglichkeit einzuräumen, die Leistung nach der Lieferung persönlich zu überprüfen und die Bestellung bei Nichtgefallen rückgängig zu machen (Widerrufsrecht). Ferner müssen dem Kunden im grenzüberschreitenden Versandhandel aber auch die rechtlichen Instrumentarien zur Verfügung gestellt werden, um gegen einen ausländischen Anbieter etwaige Ansprüche gerichtlich durchzusetzen und gegebenenfalls vollstrecken zu können. Dieses wiederum erfordert eine Anpassung des internationalen bzw. des europäischen Prozeßrechts.

Bei alledem dürfen jedoch auch die Interessen auf Anbieterseite nicht vollständig außer Acht gelassen werden, da der Versandhandel – insbesondere der grenzüberschreitende – nur dann zukunftsfähig ist, wenn er für die betreffenden Unternehmen weiterhin wirtschaftlich attraktiv bleibt. Vor allem dürfen Widerrufsrechte nicht zu einem unkalkulierbaren finanziellen Risiko für den Anbieter werden, etwa durch übermäßig lange Widerrufsfristen oder die Gefahr von „Totalverlusten", wie sie etwa bei verderblicher Ware auftreten können[26].

Schließlich ist für den grenzüberschreitenden Distanzvertrieb noch ein weiterer Aspekt von größter Wichtigkeit, nämlich die Schaffung eines einheitlichen Regelungssystems im Binnenmarkt. Solange die spezifischen Regelungen hierfür in jedem Mitgliedstaat unterschiedlich sind, ist die Bestellung im Ausland ein unüberschaubares Risiko, weil der Kunden nicht wissen wird, welcher rechtliche Schutz im dort zuteil wird. Umgekehrt wird der Anbieter seine Leistungen ebenfalls nicht im Ausland vertreiben, da er die Pflichten nicht kennt, die ihm dort jeweils auferlegt werden. Die Anreize für einen grenzüberschreitenden Distanzvertrieb sind folglich nur dann gegeben, wenn die Rechtslage in sämtlichen Mitgliedstaaten zumindest vergleichbar ist.

---

[25] Allerdings darf nicht unerwähnt bleiben, daß ein kürzlich von der Kommission erstellter Bericht über die im Zusammenhang mit dem Fernabsatz auftretenden Verbraucherbeschwerden eher ein sehr geringes Konfliktpotential aufzeigte, was die Kommission allerdings darauf zurückführte, daß die Mitgliedstaaten nur unzureichendes Zahlenmaterial zur Verfügung stellten - KOM(2000) 127 endg.

[26] So mußte beispielsweise mit „Webvan" einer der größten Online Händler der USA im Juli 2001den Betrieb einstellen, dessen Vertrieb von frischen, also verderblichen, Lebensmitteln lediglich erhebliche Verluste einbrachte – vgl. Michaela Schiessl „Rapides Artensterben" im SPIEGEL 29/2001 S. 88.

I.3.2. Rechtliche Ausgangssituation

Wie die nachfolgende Darstellung der Rechtslage innerhalb der EU bis Mitte der 90er Jahre zeigt, war das rechtliche Umfeld für den grenzüberschreitenden Versandhandel außerordentlich schlecht. Lediglich 2/3 der heutigen Mitgliedstaaten besaßen überhaupt spezielle gesetzliche Regelungen für den Bereich des Versandhandels, was erstaunlich ist, unterscheidet sich doch der Versandhandel in der praktischen Durchführung erheblich vom Kauf einer Leistung im Ladengeschäft. Die in den jeweiligen Mitgliedstaaten vorhandenen Regelungskonzepte wichen darüber hinaus sehr voneinander ab, so daß der grenzüberschreitende Versandhandel sowohl für den Käufer, als auch den Verkäufer, große rechtliche Unsicherheiten enthielt. Bis in die Mitte der 90er war in den Mitgliedstaaten der EU folgendes Bild von der rechtlichen Ausgestaltung des Versandhandels zu zeichnen:

a) Luxemburg

Das luxemburgische Recht sieht in einem Gesetz vom 25. August 1983[27] eine Regelung vor, die sich speziell mit Fernverkäufen beschäftigt. Nach Artikel 7 dieses Gesetzes kann der Verbraucher auf eine bereits bestellte Ware ohne Angabe weiterer Gründe „verzichten", den Kauf also widerrufen, wobei ihm hierfür zwei verschiedene Fristen zur Verfügung stehen. Der „Verzicht" kann binnen 7 Tagen nach der Bestellung erfolgen sowie 15 (Kalender-)Tage nach der Lieferung der Ware, wobei erst nach Ablauf der zweiten Frist der Kaufvertrag endgültig zustandegekommen ist.

b) Österreich

Das erst 1995 zur Europäischen Union beigetretene Österreich verfügte bereits seit 1983 über das sog. Konsumentenschutzgesetz, welches den Fernabsatz zwar nicht ausdrücklich erwähnte, sich jedoch allgemein auf sämtliche Vertragserklärungen bezog, die der Verbraucher außerhalb der Geschäftsräume des Unternehmers abgeschlossen hat - vom Ansatz vergleichbar der Richtlinie 85/577/EWG betreffend den Verbraucherschutz im Falle von außerhalb von Geschäftsräumen geschlossenen Verträgen (hier bekannt als Haustürgeschäfterichtlinie). Nach § 3 des österreichischen Konsumentenschutzgesetzes hat der außerhalb der Geschäftsräume handelnde Anbieter die Pflicht, dem Verbraucher eine Urkunde mit den wesentlichen Informationen zum Produkt und über das vertreibende Unternehmen zukommen zu lassen. Nach Aushändigung der Urkunde bzw. dem Vertragsschluß hat der Verbraucher das Recht, binnen einer Woche vom Vertrag zurückzutreten.

c) Portugal

Portugal setzte sich in einer gesetzlichen Regelung von 1987 mit dem Fernabsatz auseinander und steht damit im europäischen Vergleich an dritter Stelle. Das portu-

---

[27] loi à la protection juridique du consommateur vom 25.08.1983

giesische Gesetzesdekret Nr. 272/87 vom 3. Juli 1987 dürfte darüberhinaus die erste Regelung innerhalb der heutigen Mitgliedstaaten sein, welche sich nicht nur mit dem klassischen Versandhandel beschäftigt, sondern umfassend mit sämtlichen Formen des Fernabsatzes. Insoweit bezieht sich der Anwendungsbereich auf sämtliche Distanzgeschäfte, unabhängig von den für die Bestellung eingesetzten Kommunikationsmitteln oder den für die Warenpräsentation benutzten Medien.[28] Die diesbezüglichen Regelungen enthielten - im Unterschied zu den Regelungen anderer Mitgliedstaaten - umfassende Informationspflichten des Versenders, die von ihm sowohl bei der Produktpräsentation als auch beim Vertragsschluß eingehalten werden müssen[29]. Außerdem wurde dem Besteller ein Rücktrittsrecht binnen einer Frist von 7 Werktagen eingeräumt, welche mit der Übergabe der Ware zu laufen beginnt[30]. Auch lauterkeitsrechtlich enthält das Lei Nr. 272/87 bereits detaillierte Regelungen. So sehen Artikel 14 und 15 vor, daß die Zusendung von Waren unzulässig ist, wenn der Verbraucher diese nicht bestellt hat. Ein Verstoß gegen diese Regelung wird mit empfindlichen Geldbußen geahndet. Im Vorgriff auf die hier zu untersuchende Fernabsatzrichtlinie 97/7/EG sah sich der portugiesische Gesetzgeber veranlaßt, das Decreto-Lei zu modifizieren und durch das Decreto-Lei 243/95 dem Stand des damaligen Richtlinienentwurfs anzupassen. Hierdurch wurden bereits die meisten in der späteren Richtlinie enthaltenen Standards vorweggenommen, so daß für Portugal lediglich ein geringer Umsetzungsbedarf besteht[31].

d) Dänemark

Ebenfalls in 1987 wurde in Dänemark eine gesetzliche Regelung verabschiedet, welche sich unter anderem mit Versandhandelsverträgen befasst. Die Gesetze Nr. 886 und 887 vom 23.12.1987, welche teilweise auf die Richtlinie 85/577/EWG betreffend den Verbraucherschutz im Falle von außerhalb von Geschäftsräumen geschlossenen Verträgen zurückgehen, sehen ebenfalls ein Widerrufsrecht des Verbrauchers vor, welches dieser binnen einer Woche nach Erhalt der Ware ausüben kann[32]. Dieses Widerrufsrecht gilt für den Fernverkauf insgesamt, wobei allerdings einzelne Warengruppen von der Widerrufsmöglichkeit ausgenommen sind[33]. Der Widerruf wird durch fristgerechte Rücksendung der Ware an den Verkäufer ausgeübt, wobei der Käufer hierfür die Kosten zu tragen hat.

---

[28] vgl. Kapitel II, Artikel 8 des Gesetzesdekrets Nr. 272/87 vom 03.07.1987

[29] vgl. Kapietl II, Artikel 9 und 10 des Gesetzesdekrets Nr. 272/87 vom 03.07.1987

[30] vgl. Kapitel II, Artikel 11 des Gesetzesdekrets Nr. 272/87 vom 03.07.1987

[31] vgl. hierzu im einzelenen Hans-W. Micklitz und Peter Rott „Fernabsatzgeschäfte in Spanien und Portugal" in RIW 2000 S. 490ff

[32] vgl. Gesetz über bestimmte mit Verbrauchern abgeschlossene Verträge („Lov om visse forbrugeraftaler") Nr. 886 und 887 vom 23.12.1997, Kapitel 4 Artikel 10 Absatz 2

[33] individuell nach den Wünschen des Käufers hergestellte Güter sowie Nahrungs- und Genußmittel sowie Haushaltsgüter; wie vor, Artikel 10 Abs. 3

e) Frankreich

Kurz darauf wurde der Fernabsatz ebenfalls in Frankreich durch das Gesetz Nr. 88-21 vom 6. Januar 1988 gesetzlich geregelt.[34] Nach Artikel 1 dieses Gesetzes „verfügt der Käufer eines Erzeugnisses über eine Frist von sieben vollen Tagen ab der Auslieferung der bestellten Ware, um dem Verkäufer das Erzeugnis zum Umtausch oder zur Entschädigung zurückzusenden, wobei mit Ausnahme der Rücksendekosten keine Vertragsstrafen fällig werden." Hierdurch wird dem französischen Verbraucher bei allen Fernabsatzgeschäften - unabhängig von den verwendeten Medien und Kommunikationsmitteln - ebenfalls ein unbedingtes Rücktrittsrecht eingeräumt. Bezüglich des Teleshoppings verpflichten die Artikel L 121-16 bis 20 des „Code de la consemmation" zur eindeutigen Kenntlichmachung des Anbieters sowie zur Einräumung des Widerrufsrechts.

f) Belgien

Im Jahre 1991 folgte Belgien mit dem „Gesetz über die Handelspraktiken, die Information und den Schutz des Verbrauchers".[35] Dem Fernverkauf ist in diesem Gesetz ein spezieller Abschnitt gewidmet, welcher in den Artikeln 77 bis 83 enthalten ist. Nach Artikel 78 des Gesetzes wird dem Verbraucher eine Bedenkzeit von 7 Werktagen eingeräumt, gerechnet ab dem auf die Lieferung folgenden Tag. Innerhalb dieser Bedenkzeit gilt der Vertrag als nicht geschlossen, der Käufer kann bis zum Fristablauf vom Vertrag zurücktreten. Darüberhinaus wird in diesem Artikel geregelt, daß der Anbieter bestimmte Informationen schriftlich an den Verbraucher zu übermitteln hat. Insbesondere hat er in „Fettschrift" auf das Rücktrittsrecht hinzuweisen. Ein Verstoß gegen diese Informationspflicht wird mit einer besonders effektiven Regelung geahndet: Soweit die Informationen dem Verbraucher nicht zur Verfügung gestellt wurden, gilt die Ware als unbestellt und darf nach belgischem Recht von dem Verbraucher unentgeltlich behalten werden.
Die Beweislast ist nach Artikel 80 des Gesetzes dem Verkäufer auferlegt, wie auch nach Artikel 81 die Gefahr für die Versendung der Ware. Insgesamt ist festzustellen, daß das belgische Modell bereits frühzeitig eine vergleichsweise umfassende Regelung zum Verbraucherschutz bei Fernverkäufen beinhaltete.

g) Griechenland

Ebenfalls in 1991 regelte Griechenland den Fernverkauf durch das Gesetz Nr. 1961/91 vom 2. September 1991. Dieses Gesetz geht teilweise auch auf die Richtlinie 85/577/EWG zu außerhalb von Geschäftsräumen geschlossenen Verträgen zurück. In Kapitel 6, Artikel 29ff bestimmte das Gesetz, daß der Anbieter die zuvor ge-

---

[34] hierzu ausführlich Paisant „La loi du 6 janvier 1988 sur les opérations de vente à distance et le téléachat" J.C.P. 1988, I, 3350; „Vente par correspondence et à distance" Gazette Pal. 1993, IV, S. 179 - 236

[35] im Original:"Loi sur le pratiques du commerce et sur l'information et la protection du consommateur/ Wet betreffende de handelpraktijken en de voorlichting en bescherming von de consument" vom 14 Juli 1991

troffenen vertraglichen Vereinbarungen einschließlich bestimmter Informationen schriftlich zusammenfassen muß, um sie dem Verbraucher zusammen mit einem Mustervordruck für den Vertragswiderruf zuzusenden. Der Verbraucher hat die Möglichkeit, den Vertrag binnen 10 Arbeitstagen zu widerrufen, wobei der Fristlauf, anders als in den anderen Mitgliedstaaten, nicht durch die Entgegennahme der Ware, sondern durch den Erhalt der obengenannten Unterlagen in Gang gesetzt wird. Vom Widerrufsrecht sind jedoch bestimmte Produkte, wie z.B. Nahrungs- und Genussmittel, sonstige Güter des täglichen Bedarfs sowie Waren unter einer bestimmten Wertgrenze (12.000 Drachmen) nicht erfaßt.

h) Spanien

In Spanien ist die rechtliche Situation wegen der großen Gesetzgebungsautonomie, welche die einzelnen spanischen Regionen besitzen, schwieriger zu beurteilen. Die Kompetenzverteilung zwischen dem Zentralstaat und den Regionen ist darüberhinaus im Bereich des Distanzvertriebs nicht eindeutig geregelt. Allerdings dürfte wegen der grundsätzlichen Kompetenz des Zentralstaats für die Ausgestaltung des Privatrechts nunmehr Einigkeit darüber bestehen, daß dem Zentralstaat die Regelung der privatrechtlichen Fragen des Distanzvertriebs obliegt, während die Regionen öffentlich-rechtliche Bestimmungen vornehmen können, insbesondere verwaltungs- oder strafrechtliche Sanktionen für Verstöße gegen lauterkeitsrechtliche Vorschriften[36].

Bis 1996 fehlte es an einer privatrechtlichen Regelung des Zentralstaates zum Fernabsatz, lediglich ein Berufskodex des Versandhandels war vorhanden, wonach dem Verbraucher ein Rückgaberecht einzuräumen war. Angeregt durch das Regelungsvorhaben auf europäischer Ebene erließ der Zentralstaat am 15. Januar 1996 das Ley 7/1996 de Ordenación des Comercio Minorista[37] (LOCM) und glich hiermit – ähnlich wie Portugal – die Gesetzeslage an die damals bereits im Entwurf existierende Fernabsatzrichtlinie an. Artikel 40 LOCM sieht zahlreiche Informationspflichten der Anbieter im Fernabsatz vor, wobei Verstöße hiergegen öffentlich rechtlich geahndet werden, und dieser Bereich daher in der Kompetenz der Regionen liegt. Nach Artikel 44 I LOCM steht dem Verbraucher ein Recht zum Widerruf des Vertrages binnen 7 Tagen nach Lieferung der Ware zu. Allerdings sind bestimmte Waren und Dienstleistungen aus dem Anwendungsbereich des Gesetzes herausgenommen, wobei das Schutzniveau der nunmehr in der Endfassung vorliegenden Fernabsatzrichtlinie teilweise unterschritten wird[38], hier also noch Nachbesserungsbedarf besteht.

Einzelne spanische Regionen haben vor dem Zentralstaat den Fernabsatz geregelt, wobei wegen der oben geschilderten Kompetenzverteilung lediglich öffentlich-rechtlich relevante Sachverhalte erfaßt werden konnten. Hierunter fallen in Spanien auch lauterkeitsrechtliche Regeln, also Bestimmungen zum Umfang der Informati-

---

[36] vgl. hierzu im einzelnen Micklitz/Rott a.a.O. S. 491 f

[37] „Gesetz über den Einzelhandel" – abgedruckt im Boletin Oficial del Estrado vom 17.01.1996

[38] So steht dem spanischen Verbraucher etwa bei Hygieneartikeln kein Widerrufsrecht zu, obwohl dieses nach der Richtlinie vorgesehen ist.

onspflichten des Anbieters, die Zulässigkeit der Zusendung unbestellter Ware und entsprechende Sanktionen. Von den insgesamt 17 Regionen haben lediglich 6 den Fernabsatz gesetzlich geregelt, die übrigen 11 müssen voll umfänglich auf die entsprechenden Bestimmungen des Zentralstaats zurückgreifen.

Die Region **Valencia** regelte in Artikel 23 des Gesetzes vom 29. Dezember 1986[39] den Fernabsatz. Die Bestimmung befasst sich jedoch vornehmlich mit einer Definition des Fernabsatzes und den Folgen der Zusendung unbestellter Ware - wie in Belgien darf der Verbraucher die Ware kostenlos behalten.

Die Region **Galizien** definiert in Artikel 32 ihres Gesetzes 10/88 de Ordenación del Comercio interior de Galicia vom 20. Juli 1988 ebenfalls den Fernabsatz und sieht vor, daß detaillierte Angaben über vertriebene Produkte und das Vertriebssystem jederzeit der zuständigen Behörde zur Verfügung zu stellen sind. In Artikel 33 Absatz 3 sind darüberhinaus weitere Informationspflichten des Anbieters geregelt.

In der Region **Aragon** ist der Fernabsatz im Gesetz 9/1989 vom 5. Oktober 1989[40] geregelt worden, wobei Artikel 31 ebenfalls eine Definition dieser Vertriebsform enthält. In Artikel 32 und 33 ist, wie auch in Galizien, die Pflicht des Anbieters geregelt, die zuständige Behörde detailliert über Produkte und Vertriebssystem zu informieren und seine Angebote in einer Weise abzufassen, daß diese bestimmte Mindestinformationen enthalten.

Die umfassendste Regelung des Fernabsatzes einer spanischen Region erfolgte schließlich in **Katalonien** durch das Gesetz 1/1993 vom 9. März 1993[41], welches den Binnenhandel betrifft. Die Artikel 21ff behandeln den Fernabsatz[42], wobei Artikel 21 die Definition des Fernabsatzes enthält, und Artikel 22 die umfassenden Informationspflichten des Händlers normiert sowie eine Bedenkzeit des Verbrauchers von sieben Tagen, während der er vom Kauf zurücktreten kann. Ausnahmsweise ist hier also sogar ein Bereich des Privatrechtes geregelt worden. Daneben sind in den Artikeln 27 ff die Pflichten des Anbieters geregelt, sich registrieren zu lassen und keine unbestellte Ware zu versenden.

In der Region der **Kanaren** wurde der Fernabsatz mit dem Ley 4/1994 vom 25.04.1994[43] geregelt, wobei der dortige Artikel 28 Vorschriften über die Zusendung unbestellter Waren enthält sowie über die Registrierung von Fernabsatzunternehmen.

Die Region **Pais Vasco** schließlich hat ebenfalls im Jahre 1994 per Ley 7/1994 de la actividad comercial vom 27.05.1994 die Registrierung der im Fernabsatz tätigen Unternehmen geregelt. Hier wird auch festgestellt, daß die Zusendung unbestellter

[39] Ley de Ordenación del Comercio y Superficies Comerciales
[40] Ley de Ordenación de la actividad comercial
[41] Decret legislativo 1/1993 por el se aprueba el texto refundido de comercio interior; abrufbar bei der Universität Girona unter http://civil.udg.es/normacivil/cat/Contractes/DI1-93.htm (spanisch)
[42] span.: Venda a distància
[43] Ley de ordenación de la actividad comercial

Ware nicht zulässig ist und den Verbraucher keinesfalls zu einer Gegenleistung verpflichtet.

i) Italien

Eine generelle Regelung des Fernabsatzes wurde in Italien bis zum Erlaß der Fernabsatzrichtlinie nicht vorgenommen, jedoch ist bei der – späten - Umsetzung der Haustürgeschäfterichtlinie eigens das Teleshopping berücksichtigt worden, welches sich in Italien großer Beliebtheit erfreut. Nach Artikel 9 des Gesetzes vom 15.01.1992 sind spezielle Informationspflichten des Anbieters sowie Rücktrittsrechte des Verbrauchers ausführlich geregelt[44].

j) Staaten ohne spezifische Gesetze zum Fernabsatz

In den übrigen Mitgliedstaaten der EU, namentlich Niederlande, Deutschland, Italien, Irland, Großbritannien, Schweden und Finnland, existierten bis zum Erlaß der Fernabsatzrichtlinie keine Gesetze, die sich speziell mit dem Fernabsatz befassen. Dieses ist um so erstaunlicher, als Deutschland und Großbritannien nach dem Zweiten Weltkrieg die Führungspositionen im europäischen Versandgeschäft einnahmen[45] und noch einnehmen. Mangels spezifischer Regelungen zum Fernabsatz, insbesondere zum Kauf im Versandhaus, wurden die mit dem Distanzvertrieb zusammenhängenden Rechtsfragen in diesen Staaten mit dem allgemeinen Zivilrecht sowie anderen Regelungen zum Verbraucherschutz beantwortet. Darüber hinaus bildete sich in diesen Staaten regelmäßig. ein Verhaltenskodex des Versandhandels, wonach dem Verbraucher auf freiwilliger Basis Rücktrittsrechte eingeräumt wurden. Insoweit wird das Rücktrittsrecht jedoch nicht gesetzlich garantiert, sondern lediglich einzelvertraglich vereinbart, wobei ein Anspruch auf Einräumung des Rücktrittsrechtes nicht besteht. Informationen werden seitens des Anbieters ebenfalls auf freiwilliger Basis bzw. im Rahmen der allgemeinen Gesetze des Staates zur Verfügung gestellt.

Bis auf § 8 des Verbraucherkreditgesetzes, welcher eine Ausnahme von den Formvorschriften bei Kreditverträgen enthält, existierten in Deutschland vor der Fernabsatzrichtlinie keine Spezialregelungen für Versandhandelsverträge. Beim Fernabsatz in Deutschland ergaben sich die Informationspflichten des Anbieters folglich aus dem Gesetz über den unlauteren Wettbewerb, dem Verbraucherkreditgesetz sowie aus zivilrechtlichen Grundsätzen, wie Treu und Glauben und insbesondere der culpa in contrahendo. Mangels gesetzlicher Regelungen gewährten die deutschen Versandhändler im allgemeinen eine Bedenkzeit von 14 Tagen nach Erhalt der Ware, in welcher der Verbraucher die Ware ablehnen kann. Die Ausgestaltung entspricht insoweit dem Kauf auf Probe gem. § 459 BGB des deutschen Rechts. Die Ablehnung hat

---

[44] Decretolegislativo 15.gennaio 1992 Nr. 50, Gazz. Uff.n. 27, suppl.ord., 03.02.1992

[45] vgl. Statistik unter Ziffer I.2.

schriftlich oder durch Rücksendung der Ware zu erfolgen, wobei die Kosten der Rücksendung durch den Versender übernommen werden[46].

In Großbritannien war der Fernabsatz ebenfalls nach allgemeinen Regeln zu beurteilen, insbesondere nach dem „Common Law" und dem Gesetz über den Verkauf von Waren von 1979[47]. Allerdings gab es dort seit 1976 eine Verordnung, welche die Informationspflichten von Anbietern bei Postbestellungen regelte[48]. Im übrigen existierten ebenfalls lediglich Verhaltensregeln des britischen Versandhandelsverbandes, wonach die bestellte Ware 14 Tage zur Ansicht geliefert wird und innerhalb dieser Zeit zurückgesandt werden konnte.

In den Niederlanden, um ein weiteres Beispiel zu nennen, gewährte der Versandhandel freiwillig ein Widerrufsrecht von nur 7 Tagen.

Die Europäische Vereinigung des Versandhandels (AEVPC) einigte sich 1992 mit den von ihr vertretenen 16 nationalen Versandhandelsverbänden auf eine Europäische Konvention zum grenzüberschreitenden Versandhandel und Distanzverkauf. Den Anstoß hierfür dürfte unter anderem die Empfehlung 92/295/EWG der Kommission der Europäischen Gemeinschaften über die Verhaltenscodices zum Verbraucherschutz bei Vertragsabschlüssen im Fernabsatz vom 07. April 1992[49] gegeben haben. Diese Empfehlung weist auf die geplante Richtlinie zum Fernabsatz hin und legt den in diesem Bereich tätigen Unternehmen nahe, freiwillig ergänzende Konventionen zum Verbraucherschutz zu entwickeln und über deren Einhaltung zu wachen. Die daraufhin von der Europäischen Vereinigung des Versandhandels vorgelegte Konvention, welche am 1. Januar 1993 in Kraft trat, sah folgende Eckpunkte vor[50]:

⇒ Werbung und Warenbeschreibungen müssen klar, vollständig und verständlich formuliert, die Zahlungs- und Lieferbedingungen, das Umtausch- und Rückgaberecht, die Rückzahlungsmodalitäten, Garantien und der Kundendienst eindeutig benannt sein.

⇒ Versandfirmen, die nicht binnen 30 Tagen oder in der von ihnen benannten Frist liefern können, sind verpflichtet, ihre Kunden hierüber zu informieren und die voraussichtliche Lieferzeit anzugeben. Kunden, die damit nicht einverstanden sind, können vom Vertrag zurücktreten oder bekommen - bei Vorauskasse - ihr Geld erstattet.

---

46 vgl. beispielhaft Verkaufsbedingungen des Otto-Versand: "Otto garantiert Ihnen ein uneingeschränktes Rückgaberecht- 14 Tage nach Erhalt der Ware. Diese Frist wahren Sie durch frisgerechtes Absenden Ihres Rücknahmerverlangens an (...) oder fristgerechte Übergabe paketfähiger Ware an (...). Der Rücktransport durch (...) erfolgt für Sie kostenfrei. Der Kaufvertrag wird erst n ach Ablauf der 14- tägigen Rückgabefrist wirksam."

47 „Sale of Goods Act 1979"

48 „Mail Order Transactions (Information) Order 1976", Statutory Instrument 1976/1812

49 veröffentlicht im Amtsblatt EG Nr. L156 vom 10.06.1992, S. 22, 23

50 „Versandhandel in Deutschland" a.a.O. S. 54

⇒ Der Verbraucher hat grundsätzlich ein 7-tägiges Rückgaberecht, welches aber bei bestimmten Waren oder Dienstleistungen ausgeschlossen werden kann. Hierauf ist der Verbraucher bereits in der jeweiligen Werbung hinzuweisen.

Diese freiwillige Selbstverpflichtung gilt für die verbandsgebundenen Versender in Skandinavien, den Benelux-Ländern, Deutschland, Frankreich, Italien, Großbritannien, Schweiz, Österreich, Spanien und Portugal, also bis auf Irland und Griechenland in sämtlichen Mitgliedstaaten der EU. Bemerkenswert ist die zügige Einigung der nationalen Versandhandelsverbände auf diesen Kodex, unmittelbar nachdem die Kommission der Europäischen Gemeinschaften die bereits erwähnte Empfehlung 92/295/EWG veröffentlichte. Es ist zumindest nicht auszuschließen, daß die europäische Versandwirtschaft hoffte, durch schnelle und umfassende Befolgung der Empfehlung einer umfangreicheren gesetzlichen Regelung auf europäischer Ebene entgehen zu können.

Die grobe Skizzierung der rechtlichen Ausgestaltung des Versandhandels innerhalb der EU belegt, daß eine grenzüberschreitende Bestellung von Waren und Dienstleistungen sowohl für Anbieter, als auch für Kunden wegen der unsicheren Rechtslage außerordentlich riskant war. Insbesondere hinsichtlich der Informationspflichten des einzelnen Anbieters und der Möglichkeit des Verbrauchers, sich vom Vertrag zu lösen, wichen die Regelungskonzepte voneinander ab. Während beim irischen Fernabsatz weder ein Gesetz noch ein allgemein praktizierter Unternehmenskodex zum Rücktrittsrecht des Verbrauchers existierte, verfügte der belgische Verbraucher über eine gesetzlich garantierte Widerrufsmöglichkeit von 7 Tagen, der deutsche Verbraucher dagegen regelmäßig über die lediglich vertraglich eingeräumte Möglichkeit, sich binnen 14-Tagen vom beabsichtigten Kauf zu lösen. Inwieweit die Anbieter im Versandhandel Informationspflichten zu beachten hatten, war ebenfalls von Mitgliedstaat zu Mitgliedstaat unterschiedlich geregelt.

Die rechtlichen Voraussetzungen für eine Etablierung des grenzüberschreitenden Versandhandels waren somit nicht gegeben. Aktuelle Zahlen belegen dies: nach den Feststellungen der europäischen Dachorganisation der jeweiligen nationalen Versandhandelsverbände AEVPC beträgt der Anteil des grenzüberschreitenenden Fernabsatzes am Gesamtaufkommen zur Zeit lediglich 3 Prozent.[51] Um den grenzüberschreitenden Fernabsatz im europäischen Binnenmarkt zu fördern, war daher eine Angleichung der diesbezüglichen Rechtsordnungen mit dem Ziel des Verbracherschutzes dringend erforderlich.

---

[51] entnommen aus der „Mail Order and Distance Selling Today"" des AEVPC, welche im Internet abrufbar ist unter http://www.emota-aevpc.org/mailorder/b_today.htm

II. Gegenstand der Untersuchung: Die Lösungsansätze der EU

Gerade im Bereich des Verbraucherschutzes hat sich die EU durch zahlreiche Regelungsinitiativen in den letzten Jahren hervorgetan. Einige Stimmen in der wissenschaftlichen Literatur sehen darin sogar, teils mit sorgenvollem Unterton[52], den Ansatz für die Schaffung eines umfassenden Europäischen Privatrechts[53]. Tatsächlich ist zu beobachten, dass die auf den Verbraucherschutz bezogenenen Richtlinien der EU sich anfänglich lediglich auf punktuelle Regelung von Spezialmaterien bezog, nunmehr aber zunehmend in das allgemeine Privatrecht der Mitgliedstaaten eingreift. Zuerst wurden mit der „Haustürgeschäfte-Richtlinie"[54], der „Verbraucherkredit-Richtlinie"[55], der „Pauschalreise-Richtlinie"[56] sowie der „Time-Sharing-Richtlinie"[57] noch Materien geregelt, welche allenfalls Randbereiche des jeweiligen nationalen Zivilrechts darstellten. Demgegenüber beziehen sich die "Klausel-Richtlinie"[58] und die aktuelle „Verbrauchsgüterkauf-Richtlinie"[59] auf Kernfragen des Zivilrechts, wobei gerade letztere tiefgreifende Folgen für das Privatrecht in den Mitgliedstaaten haben dürfte[60]. Es kann also festgestellt werden, dass sich der Aufbau eines Europäischen Privatrechts vom Speziellen zum Allgemeinen vollzieht.

Die Regelungskompetenz der EU im Hinblick auf verbraucherschützende Richtlinien ergibt sich unmittelbar aus Artikel 129 a EGV a.F., welcher den Verbraucherschutz als eine Zielsetzung der Gemeinschaft hervorhebt. Darüberhinaus ergibt sich die Regelungskompetenz im Bereich Verbraucherschutz auch aus Art. 100 a EGV a.F., also aus der Befugnis, Regelungen für die Durchsetzung des Binnenmarktes zu schaffen. Zwar mag bisweilen noch die Auffassung vertreten werden, die Ziele des Verbraucherschutzes und des Binnenmarktes würden einander widersprechen, da der Binnenmarkt insbesonderere die die Freiheiten auf Anbieterseite fördern müs-

---

[52] Peter Ulmer „Vom deutschen zum europäischen Privatrecht" in JZ 1992, S. 1 (5); Peter-Christian Müller-Graff „Privatrecht und europäisches Gemeinschaftsrecht" 2. Auflage 1991, S. 218ff; Peter Hommelhoff „Verbraucherschutz im System des deutschen und europäischen Privatrechts" Heidelber 1996, S. 4ff

[53] vgl. Christian Timmermanns „Zur Entwicklung des europäischen Zivilrechts" in ZeuP 1999, S. 1; Norbert Reich „Die Umsetzung der Richtlinie 99/44/EG in das deutsche Recht" in NJW 1999, S. 2397 (2398f); Reinhard Zimmermann „Konturen eines Europäischen Vertragsrechts"in JZ, S. 477; Klaus Tonner „Die Rolle des Verbraucherrechts bei der Entwicklung eines europäischen Zivilrechts" in JZ 1996, S. 533ff

[54] Richtlinie 85/577/EWG betreffend den Verbraucherschutz von außerhalb von Geschäftsräumen geschlossenen verträgen, Amtsblatt Nr. L 372 vom 31.12.1985 S. 31

[55] Richtlinie 87/102/EWG zur Angleichung der Rechts- und Verwaltungsvorschriften der Mitgliedstaaten über den verbraucherkredit, Amtsblatt Nr. L 42 vom 12.02.1987 S. 48

[56] Richtlinie 90/314/EWG über Pauschalreisen, Amtsblatt Nr. L158 vom 23.06.1990 S. 59

[57] Richtlinie 94/47/EG zum Schutz der Erwerber im Hinblick auf bestimmte Aspekte von Verträgen über den Erwerb von Teilnutzungsrechten an Immobilien, Amtsblatt Nr. L 280 vom 29.10.1994 S. 83

[58] Richtlinie 93/13/EWG über missbräuchliche Klauseln in den Verbraucherverträgen, Amtsblatt Nr. L 95 vom 21.04.1993 S. 29

[59] Richtlinie 99/44/EG zu bestimmten Aspekten des Verbrauchsgüterkaufs und der Garantien für Verbrauchsgüter, Amtsblatt Nr. L 171 vom 07.07.1999, S. 12

[60] zu den umfassenden Auswirkungen auf das deutsche Schuldrecht: Jürgen Schmidt-Räntsch „Gedanken zur Umsetzung der kommenden Kaufrechtsrichtlinie" in ZeuP 1999, S. 295; Reich „Die Umsetzung der Richtlinie 99/44/EG" a.a.O. S. 2398; Hans-w. Micklitz „Die Verbrauchsgüterkauf-Richtlinie" in EuZW 1999, S. 485ff

se[61]. Wie beispielsweise *Heiss* jedoch zutreffend herausgearbeitet hat, fördert gerade der – nicht übertriebene - Verbraucherschutz den Binnenmarkt, da nur der hinreichend geschützte Verbraucher bereit sein wird, Leistungen auch grenzüberschreitend in Anspruch zu nehmen[62]. Verbraucherschutz und Binnenmarkt sind somit keine Gegensätze, sondern vielmehr Komplementärbegriffe. Dieses gilt insbesondere für den Fernabsatz.

Wegen der wichtigen Funktion des Fernabsatzes für den Gemeinsamen Binnenmarkt und zum Zwecke des Verbraucherschutzes lag somit die Regelungskompetenz für diesen Bereich bei der EU. Angesichts der erheblichen Unterschiede in den mitgliedstaatlichen Bestimmungen zum Fernabsatz bot es sich im übrigen an, auf der Ebene der Europäischen Union einen einheitlichen rechtlichen Rahmen für den Fernabsatz zu schaffen, der die Rechtsverhältnisse in den Mitgliedstaaten einander anpaßt und hierdurch die erforderliche Rechtssicherheit insbesondere für die Verbraucher herstellt. Dementsprechend wurde durch die europäischen Institutionen im Jahre 1997 ein Regelungswerk verabschiedet, welches alle wesentlichen Fragen für den gesamten Bereich des Distanzvertriebs – und nicht nur für die Sparte des Versandhandels[63] – regeln sollte: die Richtlinie 97/7/EG über den Verbraucherschutz bei Vertragsabschlüssen im Fernabsatz[64].

Diese Regelung bezieht sich jedoch ausdrücklich nicht auf den Distanzvertrieb von Finanzdienstleistungen, wie sie etwa im Falle von Direktbanken oder Direktversicherungen angeboten werden. Dieser Bereich sollte nach Auffassung des Richtliniengebers einer eigenen Richtlinie vorbehalten bleiben, welche allerdings bis heute noch nicht verabschiedet worden ist. Derzeit existiert lediglich ein Entwurf der Kommission für eine Richtlinie über den Verbraucherschutz beim Fernabsatz von Finanzdienstleistungen[65]. Die Richtlinie zum Fernabsatz, wie auch der Entwurf zu den Finanzdienstleistungen sind allerdings jeweils Teile eines Gesamtregelungswerks, so daß sie auch gemeinsam Gegenstand der vorliegenden Untersuchung sind.

Wie die anderen verbraucherschützenden Richtlinien, beziehen sich auch die vorliegenden Regelungswerke zum Fernabsatz nur punktuell auf eine spezifische Gattung von Schuldverhältnissen, die dann einer vertikalen Regelung zugeführt werden. Dieses hat zwar einerseits den Vorteil, dass die Mitgliedstaaten grunsätzlich das eigene Privatrecht beibehalten können. In den durch Richtlinien geregelten Teilbereichen können sich Gemeinschaftsrecht und nationales Recht gegenseitig befruchten[66]. Dieser Umstand stellt die Mitgliedstaaten jedoch andererseits vor die Schwierigkeit, die EU-Regelungen in die jeweils eigene horizontale Konzeption des Schuldrechts einzufügen, ohne hierbei Widersprüche oder Regelungslücken entstehen zu las-

---

[61] vgl. Helmut Heiss a.a.O. S. 626

[62] wie vor; Fabian Antenbrink / Claudia Schneider „Die europaweie Vereinheitlichung von Verbrauchsgüterkauf und – Garantien" in VuR S. 367 (368)

[63] Der Begriff des Distanzvertriebs oder Fernabsatzes ist umfassender, da hier im Gegensatz zum Versandhandel auch auf Distanz angebotene oder erbrachte Dienstleistungen erfaßt werden.

[64] verabschiedet am 20.05.1997 – Amtsblatt EG Nr. L 144 vom 04.06.1997 S. 19 – 27, siehe Anhang I

[65] KOM (1999) 385 endg. , siehe Anhang V.2.

[66] vgl. Manfred Zuleeg „Wege der Einwirkung des Gemeinschaftsrechts auf das Privatrecht" in VersR 1995 S. 861 (865)

sen[67]. Zusätzlich nachteilig wirkt sich dabei die „Gesetzgebungstechnik" der Gremien der EU aus. Anders als beispielsweise im deutschen BGB sind die einzelnen Bestimmungen europäischer Richtlinien weniger abstrakt gehalten, sondern bauen auf konkreten Regelbeispielen sowie Ausnahmetatbeständen auf. Um größere Konflikte mit mitgliedstaatlichem Recht zu vermeiden ist darüberhinaus häufig die Regelungstiefe nur gering, weshalb wichtige Detailfragen unbeantwortet bleiben.

Diese Charakteristika sind – wie die nachfolgende Untersuchung zeigen wird – bei der Fernabsatzrichtlinie sowie bei dem Entwurf der Finanzfernabsatzrichtlinie besonders stark ausgeprägt. Die meisten Bestimmungen sind nur oberflächlich formuliert und lassen eine Vielzahl von wesentlichen Fallgestaltungen außer Acht. Aufgrund der häufig nur „diffusen" Regelungen werden die Mitgliedstaaten bei der Umsetzung in eigenes Recht vor große Interpretations- und Auslegungsprobleme gestellt. Wegen der erheblichen Interpretationsspielräume in den Richtlinientexten steht zu befürchten, daß durch unterschiedliche Auslegungen in den einzelnen Staaten eine weitreichende Rechtsangleichung und damit eines der wichtigsten Ziele verhindert wird. Diese Mängel wird die vorliegende Arbeit konkret aufzeigen. Zu diesem Zweck werden einerseits die unzureichend in den Richtlinien geregelten Fallgestaltungen herausgearbeitet und andererseits die interpretationsbedürftigen Textstellen benannt. Sodann werden die dargestellten Regelungslücken und Auslegungsschwierigkeiten anhand der vorhandenen „Gesetzgebungsmaterialien" aufgelöst und die hieraus folgende praktische Rechtsanwendung hergeleitet. Neben der Darstellung der „Funktionstauglichkeit" der einzelnen Bestimmungen aus gesetzgeberischer Sicht erfolgt somit auch eine wissenschaftliche Kommentierung der einzelnen Bestimmungen, welche auch für die Auslegung der jeweiligen nationalen Umsetzungsgesetze relevant sein dürfte. Das gilt insbesondere für die Fernabsatzrichtlinie 97/7/EG, die in einem Großteil der Mitgliedstaaten bereits umgesetzt wurde. Diese bereits vorhandenen Umsetzungsgesetze werden hier ebenfalls hinsichtlich der relevanten Regelungen dargestellt und auf Übereinstimmungen sowie Abweichungen von der Fernabsatzrichtlinie untersucht.

Schließlich wird jeweils für beide Regelungen im Rahmen eines Resümees zusammengefaßt, inwieweit diese im Hinblick auf Inhalt und Gesetzgebungstechnik sowie die bereits erfolgte Umsetzung durch einzelne Mitgliedstaaten geeignet sind, die Rechtsangleichung, die Verwirklichung des Binnenmarkts und die Durchsetzung des Verbraucherschutzes zu gewährleisten.

Die Fernabsatzrichtlinie sowie der Entwurf der Finanzfernabsatzrichtlinie werden in zwei getrennten Abschnitten untersucht, wobei jeweils eine kurze Darstellung der Entstehungsgeschichte der Gesetzestexte sowie deren Grundkonzeption vorangestellt sind.

[67] Dagmar Coester-Waltjen „Europäisierung des Privatrechts" in Jura 1998, S. 320 (322)

III. Die Fernabsatzrichtlinie 97/7/EG

Die Schaffung einer Regelung zum Fernabsatz sollte sich als langwieriges Unterfangen erweisen, da sich die Organe der EU bereits seit dem Jahre 1991 hiermit befaßten, das entsprechende Regelungswerk mit der Fernabsatzrichtlinie jedoch erst im Jahre 1997 abgeschlossen werden konnte.

III.1. Entstehung der Richtlinie

Grundvoraussetzung für die Entstehung der Richtlinie war die Herausbildung einer europäischen Verbraucherschutzpolitik Mitte der 70er Jahre. Das erste Verbraucherschutz-Programm der Europäischen Gemeinschaft vom 14. April 1975[68] genießt auch heute noch insoweit Aktualität, als es vorsah, daß der Verbraucher „vor dem Verlangen nach Bezahlung unbestellter Ware und vor aggressiven Verkaufsmethoden" zu schützen sei. Die Entwicklung zur Informations- und Kommunikationsgesellschaft wurde bereits im zweiten Programm von 1981[69] berücksichtigt, in welchem die Auswirkungen des Einsatzes neuer Technologien im Bereich der Datenverarbeitung und des Fernmeldewesens auf den Verbraucher hervorgehoben wurden.

Im Jahre 1986 befaßte sich die Kommission der Europäischen Gemeinschaften mit der zunehmenden Entwicklung und Verbreitung neuer Medien und deren Auswirkungen auf den Konsumentenschutz. In einer Mitteilung der Kommission mit dem Titel „Neuer Impuls für die Verbraucherschutzpolitik", welche als drittes Verbraucherschutz-Programm durch Entschließung des Rates vom 23.06.1986 angenommen wurde[70], waren bereits Überlegungen zum grenzüberschreitenden Fernabsatz enthalten. Unter Ziffer 29 dieser Entschließung heißt es: „Will man den gemeinsamen Markt wirklich wirkungsvoll gestalten, muß es den Verbrauchern erleichtert werden, Güter in anderen Ländern zu erwerben." In dem Text wurde außerdem Bezug genommen auf den Einsatz von neuen Technologien bei der Warenbestellung durch den Verbraucher, wobei die Kommission Vorschläge zur rechtlichen Ausgestaltung dieses Bereiches ankündigte.

Im Jahre 1989 wurde die Kommission sodann durch eine Entschließung des Rates[71] aufgefordert, die Verbraucherschutzpolitik insbesondere im Bereich der „neuen Technologien, die den Tele-Einkauf ermöglichen", voranzutreiben. Diese Aufforderung fand ihren Niederschlag im „Dreijahresplan für die Verbraucherschutzpolitik in der EWG (1990 –1992)"[72], in welchem die Verabschiedung einer Richtlinie zum Tele-Einkauf angekündigt wurde. Wörtlich heißt es dort:
„Der Binnenmarkt wird erst dann seine volle Wirkung entfalten, wenn ihn die Bürger für den Kauf von Waren und Dienstleistungen überall dort, wo diese angeboten werden, benutzen. Zusätzlich zu dem bereits bestehenden Versandhandel werden unter Einsatz des Fernsehens und neuer Kommunikationstechnologien elektronisch ge-

---

[68] Entschließung des Rates vom 24.04.1975, Amtsblatt EG Nr. C 92 vom 24.04.1975, S. 1
[69] Entschließung des Rates vom 19. Mai 1981
[70] gebilligt durch Entschließung des Rates vom 23.06.1986, Amtsblatt EG C167 v. 05.07.1986, S.1
[71] vom 9.11.1989, Amtsblatt EG C294 vom 22.11.1989, S.1(3)
[72] KOM(90)98 vom 03.05.1990

stützt grenzüberschreitende Verkäufe die Nachfrage nach solchen Leistungen beleben." Als Schlußfolgerung aus dieser Überlegung kündigte die Kommission einen Vorschlag für eine Richtlinie noch für das Jahr 1990 an, welche sich allerdings zu diesem Zeitpunkt allein auf den rechtlichen Rahmen des „Teleshoppings" beziehen sollte[73]. Eine einheitliche Regelung für den gesamten Bereich des Fernabsatzes war folglich zu diesem Zeitpunkt noch nicht geplant. In diesem Zusammenhang wurde seitens der Kommission auch erwogen, lediglich die Geltung der Richtlinie 85/577 über Haustürgeschäfte auf Versandgeschäfte zu erstrecken[74] und somit den Regelungsaufwand gering zu halten. Auch dieser Ansatz wurde jedoch nicht weiterverfolgt.

Bis zur Ausweitung dieses Vorhabens auf sämtliche im Fernabsatz getätigten Verbrauchergeschäfte und zur Unterbreitung eines konkreten Richtlinienvorschlages, vor allem aber bis zum Erlaß einer entsprechenden Richtlinie, sollte jedoch noch geraume Zeit vergehen. Die Kommission legte im April 1991 ein Diskussionspapier für eine Richtlinie über den Versandhandel vor und verteilte diese an den Verbraucherrat, Sachverständige der Mitgliedstaaten sowie über den Ausschuß für Handel und Verteilung an die betroffenen Handelsverbände, um entsprechende Stellungnahmen einzuholen [75].

Die während dieser Entwurfsphase bei Sachverständigen der Mitgliedstaaten in Auftrag gegebenen Gutachten sollten insbesondere die Rechtslage im Zusammenhang mit den nationalen Rechtsordungen und den zu erwartenden technischen Neuerungen untersuchen[76]. Diese Gutachten, welche in der Begründung zum ersten Richtlinienentwurf zusammengefaßt wurden[77], bestätigten einen Bedarf an einer weitergehenden Regelung des Fernabsatzes in den meisten nationalen Rechtsordnungen. Der für die Rechtslage auf deutscher Seite eingesetzte Gutachter Hans W. Micklitz formulierte in seinem später zum Richtlinienentwurf verfassten Aufsatz, daß in der Richtlinienbegründung „die durchweg defizitären Rechtsstrukturen in den Mitgliedstaaten in bislang nicht gekannter Präzision dokumentiert" werden[78].

Die Parlamente der einzelnen Mitgliedstaaten, denen das Diskussionspapier Anfang 1992 vorgelegt worden war, kamen allerdings teilweise zu einem abweichenden Ergebnis, wobei sich insbesondere die Bundesrepublik Deutschland von der Notwendigkeit einer Richtlinie bezüglich des Fernabsatzes nicht überzeugt sah. Insoweit wurde auf die bereits existierende Selbstverpflichtung des europäischen Versandhandels verwiesen und auf die Fähigkeit der Branchenverbände, etwa auftretende Probleme durch entsprechende Kodizes selbst zu lösen[79].

---

[73] wie vor, S. 18

[74] vgl. Mitteilung der Kommission „Auf dem Wege zu einem Binnenmarkt für den Handel" KOM(91)41 endg., S.17

[75] vgl. KOM (92)11 endg. S. 13f

[76] Aus deutscher Sicht wurde die Untersuchung vorgenommen von Micklitz/Tonner „Consumer Protection and Distant-Selling in the Federal Republic of Germany" Typoskript, Berlin 1993.

[77] KOM(92)11 endg., Amtsblatt EG C156 vom 23.06.1992, S.26 - 70

[78] in Micklitz VuR 1993, S. 129 (130)

[79] so der damalige Regierungsdirektor des Bundesmimisteriums der Justiz E. Schaefer im Bulletin des Direktvertriebes, 5/6 – 92, S. 5ff

Auch von Seiten der europäischen Gremien gab es erhebliche Kritik am Diskussionspapier der Kommission. So urteilte der Ausschuß für Handel und Verteilung in seiner Stellungnahme vom 16. Januar 1992 zum Vorentwurf der Richtlinie, daß „der Ausschuß für Handel und Verteilung nicht von der Notwendigkeit einer so weit gefaßten Richtlinie überzeugt sei (...) und die Argumente der Kommission ablehnt".[80]

Selbstverständlich wurde das Diskussionspapier auch von einzelnen Berufs- und Handelsverbänden kritisiert, welche im Interesse ihrer Mitglieder einer verbindlichen Reglementierung der Geschäftspraktiken beim Fernabsatz entgegentreten wollten. Verbände wie der AEVPC[81] verwiesen auf die bestehenden freiwilligen Verhaltenskodizes und die Möglichkeit, den Fernabsatz weiterhin auf dieser Ebene zu regeln[82].

Unter Zugrundelegung der Stellungnahmen der Verbände und der einzelnen Mitgliedstaaten sowie unter Berücksichtigung der Kritik am Diskussionspapier wurde am 07.04.1992 die bereits erwähnte Empfehlung 92/295/EWG über die Verhaltenscodices zum Verbraucherschutz bei Vertragsabschlüssen im Fernabsatz beschlossen[83]. Am 21. Mai 1992 legte die Kommission sodann ihren ersten Vorschlag für eine Richtlinie „über den Verbraucherschutz bei Vertragsabschlüssen im Fernabsatz"[84] vor. Der Richtlinienentwurf war jedoch bereits innerhalb der Kommission umstritten. Lediglich eine Mehrheitsentscheidung der Kommission selbst hat eine Veröffentlichung des Entwurfs im Amtsblatt möglich gemacht[85].

Zur Notwendigkeit einer europäischen Regelung des Fernabsatzes führte die Kommission in der Begründung ihres Entwurfs zutreffend aus[86]: „ Der klassische Versandhandel benutzte den Katalog zur Präsentation der Erzeugnisse und den Brief für die Bestellung. Die Vervielfachung der neuen Technologien (Telefon, Fernsehen, Computer) verwandelt diese Tätigkeit vollständig. Sie wird in Zukunft auch immer stärker grenzübergreifenden Charakter haben. Es ist notwendig, einen gemeinschaftsrechtlichen Mindestsockel aufzustellen, bevor jeder Mitgliedstaat seine eigene Gesetzgebung erläßt, was zu einer Behinderung des Marktes führen würde."

Der erste Entwurf enthielt bereits die wesentlichen Instrumentarien zum Schutz des Verbrauchers, welche auch in der endgültigen Fassung der Richtlinie enthalten sind. Dementsprechend basierte schon der Entwurf auf einem Schutzmechanismus, wonach der Verbraucher in jedem Stadium eines etwaigen Vertragsschlusses vor den besonderen Risiken des Fernabsatzes geschützt werden soll. Regelungsgegenstand waren somit sowohl die Vetragsanbahnung, der Vertragsschluß als auch die Vertragsdurchführung im Fernabsatz. Im Bereich der Vertragsanbahnung sollte der Anbieter verpflichtet werden, beim Einsatz von Fernkommunikationstechniken die Pri-

---

[80] BR-Drucksache 445/92 vom 23.06.1992, S. 79
[81] Europäische Vereinigung des Versandhandels – Association Européene de Vente par Correspondence et à Distance
[82] BR-Drucksache 445/92 vom 23.06.1992, S. 79
[83] Amtsblatt Nr.L156 vom 10.06.1992, S.21ff
[84] KOM(92)11 endg., Amtsblatt EG C156 vom 23.06.1992, S.14ff
[85] Micklitz „Der Vorschlag für eine Richtlinie des Rates über den Verbraucherschutz bei Vertragsabschlüssen im Fernabsatz" in VuR 1993 S. 132
[86] BR-Drucksache 445/92 vom 23.06.1992, S. 77

vatsphäre des Verbrauchers zu achten (Artikel 4) sowie bereits mit dem Angebot die für den Verbraucher wesentlichen Informationen zu übermitteln (Artikel 6).

Der Verbraucherschutz sollte hinsichtlich des Vertragsschlusses dadurch gewährleistet werden, daß dem Verbraucher die Möglichkeit des Widerrufs innerhalb von sieben Kalendertagen nach Eingang der Leistung eingeräumt wurde (Artikel 11), worauf der Anbieter, neben weiteren Informationen, schriftlich hinzuweisen hatte (Artikel 10). Die Vetragsdurchführung schließlich sollte dahingehend geregelt werden, daß die Zahlung mittels Bezahlkarte jederzeit durch Einspruch rückgängig gemacht werden kann, falls eine unmittelbare Überprüfung der Karte durch den Anbieter nicht stattgefunden hat (Artikel 12).

Dieser erste Entwurf der Richtlinie zum Verbraucherschutz im Fernabsatz ist am 09.06.1992 an den Rat und am 17.06.1992 an das Parlament übermittelt worden. Der Rat leitete den Entwurf wiederum an die jeweiligen nationalen Parlamente zur Stellungnahme weiter. In der Folge wurde der Entwurf insbesondere von deutscher Seite erneut scharf kritisiert. Die beteiligten Ausschüsse des deutschen Bundesrates stellten in ihrer Stellungnahme zum Entwurf fest, daß „eine besondere Schutzbedürftigkeit, zumindest in dem vorgesehenen umfassenden Anwendungsbereich nicht ersichtlich ist“ Weiterhin wird in der Stellungnahme ausgeführt:" Der Vorschlag entfernt sich in seiner Grundkonzeption von der Leitvorstellung eines liberalisierten Europäischen Binnenmarktes mit größtmöglicher Durchlässigkeit der Grenzen der Mitgliedstaaten für Menschen, Waren, Dienstleistungen und Kapital“.[87] Insoweit wurde darauf verwiesen, daß die von der Richtlinie erfaßten Vertragsarten sowie die aufgezählten Kommunikationstechniken zu unterschiedlich seien, um einer einheitlichen Regelung unterworfen zu werden.[88] Daneben wurde die weit gefaßte Formulierung der Richtlinie und die hieraus folgenden Definitionsprobleme kritisiert. Schließlich wurde – nicht zu Unrecht – bemängelt, daß der Entwurf bei der Definition des Fernabsatzes nicht danach unterschied, ob ein Anbieter sich gezielt der Fernkommunikationstechniken für den Vertrieb bedient, oder ob eine Bestellung lediglich ausnahmsweise über eine solche Technik, z.B. Telefon, abgewickelt wird[89]. Diese weitreichende Definition hätte zur Folge gehabt, daß beispielsweise auch die Bestellung beim Einzelhändler von nebenan den besonderen Schutzrechten der Regelung unterworfen worden wäre, selbst wenn sie lediglich aus Zeitgründen ausnahmsweise nicht persönlich sondern telefonisch erfolgt. Wegen dieser Kritikpunkte wurde die erste Entwurfsfassung vom Rechtsausschuß und der Bundesregierung insgesamt abgelehnt.[90]

Demgegenüber bestätigte der Wirtschafts- und Sozialausschuß der Europäischen Gemeinschaft, welchem der Entwurf gem. Art. 100a EWG-Vertrag vorgelegt worden war, die Notwendigkeit einer Richtlinie zum Fernabsatz. In seiner diesbezüglichen Erklärung vom 24.11.1992[91] ergänzte der Ausschuß die bisherigen Motive für die Richtlinie um eine zusätzliche Komponente: „Eine Regelung, mit der das Vertrauen in

---

[87] BR-DrS 445/1/92 S.1
[88] wie vor, S. 3
[89] wie vor, S. 4
[90] N.N. ‚Rechtsausschuß wünscht weitere Verbesserungen in Verbraucherschutz-Richtlinie für Fern-Vertragsschlüsse, WIB Heft 5 vom 15.03.1995
[91] Amtsblatt EG C 19 vom 25.01.1993, S. 111

den Fernabsatz als Form des Handels gesteigert werden soll, liegt nicht nur im Interesse des Schutz fordernden Verbrauchers, sondern auch im Interesse der Unternehmen dieser Branche, die zwangsläufig an Vertrauenswürdigkeit gewinnen und infolgedessen ihren Umsatz steigern können"[92]. Durch dieses Argument wurde der beschriebenen Kritik der Handelsverbände in überzeugender Weise begegnet.

Daraufhin billigte auch das Europäische Parlament diesen Richtlinienvorschlag am 26.05.1993 in erster Lesung[93], allerdings vorbehaltlich einer Zahl von 35 Änderungen am Entwurf. Infolgedessen überarbeitete die Kommission ihren Richtlinienvorschlag unter Maßgabe der 35 Änderungsvorschläge des Parlaments und setzte 30 hiervon um. Darüber hinaus wurde die auch von deutscher Seite geäußerte Kritik berücksichtigt, indem die Definition des Fernabsatzes konkretisiert wurde auf solche Vertragsschlüsse, die in einem „für den Fernabsatz organisierten Vertriebs- und Dienstleistungssystem" vorgenommen werden. Die gelegentliche Verwendung von Fernkommunikationstechniken im Vertrieb sollte folglich nicht mehr besondere Schutzrechte zugunsten des Verbrauchers auslösen.

Den abgeänderten Richtlinienentwurf legte die Kommission sodann am 07.10.1993 vor[94]. Trotz der Änderungen blieb es auf deutscher Seite bei den Vorbehalten, so daß der Rechtsausschuß des deutschen Bundestages den neuen Entwurf am 10. März 1995 nur „zähneknirschend" akzeptierte[95]und im übrigen weiteren Gesprächsbedarf für den Ministerrat anmahnte. Die anschließenden Verhandlungen im Rat führten schließlich am 29.6.1995[96] zur Festlegung eines Gemeinsamen Standpunktes, welcher insbesondere den uneingeschränkten Erstattungsanspruch bei der Verwendung einer Zahlungskarte auf Fälle der betrügerischen Verwendung beschränkte und auf das ursprünglich vorgesehene Verbot von Vorauszahlungen verzichtete. Desweiteren wurden im Gemeinsamen Standpunkt die Finanzdienstleistungen vollständig aus dem Anwendungsbereich der geplanten Richtlinie herausgenommen, obwohl der Rat auf die Schutzbedürftigkeit des Verbrauchers auch in diesem Bereich hinwies[97].

Dieser Gemeinsame Standpunkt des Rates, welcher der Kommission erneut zur Stellungnahme vorgelegt wurde[98], kam der endgültigen Fassung der Richtlinie bereits sehr nahe. Dennoch sah sich das Europäische Parlament in der zweiten Lesung am 13.12.1995 zu insgesamt 31 weiteren Änderungswünschen[99] veranlaßt. Insbesondere die Herausnahme der Finanzdienstleistungen aus dem Anwendungsbereich der Richtlinie führte zu Kontroversen und wird bis heute kritisiert[100]. Das Europäische Parlament versuchte noch im Vermittlungsausschuß, die erneute Berücksichtigung

[92] wie vor, S. 112
[93] Amtsblatt EG Nr. C 176 v. 28.06.1993, S.85
[94] KOM (93) 396 endg. - Amtsblatt EG Nr. C 308 vom 15.11.1993, S.18
[95] N.N. „Rechtsausschuß wünscht weitere Verbesserungen in Verbraucherschutz-Richtlinie für Fern-Vertragsschlüsse" in WIB Heft 5 vom 15.03.1995
[96] Amtsblatt EG Nr. C288 vom 30.10.1995, S.1
[97] Amtsblatt EG Nr. C288 vom 30.10.1995, S. 1
[98] Stellungnahme vom 7.7.95 – Dok. SEC (95)1158 – COD 411
[99] Beschluß vom 13.12.1995; Amtsblatt EG Nr. C17 v. 22.01.1996, S 51
[100] hierzu van Huffel „Revue européene de droit de la consommation (REDC) 1997, S.33

der Finanzdienstleistungen in der Richtlinie herbeizuführen. Schließlich stimmte das Parlament jedoch der Ausgliederung der Finanzdienstleistungen zu, da die Kommission zusagte, die Möglichkeit einer speziellen Regelung für den Fernabsatz von Finanzdienstleistungen zu überprüfen[101].

Der weitere Änderungswunsch des Europäischen Parlaments, zu Lasten des Anbieters grundsätzlich eine Beweislastumkehr festzulegen, scheiterte ebenso wie der Plan, die Richtlinie, anders als im Entwurf vorgesehen, auch vollständig auf den Bereich der Tourismusbranche zu erstrecken. Diese Initiative stießen vor allem auf den Widerstand der entsprechenden Ausschüsse des Deutschen Bundestages, welche befanden, daß die Ausweitung der Richtlinie auf die Tourismusbranche „den Interessen der Bundesrepublik erheblich" widerspräche[102].

Nachdem die Europäische Kommission schließlich gem. Art. 189 b Abs. 2 d EGV zu den 31 Änderungswünschen des Parlamentes Stellung genommen hatte und hiervon insgesamt 21 akzeptierte[103], verabschiedeten das Europäische Parlament und der Rat der Europäischen Union am 20.05.1997 die endgültige Fassung der Richtlinie 97/7/EG[104].

III.2. Ausrichtung und Schutzniveau

Trotz des über fünf Jahre dauernden Erlaßverfahrens, welches von zahlreichen Diskussionen und Änderungen geprägt waren, basierte die endgültige Fassung der Fernabsatzrichtlinie auf den selben Schutzmechanismen, welche bereits im ersten Entwurf von 1992 angelegt war. Dementsprechend sollte der Schutz des Verbrauchers insbesondere durch zwei Instrumente herbeigeführt werden:

1. **Information** des Verbrauchers vor und während des Vertragsschlusses
2. Einräumung eines zeitlich befristeten **Widerrufsrechts**

Darüber hinaus enthält die Richtlinie einzelne Regelungen, welche - unabhängig vom konkreten Vertragsschluß - die Gefahr unlauterer Geschäftspraktiken im Fernabsatz reduzieren und dem Verbraucher die Möglichkeit der Rechtsdurchsetzung, insbesondere im Hinblick auf grenzüberschreitende Bestellungen, gewährleisten sollen.

---

[101] vgl. Amtsblatt EG L144 vom 4.06.1997, S. 28
[102] N.N. „Tourismusausschuß lehnt Änderungswünsche des Europaparlaments zur Distanzgeschäfterichtlinie ab" in WIB Heft 8 vom 02.05.1996
[103] KOM (96)36 endg. COD 411
[104] Amtsblatt EG Nr. L144 vom 04.06.1997, S.19

III.2.1. Die Information des Verbrauchers

Die Informationspflichten sind in Artikel 4 sowie Artikel 5 der Richtlinie normiert. Nach Artikel 4 sind dem Verbraucher „rechtzeitig vor Abschluß eines Vertrages" bestimmte Informationen zu übermitteln, welche den „Lieferer"[105], den Vertragsgegenstand sowie die Vertragsabwicklung betreffen. Hierbei hat die Informationserteilung in einer der Fernkommunikationstechnik angepaßten Form zu erfolgen und muß den kommerziellen Zweck der Informationen eindeutig erkennen lassen. Für das Telefon ist sogar nochmals ausdrücklich hervorgehoben, daß diese Informationen zu Beginn eines Gespräches mitgeteilt werden müssen, da der Verbraucher nach Nr. (12) der Erwägungsgründe „zu Beginn des Gesprächs genügend Informationen erhalten (soll), um zu entscheiden, ob er dieses Gespräch fortsetzen will oder nicht".

In Nr. (13) der Erwägungsgründe wird zutreffend darauf verwiesen, daß die mittels moderner Kommunikationstechnologien verbreiteten Informationen, anders als bei schriftlichen Urkunden, nicht beständig sind. Um dem Verbraucher dennoch die dauerhafte Verfügbarkeit der Informationen zu gewährleisten und nicht zuletzt, um im Falle einer rechtlichen Auseinandersetzung eine Nachweismöglichkeit zu schaffen, verpflichtet Artikel 5 den Anbieter („Lieferer") zu einer schriftlichen Bestätigung der Informationen auf einem **dauerhaften** Datenträger, spätestens zum Zeitpunkt der Vertragserfüllung.

III.2.2. Das Widerrufsrecht

Das Widerrufsrecht, welches insbesondere aus der Haustürgeschäfterichtlinie 85/577/EWG bekannt ist, gehört bereits zu den klassischen Instrumentarien gemeinschaftsrechtlichen Konsumentenschutzes[106]. Daher ist es nicht verwunderlich, daß das Widerrufsrecht von Anfang an auch Kernstück der geplanten Richtlinie zum Fernabsatz sein sollte. Bereits im ersten Entwurf der Richtlinie vom 21. Mai 1992 wurde unter Nr. (13) der Gründe ausgeführt: "Der Verbraucher hat in der Praxis keine Möglichkeit, zum Zeitpunkt der Aufforderung das Erzeugnis zu sehen oder die Eigenschaften der Dienstleistung im einzelnen zur Kenntnis zu nehmen. Es muß daher dem Verbraucher erlaubt werden, den Vertrag nach Erhalt des Erzeugnisses oder der Dienstleistung zu widerrufen"[107]. Die Notwendigkeit eines Widerrufsrechts wurde dementsprechend allein damit begründet, daß dem Verbraucher im Fernabsatz die Möglichkeit fehlt, bereits vor der Bestellung die Leistung zu überprüfen[108]. In den Gründen unberücksichtigt blieb dagegen der Übereilungsschutz, welcher insbesondere im Hinblick auf die neuen Technologien TV-Shopping und e-commerce eine

---

[105] Diese in der deutschen Sprache seltsam klingende Bezeichnung wurde bei der Abfassung Richtlinie für den Begriff des „Anbieters" gewählt und soll daher auch in den weiteren Ausführungen synonym verwendet werden.
[106] vgl. Herbert Roth „EG-Richtlinien und Bürgerliches Recht" in JZ 1999, S. 529 (533)
[107] Amtsblatt der EG Nr. C156 vom 23.06.1992, S. 15
[108] Diesen Umstand hält Herbert Roth a.a.O. allerdings nicht für ausreichend für die Legitimierung eines Widerrufsrechts, da er dieses nur bei einer Überrumpelungsgefahr zugestehen möchte, die er beim Fernabsatz offensichtlich nicht sieht.

Widerrufsmöglichkeit rechtfertigt[109]. Darüberhinaus sahen die meisten mitgliedstaatlichen Rechtsordnungen bereits Rücktrittsmöglichkeiten, Bedenkfristen oder Widerrufsrechte für Rechtsgeschäfte im Fernabsatz vor, so daß die gemeinschaftsrechtliche Fortsetzung dieses bereits etablierten Konzepts zweckmäßig war.
Das Widerrufsrecht des Verbrauchers wurde schließlich in Artikel 6 der Richtlinie niedergelegt und erlaubt es dem Verbraucher den Vertragsschluß „innerhalb einer Frist von 7 Werktagen ohne Angabe von Gründen" zu widerrufen. Dementsprechend ist das Widerrufsrecht nicht an Bedingungen geknüpft, der Verbraucher kann es unabhängig von seiner zugrundeliegenden Motivation ausüben. Allerdings wird das Widerrufsrecht nicht grundsätzlich kostenfrei gewährt, wie es nach der hier vertretenen Auffassung zum umfassenden Schutz des Verbrauchers vor Nachteilen erforderlich gewesen wäre. Vielmehr soll es im Rahmen der mitgliedstaatlichen Gesetzgebung möglich sein, den Verbraucher mit den Kosten der Rücksendung der Ware zu belasten. Ob diese Einschränkung aus der Sicht des Verbraucherschutzes vernünftig war, kann bezweifelt werden. Gerade der im Fernabsatz typische Nachteil, eine Ware vor der Bestellung nicht prüfen zu können, bleibt somit für den Verbraucher teilweise erhalten. Er kann erst bei Lieferung der Ware überprüfen, ob diese ihm tatsächlich gefällt oder –insbesondere bei Kleidungsstücken- passt, so daß er bei drohenden Rücksendekosten evtl. den weniger riskanten Kauf im Ladengeschäft vorzieht. Darüber hinaus wird der Verbraucher auch nicht unbelastet von seinem Widerrufsrecht Gebrauch machen können: soweit der Verbraucher die Kosten für die Rücksendung übernehmen muß, wird er es sich genau überlegen, ob er den Vertrag bereits deswegen widerruft, weil ihm die gelieferte Ware nicht gefällt. Im Fall des Vertragswiderrufs wäre er mit Kosten belastet, obwohl er die vom Anbieter erbrachte Leistung letztlich nicht in Anspruch nehmen möchte. Daher wird er sich nicht selten dafür entscheiden, eine gerade noch akzeptable Leistung zu behalten. Da er jedoch gerade vor den Risiken geschützt werden soll, die beim Kauf einer zuvor nicht besichtigten Ware entstehen, ist die entsprechende Regelung zu den Rücksendekosten aus der Sicht des Verbraucherschutzes im Fernabsatz nicht optimal.

Im Hinblick auf Dienstleistungen und nicht wiederverkäufliche Ware hat die Richtlinie die Interessen der Anbieter hinreichend berücksichtigt. So steht dem Verbraucher das Widerrufsrecht gemäß Artikel 6 Abs.3 der Richtlinie nicht zu bei Dienstleistungen, die mit Zustimmung des Verbrauchers bereits vor Ablauf der Widerrufsfrist erbracht werden. Ein Widerrufsrecht besteht ebenfalls nicht bei Waren, die speziell nach Kundenwünschen angefertigt wurden sowie bei leicht verderblichen Waren oder solchen, die vernünftigerweise nicht zurückgenommen werden können (z.B. Hygieneartikel).

Darüber hinaus gilt die Richtlinie ohnehin nicht für Lebensmittel und Waren des täglichen Bedarfs, die im Rahmen regelmäßiger Fahrten geliefert werden. Wie bereits bei der Haustürrichtlinie soll durch diese Ausnahme erreicht werden, daß der lokale Klein- und Einzelhandel nicht Beschränkungen unterworfen wird, die die tägliche Be-

[109] vgl. Ziffer I.3.1.

darfsdeckung des Verbrauchers – z.B. durch die zunehmend verbreiteten Lieferdienste der Supermärkte – behindern würden[110].

Auch die Reise- und Gastronomiebranche ist im Hinblick auf die in diesem Bereich häufig auftretenden „bindenden" Reservierungen aus dem Anwendungsbereich der Richtlinie herausgenommen, was nicht zuletzt auf die scharfe Kritik aus dem Lager des Reisegewerbes zurückzuführen sein dürfte[111].

III.2.3. Verbot unlauterer Geschäftspraktiken

Die Richtlinie begnügt sich nicht damit, alleine die Modalitäten des Vertragsschlusses im Fernabsatz zu regeln, vielmehr soll der Verbraucher auch vor den Gefahren und Störungen beschützt werden, welche durch den Einsatz von Fernkommunikationstechniken im Vertrieb grundsätzlich entstehen können.

In diesem Sinn regelt Artikel 8 die Zahlung mittels einer Zahlungkarte, wonach der Verbraucher bei der betrügerischen Verwendung seiner Karte im Fernabsatz die Rückerstattung des Geldbetrages verlangen kann. Diese Regelung bezieht sich insbesondere auf die beim e-commerce übliche Zahlung mittels Kreditkarte durch Eingabe der Kreditkartennummer. Es liegt auf der Hand, daß die Mißbrauchsgefahr hierbei besonders hoch ist. Darüber hinaus plant der Internethandel in Zusammenarbeit mit Kreditinstituten die Einführung spezieller Chipkarten, die eine Identifizierung des Käufers ermöglichen und das e-commerce somit sicherer machen sollen[112].

Nach Artikel 9 der Richtlinie soll der Verbraucher vor der Zusendung unbestellter Ware geschützt werden, einer nach wie vor praktizierten unlauteren Verkaufsstrategie, bei der der Versender hofft, den überraschten Empfänger der Ware zur Bezahlung bewegen zu können. Da die Rechtsordungen der meisten Mitgliedstaaten diese Geschäftspraxis bereits vor Erlaß der Richtlinie sanktionierten[113], hat die Regelung vornehmlich den Zweck zu präzisieren, daß durch derartiges Verhalten ein Vertrag nicht zustandekommt, insbesondere das Schweigen des Verbrauchers und das gleichzeitige Behalten der Ware nicht als Zustimmung zum Vertragsschluß zu werten sind, sondern der Empfänger die Ware unentgeltlich behalten darf.

Schließlich soll durch Artikel 10 die Privatsphäre und die Selbstbestimmung des Verbrauchers geschützt werden, also seine Freiheit selbst darüber zu entscheiden, welche Bestellaufforderungen er in seinem privaten Bereich erhalten möchte und welche

[110] vgl. Hans W. Micklitz „Der Vorschlag für eine Richtlinie des Rates über den Verbraucherschutz bei Vertragsabschlüssen im Fernabsatz" in VuR 1993 S.129 (133);Begründung des Richtlinienvorschlags in KOM (92)11 endg. S. 17

[111] vgl. schriftliche Anfrage vom Abgeordneten Winifred Ewing an die Kommission vom 21.März 1994 im Amtsblatt der EG Nr. C 306 S. 41, in welcher er vor erheblichen Scäden für die Fremdenverkehrsindustrie warnt; Stellungnahme des Bundestagsausschuß für Fermdenverkehr und Tourismus vom 25.04.1996, der einer Ausweitung der Richtlinie auf die Dienstleistungen der Tourismusbranche ausdrücklich widersprach – vgl. Fn. 89

[112] Commerzbank Pressemitteilung vom 16.03.2001

[113] Vgl. Begründung des Richtlinienentwurfs KOM (92)11 endg. S.19

nicht. Dementsprechend muß er die Möglichkeit haben, Vorkehrungen zu treffen, daß ihm bestimmte Arten von Bestellaufforderungen nicht zugehen, wie z.B. Telefax-Angebote oder Telefonanrufe. Dieses soll die Regelung dadurch gewährleisten, daß dem Verbraucher Angebote per Telefax und automatischen Anrufen (Voice-Mail-System) nur mit dessen vorheriger Zustimmung übermittelt werden dürfen. Bei den verbleibenden Fernkommunikationstechniken wie Telefon, Postsendung und e-mail ist das Schutzniveau allerdings geringer. Hier ist die Kontaktaufnahme durch den Anbieter bereits möglich, wenn der Verbraucher nicht ausdrücklich widersprochen hat.

Aus der Sicht des Verbraucherschutzes ist es bedauerlich, daß lediglich bei Fax und Voice-Mail-Systemen auf die vorherige Zustimmung des Verbrauchers abgestellt wird (sog. opt-in System), die verbleibenden Kommunikationstechniken, vor allem die zukünftig relevanten wie Telefon und e-mail, jedoch schon eingesetzt werden dürfen, wenn der jeweilige Verbraucher nicht ausdrücklich widersprochen hat (sog. opt-out System). Im Gesetzgebungsverfahren versuchten insbesondere die Verbraucherverbände und die sie unterstützenden Abgeordneten des europäischen Parlaments das opt-in System, ähnlich wie bisher in Deutschland, für sämtliche Fernkommunikationstechniken durchzusetzen und hierdurch den Verbraucher effektiver vor belästigenden Bestellaufforderungen zu schützen. Insoweit sah noch der zweite Entwurf der Richtlinie vom 07.10.1993 im damaligen Artikel 4 vor, auch das Telefon und die elektronische Post (e-mail) neben dem Telefax und der Voice-mail in das opt-in System mit einzubeziehen, deren Verwendung also von der vorherigen Zustimmung des jeweiligen Verbrauchers abhängig zu machen[114]. Wie die endgültige Fassung der Richtlinie zeigt, konnten sich die Verbraucherverbände mit ihrem Anliegen jedoch letztlich nicht durchsetzen.

III.2.4. Verbot der Vorauszahlung

Für den Verbraucher dürfte besonders wichtig sein, daß er im Falle seines Rücktritts vom Vertrag keine finanziellen Verluste erleidet. Ein Verbot jeglicher Vorauszahlung durch den Besteller bietet hiervor den effektivsten Schutz, da derVerbraucher im Falle des Vertragsauflösung nicht um die Rückzahlung seiner Geldzahlung bangen und diese gegebenenfalls sogar im Ausland durchsetzen muß. In den anfänglichen Beratungen zum ersten Entwurf wurde insbesondere das Risiko einer Insolvenz des Anbieters für den vorauszahlenden Besteller problematisiert und insoweit vorgeschlagen, die Lieferer zur Errichtung eines gemeinsamen Garantiefonds zu verpflichten, welcher die Rückerstattung geleisteter Anzahlungen im Konkursfall eines Anbieters sicherstellen sollte. Diese Konzeption wurde jedoch in den von der Kommission eingeholten Stellungnahmen - sowohl von Seiten der Verbraucherverbände als auch von Seiten der Wirtschaftsverbände – kritisiert[115], so daß der „Garantiefonds" nicht mehr in den ersten Entwurf der Richtlinie vom 21.05.1992[116] übernommen wurde. Stattdessen wurde den Unternehmen der Fernabsatzbranche durch die

---

[114] vgl. Amtsblatt der EG C308 vom 15.11.1993, S. 24
[115] vgl. die Entwurfsbegründung in KOM (92)11 endg., S. 14, 80
[116] Amtsblatt EG Nr. C156 vom 23.06.1992, S.14ff

Empfehlung der Kommission über Verhaltenscodizes vom 07.04.1992[117] lediglich nahegelegt, „Vorkehrungen zur Sicherung der Rückerstattung der vom Verbraucher bei der Bestellung geleisteten Zahlungen" zu treffen. Das Parlament griff die Idee des Garantiefonds allerdings in erster Lesung des Gesetzesentwurfs erneut auf und brachte den Änderungsvorschlag ein, die Mitgliedstaaten und Branchenverbände in Artikel 11b zur Ausarbeitung eines Garantiesystems für Konkursfälle zu verpflichten[118].

Dieser Vorschlag wurde von der Kommission jedoch nicht mehr aufgegriffen. Stattdessen wurde - im Sinne der Verbraucherverbände - in der zweiten Fassung vom 07.10.1993 unter dem damaligen Artikel 8 geregelt, daß „vor der Lieferung eines Erzeugnisses bzw. vor der Erbringung einer Dienstleistung (...) vom Verbraucher keine Bezahlung verlangt werden" kann, Vorauszahlungen also grundsätzlich unzulässig sein sollten[119]. Bereits im Gemeinsamen Standpunkt des Rates vom 29.06.1995[120] war dieser Passus jedoch ersatzlos gestrichen worden und wurde auch im weiteren Regelungsverfahren nicht mehr in die Richtlinie aufgenommen, so daß die endgültige Fassung keine Bestimmung mehr zu Vorauszahlungen des Verbrauchers enthält.

Um den vorauszahlenden Verbraucher jedoch zumindest vor den Gefahren einer Insolvenz des Lieferers zu schützen, oblag es somit den europäischen Branchenverbänden des Fernabsatzes, in Erfüllung der Kommissionsempfehlung vom 07.04.1992 auf freiwilliger Basis Schutzmechanismen zugunsten des vorauszahlenden Bestellers zu entwickeln. Die jeweiligen Verbände haben jedoch bis heute davon abgesehen, das Problem der Vorauszahlungen in ihren Verhaltenscodizes zu regeln oder gar einen Garantiefonds für den Fall von Insolvenzen einzurichten. Infolgedessen besteht weiterhin uneingeschränkt die Gefahr, daß der Verbraucher durch Leistung einer Vorauszahlung einen finanziellen Verlust erleidet, da er trotz Vertragsauflösung die Rückzahlung bereits geleisteter Geldbeträge wegen einer Insolvenz des Anbieters oder sonstiger Vollstreckungsschwierigkeiten nicht durchsetzen kann.

Somit bleibt festzustellen, daß der Verbraucher hinsichtlich der Vorauszahlungen auf europäischer Ebene nicht hinreichend geschützt ist, so daß es an den Mitgliedstaaten ist, auf nationaler Ebene weitergehende Regelungen zu treffen.

III.2.5. Grenzüberschreitender Fernabsatz

Die Kommission hat bereits frühzeitig die wesentliche Bedeutung des grenzüberschreitenden Fernabsatzes für die Realisierung des Europäischen Binnenmarktes herausgestellt[121] sowie die Notwendigkeit, diesen länderübergreifenden Vertrieb zu fördern. Als eine der zentralen Voraussetzungen für die Weiterentwicklung des grenzüberschreitenden Fernabsatz hob die Kommission die Rechtssicherheit des Verbrauchers hervor[122], da vor allem durch die Rechtssicherheit das Vertrauen des

[117] Amtsblatt EG Nr. L156 vom 10.06.1992, S.21f
[118] Amtsblatt EG Nr. C176 vom 28.06.1993, S. 94
[119] Amtsblatt EG Nr. C308 vom 15.11.1993, S.25
[120] Amtsblatt EG Nr. C288 vom 30.10.1995, S.1ff
[121] in ihrer Mitteilung „Auf dem Wege zu einem Binnenmarkt für den Handel", KOM (91)41 endg. vom 11.03.1991
[122] vgl. Begründung des ersten Richtlinienentwurfs KOM (92)11 endg., S.10f

Verbrauchers in diese Absatzform gestärkt werden kann. Die Verbraucher werden jedoch nur dann rege bei jeweils ausländischen Anbietern bestellen, wenn sie auch in diesem Fall weiterhin den gewohnten rechtlichen Schutz genießen. Aus diesem Grund enthält die Richtlinie in Artikel 12 Absatz 2 eine das allgemeine IPR ergänzende Generalklausel, wonach der EU-Verbraucher den durch die Richtlinie gewährten Schutz auch dann nicht verlieren soll, wenn bei der Bestellung das Recht eines Drittlandes, also nicht EU-Staates gewählt wurde, die Bestellung aber einen engen Zusammenhang mit dem Gebiet zumindest eines Mitgliedstaates aufweist. Diese international-privatrechtliche Mindestschutzklausel, in ähnlicher Form bereits bekannt aus der Richtlinie 93/13/EWG über vorformulierte Klauseln[123] und der Time-Share Richtlinie 94/47/EG vom 26.04.1994[124], soll sicherstellen, daß der europäische Verbraucher auch außerhalb der Grenzen der Europäischen Union einem einheitlichen Schutzstandard unterworfen ist. Dieses dürfte insbesondere für den Fernabsatz via Internet von Bedeutung sein, da im e-commerce vor allem eine Vielzahl US-amerikanischer Anbieter auch den europäischen Verbraucher umwerben. Das erforderliche Vertrauen des Verbrauchers auch bei grenzüberschreitenden Bestellungen wird durch Mindestschutzklausel zweifellos gefördert.

III.3. Anwendung und Auslegung der einzelnen Regelungen

Besonders häufig wurde die Richtlinie wegen ihres Aufbaus und den darin enthaltenen unpräzisen, teilweise generalklauselartigen Formulierungen kritisiert. In seinem Aufsatz zur Richtlinie stellt *Martinek* fest: "Unter dem Gesichtspunkt der Gesetzgebungskunst überkommt den deutschen Privat- und Wirtschaftsrechtler das kalte Grausen. Legt er die Worte der einzelnen Artikel in vertrauter Weise auf die Goldwaage, dann weiß er angesichts der Unklarheiten und Ungereimtheiten, der Abgrenzungsprobleme und Überschneidungen (...) manchmal nicht, ob er lachen oder weinen soll...".[125] Kritiker haben wegen der Verwendung von weit gefaßten Begriffen schon im Gesetzgebungsverfahren mehrfach Klarstellungen angemahnt[126] oder sahen hierdurch bestätigt, „mit welchen wohl nicht nur intellektuellen Schwächen der immer sehr punktuelle Ansatz des europäischen Privatrechts heut behaftet ist"[127]. Auch wenn die Kritik teilweise etwas überspitzt formuliert sein dürfte, läßt sich doch feststellen, daß die einzelnen Regelungen der Fernabsatzrichtlinie einen weiten Interpretationsspielraum bieten welcher zumindest stellenweise zu erheblichen Unklarheiten führt. Zwar wirken sich die Unklarheiten hier nicht unmittelbar auf den Verbraucher aus, da dessen rechtliche Situation letztlich durch die nationalen Fernagsatzgesetze geregelt wird, welche aufgrund der Richtlinie erlassen werden. Nach Artikel 14 der Richtlinie bestimmt diese jedoch den Mindeststandard des Verbraucherschutzes im Fernabsatz, welcher durch die nationalen Gesetze nicht unter-

---

[123] Amtsblatt EG Nr. L95 vom 05.04.1993, S. 29ff

[124] Amtsblatt EG Nr. L280 vom 29.10.1994, S.83ff

[125] vgl. Michael Martinek „Verbraucherschutz im Fernabsatz-Lesehilfe mit Merkpunkten zur neuen EU-Richtlinie" in NJW 1998, S.207(208)

[126] so der Rechtsausschuß des Bundestages in seiner Stellungnahme, vgl. WIB Heft 5 vom 15.03.1995

[127] Felix Schöbi „Die Fernabsatzrichtlinie aus schweizerischer Sicht" in „Grenzüberschreitendes Vertragsrecht, 19. Tagung der Europäischen Anwaltsvereinigung e.V. in Bern" 1999, S.8

schritten werden darf. Darüber hinaus gilt der Grundsatz, daß die nationalen Gesetze bei etwaigen Auslegungsfragen immer auch im Lichte der zugrundeliegenden Richtlinie zu sehen sind, die Richtlinie sich also zumindest mittelbar auf die rechtliche Situation der Verbraucher in den Mitgliedstaaten auswirkt[128]. Unklarheiten in der Richtlinie führen somit dazu, daß der von den Mitgliedstaaten mindestens zu gewährende Verbraucherschutz nicht eindeutig abgesteckt ist und die Richtlinie im Einzelfall nur bedingt für die Auslegung der mitgliedstaatlichen Fernabsatzgesetze herangezogen werden kann. Es ist daher das Hauptanliegen dieser Arbeit, den Interpretationsspielraum durch die nachfolgende Untersuchung auszufüllen und die Unklarheiten zu beseitigen.

Für die Auslegung der Richtlinie werden die vom EuGH aufgestellten Prinzipien zugrundegelegt[129]. Soweit der Wortlaut einer Regelung nicht ergiebig ist, steht deren teleologische Auslegung im Vordergrund. Für die Bestimmung des Ziels und Zwecks der Regelung werden zuerst die in dier Richtlinie aufgeführten Erwägungsgründe und sodann ältere Fassungen (Entwürfe) der Richtklinie herangezogen. Falls möglich, erfolgt ein systematischer Vergleich mit anderen Richtlinien ähnlichen Inhalts und der diesbezüglichen Rechtsprechung des EuGH. Die gegebenenfalls vorzunehmende wörtliche Auslegung wird - soweit erforderlich - noch ergänzt um einen Abgleich der verschiedenen sprachlichen Fassungen der Richtlinie[130].

III.3.1 Anwendungsbereich der Richtlinie

Der allgemeine Rahmen für den Anwendungsbereich der Richtlinie wird durch dessen Artikel 1 abgesteckt, wonach sich der Regelungsgegenstand auf Vertragsabschlüsse im Fernabsatz zwischen einem Lieferer und einem Verbraucher bezieht. Hierbei läßt sich feststellen, daß das Begriffspaar „Lieferer" und „Verbraucher" den persönlichen Anwendungsbereich der Richtlinie betrifft, während „Vertragsabschlüsse im Fernabsatz" den sachlichen Anwendungsbereich grob umreißt. Obwohl diese unbestimmten Begriffe sodann in Artikel 2 der Richtlinie definiert werden, ergibt sich der konkrete Anwendungsbereich erst im Wege der Auslegung.

III.3.1.1. Persönlicher Anwendungsbereich

a) Lieferer und Verbraucher

Der persönliche Anwendungsbereich bezieht sich auf Verträge zwischen einem Lieferer und einem Verbraucher. Als Lieferer im Sinne der Richtlinie gelten gem. Artikel 2 Nr.3) natürliche oder juristische Personen, die im Rahmen ihrer gewerblichen oder beruflichen Tätigkeit handeln. Verbraucher im Sinne der Richtlinie sind natürliche

---

128 vgl. beispielsweise Ulrich Ehricke „Die richtlinienkonforme und die gemeinschaftskonforme Auslegung nationalen Rechts" in RabelZ 1995, S. 598 (603ff)

129 vgl. Bleckmann „Zu den Auslegungsmethoden des Europäischen Gerichtshofs" in NJW 1982, S. 1177 (1178ff)

130 vgl. Marek Schmidt „Privatrechtsangleichende EU-Richtlinien und nationale auslegungsmethoden" in RabelZ 1995, S. 569 (574)

Personen, die zu Zwecken handeln, die weder ihren gewerblichen noch beruflichen Aktivitäten zugerechnet werden können (Artikel 2 Nr.2).

Somit kann bereits festgestellt werden, daß die Richtlinie nicht eingreifen soll, wenn die Parteien des Vertrages aus demselben Lager stammen. Bietet also ein Verbraucher beispielsweise über seine Internet-Homepage privat einen Gegenstand zum Kauf an, so würde der ebenfalls private Käufer dieses Gegenstandes nicht den Schutz der Richtlinie genießen.
Allerdings dürfte es insbesondere im Internet bisweilen schwierig sein, zwischen gewerblichen und privaten Angeboten zu unterscheiden, da anders als häufig in Anzeigenblättern gewerbliche oder private Anzeigen nicht besonders kenntlich gemacht werden. Hier stellt sich die Frage, ob die gewerbliche Eigenschaft des Anbieters aus der Sicht des Bestellenden oder aus der Sicht eines objektiven Betrachters zu beurteilen ist. *Bodewig*[131] vertritt in diesem Zusammenhang die Auffassung, die Beurteilung habe aus der Sicht des Bestellers zu erfolgen. Soweit der Besteller nicht ohne weiteres erkennen könne, daß es sich um ein privates Angebot handele, dürfe er sich bereits auf die Richtlinie berufen, ein Rechtsschein müsse zu Lasten des Anbieters gehen[132]. Dieser Auffassung kann jedoch nicht gefolgt werden, da hierdurch geschäftlich unbedarfte Privatleute plötzlich die Pflichten aus der Richtlinie zu erfüllen und die harten Konsequenzen der Nichterfüllung zu tragen hätten. Dieses wäre auch kaum mit dem Zweck einer verbraucherschützenden Richtlinie zu vereinbaren, die gerade auf den Schutz geschäftlich unerfahrener Privatpersonen abzielt. Auf den vom Besteller wahrgenommenen Rechtsschein kann es daher nicht ankommen, zumal Privathaushalte durch die Benutzung eines PC und entsprechender Software bereits Gestaltungsmöglichkeiten besitzen, die an Professionalität auch von gewerblicher Seite nur schwer zu übertreffen sind. Der Rechtsschein eines gewerblichen Angebotes wird daher wegen der zunehmend professionellen Präsentation auch bei privaten Angeboten regelmäßig gegeben sein. Um den privaten Anbieter in diesen Fällen nicht mit den speziellen Anforderungen der Richtlinie zu belasten, ist daher die gewerbliche oder private Eigenschaft des Anbieters aus der Sicht des objektiven Betrachters zu beurteilen. Dementsprechend greift die Richtlinie nicht zu Gunsten des bestellenden Verbrauchers ein, wenn er sich über den vermeintlich gewerblichen Ursprung des Angebotes irrt.

Zu klären ist darüber hinaus, ob der Verbraucher i.S. der Richtlinie grundsätzlich nur als Empfänger einer Ware oder Dienstleistung geschützt ist. Man stelle sich vor, ein gewerblicher Ankäufer bestimmter Sammlerstücke (Swatch-Uhren, Telefonkarten etc.) betreibt eine Internetseite, um entsprechende Artikel unter anderem auch von Privatpersonen auf dem Wege der postalischen Versendung aufzukaufen. Ist der private Verkäufer hier gegenüber dem gewerblichen Empfänger der Ware auch durch die Fernabsatzrichtlinie geschützt?

Bereits aus der Ausgestaltung der Richtlinie ergibt sich, daß diese nur für Fälle gilt, in denen der gewerblich Handelnde der Anbieter einer Ware oder Dienstleistung und der privat Handelnde deren Abnehmer ist. Dieses wird deutlich durch die – wenn-

[131] Theo Bodewig „Die neue europäische Richtlinie zum Fernabsatz" in DZWir 1997 S. 447ff
[132] wie vor S.449

gleich etwas unglücklich gewählte - Bezeichnung „Lieferer", welche impliziert, daß der gewerblich Handelnde die Ware oder Dienstleistung „liefert", während die andere Seite, der Verbraucher, die Leistung zu verbrauchen und die Bezahlung zu leisten hat. Diese Einschätzung wird auch durch die einzelnen Artikel der Richtlinie bestätigt, welche zwingend zugrunde legen, daß der Verbraucher Empfänger der Ware oder Dienstleistung sein muß. Beispielsweise ist der Lieferer gemäß Artikel 4 Absatz 1 c) der Richtlinie verpflichtet, den Verbraucher über die wesentlichen Eigenschaften der Ware oder Dienstleistung zu informieren und nach d) deren Preis zu beziffern. Die Widerrufsfrist für den Verbraucher soll gemäß Artikel 6 Absatz 1 der Richtlinie in Gang gesetzt werden „bei Waren mit dem Tag ihres Eingangs beim Verbraucher". Diese Regelungen setzen somit voraus, daß allein der Verbraucher Empfänger der Ware oder Dienstleistung sein kann. Soweit er also auf Kaufofferten über Fernkommunikationstechniken reagiert und das Rechtsgeschäft über die Distanz abgewickelt wird, wird selbst die Privatperson nicht durch die Richtlinie geschützt. In diesem Fall ist allerdings auch die Schutzbedürftigkeit geringer, da die Privatperson als „Lieferer" nicht das Risiko einer letztlich unbefriedigenden Waren oder Dienstleistung tragen muß.

Nicht ohne weiteres zu beantworten ist schließlich die Frage, inwieweit eine gewerbliche oder berufliche Motivation des Bestellenden dessen Verbrauchereigenschaft ausschließen und ihn daher dem Schutzbereich der Richtlinie entziehen. Zwei Fallbeispiele sollen diese Problematik veranschaulichen:
Ein selbständiger Architekt bestellt über einen Versandhauskatalog ein Computer-Laptop, welches er – da leicht zu transportieren - gleichzeitig zu Hause privat und auf „seinen" Baustellen beruflich einsetzen möchte. Im zweiten Fall bestellt eine angestellte Lehrerin ebenso über den Versandhauskatalog einen Computer, welcher einerseits zur Vorbereitung der Unterrichtsstunden dienen soll, andererseits aber auch für den privaten Gebrauch gedacht ist. Fallen die Bestellungen trotz der teilweise beruflichen Zweckbestimmung in den Schutzbereich der Richtlinie ?

Aus Artikel 1 der Richtlinie ergibt sich, daß die Richtlinie alleine für Verträge gilt, an denen auch Verbraucher beteiligt sind. Entscheidend ist daher ob der obengenannte Architekt und die Lehrerin trotz der teilweise beruflich motivierten Bestellung noch als Verbraucher einzustufen ist. Nach der Definition der Richtlinie in Artikel 2 Nr. 2 gilt nur diejenige Person als Verbraucher, die „beim Abschluß von Verträgen (...) zu Zwecken handelt, die nicht ihrer gewerblichen oder beruflichen Tätigkeit zu gerechnet werden können". Damit enthält die Richtlinie eine Begriffsbestimmung des Verbrauchers, wie sie in den meisten vertragsrechtlichen Verbraucherrichtlinien der Gemeinschaft enthalten ist. Zu nennen sind hier Artikel 1 Absatz 2 a) der Richtlinie 87/102 bezüglich Verbraucherkredit[133], Artikel 2b) der Richtlinie 93/13 über mißbräuchliche Klauseln[134], Artikel 2 vierter Spiegelstrich der Richtlinie 94/47 bezüglich Time-Sharing[135].

---

[133] Amtsblatt der EG Nr. L42 vom 1987, S. 48
[134] Amtsblatt der EG Nr. L95 vom 05.04.1993, S. 29
[135] Amtsblatt der EG Nr. L144 vom 04.06.1997, S.19

Aufgrund des Wortlauts der Definition läßt sich bereits feststellen, daß diese die Verbrauchereigenschaft funktional bestimmt, also nicht an Eigenschaften einer Person anknüpft, sondern an die Zweckrichtung ihres Handelns anläßlich eines konkreten Geschäfts. Verbraucher i.S.d. Fernabsatzrichtlinie kann somit grundsätzlich jede natürliche Person sein, wenn die Zweckrichtung ihres konkreten Handelns nicht beruflicher oder gewerblicher Art ist. Entscheidend ist somit, ob der Vertrag dem Privatbereich oder der Erwerbstätigkeit des Bestellers zugeordnet werden kann. Diese Einschätzung ist hier wiederum rein objektiv vorzunehmen, wobei es auf die subjektive Einschätzung des Lieferers nicht ankommen kann. Zwar wird hinsichtlich anderer Verbrauchergesetze teilweise angenommen, die Zuordnung sei aufgrund der dem anderen Teil erkennbaren objektiven Kriterien vorzunehmen[136]. Gerade im Fernabsatz wird es jedoch regelmäßig an für den Lieferer erkennbaren eindeutigen Kriterien fehlen, da sich der Kontakt zwischen den Vertragsparteien regelmäßig auf die Übersendung von Bestellformularen, kurzen Telefonanrufen oder e-mails beschränkt. Der Lieferer hat somit im Regelfall keine verläßlichen Anhaltspunkte, um die Zweckbestimmung der Bestellung ermitteln zu können. Häufig wird er lediglich Indizien für eine Zweckbestimmung des Bestellers erhalten (z.B. eine Bestellung unter der Firmenanschrift), die jedoch kaum für eine zweifelsfreie Beurteilung der zugrundeliegenden Motivation des Bestellers ausreichen. Alleine auf die für den Lieferer *erkennbaren* Umstände kann es folglich nicht ankommen, vielmehr ist der Zweck der Bestellung anhand der objektiven Gesamtumstände zu bestimmen. Andernfalls wäre letztlich der Verbraucher im Fernabsatz nicht ausreichend geschützt, da ihm der Verbraucherschutz entzogen werden könnte, alleine weil der Lieferer wegen unzureichender Informationen irrtümlich davon ausgeht, es handele sich um eine beruflich motivierte Bestellung.

Soweit der Architekt aus dem Beispiel also das Laptop an sein Architekturbüro liefern läßt, ist dieses lediglich ein Indiz für eine berufliche Zweckbestimmung und schließt daher eine rein private Motivation der Bestellung nicht aus. Umgekehrt erfolgt die Bestellung der Lehrerin an ihre Privatanschrift nicht zwingend aus Beweggründen außerhalb ihrer beruflichen Tätigkeit. Somit bleibt festzuhalten, daß der Zweck der Bestellung alleine aus der ex-ante Perspektive eines objektiven Beobachters zu ermitteln ist[137], also die objektiven Gesamtumstände zugrundezulegen sind. Für die Prüfung des Zwecks der Bestellung ist somit aufgrund der objektiven Gesamtumstände der tatsächliche Wille des Bestellenden zu ermitteln. Durch die objektive Bestimmung des Zwecks der Bestellung wird der Lieferer auch nicht vor größere Schwierigkeiten gestellt. Soweit er sich Sicherheit über die etwaige Verbrauchereigenschaft des Bestellers verschaffen möchte, muß er die Zweckbestimmung seiner Bestellung erfragen[138], etwa durch eine entsprechende Rubrik im Bestellformular. Im übrigen werden die Anbieter bzw. Lieferer bereits aus Gründen der Praktikabilität die

[136] vgl. Wolfgang Faber „Elemente verschiedener Verbraucherbegriffe in EG-Richtlinien, zwischenstaatlichen Übereinkommen und nationalem Zivil- und Kollisionsrecht" in ZeuP 1998, S. 865; Andreas-Heldrich in Palandt-Kommentar zum BGB, Artikel 29 EGBGB Rdnr. 3

[137] Dieses stellt auch Jan Geert Meents „Verbraucherschutz bei Rechtsgeschäften im Internet" Köln 1998, S. 180 im Hinblick auf eine gemischte Zweckbestimmung fest; desweiteren gilt dieser Maßstab auch nach Wolf/Horn/Lindacher-Wolf, AGB-Gesetz, Art. 2 RiLi Rdnr. 7 für die Bestimmung der Verbrauchereigenschaft.

[138] so auch Bodewig, a.a.O., S. 449

Präsentation ihrer Leistungsangebote grundsätzlich in einer der Fernabsatzrichtlinie entsprechenden Weise ausgestalten, wobei lediglich der Hinweis anzufügen wäre, daß nur der private Verbraucher die weitergehenden Rechte aus der Richtlinie geltend machen kann[139].

Fraglich ist darüber hinaus, wie eine Willensänderung des Bestellers zu beurteilen ist. Wenn der Architekt beispielsweise ursprünglich das Laptop alleine für die private Nutzung durch seine Familie bestellt und erst bei Lieferung entscheidet, den Computer ausschließlich beruflich einzusetzen, wäre er hinsichtlich der Zweckbestimmung im ersten Fall als Verbraucher einzustufen, im zweiten dagegen nicht. Damit stellt sich die Frage, auf welchen Zeitpunkt bei der Beurteilung der Zweckbestimmung abzustellen ist. Die Antwort ergibt sich bereits aus dem eindeutigen Wortlaut der in der Richtlinie enthaltenen Definition des Verbrauchers, wonach es auf die Zweckbestimmung *„beim Abschluß* von Verträgen im Sinne dieser Richtlinie" ankommt. Entscheidend ist somit die Motivation des Bestellers zum Zeitpunkt des Vertragsschlusses, weshalb eine spätere Willensänderung unschädlich ist[140].

Der Wortlaut der Definition des Verbrauchers ist auch für die Beantwortung der Frage heranzuziehen, wie sich eine teilweise gewerbliche oder berufliche Motivation bei der Bestellung auswirkt. Nach der in der Regelung gewählten Formulierung reicht ein mit der Bestellung verfolgter Zweck, welcher der beruflichen oder gewerblichen Tätigkeit des Bestellenden zugerechnet werden kann aus, um dessen Verbrauchereigenschaft auszuschließen. Daher ist es erforderlich, die Begriffe gewerbliche und berufliche Tätigkeit näher zu erläutern. Gewerbliches Handeln im Sinne verbraucherschützender Regelungen liegt vor, wenn die Tätigkeit selbständig und entgeltlich am Markt für eine gewisse Dauer ausgeübt wird[141]. Auf eine Gewinnerzielungsabsicht kommt es nach neuerer Auffassung nicht mehr an[142], sondern lediglich auf planmäßiges Handeln nach betriebswirtschaftlichen Grundsätzen[143].
Eine scharfe Abgrenzung zwischen der gewerblichen und der beruflichen Tätigkeit ist wegen der weitgehenden Übereinstimmung der Merkmale kaum möglich, aber auch nicht erforderlich, da dieses Begriffspaar *in seiner Gesamtheit* lediglich den Gegensatz zu einer ausschließlich der Privatsphäre zugehörigen Tätigkeit darstellen soll[144].

Ein wesentlicher Unterschied könnte allenfalls hinsichtlich des Merkmals der selbständigen Ausübung der Tätigkeit gegeben sein. Insoweit wird teilweise die Auffassung vertreten, daß auch das Handeln im Rahmen einer unselbständigen beruflichen Tätigkeit möglicherweise ausreicht, um die Verbrauchereigenschaft des Handelnden auszuschließen[145]. Die Gegenmeinung geht davon aus, daß unselbständig Beschäf-

---

[139] vgl. Jan Geert Meents, a.a.O., S. 181
[140] so auch Wolfgang Faber, a.a.O., S. 866;Bodewig a.a.O. S. 449
[141] vgl. Friedrich Graf von Westphalen in : Friedrich Graf von Westphalen/Volker Emmerich/Franz von Rottenburg(Hg.), Verbraucherkreditgesetz-Kommentar, 2. Auflage 1996 §1 Rdnr. 11ff
[142] Peter Bülow, Verbraucherkreditgesetz-Kommentar, 2.Auflage, § 1 Rdnr. 16; wie vor § 1 Rdnr. 23
[143] vgl. von Westphalen a.a.O. Fn. 126 § , Rdnr. 11
[144] vgl. Wolfgang Fabern a.a.O., Fn. 124, S. 868
[145] vgl. Heinrichs „Umsetzung der EG-Richtlinie über missbräuchliche Klauseln in Verbraucherverträgen durch Auslegung, Erweiterung des Anwendungsbereichs der Inhaltskontrolle" in NJW 1995, S.1

tigte auch bei berufsbezogenem Handeln grundsätzlich als Verbraucher einzustufen sind.[146] Auf der Grundlage der letztgenannten Auffassung käme man zum Ergebnis, daß die Lehrerin aus obigem Beispiel trotz der teilweise beruflich motivierten Bestellung zwangsläufig Verbraucherin sein muß, da sie unselbständige Arbeitnehmerin ist. Für die Klärung des Schutzbereichs der Richtlinie ist daher eine Entscheidung der Streitfrage erforderlich, ob der unselbständig Berufstätige grundsätzlich als Verbraucher einzustufen ist. Der Wortlaut der Richtlinie ist in diesem Zusammenhang nicht sonderlich ergiebig, da er lediglich darauf abstellt, ob die Person „zu Zwecken handelt, die nicht ihrer (...) beruflichen Tätigkeit zugerechnet werden können". Eine Unterscheidung zwischen selbständiger und unselbständiger beruflicher Tätigkeit findet sich in dieser Definition nicht. Die fehlende Unterscheidung könnte bereits dafür sprechen, daß beruflich motivierte Tätigkeiten grundsätzlich keinen Verbraucherschutz genießen sollen, unabhängig davon, ob diese selbständig ausgeübt werden oder im Bezug auf eine unselbständige Beschäftigung. Dagegen spricht allerdings, daß das Begriffspaar „gewerbliche oder berufliche Tätigkeit" im Anwendungsbereich weitestgehend übereinstimmt, weshalb eine genaue Abgrenzung – wie bereits ausgeführt – kaum möglich ist. Da die gewerbliche Tätigkeit das Merkmal der Selbständigkeit voraussetzt, könnte dieses auch für die berufliche Tätigkeit gelten. Diese Auffassung wird gestützt, wenn man sich den Sinn und Zweck der verbraucherschützenden Regelungen vor Augen führt: Besondere gesetzliche Regelungen zum Verbraucherschutz dienen dazu, den „schwächeren" Partner einer Vertragsbeziehung vor dem ungleich „stärkeren" Gegenüber zu schützen. Die Schwäche der einen Vertragspartei liegt hauptsächlich in der Unerfahrenheit der am Markt nicht kundigen Person begründet. Aus dem Verbraucherschutz herausgenommen werden daher, wie obige Definition zeigt, Personen mit gewisser Markterfahrung, wie z.B. selbständige Gewerbetreibende, soweit sich das Handeln auf ihr Gewerbe bezieht. Darüber hinaus verdient der Gewerbetreibende auch deshalb keinen besonderen Schutz, da das geschäftliche Risiko zwingender Bestandteil seines Auftretens am Markt ist. Diese Merkmale treffen ebenso auf den selbständig Berufstätigen zu, wie der Architekt aus dem Beispiel, da auch diese eigenverantwortlich am Markt handeln müssen. Der unselbständig Beschäftigte wird dem gegenüber häufiger eine geringere Erfahrung in Geschäftsangelegenheiten aufweisen, wobei es vor allem nicht zu seiner Tätigkeit gehört, das wirtschaftliche Risiko zu tragen. Somit unterscheidet sich der unselbständig Beschäftige nicht unerheblich von dem selbständigen Gewerbetreibenden und ist diesem gegenüber ungleich schutzbedürftiger. Nach dem Sinn und Zweck einer verbraucherschützenden Regelung, wie der Fernabsatzrichtlinie, ist daher ein unselbständig Beschäftigter, selbst bei berufsbezogenem Handeln, in den Schutzbereich der Richtlinie mit einzubeziehen[147]. Im übrigen wird darauf verwiesen, daß der Gewerbetreibende wie auch der selbständig Berufstätige die Möglichkeit haben, Vermögensnachteile nach fehlerhaften geschäftlichen Entscheidungen dadurch auszugleichen, daß diese in die eigene Vergütung „eingepreist" werden oder zumindest steuerlich Berücksichtigung finden, während der unselbständige Arbeitnehmer hierzu

---

53 (159); Manfred Wolf, in Manfred Wolf/Norbert Horn/Walter F.Lindacher (Hg.), AGB Gesetz, Anh. Richtlinie Art. , Rn. 16

[146] vgl.Dieter Martiny, Münchener Kommentar zum Bürgerlichen Gesetzbuch, Art. 29 EGBGB Rdnr. 5; Egon Lorenz „Die Rechtswahlfreiheit im internationalen Schuldvertragsrecht" in RIW 1987, S. 569 (576)

[147] so im Ergebnis auch Meents, a.a.O. S.177

nicht in der Lage ist[148]. Auch aus diesem Grund ist der unselbständig Beschäftigte hier schutzwürdiger. Im Ergebnis ist somit festzuhalten, daß unselbständig beschäftigte Personen auch dann als Verbraucher im Sinne der Fernabsatzrichtlinie einzustufen sind, wenn sie Bestellungen im Hinblick auf ihre Berufstätigkeit vornehmen. Folglich ist auch die Lehrerin aus obigem Beispiel Verbraucherin im Sinne der Fernabsatzrichtlinie, selbst wenn sie den Computer ausschließlich für die berufliche Verwendung bestellt hätte.

Damit bleibt schließlich die Frage zu beantworten, ob auch der selbständig arbeitende Architekt trotz seiner zumindest teilweise beruflich motivierten Bestellung Verbraucherschutz beanspruchen kann. Auch hier ist wiederum zuerst der Wortlaut der Definition zugrundezulegen, wonach die Person ein Verbraucher ist, die „zu Zwecken handelt, die nicht ihrer gewerblichen oder beruflichen Tätigkeit zugerechnet werden *können.*" Ausgehend von dem Wortlaut der Definition ist somit ein Besteller bereits dann nicht mehr als Verbraucher einzustufen, wenn eine berufliche oder gewerbliche Motivation nicht auszuschließen ist. Dieses würde wiederum bedeuten, daß eine auch nur zu einem geringen Teil gewerblich oder beruflich motivierte Bestellung nicht unter den Verbraucherschutz fällt.

Demgegenüber wird die Auffassung vertreten, daß eine gemischte Zweckbestimmung grundsätzlich unschädlich ist, sondern es vielmehr darauf ankommt, ob der überwiegende Zweck des Handelns beruflicher oder privater Natur ist[149]. *Bodewig* vertritt sogar unter Berufung auf den Wortlaut der Richtlinie die Meinung, daß es für die Geltung der Fernabsatzrichtlinie schon ausreicht, daß eine Bestellung auch privaten Zwecken dient, selbst wenn diese Zweckbestimmung nicht überwiegt. Insoweit entnimmt er dem Wortlaut der Definition, daß eine Person solange als Verbraucher einzustufen ist, wie ihr Handeln nicht **ausschließlich** beruflichen oder gewerblichen Zwecken dient. Dieses Auslegungsergebnis kann jedoch kaum auf den Wortlaut der Definition gestützt werden[150]. Vielmehr ergibt sich aus dem Wortlaut das genaue Gegenteil, da bereits ein gewerblicher oder beruflicher Zweck ausreichen soll, um die Verbrauchereigenschaft des Bestellers auszuschließen. Von einem **ausschließlichen** beruflichen oder gewerblichen Zweck ist in der Definition nicht die Rede.

Auch die Auffassung, wonach ein überwiegend privater Zweck für die Anwendbarkeit der Richtlinie ausreicht, übergeht den eindeutigen Wortlaut der Definition, da dieser für die Frage nach einer überwiegenden Zweckbestimmung keinen Raum läßt. Die Formulierung in der Definition impliziert bereits, daß für eine Bestellung mehrere Zwecke gegeben sein können, da in diesem Zusammenhang von „Zwecken" die Rede ist. Soweit also einer der Zwecke einer beruflichen oder gewerblichen Tätigkeit zugerechnet werden <u>kann</u>, handelt es sich nicht um die Bestellung eines Verbrauchers im Sinne der Richtlinie. Diese Lesart wird auch dadurch gestützt, daß bereits in anderen Gesetzgebungsverfahren auf europäischer Ebene bewußt darauf verzichtet wurde, die Frage nach der überwiegenden Zweckbestimmung zum Maßstab zu ma-

---

[148] so Wolfgang Faber a.a.O., S.874

[149] so vor allem in der deutschen Literatur Meents a.a.O. S. 180; v. Westphalen a.a.O. §1 Rdnr. 49; Peter Ulmer im Münchener Kommentar zum Bürgerlichen Gesetzbuch § VerbrKrG, Rdnr. 27ff

[150] so auch Meents a.a.O. S. 180

chen. So sah der erste Vorschlag der Verbraucherkreditrichtlinie[151] vor, die überwiegende Zweckbestimmung bei teilweise beruflich bzw. gewerblich motiviertem Handeln für die Verbrauchereigenschaft zugrundezulegen. Dieses wurde jedoch im zweiten Vorschlag[152] nicht weiterverfolgt, was letztlich als bewußter Verzicht auf das Kriterium der überwiegenden Zweckbestimmung zu werten ist. Auch bei der aktuellen Richtlinie über den Verbrauchgütetrkauf[153] wurde, abweichend vom ursprünglichen Vorschlag der Kommission[154], auf eine ausschließlich private Zweckbestimmung abgestellt, um den Verbraucherbegriff festzulegen. Hierdurch sollte eine Kohärenz zum übrigen EG-Verbraucherrecht, also auch zur Fernabsatzrichtlinie, hergestellt werden[155]

Daher ist vor allem im Hinblick auf den eindeutigen Wortlaut auch bei der Fernabsatzrichtlinie nicht das Prinzip der überwiegenden Zweckbestimmung zugrundezulegen sondern danach zu fragen, ob eine Bestellung ausschließlich privat motiviert war oder ob auch berufliche bzw. gewerbliche Gründe gegeben waren. Im letzteren Fall ist der Besteller kein Verbraucher im Sinne der Richtlinie.

Dieses Ergebnis läßt sich ebenfalls mit dem Sinn und Zweck des Verbraucherschutzes begründen, wonach die Unterlegenheit des schwächeren Vertragspartners ausgeglichen werden soll. Ist die Bestellung eines selbständigen Berufstätigen oder Gewerbetreibenden auch nur zum Teil durch die Tätigkeit motiviert, fehlt es an der Schutzbedürftigkeit, da die spezifische „Unterlegenheit" nicht gegeben ist. Somit reicht es bereits aus, wenn die Zweckbestimmung einer Bestellung zumindest teilweise gewerblicher oder beruflicher Natur ist, um diese aus dem Schutzbereich der Richtlinie herausfallen zu lassen.

Diese enge Auslegung des Verbraucherbegriffs hat auch der EuGH in seinen Entscheidungen bereits mehrfach bestätigt. Zu nennen sind hier die Entscheidungen *Di Pinto*[156] und *Dietzinger*[157], welche unter anderem die Auslegung des Verbraucherbegriffs in der Richtlinie 85/577 über den Verbraucherschutz im Falle von außerhalb von Geschäftsräumen geschlossenen Verträgen betraf. Wie bereits ausgeführt, ist die in dieser Richtlinie enthaltene Definition des Verbraucherbegriffs mit der in der Fernabsatzrichtlinie enthaltenen identisch. Insbesondere in der Sache *Di Pinto* mußte sich der EuGH mit der Frage auseinandersetzen, inwieweit der obige Verbraucherbegriff auch auf Gewerbetreibende angewendet werden kann. Während vor allem die Kommission und Frankreich sowie der ihnen folgende Generalanwalt die Auffassung vertraten, den Schutzradius der Richtlinie auch auf solche Geschäfte eines Gewerbetreibenden auszuweiten, in denen er nicht über spezifische, über das Maß einer Privatperson hinausgehende Kenntnisse verfügt, zieht der Gerichtshof die Grenzen des Verbraucherschutzes wesentlich enger. Insoweit soll ein Gewerbetreibender bei solchen Rechtsgeschäften keinen Verbraucherschutz erhalten, die er zur

---

[151] Amtsblatt der EG Nr. C80 vom 27.03.1979, S.4
[152] Amtsblatt der EG Nr. C183 vom 10.07.1984, S. 4
[153] Richtlinie 99/44/EG, Amtsblatt der EG Nr. L171 vom 07.07.1999 S. 12
[154] vom 18.06.1995, KOM (95)520 endg.
[155] Dirk Staudenmayer "Die EG-Richtlinie über den Verbrauchsgüterkauf" in NJW 1999, S. 2393
[156] EuGH Slg. 1991, I-1189
[157] EuGH Slg. 1998, I-1199

Befriedigung anderer als seiner familiären oder persönlichen Bedürfnisse vornimmt".[158] Umgekehrt formuliert bedeutet dieses, daß solche Rechtsgeschäfte, die nicht alleine der privaten oder familiären Sphäre zuzuordnen sind, nicht dem Verbraucherschutz unterliegen sollen. Als Begründung führte der EuGH an, daß der durchschnittliche erfahrene Gewerbetreibende eigene Verpflichtungen nicht unüberlegt eingeht[159]. Damit trat der EuGH der Auffassung der Kommission und einiger Mitgliedstaaten entgegen, wenigstens kleinere Gewerbetreibende wie Metzger, Bäcker, Hotelier seien wegen des kleineren Geschäftsumfangs wie Verbraucher zu schützen. Somit ist auch nach der Rechtsprechung des EuGH davon auszugehen, daß eine auch nur teilweise beruflich motivierte Bestellung eines Gewerbetreibenden oder eines selbständig Berufstätigen nicht dem Verbraucherschutz der Richtlinie unterliegt.

Für den Architekten aus obigem Beispiel bedeutet dies, daß er wegen seiner teilweise beruflich motivierten Bestellung kein Verbraucher im Sinne der Richtlinie ist und daher auch nicht in deren Schutzbereich fällt.

Da die Richtlinie jedoch lediglich einen Mindeststandard zu Gunsten des Verbrauchers setzt, welcher im Rahmen der mitgliedstaatlichen Gesetzgebung erweitert werden kann, besteht auf nationaler Ebene die Möglichkeit, einzelne Rechte auch auf kleinere Gewerbetreibende auszuweiten oder die Notwendigkeit einer ausschließlich privat motivierten Bestellung gänzlich entfallen zu lassen. Auch für eine Ausweitung des Anwendungsbereichs der Richtlinie auf sämtliche Rechtsgeschäfte im Fernabsatz, unabhängig von der zugrundeliegenden Zweckbestimmung, gäbe es gute Gründe[160]. In diesem Zusammenhang ist zu berücksichtigen, daß die spezifischen Risiken des Fernabsatzes auch den Gewerbetreibenden treffen, da die Informationsdefizite bezüglich Leistung und Vertragspartner bei ihm ebenfalls vorhanden sind; auch der im Beispiel erwähnte Architekt muß befürchten, daß das von ihm bestellte Laptop nicht seinen Vorstellungen entspricht, da er es zuvor nicht persönlich untersuchen konnte. Zur Förderung des Fernabsatzes auf gewerblicher Ebene ist eine Ausweitung des persönlichen Anwendungsbereiches der Richtlinie daher zumindest erwägenswert.

b) Betreiber einer Kommunikationstechnik

Im Fernabsatz treten Verbraucher und Lieferer nicht unmittelbar miteinander in Kontakt, vielmehr wird der Austausch von Informationen und Erklärungen über Fernkommunikationstechniken wie Telefon, Post, Internet etc. vermittelt. Vermittler ist hierbei der Betreiber der jeweiligen Kommunikationstechnik, der somit regelmäßig als „dritte" Partei an Geschäften im Fernabsatz beteiligt und daher in den Anwendungsbereich miteinzubeziehen ist. Dementsprechend enthält die Richtlinie in Artikel

[158] EuGH Slg. 1991, I-1189, Entscheidungsgrund Nr. 16
[159] EuGH Slg. 1991, I-1189, Entscheidungsgrund Nr. 18
[160] Dagegen ist es aber wegen Unterschreitung des Schutzniveas derRichtlinie nicht zulässig, besonders markterfahrene Privatpersonen aus dem Anwendungsbereich der Richtlinie herauszunehmen, auch wenn die erforderliche Schutzbedürftigkeit oder Unterlegenheit bei diesen Personen nicht gegeben ist – diese interessante Überlegung findet sich bei Andreas Kappus „Verbraucherschutz am Nadelöhr" in NJW 1997 S. 2653.

2 Nr. 5 auch eine Definition für den „Betreiber einer Fernkommunikatiostechnik", wonach dieser Begriff anzuwenden ist auf „jede natürliche oder juristische Person des öffentlichen oder privaten Rechts, deren gewerbliche oder berufliche Tätigkeit darin besteht, den Lieferern eine oder mehrere Fernkommunikationstechniken zur Verfügung zu stellen".

Der Wortlaut der Definition verdeutlicht bereits, daß der Betreiber der Kommunikationstechnik dem Lager des Lieferers zugerechnet wird, da er nach der Formulierung allein dem Lieferer, nicht aber dem Verbraucher, die Technik zur Verfügung stellt. Insoweit wird der Betreiber der Kommunikationsmittel EG-rechtlich neben dem Lieferer auch als „Störer" im Sinne des Wettbewerbsrechts angesehen[161]. Dieses wird belegt durch Artikel 10 Absatz 3 lit. b) der Richtlinie, wonach die Mitgliedstaaten sicherzustellen haben, „daß die Lieferer und *Betreiber von Kommunikationstechniken*, sofern sie hierzu in der Lage sind, Praktiken unterlassen, die nicht mit den gemäß dieser Richtlinie erlassenen Bestimmungen im Einklang stehen". Nach Maßgabe dieser Bestimmung sind daher die Betreiber der Techniken – wie Telefonnetzbetreiber, Internetprovider und Postzusteller - ebenfalls für die Befolgung der Richtlinie durch die Lieferer verantwortlich. Hierauf wird weiter unten[162] noch einzugehen sein. Darüber hinaus finden die Betreiber von Kommunikationstechniken allerdings keine weitere Erwähnung in der Richtlinie, so daß es hinsichtlich der Gesetzgebungstechnik fraglich ist, ob es einer gesonderten Erwähnung in den vorangestellten Definitionen tatsächlich bedurfte.

III.3.1.2. sachlicher Anwendungsbereich

Der sachliche Anwendungsbereich der Richtlinie ist insbesondere durch zahlreiche Ausnahmen gekennzeichnet und beinhaltet nicht zuletzt hierdurch weit mehr Auslegungsprobleme als der persönliche Anwendungsbereich.

III.3.1.2.1. Vertragsabschlüsse im Fernabsatz

Wie die Haustürgeschäfterichtlinie ist die Fernabsatzrichtlinie als verbraucherspezifisches Vertriebsgesetz zu bezeichnen, da sie in sachlicher Hinsicht an eine konkrete Vertriebsform anknüpft. Um diese Vertriebsform des Fernabsatzes von anderen Vertriebsformen abzugrenzen, enthält Artikel 2 Nr. 1 der Richtlinie eine Definition der Vertragsabschlüsse im Fernabsatz. Danach gilt die Richtlinie in sachlicher Hinsicht für „jeden (...) eine Ware oder Dienstleistung betreffenden Vertrag, der im Rahmen eines für den Fernabsatz organisierten Vertriebs- und Dienstleistungssystems des Lieferers geschlossen wird, wobei dieser für den Vertrag bis zu dessen Abschluß einschließlich des Vertragsabschlusses selbst ausschließlich eine oder mehrere Fernkommunikationstechniken verwendet".

---

[161] vgl hierzu Norbert Reich in „Die Fernabsatzrichtlinie im deutschen Recht", Baden-Baden 1998, Nr. 137, 156, 166ff; derselbe „Die neue..." a.a.O. S. 588

[162] Ziffer III.3.8.2.

a) gezielte Verwendung von Fernkommunikationstechniken

Der Fernabsatz ist durch die Abwesenheit der Vertragsparteien gekennzeichnet, so daß die Kontaktaufnahme und der Austausch von Erklärungen alleine unter Benutzung von Fernkommunikationstechniken erfolgen kann. Was unter Fernkommunikationstechniken im Sinne der Richtlinie zu verstehen ist ergibt sich aus der in Artikel 2 Nr.4 enthaltenen Definition in Verbindung mit der Liste in Anhang I der Richtlinie. Die in der Liste enthaltenen Fernkommunikationstechniken lassen sich in die bisher bekannten vier Gruppen unterteilen, nämlich Kommunikation über das Fernsehen, über traditionelle Printmedien, über telefonische Netze und neuerdings über das Internet. Insoweit ist die Definition eindeutig und dürfte daher bei der Eingrenzung der hier relevanten Techniken keinerlei Probleme aufwerfen. Bemerkenswert ist lediglich, daß die im Anhang aufgeführte Liste der Kommunikationsmittel nicht abschließend ist, sondern eine ständige Anpassung der Definition an die Weiterentwicklung der Technik ermöglicht[163].

Die Richtlinie setzt weiterhin voraus, daß der Lieferer zum Vertragsabschluß eine oder mehrere Fernkommunikationstechniken **verwendet**. Aus der Wortwahl ergibt sich, daß hier nicht der rein zufällige Gebrauch von Fernkommunikationstechniken erfaßt sein soll, sondern lediglich der **bewußte** und **gezielte** Einsatz dieser Techniken durch den Lieferer, um einen Vertragsschluß herbeizuführen[164]. Setzt der Lieferer diese Techniken alleine für reine Informationsmaßnahmen ein, und führt dieses zufällig zum Vertragsschluß , so fällt dieser nicht in den Anwendungsbereich der Richtlinie. Daher wird die Richtlinie beispielsweise nicht durchgreifen, wenn ein Unternehmen auf seiner Internethomepage lediglich die Telefonnummer des eigenen Kundendienstes angibt und ein Verbraucher hierüber ausnahmsweise eine Bestellung abgegeben hat. Hier fehlt es an einem zielgerichteten Einsatz der Fernkommunikationstechnik zum Abschluß von Verträgen. Umgekehrt ist auch nicht nur dann von der Anwendbarkeit der Fernabsatzrichtlinie auszugehen, wenn der Anbieter einen Verbraucher über Fernkommunikationsmittel ausdrücklich zur Bestellung auffordert, wie dieses beispielsweise regelmäßig bei TV-Shopping der Fall ist („...Bestellen Sie sofort unter der Nummer..."). Diese Konzeption, wonach die Richtlinie lediglich Verträge nach einer konkreten Bestellauforderung des Lieferers erfassen sollte, wurde zwar in den ersten Entwürfen der Richtlinie angestrebt[165], allerdings im weiteren Gesetzgebungsverfahren bewußt aufgegeben. In seinem am 29.06.1995 festgelegten gemeinsamen Standpunkt erklärte der Rat, daß sich das Kriterium der vorherigen „Aufforderung zum Vertragsabschluß" in der Analyse als ungeeignet für ein praxisorientierte Fallösung erwiesen hätte[166] und setzte in der neuen Definition eine konkrete Bestellaufforderung des Anbieters für die Anwendbarkeit der Richtlinie nicht

---

163 vgl. Erwägungsgrund Nr. (9) der Richtlinie

164 vgl. Reich „Die neue..." a.a.O. S. 582

165 vgl. erster Entwurf vom 21.05.1992 in Amtsblatt EG Nr. C 156 vom 23.06.1992, S.5ff , in welchem der im Fernabsatz geschlossene Vertrag nach Artikel 2 definiert wird als „jeder ein Erzeugnis oder Dienstleistung betreffende Vertrag, der **nach einer entsprechenden Aufforderung** durch den Lieferer (...) abgeschlossen wird"

166 vgl. Begründung des gemeinsamen Standpunktes Ziffer 5in Amtsblatt EG Nr. C 288 vom 30.10.1995, S. 9

mehr voraus. Hierdurch wurde der Anwendungsbereich der Richtlinie erweitert und deren Umgehung erschwert, da nunmehr auch Verträge erfasst werden, die über Fernkommunikationstechniken geschlossen werden, ohne daß der Anbieter hierzu ausdrücklich aufgefordert hat.

Erforderlich ist somit lediglich, daß der Anbieter die Fernkommunikationstechnik bewußt und zielgerichtet einsetzt, um hierüber Vertragsabschlüsse herbeiführen zu können. Dieses kann bisweilen zu Abgrenzungsproblemen führen, da nicht immer eindeutig zu erkennen sein wird, ob der Anbieter mit Fernkommunikationsmitteln lediglich werben bzw. informieren möchte und ein Vertragsabschluß infolgedessen eher zufällig zustandekommt, oder ob er durch seine Maßnahmen unmittelbar auf einen Vertragsschluß abzielt. Für die Prüfung des Merkmals der bewußten und gezielten Verwendung von Fernkommunikationstechniken dürfte es daher jeweils darauf ankommen, inwieweit der Anbieter durch seinen konkreten Auftritt einen Bestellvorgang einleiten möchte.

b) im Rahmen eines für den Fernabsatz organisierten Systems

Dieses weitere, in der Definition enthaltene Kriterium, korrespondiert mit dem zuvor genannten Erfordernis einer gezielten Verwendung von Fernkommunikationstechniken. Allerdings sind diese beiden Definitionsmerkmale nicht identisch und dürfen daher nicht miteinander verwechselt werden[167]. Beide Kriterien hängen insoweit zusammen, als ein offenkundig im Rahmen des Fernabsatzes organisiertes Vertriebs- bzw. Dienstleistungssystem zumindest vermuten läßt, daß der Anbieter beim konkreten Einsatz von Fernkommunikationstechniken auf einen Vertragsschluß abzielt. Dennoch kann sich im Einzelfall das Gegenteil erweisen, etwa wenn ein Anbieter aus der Fernabsatzbranche ein bestimmtes Produkt ausnahmsweise nur im Ladengeschäft vertreibt, aber auf besonderen Wunsch des Kunden auch hierfür eine telefonische Bestellung aufnimmt. Trotz eines im Fernabsatz organisierten Vertriebs- und Dienstleistungssystems kann in diesem Fall nicht von einer gezielten Verwendung von Fernkommunikationstechniken gesprochen werden, mit der Folge daß die Richtlinie nicht anwendbar wäre. Dieses Ergebnis zeigt, daß beide Merkmale zu trennen sind.

Ob beim jeweiligen Anbieter ein für den Fernabsatz organisiertes Vertriebs- bzw. Dienstleistungssystem vorhanden ist und damit die Richtlinie Anwendung finden kann, dürfte im Einzelfall schwierig zu beurteilen sein, da die Richtlinie hierfür keinerlei Kriterien nennt. Grundsätzlich ist von einer für den Fernabsatz organisierten Vertriebsform auszugehen, wenn der Anbieter sich technisch auf die Vereinbarung und Abwicklung von Fernabsatzverträgen eingerichtet hat, er also über die Möglichkeiten verfügt, die Leistung über Fernkommunikationstechniken zu präsentieren und Verträge unter Verwendung dieser Techniken abzuschließen. Diese Voraussetzung

---

[167] Eine getrennte Darstellung der Merkmale findet sich jedoch nur in dem Aufsatz von *Reich* „Die neue ..." a.a.O. S. 582f; im übrigen wird offensichtlich die Auffassung vertreten, es handele sich um ein identisches Merkmal: vgl. Meents a.a.O. S.184f, Bodewig a.a.O. S.448, Willingamann a.a.O. S. 397f.

ist bereits gegeben, wenn der Anbieter ein Telefon besitzt, mit welchem er potentielle Kunden anrufen und seine Leistungen anbieten bzw. vertreiben kann[168]. Nicht erkennbar ist, ob darüber hinaus auf einen bestimmten Organisationsgrad abgestellt werden soll oder auf ein bestimmtes im Fernabsatz getätigtes Umsatzvolumen, ob lediglich die überwiegend im Fernabsatz tätigen Anbieter erfaßt werden sollen oder auch jene mit einem kleinen Anteil am Gesamtgeschäft.
Da die Richtlinie selbst keine Anhaltspunkte enthält, ist eine Auslegung dieses Kriteriums unter Berücksichtigung des Gesetzgebungsverfahrens sowie des Sinns und Zwecks vorzunehmen. Das Erfordernis eines im Fernabsatz organisierten Systems war in der ersten Fassung des Richtlinienentwurfs von 1992 nicht enthalten[169]. Dementsprechend wurde nach dem ersten Entwurf auch der Anbieter erfasst, der lediglich ganz ausnahmsweise einen Vertrag mit einem Kunden über das Telefon abschließt, etwa weil dieser keine Zeit hat persönlich in das Ladengeschäft zu kommen. Dieser weite Anwendungsbereich der Richtlinie wurde jedoch sofort von verschiedenen Seiten kritisiert und die Forderung erhoben, das Kriterium eines „organisierten Fernabsatzsystems" den Voraussetzungen hinzuzufügen[170], damit eben nicht die ausnahmsweise im Fernabsatz getätigten Geschäfte erfasst werden. Diese Kritik wurde von der Kommission nachvollzogen, weshalb diese in ihrem zweiten Entwurf vom 07.10.1993 zusätzlich regelte, daß der Vertrag „im Rahmen eines Vertriebssystems bzw. eines Systems zur Erbringung von Dienstleistungen" abgeschlossen werden müsse[171]. Diese Formulierung reichte dem Rat jedoch nicht aus, da sie nicht erkennen ließ, daß das Vertriebs- bzw. Dienstleistungssystem gerade auf den Fernabsatz gerichtet sein muß. Aus diesem Grund wurde dieses Merkmal im Gemeinsamen Standpunkt des Rates vom 29.06.1995 nochmals abgeändert und in der neuen Fassung auf einen „im Rahmen eines **für den Fernabsatz** organisierten Vertriebs- bzw. Dienstleistungssystems" geschlossenen Vertrag abgestellt[172]. Diese Formulierung ist auch noch in der endgültigen Fassung der Richtlinie enthalten.

Hierdurch wurde die im Gesetzgebungsverfahren geäußerte Kritik umgesetzt und solche Anbieter aus dem Anwendungsbereich der Richtlinie herausgenommen, die zwar ausnahmsweise Geschäfte im Fernabsatz tätigen, deren gesamtes Vertriebssystem aber tatsächlich nicht auf derartige Verträge ausgerichtet ist. Dieses ist auch mit dem Sinn und Zweck der Richtlinie vereinbar: Als Beispiel ist hier der Einzelhändler zu nennen, der in seinem Ladenlokal die telefonische Bestellung eines Kunden aufnimmt und per Boten ausliefert, da der Kunde keine Zeit hat das Ladenlokal selbst aufzusuchen. In diesen Fällen setzt sich der Besteller bewußt den für den Fernvertrieb typischen Risiken aus, ohne daß der Anbieter hierzu Veranlassung gegeben hätte, so daß eine besondere Schutzbedürftigkeit des Bestellers gegenüber dem Anbieter nicht gegeben ist. Es wäre auch unbillig, den Anbieter schlechter zu stellen, nur weil er auf den besonderen Wunsch eines Kunden von seinen üblichen

---

[168] Auf ein eigenes „Versandsystem" kommt es dagegen nicht an, da die Richtlinie bei der Leidtungserbringung auch den unmittelbaren Kontakt der Parteien zuläßt, also Fernabsatz im Sinne der Richtlinie auch dann noch gegeben ist, wenn der Anbieter die Abholung der Leistung durch den Kunden vorsieht.
[169] vgl. Artikel 2, erster Spiegelstrich des Entwurfs vom 21.05.1992 a.a.O. S.15
[170] vgl. Stellungnahme des Bundesrats in Drucksache-Bundesrat 445/1/92 S.4
[171] Artikel 2 des Entwurfs vom 07.10.1993 im Amtsblatt EG Nr. C 308 vom 15.11.1993 S. 18ff
[172] Artikel 2 des Entwurfs vom 29.06.1995 a.a.O. S. 3

Gepflogenheiten abweicht, zumal dieser üblicherweise keine Kenntnis von den besonderen Regelungen hinsichtlich des Fernabsatzes haben wird.

Folglich dient das Kriterium eines organisierten Fernabsatzsystems als Abgrenzungsmerkmal zum lediglich ausnahmsweise auf Kundenwunsch im Fernabsatz geschlossenen Vertrag. Bei der Überprüfung dieses Merkmals ist also weniger auf die Vertriebsorganisation oder die im Fernabsatz getätigten Umsatzzahlen eines Unternehmens abzustellen, sondern darauf, von welcher Seite die Initiative für die Vollziehung eines Geschäfts im Fernabsatz ausging. Sobald ein Lieferer, auf welchem Wege auch immer, abstrakt und generell[173] den Abschluß eines Vertrages über Fernkommunikationstechniken anbietet, ist von einem für den Fernabsatz organisierten Vertriebssystem des Lieferers auszugehen. In diesen Fällen wird der Kunde zur Bestellung via Fernabsatz „eingeladen", so daß er von einem entsprechenden Vertriebssystem ausgehen muß und als „passiver" Teil der Vereinbarung im Fernabsatz besonders schutzbedürftig ist. Demgegenüber kann der Kunde gerade nicht von einem fernabsatzspezifischen Vertriebssystem ausgehen, wenn die Initiative für einen Vertragsabschluß via Fernkommunikationstechnik von ihm ausgeht, er also den Anbieter hierzu veranlaßt. Als „aktiver" Teil der Bestellung via Fernabsatz ist der Besteller auch weniger schutzwürdig. Diese Auslegung des fernabsatzspezifischen Vertriebssystems, welche auf die dem Geschäft zugrundeliegende Initiative abstellt, dürfte dem Sinn und Zweck der Richtlinie am ehesten entsprechen.

Darüber hinaus wird hierdurch die Überprüfung des Tatbestandsmerkmals eines „Fernabsatzsystems" erheblich vereinfacht. Einige Autoren[174] stellen hinsichtlich dieses Merkmals auf die Vertriebsstruktur eines Unternehmens ab, müssen hierbei aber erhebliche Abgrenzungsschwierigkeiten einräumen. *Meents* führt insoweit zutreffend aus, daß die Richtlinie für die Untersuchung der Vertriebsstruktur eines Unternehmens und für die Feststellung eines Fernabsatzsystems keinerlei Beurteilungskriterien enthält[175]. Die Folge hiervon wäre eine erhebliche Rechtsunsicherheit bei der Anwendung des Merkmals. Diese Auffassung übersieht jedoch, daß für eine aufwendige Untersuchung der Vertriebsstruktur eines Unternehmens keinerlei Anlaß besteht. Eine bestimmte Umsatzmenge oder ein bestimmter Organisationsgrad ist daher nicht entscheidend, da das Merkmal des „Fernabsatzsystems" nicht darauf abzielt, ausschließliche Fernabsatzunternehmen von gelegentlichen Betreibern des Fernabsatzes abzugrenzen. Vielmehr dient das Merkmal alleine dazu, jene Anbieter aus dem Anwendungsbereich der Richtlinie herauszunehmen, die Geschäfte im Fernabsatz lediglich ausnahmsweise und auf Veranlassung des Kunden vornehmen. Für eine derartige Abgrenzung reicht es jedoch bereits aus zu überprüfen, ob sich ein Anbieter aus eigener Initiative der Fernabsatztechniken bedient.

Die Verwendung dieses Unterscheidungskriteriums hat darüber hinaus den Vorteil, daß „Grauzonen" bei der Hinwendung eines Unternehmens zum Fernabsatz vermieden werden. Würde man auf die Vertriebsstruktur eines Unternehmens abstellen, so würden insbesondere dann Schwierigkeiten entstehen, wenn ein Unternehmen

---

[173] also unabhängig von der individuellen Nachfrage eines Kunden
[174] Bodewig a.a.O. S. 448; Micklitz „Die Fernabsatzrichtlinie im deutschen Recht" a.a.O. S. 7
[175] vgl. Meents a.a.O. S.184ff

seinen ursprünglich allein auf Verkäufe im Ladengeschäft ausgerichteten Vertrieb auch zunehmend auf den Fernabsatz umstellt. Die Zugrundelegung der sich langsam ändernden Vertriebsstruktur könnte dazu führen, daß der Verkauf eines konkreten Gegenstandes im Fernabsatz nicht unter den Schutz der Richtlinie fällt, da der Anteil entsprechender Geschäfte am Gesamtumsatz noch nicht für ein organisiertes Fernabsatzsystem spräche, während der nächste im Fernabsatz verkaufte Gegenstand wegen der Überschreitung einer „Umsatzgrenze" von der Richtlinie erfaßt wird. Hierdurch würden die jeweiligen Besteller willkürlich unterschiedlich behandelt, obwohl beide gleichermaßen schutzbedürftig sind. Legt man dagegen für die Beurteilung des Vertriebssystems zugrunde, ob der Lieferer abstrakt generell die Abwicklung von Geschäften im Fernabsatz anbietet, würde bereits die erste durch einen Anbieter im Fernabsatz getätigte Vertragsvereinbarung ausreichen, um den Verbraucherschutz der Richtlinie hierauf zu erstrecken.

Schließlich kann dieses Kriterium, gegebenenfalls in einem gerichtlichen Verfahren, auch wesentlich leichter überprüft werden als die Vertriebsstruktur eines Unternehmens. Bei großen Versandhäusern, die ihre Produkte regelmäßig im Fernabsatz vertreiben, ist zweifellos davon auszugehen, daß diese Fernabsatz aus eigener Initiative betreiben. Bei kleineren Unternehmen läßt sich dieses daraus ableiten, daß durch Werbung, entsprechende Anrufe, Homepages etc. der Vertragsabschluß über Fernkommunikationstechniken generell angeboten wird. Auch ein Einzelunternehmer wird bereits erfaßt, wenn er einen Verbraucher mit dem Ziel anruft, diesem am Telefon eine Leistung zu verkaufen. Somit ist lediglich ein einziges, eindeutig zu beurteilendes Merkmal zu prüfen.

Für die Prüfung der Frage, ob ein „für den Fernabsatz organisiertes System" beim jeweiligen Unternehmer existiert, möchte *Meents* eine ausschließlich objektive Sichtweise zugrundelegen[176]. Dieses ist allerdings darauf zurückzuführen, daß er hierfür die Vertriebsstruktur eines Unternehmens anhand objektiver Kriterien untersuchen möchte. Soweit demgegenüber zutreffend darauf abgestellt wird, ob ein Lieferer den Vertrieb von Produkten abstrakt und generell zumindest auch über den Fernabsatz anbietet, ist die Sichtweise des vernünftigen Verbrauchers zugrundezulegen. Es reicht also aus, wenn der Lieferer durch seine Selbstdarstellung bzw. Präsentation den Eindruck erweckt, er biete generell seine Leistungen zumindest auch im Fernabsatz an[177].

c) ausschließliche Verwendung von Fernkommunikationstechniken

Die Definition des im Sinne der Richtlinie relevanten Fernabsatzes setzt weiterhin voraus, daß der Lieferer für „den Vertrag bis zu dessen Abschluss einschließlich des Vertragsabschlusses selbst **ausschließlich**" Fernkommunikationstechniken verwendet. Dieses Kriterium war ebenfalls im ersten Entwurf der Richtlinie vom 21.05.1992 nicht enthalten, vielmehr wurde ursprünglich lediglich darauf abgestellt, ob Fern-

[176] Meents a.a.O. S. 185f
[177] so auch Reich „Die neue..." a.a.O. S. 583; Armin Willingmann „Auf dem Weg zu einem einheitlichen Vertriebsrecht für Waren und Dienstleistungen" in VuR 1998 S. 395 (398)

kommunikationstechniken im Verlauf der Vertragsanbahnung für die Bestellaufforderung eingesetzt wurden[178]. Nach dieser ersten Fassung sollte es nicht erforderlich sein, daß auch der Vertragsschluß über Fernkommunikationstechniken erfolgt. Während des Gesetzgebungsverfahrens wurde jedoch im Gemeinsamen Standpunkt des Rates vom 29.06.1995 darauf verwiesen, daß Fernkommunikationstechniken wie Telefon, Post und Internet auch für den eigentlichen Abschluß des Vertrages eingesetzt werden und daher eine Beschränkung der Definition auf die Vertragsanbahnung nicht ausreichend ist[179]. Folgerichtig wurde nunmehr in dem anschließenden Entwurf des Rates darauf abgestellt, ob sowohl die Vertragsanbahnung als auch der Vertragsabschluß über den **ausschließlichen** Einsatz von Fernkommunikationstechniken erfolgte, wobei auch mehrere Techniken eingesetzt werden können – z.B. eine Bestellaufforderung via TV und anschließende telefonische Bestellung.

Die ausschließliche Verwendung von Fernkommunikationstechniken ist ein wichtiges Unterscheidungskriterium für Fernabsatzverträge, da darauf abgestellt wird, daß die Vertragsparteien zu keinem Zeitpunkt persönlich und unmittelbar durch gleichzeitige körperliche Anwesenheit miteinander in Kontakt treten. Soweit dem Verbraucher ein Produkt zwar mittels Fernkommunikationstechnik zum Kauf angeboten wird, er sich aber erst in einem Ladengeschäft zum Kauf dieses Produktes entschließt, gilt die Fernabsatzrichtlinie nicht. Umgekehrt greift die Richtlinie ebenfalls nicht, wenn der Verbraucher einen Gegenstand bereits persönlich beim Händler untersuchen konnte, sich aber erst zu Hause zum Kauf des Gegenstandes entscheidet und deshalb den Vertrag über Fernkommunikationstechniken mit dem betreffenden Anbieter abschließt.

Allerdings ist der Einsatz von Fernkommunikationstechniken nicht über den Abschluß des Vertrages hinaus erforderlich, vielmehr kann anschließend ein persönlicher Kontakt der Parteien erfolgen. Hätte also der Verbraucher aus dem Beispiel bereits bei einem telefonischen Verkaufsgespräch den Kauf des Produktes vereinbart und dieses anschließend persönlich bei einer Vertretung des Anbieters abgeholt, könnte er sich auf den Schutz der Richtlinie berufen. Dieses ist auch sachgerecht, da er sich in diesem Fall bereits vertraglich verpflichtet hat, ohne das Produkt persönlich in Augenschein nehmen zu können.

Sollte es zwischen den Vertragsparteien zu einem persönlichen Kontakt gekommen sein, wozu auch der Kontakt mit Vertretern, Repräsentanten und ähnlichem zählt, ist somit für die Anwendbarkeit der Richtlinie immer zu überprüfen, ob dieser Kontakt vor, während oder nach Abschluß des Vertrages erfolgte. Diese Abgrenzung ist insbesondere bei „gemischten" Vertriebsformen relevant, wie sie insbesondere im Bereich des Telemarketing festzustellen sind. Wird beispielsweise über das Telefon mit dem Verbraucher ein Vertreterbesuch vereinbart und erst während dieses Besuchs ein Vertrag geschlossen, gilt die Fernabsatzrichtlinie nicht, wohl aber die Haustürgeschäfterichtlinie[180]. Ist der Vertrag dagegen bereits am Telefon geschlossen worden und wird die Ware lediglich durch den Vertreter gebracht gilt die Fernabsatzrichtlinie,

---

[178] vgl. Artikel 2 des Entwurfs, Amtslatt der EG Nr. C 156 vom 23.06.1992 S. 15f
[179] vgl. Gemeinsamer Standpunkt a.a.O. S.10
[180] vgl. Reich „die neue..." a.a.O. S. 583

für weitere während dieses Vertreterbesuchs geschlossene Folgeverträge wäre aber wiederum die Haustürgeschäfterichtlinie anzuwenden.

III.3.1.2.2. Ausnahmen vom sachlichen Anwendungsbereich

Die Prüfung der Anwendbarkeit der Richtlinie wird zusätzlich dadurch erschwert, daß in Artikel 3 zahlreiche spezifische Vertragskategorien aufgezählt sind, die aus dem sachlichen Anwendungsbereich herausgenommen werden sollen. Selbst wenn die Richtlinie nach den oben genannten Kriterien grundsätzlich auf ein konkretes Rechtsgeschäft anwendbar sein müßte, kann sich unter Berücksichtigung der Ausnahmen das Gegenteil ergeben. Die Richtlinie benennt insgesamt 3 verschiedene Gruppen von Ausnahmen, welche danach zu differenzieren sind, in welchem Umfang jeweils die Anwendbarkeit der Richtlinie ausgeschlossen wird. Zu nennen sind hier:

⇒ Ausnahmen nach **Artikel 3 Absatz (1)** – insgesamt fünf verschiedene Vertragskategorien, welche vollständig aus dem Anwendungsbereich der Richtlinie herausgenommen wurden.
⇒ Ausnahmen nach **Artikel 3 Absatz (2)** – insgesamt zwei verschiedene Vertragskategorien, auf welche die Regelungen über die Informationspflichten sowie das Widerrufsrecht nicht anwendbar sind.
⇒ Ausnahmen nach **Artikel 6 Absatz (3)** – insgesamt sechs verschiedene Vertragskategorien, bei denen mangels abweichender Vereinbarung das Widerrufsrecht des Verbrauchers nicht gewährt wird.

Insgesamt sind somit 13 über die Richtlinie verteilte Vertragskategorien zu beachten, auf welche die Richtlinie nicht oder nur zum Teil Anwendung findet. Die einzelnen Ausnahmen können auch nicht logisch hergeleitet werden, da sie keinem einheitlichen abstrakten Prinzip folgen. Daher ist zur Überprüfung der Anwendbarkeit der Richtlinie eine genaue Kenntnis des Wortlauts erforderlich. Einem Durchschnittsverbraucher wird es allerdings kaum selbst möglich sein, beurteilen zu können, ob eine konkrete von ihm getätigte Bestellung in den Schutzbereich der Fernabsatzrichtlinie fällt oder nicht. Zutreffend führt *Micklitz* insoweit aus, daß diese Differenzierung weder übersichtlich ist, noch inhaltlich überzeugend, sondern zu einer weiteren Zersplitterung des Rechts führt[181].

Darüber hinaus sind die aufgezählten Vertragskategorien lediglich grob definiert, wodurch wiederum weite Interpretationsspielräume und Abgrenzungsschwierigkeiten entstehen. Daher ist es erforderlich, die jeweiligen Ausnahmetatbestände genauer zu untersuchen und hierdurch den Anwendungsbereich der Richtlinie schärfer abzugrenzen.

---

[181] Hans-W. Micklitz „Die Fernabsatzrichtlinie im deutschen Recht" a.a.O. S. 9

III.3.1.2.2.1. Ausnahmen nach Artikel 3 Absatz 1

Die folgenden Vertragskategorien sind vollständig aus dem Anwendungsbereich der Richtlinie herausgenommen, der Verbraucher kann sich somit beim Abschluß eines entsprechenden Vertrages auf den Schutz durch die Richtlinie nicht berufen.

a) Finanzdienstleistungen

Die Herausnahme der Finanzdienstleistungen aus dem Anwendungsbereich der Richtlinie dürfte die im Gesetzgebungsverfahren am meisten umstrittene Entscheidung gewesen sein und stößt auch heute noch auf erhebliche Kritik[182]. Nach dem ersten Entwurf der Richtlinie von 1992[183] waren Finanzdienstleistungen grundsätzlich noch im Anwendungsbereich der Richtlinie enthalten, lediglich Artikel 11 der damaligen Fassung sah vor, daß das Widerrufsrecht nicht besteht bei Transaktionen mit Wertpapieren und anderen Erzeugnissen oder Dienstleistungen, die den Preisschwankungen des Finanzmarktes unterliegen. Erstmals im Gemeinsamen Standpunkt von 1995[184] wurden die im Anhang der Richtlinie näher konkretisierten Finanzdienstleistungen aus dem Anwendungsbereich der Richtlinie herausgenommen. Diese Änderung fand im Ausschuß für Umweltfragen, Volksgesundheit und Verbraucherschutz keine Zustimmung, weshalb dieser in seiner Empfehlung für die zweite Lesung des Parlamentes vom 23.11.1995[185] den entsprechenden Passus aus dem Richtlinienentwurf wieder herausstrich. Hierbei führte der Ausschuß in seiner Begründung aus, daß der völlige Ausschluß des Finanzdienstleistungssektors aus der Richtlinie deren horizontale Konzeption beeinträchtigt, da der Verbraucher auch in diesem Bereich darauf vertrauen muß, durch die Richtlinie geschützt zu sein[186]. In der anschließenden zweiten Lesung und der Abstimmung durch das Parlament vom 13.12.1995 wurde jedoch die vom Ausschuß vorgeschlagene erneute Einbeziehung der Finanzdienstleistungen mit knapper Mehrheit abgelehnt[187], womit sich die im Gemeinsamen Standpunkt enthaltene Regelung endgültig durchsetzte. Allerdings sagte das zuständige Kommissionsmitglied in der der Abstimmung vorausgegangen Aussprache zu, daß die Kommission bezüglich der Finanzdienstleistungen einen Aktionsplan auf den Weg bringen werde und falls erforderlich auch eine eigene Richtlinie für Finanzdienstleistungen[188]. Auf Druck des Parlaments wurde sodann eine entsprechende Erklärung der Kommission in die endgültige Fassung der Richtlinie aufgenommen[189], wonach auf der Basis eines Grünbuchs „Finanzdienstleistungen – Wahrung der Verbraucherinteressen“[190] der Bedarf für eine weitere Richtlinie über-

---

[182] vgl. Willingmann a.a.O. S. 398; Reich „Die neue..." a.a.O. S. 583; Schöbi a.a.O. S. 6
[183] Amtslatt EG Nr. C 156 vom 23.06.1992 S. 14
[184] Amtsblatt EG Nr. C 288 vom 30.10.1995, S. 1
[185] Sitzungsdokument des Parlamentes C4 – 0369/95 – 00/0411 [COD]
[186] wie vor, S. 16
[187] vgl. „Bericht über den vom Vermittlungsausschuß gebilligten Gemeinsamen Entwurf einer Richtlinie des Europäischen Parlaments und des Rates über den Verbraucherschutz bei Vertragsabschlüssen im Fernabsatz" – Sitzungsdokument C4 – 0666/96 – 00/0411[COD], S.7
[188] Verhandlungen des Europäischen Parlaments, Sitzung vom 11.12.1995, Amtsblatt Anlage 4-472, S. 9
[189] Amtsblatt der EG Nr. L 144 vom 04.06.1997, S. 27
[190] KOM (96)209 endg.

prüft werden soll. Auf die rechtlichen Vorhaben der Kommission bezüglich der Finanzdienstleistungen im Fernabsatz wird in Abschnitt III dieser Untersuchung ausführlich eingegangen.

Die nunmehr dem Anwendungsbereich der Fernabsatzrichtlinie entzogenen Finanzdienstleistungen sind in Anlage II der Richtlinie aufgezählt, wobei diese Liste nicht erschöpfend ist, die genannten Bereiche also lediglich ergänzungsfähige Regelbeispiele darstellen. In der Liste sind die nach dem Binnenmarktprinzip liberalisierten und dem Herkunftslandprinzip gemeinschaftsweit dargebotenen Dienstleistungen von Banken, Versicherungen und Wertpapierfirmen enthalten[191]. Aus dem Anwendungsbereich der Richtlinie sind somit auch die Bereiche Home-Banking, Internet-Banking, Direktbanken sowie der Online-Wertpapierhandel herausgenommen, welche sich gerade in den letzten Jahren zunehmend durchsetzen und nicht zuletzt den Aktienboom der Jahre 1999 und 2000 befördert haben.

Nach Artikel 6 Absatz 4 sind allerdings solche Verbraucherkredite weiterhin im Anwendungsbereich der Richtlinie enthalten, die entweder vom Lieferer selbst für eine im Fernabsatz bestellte Ware oder Dienstleistung gewährt werden, oder die der Lieferer aufgrund eines Vertrages mit einem Dritten an den Verbraucher vermittelt. Interessant sind insoweit vor allem die Fälle, in welchen der Lieferer entweder die Kreditvergabe durch ein Bankinstitut herbeiführt oder selbst ein Bankinstitut für diese Zwecke betreibt, wie bei vielen Autokonzernen im Hinblick auf das Autoleasinggeschäft mittlerweile üblich. Durch die Regelung des Artikel 6 Absatz 4 ist in diesem Zusammenhang eine Ausnahme von der Ausnahme geschaffen worden, da die Richtlinie wiederum auf die Vergabe von Verbraucherkrediten anwendbar ist, obwohl diese als Finanzdienstleistung eigentlich aus dem Anwendungsbereich der Richtlinie ausgeschlossen sein müßten. Nach der in der Richtlinie enthaltenen Regelung sind Verbraucherkreditverträge somit rückabzuwickeln, sobald der Verbraucher seine im Fernabsatz getätigte Bestellung widerruft. Allerdings sind hiervon nach dem Wortlaut des Artikel 6 Absatz 4 lediglich die Verbraucherkredite betroffen, die der Lieferer entweder selbst vergeben hat oder die er aufgrund einer Vereinbarung mit einem Dritten vermitteln konnte.

Dieses hat für den Verbraucher zur Folge, daß er hinreichend überdenken sollte, durch wen er sich den Verbraucherkredit gewähren läßt. Wenn er sich selbst um die Kreditvergabe, etwa durch seine Hausbank bemüht, führt dieses zu einer Schlechterstellung im Sinne der Richtlinie. Wird ihm insoweit ein entsprechender Kredit durch seine Hausbank gewährt, so bleibt der Kreditvertrag bestehen, selbst wenn er die zugrundeliegende Bestellung widerruft. Demgegenüber wird bei einer Kreditvergabe durch den Lieferer bzw. durch dessen Vermittlung gleichzeitig auch der Kreditvertrag auflöst. Unter diesem Gesichtspunkt ist dem Verbraucher zu empfehlen, auf die Angebote des Lieferers zurückzugreifen, da andernfalls die Kreditvergabe als Finanzdienstleistung nicht von der Richtlinie erfasst ist.

Fraglich ist in diesem Zusammenhang allerdings, wie die Kreditverträge zu beurteilen sind, um die sich der Verbraucher zwar selbst bemüht, bei deren Zustandekommen

[191] Hans W. Micklitz „Die Fernabsatzrichtlinie im deutschen Recht" a.a.O. S. 10

jedoch auch der Lieferer mitgewirkt hat. Nach Maßgabe der Richtlinie (Artikel 6 Absatz 4) fallen solche Kreditverträge nur dann in deren Anwendungsbereich, wenn der Kredit **aufgrund einer Vereinbarung** zwischen dem Lieferer und dem Kreditinstitut gewährt wird. Nach dem eindeutigen Wortlaut wird der Kreditvertrag daher nicht bereits von der Richtlinie erfasst, wenn der Lieferer hieran ohne jede Bindung zum betreffenden Kreditinstitut unterstützend mitgewirkt hat, etwa durch das Beisteuern von Informationen. Wie die Richtlinie 87/102 über Verbraucherkredite[192] stellt auch die Fernabsatzrichtlinie – allerdings mit anderer Formulierung - darauf ab, ob die Mitwirkung des Lieferers auf einer Vereinbarung mit dem Dritten beruht, diese also selbst durch eine vertragliche Vereinbarung miteinander verbunden sind. Da dieses für den Verbraucher jedoch nicht immer ohne weiteres zu ermitteln ist, muß die Bindung zwischen Lieferer und Kreditgeber aus der Sicht des verständigen Verbrauchers beurteilt werden, wobei darauf abzustellen ist, ob ihm Lieferer und Kreditgeber gemeinsam als Vertragsparteien gegenüberstehen[193]. In diesem Fall wird er sich daher auf den Schutz der Fernabsatzrichtlinie berufen können, mit der Folge, daß der Kreditvertrag mit dem Widerruf der Bestellung aufgelöst wird. Bilden Lieferer und eine kreditgebende Bank kein gemeinsames „Lager", so ist der Kreditvertrag als Finanzdienstleistung aus dem Anwendungsbereich der Richtlinie herausgenommen und somit vom Widerruf der Bestellung nicht betroffen.

b) Verträge unter Verwendung von Warenautomaten oder in automatisierten Geschäftsräumen

Diese Ausnahme bezieht sich auf Verträge, die ebenfalls ohne gleichzeitige Anwesenheit der Vertragsparteien zustandekommen, allerdings nicht durch Verwendung von Fernkommunikationstechniken sondern durch Benutzung von Automaten, also von selbsttätig funktionierenden Systemen. Zu denken ist hier an vollständig automatisierte Waschstraßen, Briefmarken-, Fahrkarten- sowie Lebensmittelautomaten[194] etc.. Sobald zusätzlich zu den automatisierten Systemen Fernkommunikationstechniken zum Einsatz kommen, ist die Richtlinie allerdings wiederum anwendbar und der Ausnahmetatbestand nicht gegeben. Dieses ergibt sich daraus, daß die Richtlinie in Anhang I telefonische Kommunikation mit Automaten als Gesprächspartner ausdrücklich in den Anwendungsbereich mit einbezieht. Auch die mit diesem Regelbeispiel vergleichbare Bestellung via Internet, die regelmäßig nicht durch Menschen sondern durch automatisierte Software bearbeitet wird, wird daher von der Richtlinie erfasst[195]. Somit setzt der vorliegende Ausnahmetatbestand gerade voraus, daß Fernkommuniksationstechniken neben den Automaten nicht zum Einsatz kommen.

Sobald beim Vertragsschluß Fernkommunikationstechniken nicht zum Einsatz kommen, ist die Richtlinie gemäß der Definition in Artikel 2 Nr. 1 jedoch ohnehin nicht anwendbar. Somit wären auch die hier beschriebenen Automaten nicht von der

---

[192] Amtsblatt EG Nr. L 42 von 1987, S. 48 ff, hier Artikel 11 Absatz 2

[193] vgl. insoweit die Kommentierung zum deutschen Verbraucherkreditgesetz, z.B. Palandt/Putzo § 9 Verbraucherkreditgesetz Rdnr. 6

[194] wobei Lebensmittel ohnehin auch ausdrücklich von der Ausnahmeregelung nach Artikel 3 Absatz 2 erfaßt sind

[195] vgl. Meents a.a.O. S. 184

Richtlinie erfaßt, selbst wenn auf die vorliegende Ausnahmeregelung verzichtet worden wäre. Aus diesem Grund hat diese Ausnahmeregelung auch nur klarstellende Funktion, schafft jedoch keinen eigenen Ausnahmetatbestand. Wichtig ist lediglich die Erkenntnis, daß die Bestellung über automatisierte Systeme unter gleichzeitiger Verwendung von Fernkommunikationstechniken, in den Anwendungsbereich der Richtlinie fallen. Zu nennen ist hier die Entwicklung bei einigen Kreditinstituten, für die täglichen Bankgeschäfte automatisierte Geschäftsräume zur Verfügung zu stellen, in welchen sich statt des Personal lediglich Computerterminals und Fernsprecheinrichtungen befinden. Hierbei handelt es sich um von der Richtlinie grundsätzlich nicht erfaßte Finanzdiendstleistungen. Sollten entsprechende Geschäftsräume jedoch auch für andere Leistungen eingeführt werden, wären die darin mit Hilfe der Fernkommunikationstechniken getroffenen Vereinbarungen dem Schutzbereich der Richtlinie unterworfen.

c) Verträge mit Betreibern von Telekommunikationsmitteln aufgrund der Benutzung von öffentlichen Fernsprechern

Soweit dieser Vertrag durch Einwurf einer Münze oder das Einschieben einer Telefonkarte in den Fernsprecher zustandekommt, gelten die Ausführungen des vorherigen Abschnitts entsprechend. Mangels der Verwendung einer Fernkommunikationstechnik bei Vertragsschluß wäre der Vertrag ohnehin nicht vom sachlichen Anwendungsbereich der Richtlinie erfaßt. Anders jedoch, soweit der Vertrag mit dem Betreiber des öffentlichen Fernsprechers über den Fernsprecher selbst zustande kommt, beispielsweise unter Mitwirkung eines „operators". Hier erfolgt der Vertragsschluß unter Einsatz der Fernkommunikationstechnik, so daß hier eine „echte" Ausnahme vom Anwendungsbereich gegeben ist. Diese Ausnahme wird dadurch gerechtfertigt, daß bei der Benutzung eines Fernsprechers die Leistung sofort in Anspruch genommen wird und eine Rückabwicklung der erbrachten Dienstleistung im Rahmen eines Widerrufsrechts nicht möglich wäre. Auch die in Artikel 4 und 5 der Richtlinie enthaltenen Informationspflichten lassen sich auf Fernsprecherdienstleistungen nicht anwenden.

d) Immobilienverträge

Nach dem Wortlaut werden durch diese Ausnahmeregelung sämtliche Verträge aus dem Anwendungsbereich der Richtlinie genommen, die den Kauf, den Bau oder sonstige Rechte an Immobilien betreffen, mit der Ausnahme von Vermietungen. Auch diese Ausnahme war umstritten und wurde wie viele andere durchgreifende Änderungen am Richtlinienentwurf erstmals durch den Gemeinsamen Standpunkt des Rates vom 29. Juni 1995 in das Gesetzgebungsverfahren eingefügt. Grund hierfür war die Befürchtung einiger Mitgliedstaaten, die Einbeziehung von Immobilienverträgen in die Richtlinie könne einen zu weitgehenden Eingriff in die nationalen Eigentums- und sachenrechtlichen Regelungen bedeuten, zumal die Eigentumsordnungen der Mitgliedstaaten nach Artikel 295 des EG-Vertrages geschützt seien[196]. Dieses Argument ließ das Parlament allerdings in zweiter Lesung des Richtlinienentwurfs nicht gelten, sondern folgte der Empfehlung des zuständigen Ausschusses für Verbraucherschutz vom 23.11.1995[197] und entschied sich dafür die Immobilienverträge im Anwendungsbereich der Richtlinie zu belassen. Die Kommission übernahm sodann in ihrer Stellungnahme vom 07.02.1996 den Vorschlag des Parlaments und bezog die Immobilienverträge ebenfalls erneut in den Schutzbereich der Richtlinie ein[198]. Da der Rat jedoch weiterhin auf seinem Standpunkt beharrte, wonach die Anwendung der Richtlinie auf Immobilienverträge unzulässig in die nationalen Rechtsordnungen eingreife, konnte eine Entscheidung dieser Meinungsverschiedenheit erst im Vermittlungsausschuß erfolgen. Hier praktizierte der Rat eine „Blockadestrategie"[199], so daß sich die Delegation des Parlaments veranlaßt sah im Bereich der Immobilienverträge von der ursprünglich vertretenen Position abzurücken und einer Herausnahme dieser Verträge aus dem Anwendungsbereich zuzustimmen. Wenig überzeugend erklärte die Delegation ihre Meinungsänderung damit, „daß der Immobiliensektor keine große Bedeutung für den Fernabsatz hat, weil schon der gesunde Menschenverstand dem Verbraucher nahelegt, immobilienbezogene Verträge nicht im Fernabsatz zu schließen."

Berücksichtigt man, daß die Richtlinie gerade neue Entwicklungen im Vertrieb von Dienstleistungen und Waren aufgreifen und insbesondere auch den Weg für bisher noch nicht praktizierte Arten von Distanzgeschäften ebnen sollte, so greift die Regelung im Bezug auf Immobilienverträge zu kurz. Die neuen Techniken ermöglichen es, eine Immobilie vollständig zu besichtigen, ohne jemals selbst vor Ort zu sein, so daß vor allem grenzüberschreitende Immobilienverträge erheblich vereinfacht werden. Daher dürfte durch entsprechende technische Möglichkeiten auch der gesunde Menschenverstand kaum mehr zwingend gegen den Abschluß eines Immobilienvertrages im Fernabsatz sprechen. Da jedoch gerade derartige Verträge größere Werte betreffen, ist es kaum sachgerecht, dem Verbraucher ausgerechnet hier den Schutz der Richtlinie zu verwehren. Nach derzeitiger Rechtslage würde jedenfalls ein Verbraucher, der sich nach virtueller Begehung und Besichtigung einer Immobilie zum Kauf derselben via Fernkommunikationstechniken entschließt, weder Informationsrechte haben, noch könnte er sich auf ein Widerrufsrecht berufen. Zu berücksichtigen ist natürlich, daß in einer Vielzahl von Staaten der Europäischen Gemeinschaft eine Immobilien- bzw. Grundstücksübertragung im Fernabsatz derzeit nicht möglich wäre, da die jeweiligen nationalen Rechtsordnungen die gleichzeitige Anwesenheit der Vertragsparteien bei Vertragsschluß vorsehen. Insoweit ist beispielhaft auf die Formvorschrift des § 311 b BGB des deutschen Rechts verwiesen oder auf auf die für die Übertragung des Grundstückes erforderliche Auflassung gem. § 925 BGB, welcher die gleichzeitige Anwesenheit der Vertragschließenden vor einer zuständigen Stelle voraussetzt. Damit ist zweifelsfrei der Abschluß eines solchen Vertrages im Fernab-

---

[196] vgl. Begründung des Gesetzesentwurfs der Bundesregierung zum „Fernabsatzgesetz" Bundestagsdrucksache 14/2658 vom 09.02.2000, S. 33; vgl. auch Begründung des Gemeinsamen Standpunkts des Rates im Amtsblatt der EG Nr. C288 vom 30.10.1995 S.10

[197] Sitzungsdokument PE 214.479/end vom 23.11.1995, S.16

[198] KOM (96)36 endg. COD 411

[199] Bericht der Delegation des Parlaments im Vermittlungsausschuß vom 13.01.1997 in PE 216.731/ end., S.5

satz ausgeschlossen. Anders jedoch in Portugal, Irland und Spanien, um nur einige Beispiele zu nennen. In Spanien ist insoweit ein Immobilienkauf schon dann rechtsgültig, wenn er – egal in welcher Form – zu Papier gebracht wurde. Für einen Käufer ist es daher möglich, durch briefliche Zusendung eines unterschriebenen Vertrages im Fernabsatz ein Grundstück gegebenenfalls mit Haus zu kaufen. Dieses gilt auch für den ausländischen, etwa deutschen Käufer, da über Artikel 11 EGBGB spanisches Recht anwendbar sein würde. Daher ist der Immobilienkauf via Fernabsatz in Europa keineswegs unrealistisch, allerdings kann sich der Käufer nach Maßgabe der Richtlinie dennoch nicht auf den Schutzbereich der Richtlinie berufen.

Neben der grundsätzlichen Fragwürdigkeit dieser Ausnahmeregelung, ist im übrigen deren Umfang wegen ihrer unklaren Formulierung nicht eindeutig. Die Ausnahmeregelung gilt nach deren Wortlaut für Verträge, die „für den Bau und den Verkauf von Immobilien geschlossen werden oder sonstige Rechte an Immobilien mit Ausnahme der Vermietung betreffen". Hier stellt sich die Frage, ob die Richtlinie nicht lediglich für Verträge gelten soll, mit welchen das Eigentum an Immobilien bzw. Grundstücken übertragen oder belastet wird, oder ob auch Verträge ausgenommen sind, die im Umfeld einer Übertragung oder Belastung geschlossen werden.
Zur Verdeutlichung dieses Problems sei auf die Internetseiten des Immobilienvermittlers „Immobilienscout 24" verwiesen[200], auf welchen tausende Wohnungen und Häusern zum Kauf oder zur Miete angeboten werden, wobei unmittelbar auch Exposés abgerufen werden können sowie Bild- und Kartenmaterial für eine erste Überprüfung zur Verfügung gestellt wird. Damit stellt dieses Unternehmen quasi einen virtuellen Katalog für Immobilienangebote zur Verfügung. Diese Angebote kann der potentielle Käufer oder Mieter kostenlos abrufen, während der Anbieter der Immobilie die Leistungen der Immobilien Scout GmbH vergüten muß. Der entsprechende Vertrag zwischen dem Anbieter der Immobilie und der Immobilienscout GmbH über die entgeltliche Immobilienpräsentation kann über das Internet abgeschlossen werden, indem der Anbieter hierüber die erforderlichen Unterlagen und Informationen zur Verfügung stellt. Somit handelt es sich grundsätzlich um einen Fernabsatzvertrag, der in den Anwendungsbereich der Richtlinie fällt. Allerdings könnte der Vertrag von der Bereichsausnahme der Immobilienverträge erfaßt sein, so daß sich der Anbieter der Immobilie letztlich nicht auf den Schutz der Richtlinie berufen kann. Unter Zugrundelegung des Wortlauts der Richtlinie müßte hier davon ausgegangen werden, daß der Vertrag des Anbieters mit dem Immobilienscout in den Bereich der Ausnahmeregelung fällt, da dieser unzweifelhaft „für den Verkauf von Immobilien" geschlossen wird. Gleiches gilt für Verträge, die „für den Bau von Immobilien" geschlossen werden. Ein unter gezielter Verwendung von Fernkommunikationstechniken vereinbarter Architektenvertrag oder ein Vertrag über die Beauftragung eines Bauunternehmens würde daher ebenfalls nicht in den Anwendungsbereich der Richtlinie fallen. Es stellt sich somit die Frage, ob hier der Umfang der Bereichsausnahme alleine nach dem Wortlaut festzulegen ist, oder ob weitere Faktoren berücksichtigt werden müssen.

---

[200] http://www.i-scout.de

Wie bereits aus den obigen Ausführungen ersichtlich wurde die Bereichsausnahme der Immobilienverträge von den Mitgliedstaaten in das Gesetzgebungsverfahren eingebracht, um Eingriffe in das nationale Eigentumsrecht, insbesondere bei der Übertragung von dinglichen Rechten zu verhindern. Die Eigentums- bzw. dinglichen Rechte sind jedoch nur dann betroffen, wenn Eigentum durch entsprechende Verträge übertragen oder belastet wird. Darüberhinaus sind Eigentumsrechte auch dann betroffen, wenn Baumaterial auf dem Grundstück verbaut wird, wodurch beispielsweise im deutschen Recht nach § 946 BGB der Grundstückseigentümer auch Eigentümer des verbauten Materials wird. Den Mitgliedstaaten kam es offensichtlich insoweit darauf an, die komplizierten Folgen eines Widerrufs für diese Eigentumskonstellationen zu vermeiden. Hieraus ergibt sich, daß es bei der Bereichsausnahme nicht darauf ankommen sollte, ob ein mit dem Verkauf oder Bau einer Immobilie zusammenhängender Vertrag abgeschlossen wird, sondern ob der Vertrag selbst einen immobilienrechtlichen Eigentumsübergang bzw. -belastung unmittelbar zum Inhalt hat. Dieses trifft im Beispielsfall der Immobilienscout GmbH nicht zu, auch nicht im Fall des über Fernkommunikationtechniken beauftragten Architekten. Dagegen ist der Vertrag mit einem Bauunternehmer, soweit dieser eigene Baumaterialien auf dem fremden Grundstück verbaut, von der Ausnahmeregelung der Richtlinie erfasst. Der Schutzbereich der Richtlinie würde daher nicht für diesen Vertrag gelten.

Festzuhalten bleibt somit, daß die Bereichsausnahme der Immobilienverträge nur solche Verträge erfaßt, welche einen grundstücksrechtlichen Eigentumsübergang bzw. –belastung unmittelbar zu Inhalt haben, nicht jedoch solche Verträge, die lediglich im Zusammenhang mit einem Immobilienbau oder –kauf geschlossen werden.

e) Verträge die bei einer Versteigerung geschlossen werden

Diese auf den ersten Blick eindeutige Formulierung führt bei näherer Betrachtung ebenfalls zu Unklarheiten hinsichtlich des Anwendungsbereichs. Von besonderer Aktualität ist hierbei die Frage, ob die zunehmend im Internet vertretenen Online-Auktionen[201] durch diese Ausnahmeregelung ebenfalls nicht in den Anwendungsbereich der Richtlinie fallen. Zu nennen sind hier Online-Auktionshäuser wie ebay[202], ricardo.de[203] oder der europäisch ausgerichtete Anbieter QXL[204]. Gerade im Bereich dieser „Internetauktionen" ist rechtlicher und praktischer Verbraucherschutz besonders dringend erforderlich, wie bereits die tägliche Anwaltspraxis zeigt. Wegen der im Internet typischen Anonymität kennt der „Ersteigerer" häufig nur die e-mail Adresse des Gegenübers, der dahinter stehende Name und dessen Anschrift müssen nicht zutreffen. Darüberhinaus stellt sich regelmäßig die Frage, wie und auf wessen Kosten die ersteigerte Ware geliefert werden soll, und wer hierbei das Transportrisiko trägt. Des weiteren werden hier hauptsächlich gebrauchte Gegenstände angeboten, so daß sich die Frage nach der Gewährleistung stellt. Aufgrund der bereits angesprochenen Anonymität ist auch das Betrugsrisiko besonders hoch, etwa bei der Be-

---

[201] hierzu ausführlich Stefan Ernst „Die Online-Versteigerung" in CR 2000, S. 304ff
[202] http://www.ebay.de
[203] http://www.ricardo.de
[204] http://www.qxl.com

stellung eine Goldkette, die sich nach Bezahlung und Lieferung als Messingkette herausstellt, wobei der Verkäufer nicht identifiziert werden kann.

Daher wäre es für den Verbraucher besonders wichtig, daß er sich im Falle von Internatauktionen auf die Richtlinie berufen kann. Der Wortlaut der vorliegenden Ausnahmeregelung scheint diese Möglichkeit jedoch auszuschließen. Hier stellt sich allerdings die Frage, ob die Internetauktionen wie auch die klassischen Auktionen von der Ausnahmeregelung überhaupt erfaßt sind. Die Besonderheit der Internet-Auktionshäuser gegenüber der herkömmlichen Auktion liegt darin, daß unzählige jeweils nur auf einen einzelnen Gegenstand bezogene „Auktionen" parallel ablaufen, wobei die Phase der Gebote nicht durch den üblichen Zuschlag abgeschlossen wird. Dieses erfolgt durch den Ablauf einer vorher festgelegten Zeit, in welcher Gebote entgegengenommen werden. Das nach Ablauf dieser Zeitspanne höchste Gebot setzt sich sodann durch, der entsprechende Bieter schließt den Kaufvertrag über den zu versteigernden Gegenstand ab. Insoweit ist umstritten, ob der Vertragsschluß durch oder nach Zeitablauf mit dem für die Versteigerung typischen Vertragsschluß durch Zuschlag zu vergleichen ist. Obwohl die Rechtsprechung wegen der erst kurzen Existenz der Online Auktionshäuser kaum Gelegenheit hatte, diese rechtlich zu beurteilen, lassen die wenigen Entscheidungen deutscher Gerichte bereits das Problem erkennen. Das LG Münster kam in einer Entscheidung vom 21.01.2000[205] zu dem Ergebnis, daß die darin beurteilte Online-Auktion mit einer Versteigerung im klassischen Sinn nicht zu vergleichen sei, da mit dem Ablauf der vorher festgelegten Angebotsfrist nicht automatisch ein Vertrag zustandekomme, sondern es einer zusätzlichen Annahmeerklärung des „Online-Auktionshauses" bedürfe. Nach dieser Auffassung ist folglich das Gebot des Bieters nicht für beide Seiten bindend, wie dieses bei Versteigerungen zwingend der Fall sein muß, vielmehr kann das „Online-Auktionshaus" oder der jeweilige Anbieter der Ware nach der Einschätzung des Landgerichts auch die Annahme eines zu geringen Höchstgebotes verweigern[206]. Dieses gelte unabhängig von den allgemeinen Geschäftsbedingungen des Auktionshauses.

Unter Zugrundelegung dieses Denkansatzes kommt man zu dem Ergebnis, daß die Gebote in Online-Versteigerungen nichts anderes sind als Angebote im Rahmen gewöhnlicher Kaufverträge, da den Geboten die für Auktionen typische Bindungswirkung fehlt. Demnach liegt eine Vesteigerung im rechtlichen Sinne nicht vor, mit der Konsequenz, daß die Richtlinie auf Online-Versteigerungen trotz der Ausnahmeregelung anwendbar wäre.

Die Auffassung des LG Münster wurde durch die Instanzengrerichte jedoch nicht bestätigt. Sowohl das OLG Hamm[207] als auch später der BGH[208] vertraten die Gegen-

---

[205] Aktenzeichen 4 O 424/99, abgedruckt in CR 2000, S. 313ff – hier ging es um die Frage, ob ein Autohändler verpflichtet ist, ein von ihm bei ricardo.de angebotenes Auto auch dann abzugeben, wenn das letzte Höchstgebot weit unter dem tatsächlichen Marktpreis des Fahrzeuges liegt

[206] Das Urteil wurde allerdings nunmehr in der Berufung durch ein Urteil des OLG Hamm vom 14.12.2000 (Az.: 2 U 58/00) aufgehoben; da wiederum Revision zum BGH eingelegt wurde ist aber auch die Entscheidung des OLG Hamm noch nicht rechtskräftig geworden.

[207] vgl. NJW 2001, S. 1142

[208] Urteil vom 07.11.2001, Aktenzeichen VIII ZR 13/01

meinung und stellten in ihren Urteilen fest, dass das Angebot des Anbieters aufgrund der Versteigerungsbedingungen des Online-Auktionshauses verbindlich ist. Der Vertrag kommt somit nach Ablauf der Bietzeit „automatisch" zustande, ohne dass noch eine Zustimmungerklärung des Anbieters erforderlich wäre. Ähnlich urteilten auch das LG Wiesbaden[209] sowie das AG Sinsheim[210], welche die Online-Auktionen mit den klassischen Versteigerungen zumindest für vergleichbar halten. Dieses begründeten die Gerichte damit, daß es bei den Online-Auktionen zwar keinen Zuschlag im herkömmlichen Sinne gibt, allerdings sei im Computer festgehalten, wer bei Fristablauf das höchste Angebot abgegeben hat, wobei diese Person den versteigerten Gegenstand auf der Grundlage der Geschäftsbedingungen verbindlich erhalten würde.

Ein Blick in die Geschäftsbedingungen[211] der oben genannte Online-Auktionshäuser bestätigt diese Einschätzung. Vor allem die Geschäftsbedingungen von ebay[212] lassen unter Abschnitt 8. (Vertragsschluß) erkennen, daß die Online Auktionshäuser gerade auf eine Verbindlichkeit des Verkaufsangebots sowie des Kaufgebots abstellen. Hier heißt es: „Mit der Einstellung eines Artikels auf der eBay Website gibt der Verkäufer ein verbindliches Angebot zum Verkauf des Artikels an denjenigen Bieter ab, der bei Ablauf der Angebotszeit das höchste Gebot abgegeben hat. Der Verkäufer ist ferner dazu berechtigt, die Auktion vorzeitig zu beenden und ist in diesem Fall dazu verpflichtet, seinen Artikel an den zum Zeitpunkt der Beendigung Höchstbietenden zu veräußern (...) Der Bieter ist solange an sein Gebot gebunden, bis es durch ein höheres Gebot eines anderen erlischt (...) Mit Ablauf der vom Anbieter festgesetzten Angebotsdauer, gemessen anhand der System-Uhrzeit von ebay, kommt zwischen dem Anbieter und dem Höchstbietenden ein Kaufvertrag zustande".

Diese Regelung macht deutlich, daß durch die allgemeinen Geschäftsbedingungen ein verbindlicher Zuschlag simuliert werden soll, sowohl der Anbieter eines Artikels als auch Bieter für den Artikel sind jeweils an ihre Handlungen rechtlich gebunden. Hierdurch wird eine virtuelle Versteigerung erzeugt, die hinsichtlich der rechtlichen Ausgestaltung mit einer „echten" Versteigerung durchaus vergleichbar ist. Anbieter und Bieter haben es nach Beginn der Versteigerung eben nicht mehr in der Hand, von ihrem ursprünglich gemachten Erklärungen einseitig Abstand zu nehmen bzw. einen Vertragsschluß zu verweigern. Der Zuschlag erfolgt automatisch nach Zeitablauf.

Soweit also die Überprüfung des Einzelfalls, insbesondere der jeweiligen allgemeinen Geschäftsbedingungen ergibt, daß sowohl das Verkaufsangebot des Anbieters und das Kaufangebot des Bieters verbindlich sein sollen und der Vertrag somit automatisch mit Ablauf der Bieterfrist zutstandekommt, ist von einer Versteigerung im Sinne der Bereichsausnahme der Richtlinie auszugehen. Im Rahmen solcher Online Auktionen kann der Verbraucher daher nicht die Rechte aus der Richtlinie geltend machen.

---

[209] Urteil vom 13.01.2000 Aktenzeichen 13 O 132/99
[210] Urteil vom 10.01.2000 Aktenzeichen 4 C 257/99
[211] zu den Geschäftsbedingungen der Online Auktionshäuser Andreas Wiebe „Vertragsschluß bei Online Auktionen" in MMR 2000, S. 323 ff
[212] http://pages.ebay.de/help/community/png-user.html

Dieses deckt sich auch mit dem Sinn und Zweck der Bereichsausnahme. Diese wurde erst durch den Gemeinsamen Standpunkt des Rates vom 29.06.1995 einfügt. Die diesbezügliche Einschränkung des Anwendungsbereichs wurde damit begründet, daß Versteigerungen wegen der „praktischen Einzelheiten" der Richtlinie nicht unterworfen werden sollten[213]. Die etwas unklare Formulierung der „praktischen Einzelheiten" bezog sich auf die Besonderheiten des Versteigerungsverfahrens. Insbesondere eine Widerrufsmöglichkeit wäre mit der Ausgestaltung einer Versteigerung kaum zu vereinbaren, da durch den Zuschlag alle Mitbieter des Meistbietenden automatisch von einer Kaufoption ausgeschlossen werden. Ein Widerruf des Meistbietenden hätte nicht zur Folge, daß der ihm in der Höhe des Angebots nachfolgende Bieter automatisch den Zuschlag erhalten würde, vielmehr müßte das gesamte Versteigerungsverfahren vollständig wiederholt werden. Bedenkt man, daß viele Auktionen in den klassischen Auktionshäusern bereits unter Verwendung von Fernkommunikationstechniken, insbesondere durch telefonische Gebote, abgewickelt werden, so würde ein Anwendung der Fernabsatzrichtlinie hierauf den Versteigerungsbetrieb empfindlich beeinträchtigen. Vor allem die hiermit vergleichbaren Online-Auktionen, welche die obengenannten Kriterien des „virtuellen Zuschlags" erfüllen, wären bei einem Widerrufsrecht kaum durchführbar, weshalb diese entsprechend dem Sinn und Zweck der Bereichsausnahme ebenfalls aus dem Anwendungsbereich der Richtlinie herausgenommen werden müssen[214].

Soweit ausnahmsweise dennoch eine Versteigerung von der Richtlinie erfaßt ist, weil der Kauf erst durch eine gesonderte Annahmeerklärung verbindlich vereinbart und nicht durch einen (virtuellen) Zuschlag, ist das besondere Augenmerk auf die Parteien des Vertragsschlusses zu legen. Dieses ist erforderlich, da bei Versteigerungen regelmäßig Dreiparteienverhältnisse vorliegen, wobei die Anwendbarkeit der Richtlinie in jedem Teilverhältnis unterschiedlich zu beurteilen ist. Vertragliche Beziehungen entstehen zwischen dem Anbieter eines Gegenstandes und dem Versteigerer, zwischen dem Versteigerer und dem Käufer sowie unmittelbar zwischen Anbieter und Käufer, wobei die Verträge bei Online-Auktionen unter ausschließlicher Verwendung von Fernkommunikationstechniken zustandekommen.[215] Wie im Hinblick auf den persönlichen Anwendungsbereich der Richtlinie bereits ausgeführt[216] ist diese nur dann auf einen Vertrag anwendbar, wenn der Anbieter der vertraglichen Leistung beruflich oder gewerblich handelt, während beim anderen Teil ausschließlich private Motive gegeben sind. Für jedes der genannten drei Vertragsverhältnisse ist daher zu untersuchen, inwieweit die subjektiven Voraussetzungen für eine Anwendbarkeit der Richtlinie gegeben sind. Der Versteigerer wird ausnahmslos aus beruflichen bzw. gewerblichen Motiven handeln, so daß seine vertraglichen Beziehungen zu dem Anbieter auf der einen Seite und zum Käufer auf der anderen Seite nur dann der Richtlinie unterliegen, wenn diese lediglich als Verbraucher auftreten. Im Regelfall tritt der

---

[213] vgl. Amtsblatt der EG Nr. C288 vom 30.10.1995, S. 10
[214] so auch Meents „Ausgewählte Probleme des Fernabsatzgesetztes bei Rechtsgescäften im Internet" sowie die Begründung zum deutschen Fernabsatzgesetz in BT-Drucksache 14/2658 vom 09.02.2000 S. 33
[215] vgl. Thomas Wilmer „Rechtsfragen der Internet Auktion" in NJW-CoR 2000 S. 94
[216] vgl. oben unter II.3.1.1. a)

Versteigerer im Rahmen eines Geschäftsbesorgungsvertrages sui generis[217] als Dienstleister für Anbieter und Käufer auf, da er deren Vertragsschluß vermittelt. Ergibt sich allerdings aus der Ausgestaltung der Internet Auktion, dass der „Versteigerer" die fremden Waren in eigenem Namen anbietet, sind in Deutschland auf die entsprechenden Verträge die Regelungen zum Kommissionsgeschäft gem. § 383ff HGB zu beachten. Letzteres wird allerdings eher selten der Fall sein, da viele Online-Auktionhäuser in ihren Bedingungen hervorheben, dass sie sich nur als „Marktplatz" sehen, auf dem Verkäufer und Käufer jeweils selbst miteinander in Kontakt treten.
Die Rechte von Verkäufer und Käufer gegenüber dem Versteigerer ergeben sich daneben aus der Fernabsatzrichtlinie, soweit sie jeweils als Verbraucher handeln. Nicht selten wird jedoch auch der Anbieter eines Artikels gewerblich tätig sein, weshalb er im Hinblick auf die Dienstleistung des Versteigerers Rechte aus der Richtlinie nicht ableiten kann. Gleiches gilt, wenn der Käufer gewerblich bzw. beruflich motiviert ist.

Unabhängig hiervon ist zu untersuchen, in welchem Verhältnis sich Käufer und Verkäufer der Leistung gegenüberstehen. Bei einer Durchsicht der Angebote der Internet-Auktionshäuser kann festgestellt werden, daß die meisten Anbieter offensichtlich Privatpersonen sind, die lediglich einzelne Artikel aus ihrem Haushalt zum Verkauf anbieten[218]. Leider ist dieses nicht ohne weiteres erkennbar, kann jedoch häufig aus den Angeboten selbst abgeleitet werden. Der Verbraucher auf der Käuferseite kann sich in diesen Fällen gegenüber dem Verkäufer nicht auf die Rechte aus der Richtlinie berufen, selbst wenn er dem Verkäufer irrtümlich eine berufliche oder gewerbliche Motivation unterstellt, da diese Beurteilung alleine aus der objektiven Sichtweise erfolgen muß[219]. Somit wird für den Käufer, soweit er Verbraucher ist, häufig die Situation entstehen, daß er sich zwar hinsichtlich der Dienstleistung des Versteigerers auf die Richtlinie berufen kann, nicht jedoch beim relevanteren Kaufvertrag mit dem nicht gewerblichen Anbieter des Kaufgegenstandes.

Dem Teilnehmer einer Internet-Auktion ist daher dringend zu empfehlen, die Geschäftsbedingungen des Versteigerers eingehend zu lesen sowie die Motivation des Verkäufers zu erkunden, da sich im Einzelfall ergeben kann, daß ihm die Rechte aus der Richtlinie auch hinsichtlich des Kaufgegenstandes zustehen, obwohl es sich vermeintlich um eine Versteigerung handelte. Insgesamt sollte der Verbraucher bei Versteigerungen im Internet jedoch ohnehin vorsichtig sein und bei höherwertigen Gütern insgesamt hiervon absehen, da er weder seinen Vertragspartner zweifelsfrei identifizieren kann, und auch die Vertrags- und Gewährleistungsmodalitäten häufig unklar sind. Der im Regelfall fehlende Schutz durch die Fernabsatzrichtlinie verstärkt diese Unsicherheit.

Die vorliegende Bereichausnahme macht außerdem noch eines deutlich: Die punktuelle Herausnahme einzelner Geschäftstypen aus dem Anwendungsbereich der Richtlinie macht diese wegen der fehlenden Abstraktion weniger flexibel und anpassungsfähig an verschiedene Sachverhalte. Hierunter leidet insbesondere die Zu-

---

[217] Wilmer a.a.O. bezichnet diesen Vetrag als Maklerdienstvertrag
[218] Diese Ausgestaltung lässt bereits erkennen, dass Inzernet-Auktionen regelmäßig nicht im Rahmen eines Kommissionsgeschäftes abgewickelt werden, sonder der Verkäufer im eigenen Namen auftritt, wodurch der Kaufvertrag also unmittelbar zwischen Käufer und Verkäufer geschlossen wird.
[219] vgl. oben unter II.3.1.1. a)

kunftstauglichkeit, da neue technische Entwicklungen und damit einhergehende neue Vertragsarten kaum berücksichtigt werden können. Insoweit ist die Richtlinie bereits durch neue Geschäftstypen „überholt" worden, die bei der Abfassung der Bestimmungen nicht absehbar waren und daher rechtlich keine Berücksichtigung fanden. Zu nennen ist hier insbesondere die Einkaufsgemeinschaft bzw. das Co(-mmunity) Shopping im Internet, wie es beispielsweise durch Primus Powershopping[220] oder LetsBuyIt.com[221] angeboten wird. Hierbei werden virtuellen Kaufgemeinschaften Preisnachlässe in Form eines „Mengenrabattes" gewährt, der normalerweise nur dem Großhandel vorbehalten ist, so daß mit der Zahl der sich im Internet zusammenfindenden Käufer der Preis der Ware sinkt[222]. Die wettbewerbsrechtliche Zulässigkeit dieser Form des Einkaufs ist zwar noch umstritten, jedoch sprechen die meisten Argumente dafür, diese letztlich dem Verbraucher entgegenkommende Vertriebsvariante wettbewerbsrechtlich als zulässig einzustufen[223]. Dieses Co-Shopping wird sich jedoch nur dann durchsetzen können, wenn hier die Rechte des Käufers zum Widerruf des Vertrages eingeschränkt sind. Andernfalls bestünde für den Anbieter des Co-Shopping die Gefahr, daß einzelne Käufer den Vertrag widerrufen, mit der Folge, daß die Menge der abgenommen Ware sinkt und der auch mit den anderen Käufern ausgehandelte Preis dementsprechend wieder ansteigt. Die Mehrkosten würden in diesem Fall erst einmal dem Anbieter nachberechnet werden, der diese allerdings nur noch schwerlich an seine Kunden weitergeben kann. Ähnlich wie bei Versteigerungen wäre es hier daher gerechtfertigt, zumindest die Möglichkeit des Widerrufs auszuschließen, die insoweit „starre" Konstruktion der Richtlinie ist hierbei jedoch nicht anpassungsfähig.

III.3.1.2.2.2. Ausnahmen nach Artikel 3 Absatz 2

Die nachfolgenden Vertragskategorien sind nicht vollständig aus dem Anwendungsbereich der Richtlinie herausgenommen, sondern lediglich bezüglich einzelner Vorschriften. Im einzelnen handelt es sich hierbei um die Artikel 4, 5 und 6 sowie den Artikel 7 Absatz I. Diese Artikel betreffen allerdings mit der Informationspflicht und dem Widerrufsrecht die wesentlichen Kernstücke der Richtlinie, so daß auch im Bereich der nachfolgenden Ausnahmen der Verbraucher nahezu vollständig auf den Schutz durch die Richtlinie verzichten muß.

---

220 http://www1.powershopping.de

221 http://www.letsbuyit.de

222 hierzu im allgemeinen Huppertz „Rechtliche Probleme von Online Auktionen" in MMR 2000 S. 65 (69); ders. „Wettbewerbsrechtliche Zulässigkeit von Verbraucher-Einkaufsgemeinschaften im Web" MMR 2000, S. 329ff

223 Huppertz „Wettbewerbsrechtliche Zulässigkeit von Verbrauchereinkaufsgemeinschaften im Web" a.a.O.; ebenso Stefan Ernst in VuR 2000 S.145ff in seiner Anmerkung zur der davor abgedruckten Entscheidung des Hanseatischen Oberlandesgerichtes, welche die wettbewerbsrechtliche Zulässigkeit noch im Hinblick auf das lediglich in Deutschland existierende RabattG verneint

a) Verträge über die Lieferung von Lebensmitteln, Getränken oder sonstigen Haushaltsgegenständen des täglichen Bedarfs, die am Wohnsitz, am Aufenthaltsort oder am Arbeitsplatz des Verbrauchers von Händlern im Rahmen regelmäßiger Fahrten geliefert werden

Wegen der Verwendung einiger unbestimmter Begriffe in dieser Ausnahmeregelung ergeben sich hier zwangsläufig erhebliche Definitions- und Abgrenzungsschwierigkeiten. Während Lebensmittel und Getränke noch leicht zu identifizieren sind, bereiten die Haushaltsgegenstände des täglichen Bedarfs bereits wesentlich mehr Probleme.
Diese Ausnahmeregelung war schon im ersten Entwurf der Richtlinie vom 21.05.1992[224] enthalten, bezog sich allerdings „auf sonstige Haushaltsgüter des **laufenden** Bedarfs". Vorbild für diese Regelung war die Haustürgeschäfterichtlinie 85/577/EWG [225], welche ebenfalls nicht für Haushaltsgüter des laufenden Bedarfs gelten sollte. Allerdings wurde diese Ausnahmeregelung nicht in die nationalen Umsetzungsgesetze[226] übernommen, so daß es bisher nicht erforderlich war, die darin enthaltenen Begriffe zu konkretisieren. Aus der Haustürgeschäfterichtlinie ergeben sich somit keinerlei Anhaltspunkte für die Definition der „Haushaltsgüter des laufenden Bedarfs".

Auch aus dem Gesetzgebungsverfahren der Fernabsatzrichtlinie ergeben sich kaum Hinweise für eine Auslegung. Lediglich die Begründung des ersten Entwurfs der Fernabsatzrichtlinie enthält einige kurze Ausführungen zum Zweck dieser Bereichsausnahme[227], wobei die Begründung allerdings eher dazu beiträgt, eine Konkretisierung der Begriffe zu erschweren. In dem entsprechenden Abschnitt der Begründung der Ausnahmeregelung heißt es: „...insbesondere jene Lieferungen an der Haustür, die durch den Kleinhandel erfolgen, (sollen) ins Auge gefaßt werden.(...) Der Grundgedanke dieser Ausnahme ist, keine zusätzlichen Zwänge für solche Erbringer von Dienstleistungen zu erzeugen, die nicht durch ihre nationale Gesetzgebung dazu verpflichtet sind, dem Verbraucher ein schriftliches Dokument auszuhändigen, welches alle in Artikel 10 vorgesehenen Angaben enthält: dieses gilt etwa für Wartungsarbeiten (Pannenhilfe), personenebezogene Dienstleistungen (medizinische Dienstleistungen...)."

Wie sich aus dieser Begründung bereits ergibt, hatte die Kommission abweichend von der Haustürgeschäfterichtlinie zusätzlich zu den Haushaltsgütern des täglichen Bedarfs auch Dienstleistungen des täglichen Bedarfs ausdrücklich in die entsprechende Ausnahmeregelung des ersten Entwurfs mit aufgenommen. Hierdurch wurde jedoch der Anwendungsbereich der Leistungen des täglichen Bedarfs erweitert, statt diesen einzugrenzen. Die Einbeziehung von Dienstleistungen in die Ausnahmeregelung vergrößerte die bereits vorhandene Unbestimmtheit der Regelung. Um welche Dienstleistungen es sich hierbei handeln sollte, wird durch die Nennung der beiden

[224] Artikel 3 des Entwurfs, Amtsblatt der EG Nr. C 156 vom 23.06.1992 S. 16
[225] vgl. Amtsblatt der EG Nr. L372 vom 31.12.1985, S. 31ff, Artikel 3 Absatz 2 b)
[226] vgl. insoweit das deutsche Haustürwiderrufsgesetz
[227] KOM (92)11 endg. S.17

Beispiele „Pannenhilfe" und „medizinische Dienstleistungen" nicht hinreichend deutlich, was auch im Gesetzgebungsverfahren zutreffend kritisiert wurde[228].

Nicht nur wegen der in dieser Kritik aufgezeigten Abgrenzungsschwierigkeiten und der sprachlichen Widersprüchlichkeit stellt sich aber die Frage, ob die Bereichsausnahme auch in der heutigen Fassung der Richtlinie noch Dienstleistungen erfassen soll. Dieses erscheint zumindest sehr fraglich. Bereits in dem geänderten Entwurf der Kommission vom 07.10.1993[229] wurde der Wortlaut der Bereichsausnahme neu gefaßt und bezog sich nunmehr auf „Haushaltsgüter des laufenden Bedarfs, die von Händlern zugestellt werden, die häufig und in regelmäßigen Abständen Lieferungen durchführen", was sinngemäß auch der heutigen Fassung entspricht. Die Dienstleistungen wurden somit nicht mehr ausdrücklich in der Regelung erwähnt. Im übrigen setzt die Regelung nach ihrem jetzigen Wortlaut voraus, daß die Haushaltsgüter von Händlern zugestellt bzw. geliefert werden. Unzweifelhaft können jedoch lediglich Waren „geliefert" oder „zugestellt" werden, nicht aber die von der Kommission ursprünglich erwähnten Dienstleistungen. Dienstleistungen sind daher von dieser Ausnahmeregelung nicht mehr miterfaßt.

Damit bleibt im folgenden aufzuzeigen, unter welchen Voraussetzungen von einer Ware des laufenden bzw. - wie es in der heutigen Fassung der Richtlinie heißt - des täglichen Bedarfs auszugehen ist. Die Bezeichnung „Waren des täglichen Bedarfs" hat keinen feststehenden Inhalt, obwohl sie sowohl umgangssprachlich als auch in rechtlichen Zusammenhängen verwendet wird. Die rechtliche Bedeutung der Begriffe des „täglichen Bedarfs" wurde in Deutschland insbesondere im Hinblick auf § 1 RabattG erörtert, welcher lediglich Waren des täglichen Bedarfs erfaßt. Hier wurden die unterschiedlichsten Auffassungen vorgetragen[230]:

Nach einer lediglich in der Literatur vertretenen Meinung[231] sollen hierdurch Waren bezeichnet werden, die vom durchschnittlichen Verbraucher in kurzen Abständen nachgefragt bzw. gekauft werden müssen, so. z.B. Verbrauchsgüter wie Lebensmittel, Hygieneartikel, Bekleidungsgegenstände und Reinigungsmittel. Dagegen legte die letztlich auch von der deutschen Rechtsprechung vertretene Auffassung[232] den „täglichen Bedarf" wesentlich extensiver aus. Danach sollen Waren erfaßt sein, die von der Bevölkerung üblicherweise gebraucht werden bzw. an denen jederzeit ein Bedarf eintreten kann[233]. Dieses gelte für Gebrauchsgüter wie Kühlschränke, Unterhaltungselektronik, Autos, Motorboote und sogar Investitionsgüter[234]. Angesichts dieser unterschiedlichen Interpretationsmöglichkeiten stellt sich hier somit die Frage, welche Art von „Haushaltsgegenständen des täglichen Bedarfs" aus dem wesentlichen Anwendungsbereich der Richtlinie zum Fernabsatz herausgenommen werden sollte. Die von der deutschen Rechtsprechung im Hinblick auf das RabattG vorge-

---

[228] vgl. Stellungnahme des Bundesrates in der BR-Drucksache 445/1/92, S. 5
[229] KOM (93) 396 endg. – SYN 411
[230] zum Meinungsstand vgl. Baumbach-Hefermehl „Wettbewerbsrecht" § 1 RabattG Rdnr.3ff
[231] vgl. P. Ulmer „Rabattgesetz und Wettbewerbsordnung" Festschrift für Hefermehl, 1971 S. 201ff
[232] vgl. das insoweit richtungsweisende Urteil des BGH vom 07. Mai 1976, abgedruckt in WRP 1976, S. 538ff
[233] vgl. Baumbach-Hefermehl a.a.O. Rdnr. 4
[234] vgl. Anmerkung von Ulf Doepner zum vorgenannten (Fn. 216) Urteil in WRP 1976, S.540ff (541)

nommene weite Auslegung würde dazu führen, daß nahezu jede Ware dem Anwendungsbereich der Richtlinie entzogen werden könnte, solange diese „im Rahmen häufiger und regelmäßiger Fahrten" ausgeliefert werden. Da Möbelhäuser ihre Produkte regelmäßig an ihre Kunden versenden, wäre dieses Kriterium sogar bei sehr langlebigen Gebrauchsgütern wie Möbeln gegeben, so daß im Fernabsatz die Richtlinie nur eingeschränkt hierauf anwendbar wäre. Ob der europäische Gesetzgeber die „Haushaltsgegenstände des täglichen Bedarfs" derartig weit fassen wollte, ist mangels anderer Anhaltspunkte durch den Sinn und Zweck der Regelung zu ermitteln.

Wie aus der oben dargestellten Begründung der Kommission ersichtlich ist, sollten die Kleingewerbetreibenden („...Lieferung an der Haustür durch den Kleinhandel..."), nicht mit zusätzlichen Pflichten und Beschränkungen belastet werden. Typischerweise sind es gerade diese Kleingewerbetreibenden im unmittelbaren Umfeld der Verbraucher, die die Grundversorgung der Bevölkerung mit den Waren sicherstellen, die in kurzen Abständen benötigt werden. Hierbei handelt es sich um kurzlebige Verbrauchsgüter, die der Verbraucher wegen der erforderlichen kurzen Einkaufsintervalle am liebsten beim „Händler um die Ecke" kauft. Diese Händler erfüllen somit eine wichtige versorgungspolitische Aufgabe, da sie gewährleisten, daß sich die Bevölkerung mit den regelmäßig nachzukaufenden Produkten ohne größeren Aufwand im Nahbereich eindecken kann. Nach dem Wortlaut der Begründung des Richtlinienentwurfs beabsichtigte die Kommission also offensichtlich, diese Kleingewerbetreibenden im Nahbereich der Verbraucher zu privilegieren, um die Grundversorgung der Bevölkerung mit den häufig benötigten Waren sicherzustellen. Diese Auffassung wird dadurch gestützt, daß der Wortlaut der Ausnahmeregelung Lebensmittel, Getränke oder sonstige Haushaltsgüter des täglichen Bedarfs begrifflich in eine Reihe stellt, diese also hinsichtlich ihrer Bedeutung zusammenhängen. Bei Lebensmitteln und Getränken handelt es sich unzweifelhaft um Verbrauchsgüter, die innerhalb kurzer Intervalle gekauft werden müssen. Die Erwähnung der „sonstigen Haushaltsgüter des täglichen Bedarfs" bezieht sich somit auf sämtliche regelmäßig benötigten Verbrauchsgüter, die in den ersten beiden Gruppen – Getränke und Lebensmittel – nicht enthalten sind. Diese Warengruppe wird in wirtschaftlicher Hinsicht als Gruppe der Bedarfsgegenstände bezeichnet[235] und umfaßt Körperpflegemittel und Hygieneartikel, wie Seife oder Toilettenpapier, Reinigungs- und Pflegemittel, Mittel zur Geruchsverbesserung, kosmetische Artikel etc. . Dagegen zählen Waren wie Autos, Möbel, Produkte der Unterhaltungselektronik nicht hierzu.

Es kann somit festgestellt werden, daß es dem Sinn- und Zweck sowie der sprachlichen Fassung der Ausnahmeregelung entspricht, die „sonstigen Haushaltsgüter des täglichen Bedarfs" dahingehend eng auszulegen, daß hierunter lediglich dem laufenden Verbrauch dienende und in kurzen Abständen zu erwerbende Güter fallen.

In diesem Sinn ist auch das Merkmal der Lieferung „von Händlern im Rahmen regelmäßiger Fahrten" auszulegen. Wie unter Berufung auf die Begründung des Ausnahmeregelung bereits erläutert, sollen hierdurch die Kleingewerbetreibenden im Nahbereich der jeweiligen Verbraucher privilegiert werden. Die „im Rahmen regel-

---

[235] vgl. Reinhold u. Helmut Sellien (begr.), Gabler-Wirtschaftslexikon, 12. Auflage, Band 1, S. 583

mäßiger Fahrten" liefernden Händler sind daher auch lediglich solche, die in kleinen bis mittleren Betrieben Waren an die Verbraucher in ihrem nächsten Umfeld ausliefern. Aus diesem Grund ist es auch nach dem Wortlaut der Ausnahmeregelung zusätzlich erforderlich, daß die Lieferungen „am Wohnsitz, am Aufenthaltsort oder am Arbeitsplatz eines Verbrauchers" erfolgen. Diese Ergänzung des Wortlautes kann nur dahingehend verstanden werden, daß lediglich Lieferungen von Händlern aus dem Nahbereich des Verbrauchers von der Ausnahmeregelung erfaßt sein sollten. Zu nennen ist hier der klassische Pizzakurierdienst, der zunehmend verbreitete ausliefernde Supermarkt, der Getränkelieferdienst und ähnliches.

Von der Ausnahme nicht erfaßt sind dagegen jedoch Großversender, die ihre Waren überregional ausliefern und daher gerade nicht zur Gruppe der Händler gehören, die in ihrem Nahbereich die Grundversorgung gewährleisten. Dieses gilt gleichermaßen für Versender von „sonstigen Haushaltsgegenständen des täglichen Bedarfs", wie auch für die Bereiche Lebensmittel und Getränke. Versandhäuser für Lebensmittel[236] oder Getränke[237] können sich daher nicht auf diese Bereichsausnahme berufen, vielmehr ist die Richtlinie auf deren Produkte uneingeschränkt anwendbar[238]. Lediglich nach Artikel 6 Absatz 3 könnte das Widerrufsrecht des Verbrauchers wegfallen, soweit die ihm gelieferten Lebensmittel oder Getränke schnell verderblich sind bzw. das Verfallsdatum überschritten ist. Da die Richtlinie einen Mindeststandard zugunsten des Verbrauchers festlegt, ist es daher auch auf nationaler Ebene nicht zulässig, überregionale Versandhäuser von Lebensmitteln und Getränken aus dem Anwendungsbereich der Richtlinie generell herauszunehmen.

b) Verträge über die Erbringung von Dienstleistungen in den Bereichen Unterbringung, Beförderung, Lieferung von Speisen und Getränken sowie Freizeitgestaltung, wenn sich der Lieferer bei Vertragsschluß verpflichtet, die Dienstleistungen zu einem bestimmten Zeitpunkt oder innerhalb eines genau angegebenen Zeitraums zu erbringen; ausnahmsweise kann der Lieferer sich bei Freizeitveranstaltungen unter freiem Himmel das Recht vorbehalten, Artikel 7 Absatz 2 unter besonderen Umständen nicht anzuwenden.

Diese Bereichsausnahme scheint sich mit der vorgenannten insoweit zu überschneiden, als hier ebenfalls die Lieferung von Speisen und Getränken erwähnt wird. Bei genauerer Betrachtung zeigt sich jedoch, daß das Merkmal „Lieferung von Speisen und Getränken" hier in einem anderen Kontext verwendet wird und eine Überschneidung der Merkmale daher nicht gegeben ist. Anders als die im vorigen Abschnitt dargestellte Regelung bezieht sich die vorliegende Bereichsausnahme nicht auf Warengruppen, sondern auf eine bestimmte Gruppe von Dienstleistungen. Dieses ergibt sich aus der Formulierung „Verträge über die Erbringung **von Dienstleistungen** in den Bereichen..., Lieferung von Speisen und Getränken...". Auch der im vorherigen

---

236 z.B. die Paul Schrader & Co. Lebensmittelversand, Angebot im Internet abrufbar unter http://www.paul-schrader.de

237 z.B. das Hanseatische Weinhandelskontor (Hawesko AG), Angebot im Internet abrufbar unter http://www.hawesko.com

238 vgl. auch Lothar Ende/Alexander Klein „Die Grundzüge des Vertriebsrechts im Internet" München 2001, S. 145

Abschnitt genannte Pizzalieferservice erbringt allerdings Dienstleistungen in den Bereichen „Lieferung von Speisen und Getränken" so daß sich die Frage stellt, welche der beiden Regelungen hier für derartige Unternehmen gilt. Insoweit ist der weitere Wortlaut zu beachten, wonach diese Gruppe von Dienstleistungen nur dann teilweise aus dem Anwendungsbereich der Richtlinie herausgenommen ist, wenn „der Lieferer (sich) bei Vertragsschluß verpflichtet, die Dienstleistungen zu einem bestimmten Zeitpunkt oder innerhalb eines genau angegebenen Zeitraums zu erbringen". Die Kernaussage dieser Formulierung erschließt sich zwar auch für den juristisch geprägten Leser nicht sofort, vor dem Hintergrund der Entwicklung dieser Regelung wird deren genauer Inhalt jedoch deutlich.

Bereits in der ersten Fassung der Richtlinie vom 21.05.1992 war diese Bereichsausnahme enthalten, allerdings war diese anders – vor allem verständlicher - formuliert. Danach galt die Richtlinie grundsätzlich nicht für „Dienstleistungen, bei denen Reservierungen vorgenommen werden". Im Anhang II zum Richtlinienentwurf wurden sodann die betreffenden Dienstleistungen durch eine Aufzählung (Beförderung, Beherbergung, Lieferung von Speisen und Getränken, Veranstaltungen) konkretisiert. Begründet wurde diese Regelung seinerzeit mit der Notwendigkeit, den Lieferer vor kurzfristigen Abbestellung einer bereits reservierten Leistung zu schützen. Insbesondere die Tourismusbranche sollte im Hinblick auf die dort üblichen Reservierungen von Flugtickets, Hotelzimmern etc. vor den Auswirkungen eines unbedingten Widerrufsrechts geschützt werden[239], zumal die Reservierungen dort regelmäßig über Fernkommunikationstechniken wie Telefon oder Internet erfolgen. Dieser Grundgedanke wurde beibehalten, jedoch wurde die Ausnahmeregelung im Gemeinsamen Standpunkt des Rates vom 29.06.1995 sprachlich neu gefaßt, wobei das Merkmal der „Reservierungen" herausgenommen und – zu Lasten der Verständlichkeit - durch eine Definition dieses Merkmals ersetzt wurde.

Festzuhalten bleibt somit, daß sich diese Bereichsausnahme auf Dienstleistungen des Tourismus-, Freizeit- und Gastronomiegewerbes bezieht, soweit im Einzelfall konkrete Reservierungen von Leistungen vorgenommen wurden. Im Hinblick auf die erwähnte „Lieferung von Speisen und Getränken bedeutet dieses, daß die Richtlinie dann nur eingeschränkt gilt, wenn der Verbraucher eine Leistung des Gastronomiegewerbes reserviert, also beispielsweise einen Tisch für eine bestimmte Uhrzeit in einem Restaurant bestellt hat. Folglich gilt diese Bereichsausnahme nicht für den Pizzalieferdienst, dieser ist vielmehr unter der zuvor erörterten Regelung zu subsumieren.

III.3.1.2.2.3. Ausnahmen vom Widerrufsrecht nach Artikel 6 Absatz 3

Artikel 6 Absatz 3 enthält einen weiteren Ausnahmenkatalog, wonach dem Verbraucher bei bestimmten Vertragsgegenständen ein Widerrufsrecht nicht zusteht, **es sei denn die Parteien vereinbaren ein solches**. *Micklitz*[240] weist darauf hin, daß die Vereinbarung im Sinne dieser Regelung individuell zu erfolgen hat, also nicht durch

---

239 vgl. KOM (92)11 endg. S. 17
240 in „Die Fernabsatzrichtlinie im deutschen Recht" a.a.O. S. 28

allgemeine Geschäftsbedingungen vorgenommen werden kann. Hierzu ist anzumerken, daß die Richtlinie diese Frage nicht regelt und auch für eine Auslegung keinerlei Anhaltspunkte vorhanden sind. Darüber hinaus dürfte die von *Micklitz* aufgeworfene Frage rein theoretischer Natur sein, da die von ihm vorgestellte Situation praktisch nicht auftreten dürfte: Verwender von allgemeinen Geschäftsbedingungen kann nur der Lieferer, nicht aber der Verbraucher sein. Entsprechend der Aufzählung in Artikel 6 Absatz 3 hat der Verbraucher in den dort benannten Fallgruppen grundsätzlich kein Widerrufsrecht. Insoweit wird der Lieferer in seinen Geschäftsbedingungen kaum zum eigenen Nachteil vorsehen, daß dem Verbraucher hier ausnahmsweise doch ein Widerrufsrecht zustehen soll. Enthalten wider Erwarten dennoch die allgemeinen Geschäftsbedingungen eines Lieferers eine entsprechende Klausel, wird man im Sinne des Verbraucherschutzes, entgegen der von *Micklitz* vertretenen Auffassung, davon ausgehen müssen, daß eine wirksame Vereinbarung im Sinne des Artikel 6 Absatz 3 gegeben ist.
Die einzelnen Fallgruppen, in denen ein Widerrufsrecht mangels anderweitiger Vereinbarung ausgeschlossen ist, werden im folgenden dargestellt.

a) Verträge über die Erbringung von Dienstleistungen, deren Ausführung mit Zustimmung des Verbrauchers vor Ablauf der Frist von 7 Werktagen begonnen hat.

Diese Sonderbehandlung von Dienstleistungen beim Widerrufsrecht ist auf den ersten Blick nicht ohne weiteres nachvollziehbar. Bei genauerer Untersuchung zeigt sich jedoch, daß der Verbraucher bei Dienstleistungen im Fernabsatz weniger schutzwürdig ist als bei Warenleistungen, und das Widerrufsrecht daher nur in eingeschränkter Weise zu gewähren ist.

Das Widerrufsrecht soll bei Warenbestellungen im Fernabsatz die Nachteile des Verbrauchers gegenüber dem Kauf im Ladengeschäft kompensieren. Insbesondere soll die gegenüber dem Ladengeschäft fehlende Möglichkeit des Verbrauchers ausgeglichen werden, eine Ware vor dem Kauf in Augenschein zu nehmen. Daher soll der Verbraucher im Fernabsatz erst nach einer Frist von 7 Werktagen entscheiden müssen, ob er die Ware behält oder wieder an den Lieferer zurückgibt.

Bei Dienstleistungen, die im Fernabsatz bestellt werden, ist die Situation jedoch eine andere. Zum einen würde ein uneingeschränktes Widerrufsrecht des Verbrauchers für den Lieferer nicht selten zu untragbaren Ergebnissen führen. Zum anderen ist der Verbraucher bei der Bestellung von Dienstleistungen im Fernabsatz nicht schutzbedürftiger als im Ladengeschäft, weshalb ein umfangreiches Widerrufsrecht – wie es für Waren gilt – hier nicht gerechtfertigt wäre. Gegenüber Warenleistungen haben Dienstleistungen die Besonderheit, daß Produktion der Dienstleistung und deren Verbrauch typischerweise zeitlich zusammenfallen[241]. Anders als bei einer Ware ist es also ohnehin nicht möglich, die Leistung bereits vor deren Erbringung zu überprüfen. Folglich muß auch der Besteller einer Dienstleistung im Ladengeschäft befürchten, daß diese letztlich nicht seinen Vorstellungen entspricht. Der Verbraucher einer Dienstleistung im Fernabsatz ist somit nicht schlechter gestellt, seine Situation

[241] vgl. Sellien, Gabler Wirtschaftslexikon, Spalte 1244 unter „Dienstleistung"

entspricht der des Bestellers im Ladengeschäft. Infolgedessen bestehen weder Notwendigkeit noch Rechtfertigung, den Verbraucher bei der Bestellung von Dienstleistungen im Fernabsatz zu privilegieren. Darüber hinaus ist es im Falle des Widerrufs, wegen des sofortigen Verbrauchs der Dienstleistung, nicht möglich, eine bereits empfangene Leistung zurückzugewähren. Ein uneingeschränktes Widerrufsrecht bei Dienstleistungen würde somit für den Lieferer die erhebliche Gefahr begründen, daß er Dienstleistungen ohne Gegenleistung erbringen müßte. Aus diesen Gründen wird, worauf später noch einzugehen ist[242], die Widerrufsfrist bei Dienstleistungen bereits mit Vertragsschluß in Gang gesetzt und nicht erst mit Leistungserbringung. Der Verbraucher soll somit im Falle von Dienstleistungen lediglich die Möglichkeit haben, den Vertragsschluß als solchen bzw. die Bestellung zu überdenken und diese gegebenenfalls frühzeitig rückgängig zu machen. Er soll jedoch nicht die Möglichkeit haben, eine bereits teilweise erbrachte Dienstleistung zu widerrufen, es sei denn, die Parteien haben dieses vereinbart.

Die vorliegende Ausnahmebestimmung setzt diese Zielsetzung um. Die Regelung basiert auf der Vorstellung, daß die im Fernabsatz bestellten Dienstleistungen grundsätzlich erst später als 7 Werktage nach Vertragsschluß erbracht werden, also erst, nachdem die Widerrufsfrist üblicherweise bereits abgelaufen ist. Somit besteht keine Gefahr, daß ein Widerruf des Vertrages erfolgt, nachdem der Verbraucher die Dienstleistung bereits (teilweise) in Anspruch genommen hat. Sollte dagegen die Dienstleistung mit Zustimmung des Verbrauchers noch während des Laufes der Widerrufsfrist erbracht worden sein, ist das Widerrufsrecht des Verbrauchers für diese bereits erbrachten Leistungen ausgeschlossen, es sei denn, die Parteien haben abweichendes vereinbart. Somit kann im Hinblick auf diese Ausnahmebestimmung die Faustregel gelten, daß bei bereits erbrachte Dienstleistungen ein Vertragswiderruf nicht mehr möglich ist.

b) Verträge zur Lieferung von Waren oder Erbringung von Dienstleistungen, deren Preis von der Entwicklung der Sätze auf den Finanzmärkten, auf die der Lieferer keinen Einfluß hat, abhängt

Diese Ausnahmeregelung kann als Redaktionsversehen bezeichnet werden und wird in der praktischen Umsetzung der Richtlinie ohne Bedeutung sein. Die eigentliche Zielsetzung der Bestimmung wird deutlicher, wenn man deren ursprünglichen Wortlaut aus dem ersten Entwurf der Richtlinie von 1992 berücksichtigt. Dort hieß es: „Dieser Artikel (bezüglich des Widerrufsrechts) gilt nicht für Transaktionen mit Wertpapieren und anderen Erzeugnissen, oder Dienstleistungen, deren Preis an die Fluktuationen von Finanzmärkten gebunden ist, auf die der Lieferer keinen Einfluß hat". Die Regelung bezieht sich somit auf Waren- und Dienstleistungen des Börsengeschehens, bei denen ein Widerrufsrecht – obwohl sicherlich Traum jedes Anlegers – nicht tragbar wäre.

Das Börsengeschehen ist jedoch Teil der Finanzdienstleistungen, welche im weiteren Gesetzgebungsverfahren ohnehin vollständig aus dem Anwendungsbereich der

[242] vgl. Ziffer III.3.3.3.

Richtlinie herausgenommen wurden. Hierbei wurde allerdings versäumt, die vorliegende Ausnahmeregelung aus der Richtlinie zu streichen, so daß dieser Bestimmung heute keine eigenständige Bedeutung mehr zukommt[243].

c) Verträge über die Lieferung von Waren, die nach Kundenspezifikationen angefertigt werden oder eindeutig auf die persönlichen Bedürfnisse zugeschnitten sind oder die aufgrund ihrer Beschaffenheit nicht für eine Rücksendung geeignet sind oder schnell verderben können oder deren Verfallsdatum überschritten würde.

Die Herausnahme dieser Verträge aus dem Widerrufsrecht ist insoweit nachvollziehbar, als die aufgelisteten Waren einem Wiederverkauf nicht zugänglich wären, der Lieferer also bei Ausübung eines Widerrufsrechts den Warenwert vollständig abschreiben müßte. Die Ausnahmergelung schützt ihn vor diesen Folgen. Allerdings wäre es konsequenter gewesen, ähnlich den Dienstleistungen, das Widerrufsrecht nicht vollständig auszuschließen, sondern nur soweit die Ware bereits produziert oder geliefert wurde. Bis zu diesem Zeitpunkt wäre ein Widerruf des Vertrages, auch ohne finanziellen Verlust für den Lieferer, unproblematisch möglich und im Vergleich mit der entsprechenden Regelung bezüglich der Dienstleistungen auch zweckmäßig. Zur Vermeidung eines systematischen Bruchs in der Ausgestaltung der Richtlinie kann hier daher durchaus die Auffassung vertreten werden, daß der Vertrag über die Lieferung dieser speziellen Waren noch binnen der üblichen Frist widerrufen werden kann, wenn mit der Leistungserbringung noch nicht begonnen wurde. Dieses könnte bei der Herstellung von Waren nach Kundenspezifikationen auch damit gerechtfertigt werden, daß es sich bei dieser Herstellung um eine Dienstleistung handelt, welche wiederum nach Artikel 6 Absatz 3 erster Spiegelstreich[244] innerhalb der Widerrufsfrist bis zu ihrer Ausführung widerrufen werden kann.

Die weitere Frage, unter welchen Voraussetzungen eine Ware „eindeutig" auf die persönlichen Bedürfnisse eines Verbrauchers zugeschnitten ist, muß letztlich durch die Mitgliedstaaten in den jeweiligen Umsetzungsgesetzen oder durch deren Gerichte beantwortet werden. Für eine konkrete Definition sind die in der Bestimmung enthaltenen Begriffe jedenfalls zu unbestimmt. Ausgehend von der Zielsetzung der Ausnahmeregelung dürfte eine Ware jedoch zumindest dann eindeutig auf die Bedürfnisse eines Verbrauchers zugeschnitten sein, wenn nur der entsprechende Besteller für die Ware Verwendung finden kann, und diese anderweitig kaum oder zu einem nicht annehmbaren Preis verkäuflich ist.

d) Verträge zur Lieferung von Audio- und Videoaufzeichnungen oder Software, die vom Verbraucher entsiegelt worden sind

Diese Ausnahmeregelung, eingefügt aufgrund des Gemeinsamen Standpunktes von 1995, ist mit der Reproduzierbarkeit von Software bzw. Audio- und Videoaufzeich-

[243] so auch Micklitz „Die Fernabsatzrichtlinie im deutschen Recht" a.a.O. S. 28
[244] siehe oben unter Abschnitt a)

nungen begründet worden[245]. Diese Gefahr ist tatsächlich nicht von der Hand zu weisen. Ein allgemeines Widerrufsrecht hätte zweifellos zur Folge haben können, daß einige der bestellenden Verbraucher die ihnen gelieferten Aufzeichnungen kopieren und dann das Widerrufsrecht ausüben, um einer Zahlungspflicht zu entgehen. Aus der Regelung ergibt sich weiterhin, daß das Widerrufsrecht bei derartigen Leistungen nur dann ausgeschlossen sein soll, wenn eine Entsiegelung durch den Verbraucher erfolgt ist. Dieses wiederum impliziert, daß das Widerrufsrecht des Verbrauchers nur dann entfallen kann, wenn die entsprechenden Datenträger vorher vom Lieferer versiegelt wurden. Sind die Audio- und Videoaufzeichnungen bzw. die Software dagegen unversiegelt übermittelt worden, ist folglich das Widerrufsrecht des Verbrauchers uneingeschränkt gegeben[246].

Das somit wesentliche Unterscheidungsmerkmal der Versiegelung ist nicht ohne weiteres nachzuvollziehen. Zum einen besteht die Gefahr des Kopierens der Software bzw. der Aufzeichnungen unabhängig davon, ob eine Versiegelung der entsprechenden Datenträger erfolgt ist oder nicht[247]. Der Unterschied besteht lediglich darin, daß der Lieferer bei ungeöffneter Versiegelung davon ausgehen kann, daß der Datenträger nicht kopiert wurde. Zum Schutz vor Mißbrauch und Verletzung des Copyrights hätte jedoch konsequenterweise bei Audio- und Videoaufzeichnungen sowie Software das Widerrufsrecht vollständig ausgeschlossen werden müssen. Nach Maßgabe der Richtlinie kann jedoch der Besteller unversiegelter Ware diese nunmehr ohne weiteres kopieren und anschließend den Vertrag widerrufen. Durch diese Rechtslage sind zahlreiche Auseinandersetzungen über die Frage zu befürchten, ob der Datenträger beim Verbraucher in versiegelter Form angekommen ist, wobei der Nachweis dem Beweisbelasteten im Einzelfall schwer fallen dürfte.

Darüber hinaus ist zu berücksichtigen, daß eine Versiegelung bei der Übermittlung von Software, Audio- und Videoaufzeichnungen auch unmöglich sein kann. Zu nennen ist hier die Versendung der Daten via Internet, welche insbesondere im Audiobereich seit der Entwicklung des MP3 Formates[248] an Wichtigkeit gewinnt. Eine Versiegelung ist bei dieser Art der Datenübermittlung ausgeschlossen, so daß nach Maßgabe der vorliegenden Regelung ein uneingeschränktes Widerrufsrecht des Verbrauchers gegeben sein müßte. Bei dieser Form der Datenübertragung würde das Vorhandensein des Widerrufsrechts jedoch zu völlig untragbaren Ergebnissen führen. Zum einen hat die Versendung der Daten via Internet zwangläufig zur Folge, daß der Besteller diese auf seine Festplatte kopiert, die Reproduktion der Daten ist somit logische Konsequenz der Versendungsart. Zum anderen kann der Besteller nach Übermittlung der Daten, im Falle eines Widerrufs, keinerlei Leistung an den

---

[245] vgl. Begründung des Gemeinsamen Standpunktes Amtsblatt der EG Nr. C 288 vom 30.10.1995 S. 12

[246] Da es nach eigener Erfahrung häufig vorkommt, daß insbesondere CD´s unversiegelt versendet werden, ist dem Versender die Beweislast dafür aufzuerlegen, daß eine Versiegelung erfolgt ist, andernfalls wäre der Empfänger mit dem Nachweis der fehlenden Versiegelung vor erhebliche und nicht gerechtfertigte Beweisprobleme gestellt.

[247] Arnold schlägt deshalb in Analogie zu der Richtlinienbestimmung vor, den Ausschluß des Widerrufsrechts bei Audio-, Viedeoaufzeichnungen und Software generell vorzunehmen, unabhängig von einer etwaigen Versiegelung, a.a.O. S. 531.

[248] Ein vom Frauenhofer Institut entwickeltes System, welches die Datenmegne auf das Wesentliche reduziert und hierdurch die Übetragungsdauer erheblich verringert.

Lieferer zurückgewähren. Der Lieferer hätte somit endgültig den Wert der von ihm erbrachten Leistung verloren.

Dieses Problem kann allerdings dadurch gelöst werden, daß man die Datenübermittlung als Lieferung von Waren interpretiert, die aufgrund ihrer Beschaffenheit für eine Rücksendung nicht geeignet sind. Insoweit ist darauf zu verweisen, daß die übermittelten Daten nicht im Wortsinne zurückgegeben werden können. Durch diese Interpretation greift der vorgenannte Ausnahmetatbestand[249] mit der Folge, daß bei der nicht gegenständlichen Übermittlung von Software sowie Audio- und Videoaufzeichnungen ein Widerrufsrecht des Verbrauchers grundsätzlich nicht gegeben ist[250]. In diesem Zusammenhang wird auch vorgeschlagen, die Übermittlung der Software bzw. der Audio- und Videoaufzeichnungen als Dienstleistung einzustufen und somit über diesen Ausnahmetatbestand[251] das Widerrufsrecht zu versagen[252]. Dem kann allerdings nicht gefolgt werden, da die entsprechenden Datenpakete, wie noch aufzuzeigen sein wird[253], als Waren zu qualifizieren sind und nicht als Dienstleistungen.

Zur Vermeidung der oben aufgezeigten Probleme könnte erwogen werden, bei der Umsetzung der Richtlinie durch die Mitgliedstaaten das Widerrufsrecht im Hinblick auf Software sowie Audio- und Videoübertragungen insgesamt zu versagen. Hierdurch würde allerdings das Widerrufsrecht des Verbrauchers über das von der Richtlinie geregelte Maß eingeschränkt werden, was letztlich die Unwirksamkeit einer entsprechenden Bestimmung zur Folge hätte. Insoweit ist darauf zu verweisen, daß das durch die Richtlinie abgesteckte Verbraucherschutzniveau gemäß Artikel 14 der Richtlinie lediglich durch die Mitgliedstaaten ausgeweitet, nicht jedoch verkürzt werden darf.

d) Verträge über die Lieferung von Zeitungen, Zeitschriften und Illustrierten

Die Versagung des Widerrufsrechts bei Zeitungen, Zeitschriften und Illustrierten wurde damit begründet, daß diese schnell an Aktualität verlieren[254]. Infolgedessen könnte der Lieferer diese Ware im Falle eines Widerrufs kaum weiterverwerten, während der Verbraucher durch den Widerruf der Zahlungsverpflichtung entgehen könnte, obwohl er das Presseprodukt vollständig genutzt, d.h. bereits gelesen hat. Aufgrund dieser offenkundigen Problematik ist der Ausnahmetatbestand ohne weiteres nachvollziehbar[255].

---

[249] vgl. unter Abschnitt c)

[250] vgl. auch Begründung des Fernabsatzgesetzes in BT-Drucksache 14/2658, S. 44; Meents „Fernabsatzgesetz" a.a.O. S. 613, der im übrigen darauf hinweist, daß bei dieser Auslegung ebenfalls elektronische Bücher (ebooks) vom Widerrufsrecht ausgeschlossen sind, obwohl nach Maßgabe der Richtlinie für „normale" Bücher ein Widerrufsrecht besteht

[251] vgl. unter Abschnitt a)

[252] wie Fn. 244

[253] vgl. insoweit die entsprechenden Ausführungen unter Ziffer II.3.3.3

[254] vgl. Begründung des Gemeinsamen Standpunktes des Rates im Amtsblatt der EG Nr. C 288 vom 30.10.1995, S. 12

[255] Meents weist darauf hin, daß auch elektronische Zeitungen im Internet, sog. E-Zines, von dem Ausnahmetatbestand erfaßt werden, das Widerrufsrecht hier also ebenfalls nicht gelten soll - „Verbraucherschutz im Internet" a.a.O. S. 223.

Allerdings wirft die Regelung die Frage auf, ob im Fernabsatz bestellte Zeitschriften-, Illustrierten- und Zeitungs**abonnements** ebenfalls nicht dem Widerrufsrecht unterliegen. Der Wortlaut der Regelung würde diese Einschätzung nahelegen. Andererseits dürfte dieses Ergebnis im Widerspruch mit dem Sinn und Zweck des Ausnahmetatbestandes stehen. Der Regelung liegen die oben genannten Erwägungen zum schnellen Wertverfall von Presseerzeugnissen zugrunde. Eine andere bzw. zusätzliche Begründung für den Ausnahmetatbestand ist nicht erkennbar. Im Falle von Abonnements greift dieses Argument jedoch nicht durch, da sich der Verbraucher für einen längeren Zeitraum verpflichtet, wobei die von ihm bestellten Presseerzeugnisse noch nicht einmal gedruckt sind. Im Falle des Widerrufs des Abonnements könnte der Lieferer die weitere Übersendung seines Erzeugnisses an den betreffenden Verbraucher einstellen, so daß auch ein weiterer finanzieller Verlust auf seiner Seite nicht eintritt. Mithin wäre es im Hinblick auf den Verbraucherschutz nicht zu rechtfertigen, dem Verbraucher bei einem Abonnement von Presseerzeugnissen das Widerrufsrecht zu versagen.

Aus dem Sinn und Zweck der Richtlinie sowie des vorliegenden Ausnahmetatbestandes ergibt sich somit, daß dem Verbraucher bei Abonnements ein Widerrufsrecht einzuräumen ist. Dieses dürfte die Hersteller von Presseerzeugnissen auch nicht vor allzu große Schwierigkeiten stellen, da es bereits der gängigen Praxis entspricht, dem Abonnenten ein sogenanntes „Probe-Abo" einzuräumen, nach dessen Ablauf der Besteller entscheiden kann, ob der das Presseerzeugnis weiter beziehen oder abbestellen möchte. Ein gesetzlich eingeräumtes Widerrufsrecht würde sich in diese Praxis ohne weiteres einfügen lassen. Von Bedeutung ist hierbei allerdings die Frage, wann die Widerrufsfrist zu laufen beginnt. Bei Abonnements besteht die Besonderheit darin, daß es sich um Sukzessivlieferungsverträge handelt, weshalb der an die Warenlieferung (welche ?) geknüpfte Beginn der Widerrufsfrist nicht ohne weiteres zu bestimmen ist. Wegen der grundsätzlichen Bedeutung der rechtlichen Behandlung von Sukzessivlieferungsverträgen wird diese Frage weiter unten in einem speziellen Abschnitt im Rahmen der Widerrufsfrist erörtert[256].

Der vorliegende Ausnahmetatbestand dürfte darüber hinaus eine scharfe Abgrenzung zwischen Büchern und Zeitungen, Zeitschriften sowie Illustrierten erforderlich machen. Da Bücher von dieser Regelung nicht erfaßt sind, hat der Verbraucher hier ein uneingeschränktes Widerrufsrecht. Insbesondere für den Lieferer ist es daher von besonderer Bedeutung, in welche der beiden Gruppen sein Erzeugnis einzuordnen ist. Häufig wird dieses keine Probleme bereiten, es sind jedoch auch weniger eindeutige Fälle denkbar. Zu nennen sind hier solche Publikationen, die zwar in Heftform bzw. in der Form von Zeitschriften erscheinen, die jedoch ähnlich wie Bücher einen bleibenden Wert verkörpern, der auch durch den Zeitablauf nicht gemindert wird. Dieses trifft insbesondere zu auf berufsbezogene Veröffentlichungen oder sonstige Spezialzeitschriften. Als Beispiel können hier juristische oder medizinische Fachzeitschriften genannt werden. Insoweit stellt sich die Frage, ob Erzeugnisse wie die Neue Juristische Wochenschrift (NJW) oder die Veröffentlichungen des Bundesgerichtshofs in Zivilsachen (BGHZ) als Zeitschriften einzustufen sind, mit der Folge eines Wegfalls des Widerrufsrechts, oder ob diese vielmehr den Büchern vergleich-

---

[256] Ziffer III.3.3.5.

bar sind. Insbesondere die ebengenannten Veröffentlichungen des BGH – zumal in gebundener Form – dürften hier mit Buchlieferungen vergleichbar sein, wobei dieses bei der NJW wiederum eher fraglich ist.

Zur Feststellung des Entscheidungskriteriums ist hier ebenfalls die Begründung des Ausnahmetatbestandes heranzuziehen. Diese stellt lediglich auf Merkmale wie Aktualität sowie den hiermit verbundenen schnellen Wertverlust ab. Auf die oben genannten Fachpublikationen treffen diese Merkmale regelmäßig nicht zu, da hier nicht die Aktualität im Vordergrund steht, sondern die vom aktuellen Zeitgeschehen nahezu losgelöste Vermittlung von Informationen. Dieses zeigt sich auch darin, daß derartige Publikationen regelmäßig gesammelt und zu Nachschlagewerken gebunden werden. Somit haben sie für den Besteller, wie Bücher, einen bleibenden Wert, welcher verloren geht, wenn das Erzeugnis an den Lieferer zurückgesandt werden muß. Derartige Produkte sind somit von der Begründung des Ausnahmetatbestandes nicht erfaßt, so daß es hier ebenfalls nicht der Intention der Regelung entspricht, dem Verbraucher in diesen Fällen das Widerrufsrecht zu entziehen. Der Verbraucher wird sich bei dieser Gruppe von Druckerzeugnissen somit ebenfalls auf das Widerrufsrecht berufen können. Gleiches gilt selbstverständlich auch, wenn Zeitungen, Zeitschriften oder Illustrierte bestellt werden, die zwar ursprünglich auf Aktualität abstellten, deren aktueller Bezug wegen Zeitablaufs jedoch bereits entfallen ist. Beispielhaft zu nennen ist hier der Kauf „alter" Hefte durch Sammler.

e) Verträge zur Erbringung von Wett- und Lotteriedienstleistungen

Es ergibt sich bereits aus der Natur von Wett- und Lotteriedienstleistungen, daß diese mit einem Widerrufsrecht nicht vereinbar sind[257]. Sicherlich wäre jeder Mitspieler für ein entsprechendes Widerrufsrecht dankbar, damit er im Falle seines Unterliegens oder Verlierens den Vertrag widerrufen und seinen Spiel- bzw. Wetteinsatz zurückholen kann. Unter diesen Konditionen würde sich jedoch kein Anbieter für Spiele bzw. Wetten im Fernabsatz finden, wodurch wiederum die freie Entfaltung des Marktes behindert würde.

III.3.2. Die Informationspflicht des Lieferers

Die dem Lieferer im Fernabsatz auferlegten Informationspflichten gehören zum Kernstück der Richtlinie. Nach Artikel 4 muß der Verbraucher rechtzeitig vor Abschluß eines Vertrages über bestimmte, in der Regelung aufgezählte Details, informiert worden sein, wobei nicht ausdrücklich vorgesehen ist, daß diese Informationen vom Lieferer stammen müssen. Nach Artikel 5 der Richtlinie sind einige dieser Informationen nochmals schriftlich zu bestätigen, wobei auch hier nicht zwingend erforderlich ist, daß der Lieferer diese Bestätigung vornimmt[258]. Beide Regelungen be-

---

[257] vgl. Meents „Verbraucherschutz im Internet" a.a.O. S.223f; Bodewig a.a.O. S. 452

[258] Im Regelfall wird der Lieferer jedoch selbst für die Information des Verbraucher Sorge tragen und sich nicht darauf verlassen, daß dieser anderweitig Kenntnis von den relevanten Informationen erhält, da er andernfalls einen Verstoß gegen die Informationspflicht riskieren würde.

gründen somit ein subjektives Recht des Verbrauchers auf Information[259]. Hinsichtlich dieses subjektiven Rechtes auf Informationsgewährung nimmt die Richtlinie eine Dreiteilung vor, wobei – in der Systematik nicht ohne weiteres nachvollziehbar – zwischen zwingenden und weniger zwingenden Informationen unterschieden wird. Die Dreiteilung kann folgendermaßen zusammengefaßt werden:

⇒ Vorabinformationen, die vor Vertragschluß in einer der Fernabsatztechnik angepaßten Weise übermittelt werden müssen (Artikel 4 Absatz 1 a) – i)); hierzu gehören genaue Angaben über den Lieferer, die angebotene Ware oder Dienstleistung, die Vertragsmodalitäten, wie Laufzeit und Preis und vor allem das Widerrufrecht.

⇒ Diese Informationen sind nach Artikel 5 I noch einmal während der Erfüllung des Vertrages schriftlich oder auf einem anderen dauerhaften Datenträger zu bestätigen; ausgenommen hiervon sind lediglich Informationen über die Kosten für den Einsatz der Informationstechnik, Gültigkeitsdauer des Angebots oder Preises und die Mindestlaufzeit des Vertrages, bei denen somit eine ausschließlich mündliche Übermittlung ausreichen würde.

⇒ Schließlich sind nach Artikel 5 I **zwingend** schriftlich zu übermitteln die Informationen bezüglich der Einzelheiten des Widerrufsrechts, die geographische Anschrift des Lieferers nebst Kundendienst sowie Garantiebedingungen und bei längerer Vertragslaufzeit die Kündigungsbedingungen.

Den verschiedenen Informationen wird damit zwar nach Maßgabe der Richtlinie eine unterschiedliche Bedeutung beigemessen, jedoch sucht man vergeblich nach Regelungen, die sich in ähnlich differenzierter Weise mit den jeweiligen Verstößen gegen die Informationspflichten beschäftigen. Lediglich nach Artikel 6 kann ein Verstoß gegen die Informationspflichten i.S.d. Artikel 5 eine Verlängerung der Widerrufsfrist zur Folge haben, wobei besondere Sanktionen für die zwingend zu übermittelnden Informationen nicht vorgesehen sind. Soweit der Lieferer die jeweiligen Vorabinformationen nicht bereitstellt, sieht der Wortlaut der Richtlinie keinerlei Sanktionsmöglichkeiten vor.

Auf eine eingehende Wiedergabe der Informationspflichten des Lieferers kann hier im übrigen verzichtet werden, da sich deren Ausgestaltung dem Text der Richtlinie entnehmen läßt. Im folgenden sollen lediglich die Passagen eingehender erörtert werden, die in der Anwendung problematisch sein könnten oder einer Auslegung bedürfen.

III.3.2.1. Vorabinformation nach Artikel 4

In Artikel 4 sind die Informationen aufgezählt, über die der Verbraucher vor Vertragsabschluß verfügen muß. Aus der Verwendung der Formulierung „verfügen" wird erkennbar, daß eine Kenntnisnahme des Verbrauchers nicht erforderlich ist, vielmehr reicht die Möglichkeit der Kenntnisnahme durch den Verbraucher aus. Dieses ist insbesondere relevant bei der Verwendung des Internets, da der Internetsurfer sich

[259] vgl. auch Micklitz „Die Fernabsatzrichtlinie im deutschen Recht" a.a.O. S. 15

häufig quer durch mehrere Seiten klickt, ohne die Hauptseiten des Anbieters, welche regelmäßig die erforderlichen Informationen nebst allgemeinen Geschäftsbedingungen enthalten, wahrzunehmen. Insoweit reicht es jedoch aus, wenn der Anbieter eine Seite mit den entsprechenden Informationen zur Verfügung stellt und im übrigen Angebot auf diese Seite verweist, so daß der Verbraucher die Möglichkeit zur Kenntnisnahme hat. Um diese Möglichkeit im Internet sicherzustellen sollte der Lieferer daher seine Web-Site so ausgestalten, daß der Kunde vor der Bestellseite automatisch auf die Seite geleitet wird, die die erforderlichen Informationen enthält[260].

a) rechtzeitig vor Abschluß des Vertrages

Nach Absatz 1 der Regelung muß der Verbraucher „rechtzeitig vor Abschluß eines Vertrages" über die betreffenden Informationen verfügen. Diese Bestimmung enthält jedoch keine Definition des unbestimmten Rechtsbegriffs „rechtzeitig", so daß nicht erkennbar ist, wann dieses Kriterium erfüllt sein soll. Auch aus der Begründung zum Richtlinienentwurf sowie aus den in der Richtlinie enthaltenen Erwägungsgründen lassen sich keinerlei Hinweise darauf entnehmen, wann von rechtzeitiger Übermittlung der Informationen auszugehen ist. Somit bleibt lediglich, dieses Erfordernis anhand allgemeiner Grundsätze auszulegen, wobei insbesondere maßgeblich sein dürfte, welcher Zweck durch die Regelung verfolgt wird.

Die dem Verbraucher zu gewährenden Informationen sollen zum einen das Informationsdefizit kompensieren oder zumindest verringern, welches durch die Distanz des Verbrauchers zu seinem Vertragspartner und der angebotenen Leistung entsteht. Zum anderen dient die ausführliche Information des Verbrauchers aber auch dazu, ihn vor dem übereilten Abschluß eines Vertrages zu schützen. Es wurde bereits erörtert[261], daß insbesondere bei Bestellungen per Mausklick im Internet sowie bei telefonischen Bestellungen im TV-Shopping die Gefahr einer Übereilung besteht. Das Merkmal „rechtzeitig" zielt auf diese zeitliche Komponente bei der Bestellung ab und ist daher auch vor dem Hintergrund des Übereilungsschutzes auszulegen. Daher liegen dem Verbraucher die erforderlichen Informationen dann rechtzeitig vor Vertragsschluß vor, wenn gewährleistet ist, daß er seine Kaufentscheidung unter ausreichender Würdigung und Abwägung aller Informationen treffen kann, eine Übereilung also grundsätzlich nicht zu befürchten ist. Der Verbraucher soll also nicht durch kurze Bemessung des Entscheidungszeitraums und späte Übermittlung der erforderlichen Informationen unter Druck gesetzt werden können. Wieviel Zeit zwischen der Information des Verbrauchers und dem Abschluß eines Vertrages liegen muß ist eine Frage des Einzelfalls. Sicher ist jedenfalls, daß die Übermittlung der Information erst gleichzeitig mit dem Vertragsschluß verspätet ist und damit gegen die Richtlinie verstößt. Für die Bemessung des Zeitraumes dürfte im übrigen jedoch insbesondere die Bedeutung des Vertrages für den Verbraucher relevant sein. Soweit die ihm angebotene Leistung z.B. hochpreisig ist, sind die erforderlichen Informationen früher zur Verfügung zu stellen, um eine angemessene Bedenkzeit zu gewährleisten. Welcher

---

[260] so auch Meents a.a.O. S. 189; abweichend Arnold „Verbraucherschutz im Internet" CR 1997 S. 526 (530), der empfiehlt die Kenntnisnahme der Informationen vom Verbraucher bestätigen zu lassen
[261] sie oben unter Ziffer I.3.1.

Zeitraum angemessen ist, muß danach beurteilt werden, wie lange der verständige Durchschnittsverbraucher benötigt, um die Bestellung der jeweiligen Leistung hinreichend abzuwägen. Dabei ist auf das Verbraucherleitbild des EuGH abzustellen, welcher einen mündigen, problembewussten und lernfähigen Verbraucher zugrundelegt[262] Jeglicher Grundlage entbehrt jedoch die Feststellung von *Micklitz*, wonach die Bedenkzeit zumindest drei Tage betragen müsse[263]. Für eine derartig lange Mindestbedenkzeit besteht weder Anlaß, und sie dürfte bei kleinen Alltagsbestellungen auch kaum praktikabel sein. Im übrigen wird der Verbraucher den Zeitraum häufig selbst durch eine frühzeitige Bestellung abkürzen.

b) in klarer und verständlicher Form

Nach Artikel 4 Absatz 2 müssen die Informationen in klarer und verständlicher Form übermittelt werden. Hinsichtlich dieses Kriteriums stellt sich insbesondere die Frage, ob die Informationen in der Sprache des Verbrauchers zu übermitteln sind. Nach dem Erwägungsgrund Nr. 8 der Richtlinie wird es zwar in das Ermessen der Mitgliedstaaten gestellt, welche Sprachen bei Vertragsabschlüssen zu verwenden sind, jedoch dürften hinsichtlich der erforderlichen Klarheit und Verständlichkeit Mindestanforderungen an die sprachliche Ausgestaltung gegeben sein, welche auch in den nationalen Umsetzungsgesetzen berücksichtigt werden müssen. Andernfalls würde die Forderung der Richtlinie nach Klarheit und Verständlichkeit der Informationen leerlaufen.

Schwierigkeiten bei der sprachlichen Ausgestaltung des Angebots können nur dann entstehen, wenn der Anbieter einerseits und der Abnehmer andererseits unterschiedlichen Sprachräumen angehören. Dieses wird wiederum regelmäßig nur dann der Fall sein, wenn der Vertrieb des Anbieters grenzüberschreitend erfolgt, Anbieter und Abnehmer also unterschiedlichen Staaten angehören. Allein hier stellt sich auch die Frage, in welcher Sprache das Angebot für die hinreichende Verständlichkeit abgefaßt werden muß. Zielt der Anbieter dagegen lediglich auf den innerstaatlichen Vertrieb ab, so muß das Angebot nebst den erforderlichen Informationen in der jeweiligen Landessprache abgefaßt werden[264]. Es ist daher selbstverständlich nicht zulässig, wenn ein ausschließlich in Deutschland auftretender Versandhändler seine Versandkataloge – etwa wegen des internationalen Scheins – in für die Informationsgewährung relevanten Passagen englisch formuliert.

Eine Wahlmöglichkeit hinsichtlich der Sprache ist seitens des Anbieters daher nur gegeben, wenn er seine Leistungen grenzüberschreitend anbietet. Nur in diesem Fall können es die Mitgliedstaaten in ihren nationalen Umsetzungsgesetzen daher ausnahmsweise für zulässig erklären, daß dem Verbraucher im Inland Angebote in einer fremden Sprache präsentiert werden. Diese Problematik wird sich derzeit hauptsächlich auf Angebote im Internet beschränken, da nach heutigem Stand allein das Inter-

---

262 Manfred A. Dauses „Die Rechtsprechung des EuGH zum Verbraucherschutz und zur Werbefreiheit im Binnenmarkt" in EuZW 1995 S. 425 (430)

263 vgl. Micklitz „Die Fernabsatzrichtlinie im deutschen Recht" a.a.O. S. 21

264 Eine Ausnahme ist nur dann zulässig, wenn sich der Anbieter ausschließlich an eine sprachliche Minderheit in dem jeweiligen Land richtet.

net die Möglichkeit bietet, Leistungen kostengünstig auch über Landesgrenzen hinaus anzubieten. Gerade wegen der internationalen Ausrichtung des Internets wird man aber auch davon ausgehen können, daß die Benutzer über Fremdsprachenkenntnisse verfügen, zumindest wenn sie sich durch fremdsprachige Internetseiten klicken. Dieses gilt insbesondere für die englische Sprache als „lingua franca" des Internets[265], so daß es mangels abweichender mitgliedstaatlicher Regelung ausreichend sein dürfte, wenn die erforderlichen Informationen im Internet in englischer Sprache zur Verfügung gestellt werden[266]. Soweit ein Verbraucher darüber hinaus in der Lage ist, ein in einer anderen Sprache abgefaßtes Bestellformular im Internet auszufüllen, wird davon auszugehen sein, daß er auch die in dieser Sprache gewährten Informationen hinreichend verstehen kann[267]. Ein Verbraucher wird im Umkehrschluß kaum ein Internetangebot in einer Sprache abrufen, die er nicht versteht, da die Ansammlung unverständlicher Wörter kaum Anziehungskraft auf ihn ausüben dürfte. Dieses läßt *Meents* unberücksichtigt[268], wenn er dem Internetnutzer auch ausländischer Seiten nur eine durchschnittliche „Verständigkeit" attestiert. Auch der europäische Gesetzgeber ging während des Gesetzgebungsverfahrens davon aus, daß ein Verbraucher, der auf ein fremdsprachiges Angebot reagiert, grundsätzlich auch nur in dieser für ihn fremden Sprache zu informieren ist. Insoweit war in Artikel 10 des ersten Entwurfs der Richtlinie von 1992 ausdrücklich geregelt, daß die Informationen dem Verbraucher nur in der Sprache gewährt werden müssen, in der auch die „Aufforderung zum Vertragsabschluß" erfolgte. Zur Begründung führte die Kommission seinerzeit an[269]:

„Ein französischer Verbraucher, der sich auf eine Anzeige aus einer englischen Zeitung oder eine Teleshopping-Sendung in deutscher Sprache meldet, kann nicht davon ausgehen, daß ihm sämtliche Informationen in seiner Landessprache zugestellt werden[270]. Wird das entsprechende Medium außerhalb des Sprachgebietes, zu dem er gehört, angeboten, und entschließt er sich zur Bestellung, so darf die Sprachregelung kein Hindernis zur Tätigung grenzüberschreitender Vertragsabschlüsse darstellen."

Zwar schreibt die Richtlinie in ihrer jetzigen Fassung nicht mehr vor, in welcher Sprache die Informationsgewährung zu erfolgen hat und überlaßt die konkrete Ausgestaltung den Ländern, jedoch stechen die diesbezügliche Argumente der Kommission weiterhin und lassen deren Intention hinsichtlich etwaiger Sprachregelungen erkennen. Soweit also einzelne Mitgliedstaaten davon absehen, die Frage der Sprache bei der Informationsgewährung selbst zu regeln, wird der Argumentation der Kommission folgend davon auszugehen sein, daß ein Lieferer im Internet die geschulde-

---

265 vgl. Reich „Die neue..." S. 584; Meents a.a.O. S 192; Micklitz „Die Fernabsatzrichtlinie im deutschen Recht" a.a.O. S.22
266 es sei denn das Angebot richtet sich ausschließlich an Verwender einer bestimmten Sprache
267 vgl. hierzu für die Einbeziehung von AGB Arthur Waldenberger „Grenzen des Verbraucherschutzes beim Abschluß von Verträgen im Internet" BB 1996, S. 2365 (2369)
268 vgl. Meents a.a.O. S. 192
269 KOM (92)11 endg. S. 20
270 Tatsächlich hat der französische Verbraucher jedoch sogar einen gesetzlichen Anspruch darauf, daß an ihn gerichtete Verkaufsangebote in französischer Sprache abgefaßt sind, vgl. unten Ziffer III.4.11.

ten Informationen lediglich in der Sprache zu übermitteln hat, in welcher auch seine Bestellaufforderung abgefaßt ist.

Um die Verständlichkeit sicherzustellen, ist den Anbietern im Internet jedoch sicherlich zu empfehlen, die relevanten Informationen in den wichtigsten Sprachen zu präsentieren. Dieses gilt um so mehr, als er seine allgemeinen Geschäftsbedingungen in den Vertrag miteinfließen lassen möchte, da diese wegen typischerweise größerer sprachlicher Komplexität erheblich bessere Sprachkenntnisse beim Verbraucher erfordern, welche regelmäßig nur im Bereich seiner Muttersprache gegeben sein werden.

c) Benennung der wesentlichen Eigenschaften der Ware oder Dienstleistung

Nach Artikel 4 Absatz 1 b) muß der Verbraucher vor Vertragsschluß Kenntnis von den wesentlichen Eigenschaften der bestellten Ware oder Dienstleistung haben. Die Frage, inwieweit diese Informationsgewährung als Eigenschaftzusicherung im Sinne von §§ 459 II, 463 BGB a.F. mit der Folge der verschärften Haftung zu werten wäre[271], ist nach dem Schuldrechtsmodernisierungsgesetz obsolet.
Nach dem jetzigen § 434 BGB wird nicht mehr auf die ausdrückliche Zusicherung bestimmter Eigenschaften abgegestell. Ein Sachmangel soll bereits dann vorliegen, wenn das Prodokt nicht die Beschaffenheit aufweist, die aufgrund der diesbezüglichen Werbung oder eine sonstigen Kennzeichnung zu erwarten wäre. Sofern die Informationen nach Artikel 4 Absatz 1 b) der Fernabsatzrichtlinie nicht mit der tatsächlichen Beschaffenheit der Leistung übereinstimmen, ist somit zwangsläufig ein Sachmangel im Sinne von § 434 BGB gegeben.

d) Information bei Telefongesprächen

Nach Artikel 4 Absatz 3 der Richtlinie werden die Informationspflichten des Anbieters bei Telefongesprächen dahingehend erweitert, daß er eingangs des Gesprächs seine Identität anzugeben hat und den kommerziellen Zweck des Gesprächs ausdrücklich offenlegen muß. Diese Regelung, die erst 1997 im Vermittlungsausschuß in den Richtlinienentwurf eingefügt wurde, dürfte insbesondere die Telemarketingbranche vor erhebliche Probleme stellen, da die Gesprächsführung bei Verkaufsgesprächen hiervon wesentlich beeinflußt wird[272].

Der Wortlaut der Regelung läßt jedoch nicht erkennen, ob der Lieferer die entsprechenden Informationen nur dann zu Beginn des Gesprächs zu gewähren hat, wenn er selbst beim Verbraucher anruft oder auch, wenn die Initiative vom Verbraucher ausgeht. Da der Verbraucher manches Mal nicht wissen wird, wer genau hinter einer von ihm angewählten Telefonummer steht, wäre auch in diesem Fall die Informati-

[271] vgl. die Einschätzung des deutschen Gesetzgebers in der Begründung des Fernabsatzgesetzes, BT-Drucksache 14/2658 S. 38; Micklitz „ Die Fernabsatzrichtlinie im deutschen Recht" a.a.O. S. 17
[272] vgl. hierzu Schöbi, a.a.O. S. 7, der darauf hinweist, daß ein sich diesbezüglich richtlinienkonform verhaltender Anbieter zukünftig kaum mehr Verträge abschließen dürfte

onspflicht nicht unzweckmäßig. Aus der Begründung der Regelung ergibt sich jedoch, daß der Anbieter seine Identität und den kommerziellen Zweck des Gesprächs nur dann der weiteren Unterhaltung voranstellen muß, wenn er selbst beim Verbraucher – unaufgefordert – anruft. Im Bericht der Delegation des Parlaments über die Verhandlungen im Vermittlungsausschuß vom 13.01.1997[273] wird unter Ziffer 16 erläutert, daß die Regelung eingefügt wurde, damit der Verbraucher bereits zu Beginn des Gesprächs entscheiden kann, ob er das Gespräch fortsetzen möchte oder nicht. Diese Zielsetzung entspricht auch dem Erwägungsgrund Nr. 12 der Richtlinie, wonach „der Verbraucher zu Beginn eines (Telefon-) Gesprächs genügend Informationen erhalten (soll), um zu entscheiden, ob er das Gespräch fortsetzen will oder nicht". Folglich soll der Verbraucher davor geschützt werden, - ähnlich wie bei Haustürgeschäften - von einem Lieferer unerwartet und überraschend mit einem Angebot konfrontiert zu werden, ohne sich diesem entziehen zu können. Diese Gefahr besteht jedoch nur, wenn die Initiative für den Anruf alleine vom Anbieter ausgeht, so daß der Anbieter auch nur in diesem Fall vorab seine Identität und den kommerziellen Zweck des Gesprächs mitzuteilen hat. Soweit die Initiative für das Gespräch vom Verbraucher ausgeht, hat er es regelmäßig selbst in der Hand, das Telefonat zu beenden.

e) Sanktionierung von Zuwiderhandlungen

In der Richtlinie selbst sind kaum Sanktionsmöglichkeiten für die Fälle vorgesehen sind, in denen ein Lieferer gegen die ihm obliegenden Pflichten verstößt. Dieses gilt auch für die in Artikel 4 geregelten Informationspflichten, so daß es letztlich die Entscheidung der nationalen Gesetzgeber und Gerichte sein wird, ob und inwieweit Verstöße gegen diese Pflichten bestraft werden sollen[274]. Zu beachten ist allerdings, daß die Mitgliedstaaten nach Artikel 11 Absatz 1 der Richtlinie dafür Sorge zu tragen haben, daß der Verbraucher die Einhaltung der Bestimmungen durchsetzen kann. Soweit *Reich* offensichtlich die Auffassung vertritt, der Verbraucher sei erst nach der Gewährung der erforderlichen Informationen an den Vertrag gebunden[275], findet sich hierfür in der Richtlinie keinerlei Anhaltspunkt. Anders als von *Meents* vermutet[276], muß jedoch davon ausgegangen werden, daß ein Verstoß gegen die Verpflichtung zur Vorabinformation auch nach der Intention des europäischen Gesetzgebers nicht folgenlos bleiben sollte. Andernfalls hätte man davon absehen können, die Verpflichtung zur Vorabinformation zu regeln. Da jedoch die Widerstände in den Mitgliedstaaten gegen Eingriffe in das jeweilige nationale Vertragsrecht während des Gesetzgebungsverfahrens sehr groß waren, sollten die gemeinschaftsrechtlichen Regelungen zu den vertraglichen Sanktionsmöglichkeiten offenkundig auf ein Minimum reduziert werden und im übrigen den Mitgliedstaaten zur Regelung überlassen werden. Ob beispielsweise die von *Reich* vorgeschlagene Sanktionsmöglichkeit eintreten soll, bleibt daher der nationalen Gesetzgebung überlassen.

---

[273] PE 216.731/end
[274] Die fehlende Regelung von Sanktionsmöglichkeiten beklagt auch Bodewig a.a.O. S. 452f, dieser zeigt jedoch Eingriffsmöglichkeiten des nationalen Vertragsrechts auf.
[275] vgl. Reich „Die neue..." S. 584
[276] vgl. Meents a.a.O. S. 195

III.3.2.2. schriftliche Information oder dauerhafter Datenträger gem. Art. 5

Ein Teil der nach Artikel 4 zu gewährenden Informationen ist nach Artikel 5 dem Verbraucher noch einmal während der Vertragserfüllung in einer „konservierbaren" Form zur Verfügung zu stellen, also schriftlich oder auf einem dauerhaften Datenträger. Hierdurch sollen dem Verbraucher nochmals die vertraglichen Grundlagen durch den Lieferer bestätigt werden. Soweit nach Artikel 5 einige Informationen von diesem Erfordernis ausgenommen sind, kann dieses logisch nachvollzogen werden, da diese zum Zeitpunkt der Vertragserfüllung, also nach dem Vertragsschluß, ihre Relevanz verloren haben. Weder die Kosten für den Einsatz der Fernkommunikationstechnik, noch die Gültigkeitsdauer des Angebots sind für den Verbraucher noch von Bedeutung, wenn der Vertrag bereits geschlossen wurde.

Das Erfordernis, einige Informationen in „konservierbarer" Form zu übermitteln, wurde im ersten Entwurf der Richtlinie damit begründet, daß der Verbraucher spätestens zum Zeitpunkt der Vertragsausführung ordnungsgemäß über seine Rechte in Kenntnis zu setzen ist[277]. Die Formulierung „ordnungsgemäß" ist zwar sehr ungenau, jedoch bestand die Intention offenkundig darin, dem Verbraucher durch eine beständige Form der Informationsgewährung die Möglichkeit zu geben, die Informationen bei Bedarf jederzeit abrufen zu können.

Ursprünglich sahen die ersten Entwürfe der Richtlinie vor, daß die Informationsgewährung lediglich schriftlich zu erfolgen habe. Während des Gesetzgebungsverfahrens zeigte sich jedoch, daß der Begriff „schriftlich" in den Mitgliedstaaten durchaus unterschiedlich ausgelegt wird[278]. Hierzulande ist das Schriftformerfordernis beispielsweise nur erfüllt, wenn der Text in verkörperter, also beispielsweise papiergebundener Form übermittelt wird. Die Kommission beabsichtigte jedoch gerade, für die Informationsübermittlung auch neue Technologien, wie beispielsweise das Internet, zuzulassen, so daß das Schriftformerfordernis nach dem Verständnis einiger Mitgliedstaaten hierfür nicht gepaßt hätte. Daher entschloß sich die Kommission, wie zuvor der Rat in seinem Gemeinsamen Standpunkt von 1995, die Regelung in Artikel 5 dahingehend zu ergänzen, daß die Informationen auch auf einem dauerhaften Datenträger zur Verfügung gestellt werden können.

a) der dauerhafte Datenträger

Was unter einem dauerhaften Datenträger zu verstehen ist, ist allerdings näher zu definieren. Wie bereits ausgeführt, wurde das Erfordernis der Informationsbestätigung deshalb in die Richtlinie aufgenommen, damit der Verbraucher die Möglichkeit hat, über diese Informationen zu verfügen und diese bei Bedarf abzurufen. Wesentliches Merkmal ist somit, daß sich die gewährte Information nicht ohne den Willen des Verbrauchers wieder verflüchtigen kann, sondern er es in der Hand hat, ob die Information konserviert wird oder nicht.

---

[277] KOM (92)11 endg. S. 20

[278] Stellungnahme der Kommission zum Richtlinienvorschlag in KOM (96)36 endg. S.4

Soweit der Lieferer seine Angebote und die betreffenden Informationen über das Internet übermittelt, stellt sich die Frage, ob dieses Medium den Anforderungen eines dauerhaften Datenträgers genügt. Hierbei ist zu beachten, daß im Internet verschiedene Übermittlungsmöglichkeiten vorhanden sind: der Lieferer kann die Informationen lediglich auf seiner Homepage darstellen oder diese nochmals per e-mail an den Verbraucher senden. Ob hierbei jedoch das Erfordernis eines dauerhaften Datenträgers erfüllt wird, ist umstritten. Unstreitig ist insoweit lediglich, daß die Informationsgewährung dann auf einem dauerhaften Datenträger erfolgt, wenn sie dem Verbraucher via e-mail an seine Internetadresse bzw. seinen Service-Provider zur Verfügung gestellt wird[279]. Auch die Kommission führte in ihrer Stellungnahme von 1996 gerade die e-mail als Beispiel für einen dauerhaften Datenträger an[280].

Unklar ist jedoch, ob es bereits ausreicht, wenn der Anbieter die erforderlichen Informationen auf seiner Homepage bereithält, und diese beim Surfen in den Arbeitsspeicher des Verbrauchers geladen werden. Dieser Sachverhalt ist deshalb problematisch, weil einerseits die Homepage des Anbieters jederzeit durch diesen verändert werden kann, und andererseits der Arbeitsspeicher im Rechner des Verbrauchers nur solange Bestand hat, wie der Computer läuft, und der Arbeitsspeicher nicht mit neuen Informationen überschrieben wird. Wegen dieser Umstände ging beispielsweise der deutsche Gesetzgeber bei der Umsetzung der Richtlinie offensichtlich davon aus, daß das zur verfügungstellen der Informationen auf einer Internet-Homepage nicht dem Erfordernis eines dauerhaften Datenträgers genügt[281]. Vielmehr habe der Lieferer in diesem Fall sicherzustellen, daß die Informationen vom Verbraucher auf Diskette oder Festplatte geladen werden. Demgegenüber vertritt *Meents* die Auffassung, daß bereits das Laden der Homepage eines Anbieters samt der erforderlichen Informationen in den Arbeitsspeicher ausreicht, um deren Verfügbarkeit auf einem dauerhaften Datenträger zu gewährleisten[282]. Hierbei stellt er darauf ab, dass es der Verbraucher selbst in der Hand hat, die entsprechende web-site auf der Festplatte abzuspeichern, auszudrucken oder in sonstiger Weise gegen Überschreiben zu sichern.

Diese Sichtweise lässt allerdings außer Acht, dass das Erfordernis des dauerhaften Datenträgers den Zweck hat, die Rechtssicherheit zu erhöhen. Es wäre der Richtssicherheit jedoch eher abträglich, wenn man es der Eigenverantwortung des Verbrauchers überließe, ob er den Inhalt einer Web-Site ausdruckt oder abspeichert, zumal er auch das Risiko technischer Defekte oder unzureichender eigener technischer Kenntnisse tragen würde. Es ist daher entsprechend dem deutschen Gesetzgeber davon auszugehen, dass in der Richtlinie Internet-Websites bzw. der Arbeitsspeicher nicht als dauerhafter Datenträger definiert werden sollte, sondern lediglich solche Medien, die einen längeren Zugriff auf die unveränderten Informationen sicherstellen. Dieses wird bestätigt durch den aktuellen Entwurf zum Fernabsatz von Finanz-

---

[279] vgl. Meents „Ausgewählte Probleme des Fernabsatzgesetzes" S. 612; Begründung zum Fernabsatzgesetz BT-Drucksache 14/2658 S. 40
[280] KOM (96)36 endg. S. 4
[281] vgl. Begründung des Fernabsatzgesetzes BT-Drucksache 14/2658 S. 40f
[282] vgl. Meents „Verbraucherschutz..." S. 197

dienstleistungen[283]. Dort heiß es im Erwägungsgrund Nr. (20): „Zu den dauerhaften Datenträgern gehören insbesondere Disketten, CD-Roms, DVDs und die Festplatte des Computers eines Verbrauchers, auf der elektronische Post gespeichert wird, jedoch nicht Internet-Websites, es sei denn, sie erfüllen die in der Definition des Begriffs „dauerhaftes Medium" enthaltenen Kriterien.

Dementsprechend ist von einem dauerhaften Datenträger dann nicht auszugehen, wenn die Daten ohne entsprechenden Willen des Verbrauchers wieder gelöscht oder abgeändert werden können. Andere Beispiele hierfür sind der Videotext oder das französische Minitel[284], bei welchen die Daten lediglich auf den Bildschirmen abgebildet, nicht jedoch im Gerät gespeichert werden.

b) zwingende Informationen

Neben der Bestätigung der Informationen nach Art. 5 Absatz 1 Satz 1 in schriftlicher Form oder auf einem dauerhaften Datenträger sind nach Satz 2 Spiegelstrich 1 bis 4 weitere Informationen „auf jeden Fall" zu übermitteln. Auf den ersten Blick ist nicht erkennbar, inwieweit sich diese Übermittlung von zwingenden Informationen nach S. 2 von jener nach S.1 qualitativ unterscheidet. Bei genauerer Überprüfung wird jedoch erkennbar, daß die Information nach S. 2 erster Spiegelstrich – das Widerrufsrecht – ausschließlich schriftlich zu übermitteln ist und der Zusatz „oder auf einem dauerhaften Datenträger" fehlt. Bei den verbleibenden Informationen nach Satz 2 (Spiegelstrich 2 bis 3) fehlt dagegen jegliche ausdrückliche Bestimmung darüber, in welcher Form die Übermittlung zu erfolgen hat. Daher stellt sich hier die Frage, welche formalen Erfordernisse an die Informationsübermittlung nach Satz 2 zu knüpfen sind.
Die Begründungen zur Richtlinie sowie der jeweiligen Entwürfe bieten hierzu keinerlei Anhaltspunkte. Nach dem Wortlaut kann zumindest festgestellt werden, daß für die Übermittlung der Informationen bezüglich des Widerrufsrechts Schriftformerfordernis besteht, ein anderer dauerhafter Datenträger also hierfür nicht verwendet werden darf. Von einem Redaktionsversehen kann hier nicht ausgegangen werden, da im Gesetzgebungsverfahren der Unterschied zwischen dem papiergebundenen Schriftformerfordernis und dem dauerhaften Datenträger ausdrücklich betont wurde[285]. Folglich ist hier von einer bewußten Entscheidung für die ausschließliche Verwendung der Schriftform bei der Information über das Widerrufsrecht auszugehen. Da die Spiegelstriche 2 bis 4 keinerlei Bestimmungen zu den formalen Erfordernissen der Informationsübermittlung enthalten, könnte hieraus geschlossen werden, daß das nach dem ersten Spiegelstrich bestehende Schriftformerfordernis auch für die übrigen nachfolgenden Informationen gilt, diese also allesamt nicht auf einem dauerhaften Datenträger übermittelt werden dürfen[286]. Nach dem Sinn und Zweck der Regelung wird hiervon auszugehen sein. Rückschlüsse ergeben sich insoweit aus dem Erwägungsgrund Nr. 13 der Richtlinie. Dort heißt es:

---

[283] Gemeinsamer Standpunkt Nr. 16/2002 vom 19.12.01, Amtsblatt EG Nr. C 58E/32 vom 05.03.2002
[284] Das Minitel wird von der Kommission auch in ihrer Stellungnahme KOM (96)36 auf S. 4 als Beispiel für einen nicht dauerhaften Datenträger angeführt.
[285] vgl. Stellungnahme der Kommission zum Richtlinienvorschlag in KOM (96)36 endg. S.4
[286] dieser Auffassung ist Micklitz in „Die Fernabsatzrichtlinie im deutschen Recht" S. 23

„Die mit Hilfe bestimmter elektronischer Technologien verbreitete Information ist häufig nicht beständig, soweit sie nicht auf einem dauerhaften Datenträger empfangen wird. Infolgedessen ist es notwendig, daß der Verbraucher rechtzeitig **schriftlich** Informationen erhält, die zur korrekten Ausführung des Vertrages erforderlich sind."

Die mittels elektronischer Technologien verbreiteten Informationen werden hier zwar danach differenziert, ob bei der Übermittlung ein dauerhafter Datenträger verwendet wurde. Die Beständigkeit eines dauerhaften Datenträgers wurde somit berücksichtigt. Dennoch wird in Satz 2 das Erfordernis aufgestellt, bestimmte für die korrekte Ausführung des Vertrages relevante Informationen nur schriftlich zu übermitteln, also gerade nicht mittels elektronischer Technologien. Dieses läßt nur den Schluß zu, daß selbst der dauerhafte Datenträger als unzureichend eingestuft wurde, wenn es um die Übermittlung besonders wichtiger Informationen geht. Insoweit wird ein nach wie vor bestehendes Mißtrauen gegen den dauerhaften Datenträger erkennbar, welches seine Ursache sicherlich in der vermeintlich größeren Manipulationsmöglichkeit und der geringeren Beständigkeit gegenüber dem auf Papier geschriebenen Wort hat.
Die nach Art. 5 Abs. 2 S. 2 „auf alle Fälle" zu übermittelnden Informationen zum Widerrufsrecht, der geographischen Anschrift des Lieferers und des Kundendienstes, den Garantie- und Kündigungsbedingungen sind daher nach Maßgabe der Richtlinie wegen ihrer besonderen Wichtigkeit dem Verbraucher schriftlich zur Verfügung zu stellen, also nicht via elektronischer Technologien. Insoweit reicht es jedoch aus, wenn die entsprechenden Informationen auf der schriftlichen Rechnung abgedruckt sind, welche dem Verbraucher bei Leistungserbringung übergeben wird. Wie die Darstellung der Umsetzungsgesetze der Mitgliedstaaten[287] allerdings zeigen wird, haben diese die vorliegende Regelung ausnahmslos dahingehend interpretiert, daß auch eine Übermittlung der **zwingenden** Informationen mittels via dauerhaftem Datenträger zulässig ist. Da diese Einschätzung jedoch dem Wortlaut der Fernabsatzrichtlinie widerspricht, dürfte eine Klärung dieser Frage durch die Gerichte unausweichlich sein.

c) Beweislast

Das Erfordernis der Informationsgewährung begründet ein weiteres gewichtiges Problem, nämlich wer die Beweislast dafür zu tragen hat, ob und gegebenenfalls welche Informationen dem Verbraucher tatsächlich zugegangen sind. Dieses ist wiederum insbesondere beim Internet relevant, da der Lieferer einerseits die von ihm betriebene Homepage jederzeit ändern kann, aber auch der Verbraucher die Möglichkeit hat, die empfangenen Daten zu manipulieren bzw. das Vorhandensein von Informationen im relevanten Zeitraum schlicht zu leugnen. Die Feststellung der pflichtgemäßen Informationsübermittlung nach Artikel 5 ist hierbei für den Lieferer insoweit relevant, als er bei fehlender Nachweisbarkeit Gefahr läuft, ein dreimonatiges Widerrufsrecht des Verbrauchers hinnehmen zu müssen. Daher stellt sich die für die praktische Durchführung des Fernabsatzes wichtige Frage, wer die Beweislast für den Zugang der Informationen trägt.

[287] vgl. Ziffer III.4.

Dem allgemeinen Grundsatz folgend, wonach jeder die für ihn günstigen Tatsachen zu beweisen hat, müßte hier unzweifelhaft der Lieferer die Beweislast dafür tragen, daß dem Verbraucher die erforderlichen Informationen schriftlich oder via dauerhaftem Datenträger zugegangen sind. Dieser Auffassung ist offenkundig auch *Micklitz,* wenn er behauptet, es „trägt der Lieferer die Beweislast dafür, daß dem Verbraucher die Informationen nicht nur übermittelt worden sind, sondern auch welche Informationen ihm wann übermittelt wurden."[288] Jedoch übersieht er hierbei, daß die Richtlinie für eine derartige Beweislastverteilung keinerlei Anhaltspunkte bietet, sondern im Gegenteil eine umgekehrte Verteilung als Normalfall zugrundelegt. Insoweit ist zu verweisen auf Artikel 11 Absatz 3 a), welcher die einzige Regelung zur Beweislast enthält. Danach **können** die Mitgliedstaaten bestimmen, daß dem Lieferer der Beweis für die vorherige Information und die schriftliche Bestätigung obliegen kann. Hieraus wird jedoch erkennbar, daß sich die Beweislastverteilung zu Lasten des Lieferers eben nicht aus der Richtlinie ergibt, sondern daß die Mitgliedstaaten insoweit von der Maßgabe der Richtlinie abweichen können. Der Umkehrschluß hierzu ergibt somit, daß die Richtlinie die Beweislast für das Fehlen der Vorabinformation und der schriftlichen Bestätigung beim Verbraucher sieht.

Verzichtet also ein Mitgliedstaat darauf, diese Frage zu regeln, und ergibt sich aufgrund anderer nationaler rechtlicher Grundsätze keine zwingende Umverteilung zu Lasten des Lieferers, so hat der Verbraucher die Beweislast zu tragen. Dieses würde für die betroffenen Verbraucher die Schwierigkeit aufwerfen, eine negative Tatsache, also den Nichtzugang von Informationen beweisen zu müssen. Umgekehrt wirft eine Beweislastverteilung zu Lasten des Lieferers für diesen nahezu unlösbare Probleme auf, wenn er sich moderner Technologien zur Informationsübermittlung bedient. Da er den Zugang der Information zu beweisen hätte, müßte er etwa bei der Verwendung des Internets letztlich darlegen können, daß die Informationen auf der Festplatte, einer Diskette oder auf einem anderen konservierbaren Medium des Verbrauchers gelandet sind. Wie *Meents*[289]zutreffend ausführt, würde dem Lieferer daher aus Beweisgründen kaum eine andere Möglichkeit bleiben, als auf die papierfixierte Information des Verbraucher zurückzugreifen, was wiederum die Geschwindigkeitsvorteile bei der Verwendung neuer Technologien erheblich einschränken würde.

d) Einschränkung der Pflicht zur Information nach Artikel 5 Absatz 2

Nach Artikel 5 Absatz 2 beschränkt sich die Informationspflicht des Lieferers auf die Mitteilung der Anschrift seines Kundendienstes, wenn sich seine Tätigkeit darauf beschränkt, eine Dienstleistung unter sofortiger und unmittelbarer Verwendung der Fernkommunikationstechnik zu erbringen. Weitere Voraussetzung ist, daß die Leistung über den Betreiber der Technik abgerechnet wird. Diese Regelung bezieht sich in erster Linie auf Dienste der Informationsgewährung, wie etwa telefonische Ansagedienste, Telefonauskunft, aber auch entsprechende Leistungen im Internet, z.B. in Form herunterladbarer Texte oder Programme. Insoweit hat sich die Richtlinie der geltenden Praxis angepaßt, wonach diese Dienste schnell und unkompliziert gewährt

[288] Micklitz „Die Fernabsatzrichtlinie im deutschen Recht" a.a.O. S. 23
[289] vgl. Meents „Ausgewählte Probleme des Fernabsatzgesetzes" a.a.O. S. 612

werden sollen, unbeeinträchtigt vom langwierigen Austausch bestimmter Informationen[290]. Das Merkmal der Regelung, wonach die Dienstleistung „in einem Mal" zu erfolgen habe, damit die Informationspflicht entfällt, ist weit auszulegen. Hier kommt es nicht darauf an, ob die Dienstleistung ohne Unterbrechung erbracht wird, vielmehr soll das Merkmal eine Abgrenzung von Sukzessivverträgen ermöglichen. Zugrundeliegen dürfte die Überlegung, daß Sukzessivverträge gewöhnlicherweise über einen längeren Zeitraum laufen. Bei längerer Vertragsdauer besteht jedoch keinerlei Notwendigkeit aus Gründen der Zeit- und Aufwandsersparnis die Informationsrechte des Verbrauchers zu beschneiden, da eine besondere Eilbedürftigkeit nicht mehr besteht. Hier kann der Lieferer ohne weiteres den Verbraucher während der Vertragslaufzeit – auch schriftlich – informieren, ohne daß hierdurch die Geschäftstätigkeit in einem unverhältnismäßigen Ausmaß beeinträchtigt wird.

Liegt dagegen ein Sukzessivvertrag mit längerer Vertragsbindung nicht vor, sondern werden lediglich einzelne Dienstleistungen mit kurzen Unterbrechungen hintereinander erbracht, ist die Informationspflicht nicht praktikabel, obwohl die Leistung in mehreren Malen erfolgt. Um die praktische Durchführbarkeit auch dieser zügig umzusetzenden Dienstleistungen zu gewährleisten, worauf die Regelung erkennbar abzielt, muß also nach einem anderen Gesichtspunkt differenziert werden:
Die Informationen sind dem Verbraucher auch bei Leistungserbringung über das Fernkommunikationsmittel vollständig zu gewähren, wenn die Parteien ein zugrundeliegendes Dauerschuldverhältnis vereinbart haben, in welchem dann sukzessive Leistungen erbracht werden sollen und erbracht werden. Dagegen ist die Information des Verbrauchers nicht erforderlich, wenn lediglich mehrere Einzelleistungen in unmittelbarer Folge gewährt werden, ohne daß eine zugrundeliegende dauerhafte Bindung der Parteien existiert[291].

Soweit die Regelung weiterhin nur dann eine Entbindung von der Informationspflicht vorsieht, wenn die Leistung über den Betreiber der Kommunikationstechnik abgerechnet wird, muß allerdings von einem Redaktionsversehen gesprochen werden. Wie *Meents*[292] zutreffend anmerkt, ist kein nachvollziehbarer Grund für dieses zusätzliche Merkmal erkennbar. Vielmehr geht dieses an der technischen Realität vorbei, da gerade das durch die Regelung ebenfalls erfaßte Überspielen von Informationen oder Software via Internet dieses Merkmal regelmäßig nicht erfüllen dürfte. Insoweit ist darauf hinzuweisen, daß derartige Leistungen im Internet eben gerade nicht durch die Betreiber der Fernkommunikationstechnik abgerechnet werden, sondern beispielsweise unter Verwendung von Kredit- oder anderen Zahlkarten durch den Lieferer selbst. Insbesondere diese Geschäfte im Internet erfordern jedoch eine zügige Abwicklung, ohne umfangreiche Informationsgewährung. Über wen die erbrachte Leistung abgerechnet wird ist hierbei ohne Relevanz.

Eine Überprüfung der Entstehungsgeschichte der Regelung bestätigt, daß es sich bei diesem Merkmal um ein Redaktionsversehen handelt. Das Erfordernis der Be-

---

[290] vgl. Micklitz „Die Fernabsatzrichtlinie im deutschen Recht" a.a.O. S. 23
[291] Auch Meents „Fernabsatzgesetz" a.a.O. S 613 hält das Merkmal für auslegungsbedürftig, stellt jedoch bei mehreren Teilleistungen darauf ab, daß eine Informationspflicht dann nicht besteht, wenn der Unternehmer die Leistung unmittelbar und zur sofortigen Inanspruchnahme erbringt.
[292] Meents „Fernabsatz" a.a.O. S. 613

zahlung über den Betreiber der Kommunikationstechnik wurde zwar anfänglich bewußt in die Regelung eingefügt, eine Anpassung bei Änderung der technologischen Rahmenbedingungen wurde jedoch – versehentlich - nicht vorgenommen. Der jetzige Artikel 5 Absatz 2 war bereits in der ersten Fassung des Richtlinienentwurfs von 1992 enthalten. In der Begründung hierzu hieß es:

„Bestimmte Dienstleistungen können im Fernabsatz erbracht werden (Auskünfte, Datenbanken...). Der Verbraucher erhält dabei keinerlei schriftliches Dokument. **Die Rechnungsstellung erfolgt mit dem Betreiber der Telekommunikation**...".[293]
Zum diesem Zeitpunkt legte die Kommission somit die damals gängige Praxis zugrunde, derartige Leistungen ausschließlich über die Telefonrechnung abzurechnen. Das Internet war zu dieser Zeit noch nicht verbreitet, lediglich Btx und Minitel waren bekannt. Diese Systeme wurden jedoch ebenfalls allein durch die jeweiligen Telefongesellschaften betrieben, so daß auch hier die Abrechnung über die Telefonrechnung erfolgte. Trotz der abweichenden Entwicklung zugunsten des Internets, in welchem eine Bezahlung über den Netzbetreiber weniger üblich ist, wurde diese Regelung nicht angepasst, sondern in ihrer heutigen Fassung bereits im Gemeinsamen Standpunkt des Rates von 1995 manifestiert. Eine Grundlage für die entsprechende Beschränkung dieser Regelung ist jedoch, wie dargestellt, aus heutiger Sicht nicht erkennbar, vielmehr führt diese zu einer nicht nachvollziehbaren Differenzierung, so daß das Redaktionsversehen auf der Hand liegt.

Ein praktikables Ergebnis bei der Anwendung der Regelung kann daher nur erzielt werden, wenn nicht darauf abgestellt wird, über wen die Abrechnung erfolgt. Selbst wenn die Leistung also beispielsweise über die Kreditkarte bezahlt wird, kann somit die Informationspflicht des Lieferers nach Artikel 5 Absatz II entfallen. Allerdings ist darauf hinzuweisen, daß der Lieferer nach Artikel 5 II zumindest immer dafür Sorge zu tragen hat, daß der Verbraucher Kenntnis von der Adresse des Kundendienstes erhält. Auf welchem Wege die Kenntnisnahme zur erfolgen hat, ist nicht geregelt.

III.3.3. Das Widerrufsrecht

In Artikel 6 der Richtlinie ist das eigentliche Kernstück des Schutzsystems zu Gunsten des Verbrauchers geregelt: das Recht auf Widerruf des Vertragsschlusses binnen sieben Werktagen. Wie *Micklitz*[294] und *Reich*[295] bereits zutreffend ausführen, handelt es sich hier bei genauerer rechtlicher Betrachtung nicht um ein Widerrufsrecht, sondern um ein Kündigungs- bzw. Rücktrittsrecht. Nach juristischer Terminologie ist mit dem Widerruf die „Rücknahme" einer Willenserklärung gemeint, die vom Gegenüber noch nicht angenommen wurde und daher zum Zeitpunkt des Widerrufs auch noch noch keiner vertraglichen Bindung unterliegt. Vorliegend geht es jedoch um die Auflösung bereits geschlossener Verträge, so daß ein Widerruf begrifflich ausscheidet[296]. Somit handelt es sich beim Widerrufsrecht der Richtlinie genauge-

---

[293] KOM (92)11 endg. S. 20
[294] Micklitz „Die Fernabsatzrichtlinie im deutschen Recht" a.a.O. S. 23
[295] Reich „Die neue Richtlinie..." a.a.O. S. 585
[296] vgl. hierzu auch Armin Willingmann „Auf dem Weg zu einem einheitlichen Vertriebsrecht für Waren und Dienstleistungen in der Europäischen Union ?" in VuR s. 395 (400)

nommen um ein Rücktritts- oder ein Kündigungsrecht, wobei die genaue Ausgestaltung den Mitgliedstaaten überlassen bleibt.
In den weiteren Ausführungen soll jedoch der in der Richtlinie verwendete Begriff des „Widerrufsrechts" beibehalten werden, wobei lediglich die Teile der Regelung eingehender erörtert werden, die in der praktischen Anwendung Probleme aufwerfen dürften.

III.3.3.1. Formelle Anforderungen an die Ausübung des Widerrufsrechts

Die Parteien haben im Fernabsatz keinen unmittelbaren Kontakt zueinander, so daß sich die Frage stellt, in welcher Form der Lieferer von der Ausübung des Rücktrittsrechts in Kenntnis zu setzen ist. Dieses kann mündlich, schriftlich oder durch Rücksendung der Ware erfolgen. Im Hinblick auf die Informationsgewährung hat sich die Richtlinie in Teilen für die Schriftform bzw. für den dauerhaften Datenträger entschieden, so daß es konsequent wäre, dieses Erfordernis auch für die Ausübung des Widerrufsrechts aufzustellen. Aus dem Wortlaut der Richtlinie ergeben sich jedoch insoweit keinerlei Vorgaben. Vielmehr ist dem Erwägungsgrund Nr. 14 zu entnehmen, daß es Sache der Mitgliedstaaten sein soll, weitere Einzelheiten und Bedingungen zur Ausübung des Widerrufsrechts festzulegen. Hierzu zählt demnach auch die Festlegung der formalen Anforderungen des Widerrufs. Gerade in der Frage der formalen Ausgestaltung des Widerrufsrechts wäre eine Vereinheitlichung auf europäischer Ebene wünschenswert gewesen, da andernfalls große Unsicherheiten beim grenzüberschreitenden Fernabsatz über die Ausübung des Rücktrittsrechtes zu befürchten sind [297].

Fraglich ist darüber hinaus, welcher Zeitpunkt für die wirksame Erklärung des Widerrufs maßgeblich ist: Der Zeitpunkt des Abgangs der Widerrufserklärung oder der Zeitpunkt des Zugangs beim Lieferer. Die Richtlinie enthält hierzu ebenfalls keinerlei Regelung. Nach den „Principles of European Contract Law"[298] gilt nach Artikel 1.110 im Regelfall für Erklärungen das Zugangsprinzip, wobei allerdings, je nach Rechtsmaterie, Ausnahmen möglich sind[299]. Mangels ausdrücklicher Regelung in der Richtlinie wäre auch denkbar, daß im Hinblick auf Erwägungsgrund Nr. 14 die Regelung der Zeitpunktbestimmung grundsätzlich den Mitgliedstaaten obliegen könnte.
Zu dieser Frage vertritt *Micklitz* die Auffassung, daß die Mitgliedstaaten bei einer Widerrufsfrist von maximal 7 Werktagen den Tag des Abgangs der Erklärung zugrundelegen müssen[300]. Er begründet dieses mit dem Sinn und Zweck der Richtlinie. Dieser Auffassung ist zuzustimmen. Die Richtlinie zielt bei der Gewährung der Widerrufsfrist nicht darauf ab, die mitgliedstaatliche Regelungen über den Zugang von Willenserklärungen zu beeinflussen. Vielmehr ist die Widerrufsfrist gleichzusetzen mit einer Bedenkzeit, die dem Verbraucher eingeräumt wird, um den Vertragsschluß

---

[297] Micklitz befürchtet ebenfalls eine „Zementierung" bestehender Unterschiede in „Die Fernabsatzrichtlinie im deutschen Recht" a.a.O. S. 25.
[298] Zusammenfassung der bestehenden schuldrechtlichen Prinzipien in der EU durch die „Kommission über Europäisches Vertragsrecht" (sog. Lando Kommission), veröffentlicht in Ole Lando (Hrsg) „The Principles of European Contract Law, Part I" 1995, vgl. auch Ziffer III.3.4.
[299] vgl. Reinhard Zimmermann a.a.O. , S. 491
[300] Micklitz „Die Fernabsatzrichtlinie im deutschen Recht" a.a.O. S. 25

überdenken zu können. Somit gibt die Richtlinie die zu gewährende „Mindestbedenkzeit" an, welche durch mitgliedstaatliche Regelungen nicht unterschritten werden darf. Damit der Verbraucher diese Bedenkzeit jedoch voll ausschöpfen kann, muß es ihm erlaubt sein, erst am letzten Tag der Frist von 7 Werktagen den Widerruf zu erklären. Er kann also nicht verpflichtet werden, den Widerruf bereits vorher zu erklären, um den rechtzeitigen Zugang der – beispielsweise schriftlichen – Erklärung sicherzustellen. Räumt dagegen der Mitgliedstaat eine längere Widerrufsfrist ein, so steht es ihm frei, bei der weiteren Ausgestaltung auf den Zugang der Widerrufserklärung abzustellen. Es muß lediglich gewährleistet bleiben, daß dem Verbraucher eine Bedenkzeit von mindestens 7 Werktagen zur Verfügung steht.

III.3.3.2. Berechnung der Widerrufsfrist

Die Richtlinie sieht eine Widerrufsfrist von 7 Werktagen vor und weicht somit von der Richtlinie 85/577/EWG für Vertragsabschlüsse außerhalb von Geschäftsräumen ab, welche lediglich Tage, nicht aber Werktage zugrundelegt. Die ersten Entwürfe der Richtlinie sahen ebenfalls vor, nicht nach Werktagen zu differenzieren, sondern Kalendertage[301] oder die allgemeine Bezeichnung „Tage"[302] zugrundezulegen. Erst der in zweiter Lesung durch das Parlament beschlossene Entwurf enthielt den Begriff der „Werktage". Diese Änderung wurde seitens des empfehlenden Ausschusses vorgenommen, um Mißverständnisse bei der Fristberechnung im Zusammenhang mit den Wochenenden zu vermeiden[303]. Das Gegenteil ist jedoch der Fall. Die Berechnung der Frist nach Werktagen ist zwar auf nationaler Ebene unproblematisch. Auf europäischer Ebene zeigt sich jedoch, daß der „Werktag" in den einzelnen Mitgliedstaaten unterschiedlich definiert wird, was insbesondere auf die unterschiedliche Behandlung des Sonnabends zurückzuführen ist. Beispielsweise ist nach deutschem und französischen Verständnis der Sonnabend ohne weiteres als Werktag zu qualifizieren, während in Großbritannien lediglich Montag bis Freitag als „working days" bezeichnet werden[304]. Aber auch die Feiertage sind in den Mitgliedstaaten, teilweise sogar innerhalb eines einzelnen Mitgliedsstaates unterschiedlich ausgestaltet. Dieses führt letztlich dazu, daß die Frist, je nach Berücksichtigung des Sonnabends als Werktag, entweder mindestens 8 oder mindestens neun Tage betragen muß, ohne Berücksichtigung zusätzlicher Feiertage. Hierdurch wird ein voneinander abweichendes Mindestschutzniveau für die Verbraucher der verschiedenen Staaten impliziert.

Darüber hinaus wird die Fristberechnung bei den verbraucherschützenden Regelungen zunehmend uneinheitlicher, da beispielsweise die bereits genannte Haustürge-

---

[301] erster Entwurf vom 21.05.1992 Artikel 11; Amtsblatt EG Nr. C 156 vom 23.06.1992, S. 17

[302] Gemeinsamer Standpunkt des Rates vom 29.06.1995 Artikel 6

[303] vgl. Empfehlung für die zweite Lesung des Ausschusses für Umweltfragen, Volksgesundheit und Verbraucherschutz vom 23.11.1995 PE 214.479/end. S. 16; der maßgeblich an den Richtlinienentwürfen beteiligte Jean Allix aus dem Verbraucherschutz-Generaldirektorat der Kommission erklärte insoweit, daß als Werktage nur solche Tage gemeint sind, an denen die Postämter geöffnet haben, vgl. Mitteilung von Hans Schulte-Nölke zur Internationalen Konferenz zum Distanz- und Direktvertrieb in Trier am 30. Und 31.10.1997 in NJW 1998 S.210f

[304] vgl. Mitteilung von Hans Schulte-Nölke zur Internationalen Konferenz zum Distanz- und Direktvertrieb in Trier am 30. Und 31.10.1997 a.a.O. S. 211

schäfterichtlinie 85/577/EWG 7 **Tage**, die Time-Sharing Richtlinie 10 **Tage** und nunmehr die Fernabsatzrichtlinie 7 **Werktage** zugrundelegt. Hier ist eine Harmonisierung der Regelungen und insbesondere ein gemeinsamer Maßstab für die Fristberechnung dringend erforderlich, um die Transparenz der Regelungen gewährleisten zu können. Wie der nunmehr geltenden Fassung der Richtlinie zum Fernabsatz zu entnehmen ist, wird die Kommission auf der Grundlage ihrer Erklärung zu Artikel 6[305] daher prüfen, ob es möglich ist, die Berechnungsmethode der Fristen vor allem bei der Haustürgeschäfterichtlinie zu vereinheitlichen. Dieses Vorhaben wurde jedoch bisher nicht umgesetzt.

III.3.3.3. Fristbeginn – Warenleistung oder Dienstleistung

Waren- und Dienstleistungen werden bei der Gewährung des Widerrufsrechtes insoweit unterschiedlich behandelt, als der jeweilige Fristbeginn für die Ausübung des Rechtes von der Leistungsart abhängt. Bei Waren beginnt die Frist frühestens erst mit der Lieferung der Ware zu laufen, bei der Dienstleistung kann der Fristlauf bereits mit Vertragsschluß in Gang gesetzt werden. Es liegt auf der Hand, daß die Dienstleistung durch diese Regelung aus der Sicht des Lieferers privilegiert wird, da die Widerrufsfrist für den Verbraucher wegen des früheren Fristbeginns regelmäßig früher abläuft. Vor diesem Hintergrund kann es somit für Lieferer erstrebenswert sein, eine Warenleistung als Dienstleistung zu definieren[306] bzw. die Warenleistung zu einer Dienstleistung umzugestalten. Somit ist zur Meidung von Definitionsproblemen zu klären, ob und wie die beiden Leistungsarten voneinander abgegrenzt werden können und wie Mischfälle in diesem Zusammenhang behandelt werden müssen.
Bereits der „klassische" Warenkauf im Fernabsatz, also die Lieferung einer Ware an den Besteller, beinhaltet mit der Lieferleistung eine Dienstleistung und stellt daher eine Mischform dar. Diese Vermischung der Elemente wird augenfälliger, wenn der Lieferer noch weitere Dienstleistungen im Zusammenhang mit der Ware erbringt, z.B. eine gelieferte Küche aufbaut, eine Ware auf Wunsch des Bestellers als Geschenk verpackt oder eine Computeranlage aufstellt und einrichtet. Denkbar sind weiterhin Fälle, in welchen die Ware nicht eindeutig als gegenständliche Leistung qualifiziert werden kann, etwa in Fällen des Herunterladens von Software oder Audio- bzw. Videoaufzeichnungen. Hier stellt sich jeweils die Frage, ob für den Verbraucher die Widerrufsfrist bereits mit Vertragsschluß beginnen kann, oder erst mit Lieferung einer zur Leistung gehörenden Sache.

Bei Mischfällen von Waren- und Dienstleistung ist es häufig möglich, diese in die einzelnen Leistungsbestandteile aufzuteilen. Im obigen Beispiel der Küchenlieferung werden regelmäßig die Küche einerseits und der Aufbau andererseits getrennt voneinander abgerechnet, so daß diese ohne weiteres zu trennen sind. Denkbar wäre, hier die Widerrufsfrist je nach Leistungsart zu unterschiedlichen Zeitpunkten beginnen zu lassen, die Frist für den Kauf der Küche mit dem Zeitpunkt der Lieferung, die Frist für den Aufbau mit dem Zeitpunkt des Vertragsschlusses. Eine genaue Überprüfung zeigt jedoch, daß diese Vorgehensweise nicht praktikabel wäre. Erfolgen die

---

[305] Amtsblatt der EG Nr. L144 vom 04.06.1997 S. 28
[306] vgl. auch Reich, der hier ebenfalls Definitionsprobleme sieht in „Die neue Richtlinie..." a.a.O S. 585

Lieferung und der Aufbau der Küche nämlich erst zwei Wochen nach Vertragsschluß, so wäre die Widerrufsfrist für den Aufbau der Küche – eine Woche ab Vertragsschluß – bereits abgelaufen, während die Frist für die Warenleistung – die Küche – erst beginnt. Dieses hätte zur Konsequenz, daß der Besteller den Küchenaufbau vollständig in Anspruch nehmen und bezahlen müßte, auch wenn er bei der Lieferung der Küche bereits feststellt, daß diese seinen Vorstellungen nicht entspricht. Somit zeigt sich bereits, daß eine Trennung des jeweiligen Fristbeginns je nach Leistungsbestandteil zu unhaltbaren Ergebnissen führt. Diese können nur vermieden werden, wenn auch bei Mischleistungen von einem einheitlichen Fristenlauf ausgegangen wird. Fraglich ist allerdings, welcher Fristenlauf bei Mischleistungen zugrunde zu legen ist. Denkbar wäre, einerseits den Fristbeginn bei Mischleistungen auf den Zeitpunkt des Vertragsschlusses zu legen oder andererseits auf den Zeitpunkt der Warenlieferung zu setzen.

Nach dem Sinn und Zweck der Richtlinie und insbesondere des Widerrufsrechts soll es dem Verbraucher möglich sein, eine über die Distanz bestellte Leistung in Augenschein zu nehmen und dann zu entscheiden, ob er diese Leistung akzeptiert. Diese Konzeption ist bei Warenleistungen auch ohne weiteres durchführbar. Bei Dienstleistungen besteht dagegen die Schwierigkeit, daß hier typischerweise Produktion der Dienstleistung und deren Verbrauch zeitlich zusammenfallen, weshalb eine vorherige Überprüfung ohnehin nicht möglich ist. Es ist daher nicht erforderlich und auch nicht sachgerecht, hier den Verbraucher durch Einräumung eines Widerrufsrechts für bereits erbrachte Dienstleistungen zu privilegieren[307].

Mischen sich dagegen Warenleistungen und Dienstleistungen im Fernabsatz, ist es wiederum für den Verbraucher erforderlich, den Warenbestandteil der Leistung überprüfen zu können. Erst dann kann er entscheiden, ob er die Warenleistung behalten möchte. Ist die ebenfalls gewährte Dienstleistung mit der Warenleistung verknüpft – etwa im beschriebenen Küchenfall -, so wird der Besteller auch die Dienstleistung nur in Anspruch nehmen wollen, wenn er mit der Warenleistung einverstanden ist. Der Widerruf der Warenleistung ist daher für ihn nur dann sinnvoll, wenn er auch gleichzeitig die hiermit zusammenhängende Dienstleistung widerrufen kann. Um das Widerrufsrecht des Verbrauchers hinreichend gewährleisten zu können, ist es also erforderlich, bei verknüpften Dienst- und Warenleistungen den Fristenlauf erst mit der Warenlieferung in Gang zu setzen. Dieses muß zumindest dann gelten, wenn die Warenleistung einen wesentlichen Bestandteil der Gesamtleistung darstellt, wobei diese nicht zwingend im Vordergrund stehen muß. Lediglich wenn in einem Mischfall die Ware völlig im Hintergrund steht, und es vielmehr alleine auf die Dienstleistung ankommt, ist es gerechtfertigt die Widerrufsfrist bereits mit dem Vertragsschluß in Gang zu setzen. Bestellt beispielsweise der Verbraucher bei einem Anbieter die Zusammenstellung und Übersendung bestimmter schriftlicher Informationen, wird es kaum darauf ankommen, auf welchem Papier diese abgedruckt sind. Der Zeitpunkt der Warenlieferung – die Übersendung des Papiers - wäre somit in diesem Fall für den Fristbeginn ausnahmsweise nicht maßgeblich. Mischfälle mit einer eindeutig nebensächlichen Warenleistung dürften jedoch selten auftreten, in allen anderen Fällen

---

[307] vgl. oben unter II.3.1.2.2.3 a)

von vermischten Leistungen ist für den Zeitpunkt des Fristbeginns auf die Warenlieferung abzustellen.

Desweiteren ist zu erörtern, wie es sich bei nicht gegenständlichen Leistungen verhält, etwa beim Überspielen von Software, Musik, Bildern etc. via Internet. Hier stellt sich die Frage, ob das Anbieten dieser Datenpakete eine Dienstleistung darstellt, oder ob es sich hierbei um Waren handelt, mit der Konsequenz eines unterschiedlichen Fristenlaufes, falls Vertragsschluß und Leistung zu unterschiedlichen Zeitpunkten erfolgen. Nach allgemeiner Definition ist nur dann von einer Dienstleistung auszugehen, wenn Produktion derselben und Verbrauch zeitlich zusammenfallen. Dienstleistungen sind außerdem typischerweise nicht lagerfähig und nicht transportierbar. Diese Voraussetzungen treffen jedoch auf die oben genannten Datenpakete nicht zu. Diese werden mit der Programmierung bzw. Erstellung nicht automatisch wieder verbraucht, sondern können abgespeichert, also gelagert und durch Überspielen auch transportiert werden. Trotz fehlender Gegenständlichkeit sind daher diese Datenpakete als Waren im Sinne der Richtlinie einzustufen, so daß die Widerrufsfrist frühestens mit dem Überspielen der Daten beginnt. Dieses Ergebnis wird auch dadurch gestützt, daß die Übersendung von Daten auf einem Datenträger, etwa Software auf einer CD-Rom, ohne weiteres als Warenleistung einzustufen ist. Die in diesem Fall gegenständliche Übermittlung ändert jedoch an den Daten selbst nichts, so daß es auch nicht gerechtfertigt wäre, diese im Sinne der Richtlinie anders zu behandeln als Daten, die über Netzwerke übertragen werden.

Bei Warenlieferungen ist für den Fristbeginn eine weitere Besonderheit der Richtlinie zu beachten. Die Frist beginnt, soweit die erforderlichen Informationen bereits gewährt wurden, mit dem **Eingang** der Ware beim Verbraucher. An der Formulierung fällt auf, daß hier nicht die juristische Bezeichnung des Zugangs der Ware gewählt wurde. Hieraus kann geschlossen werden, daß es für den Fristbeginn gerade nicht auf den Zugang ankommen sollte, sondern mit dem Eingang der Ware ein abweichendes Tatbestandsmerkmal vorausgesetzt wird.

Wie der „Eingang der Ware" im Gegensatz zum „Zugang" zu definieren ist, ergibt sich aus der Intention, die der Regelung zugrundeliegt. Der Zugang bezieht sich im allgemeinen eher auf Willenserklärungen und wird insoweit definiert als zumutbare Möglichkeit der Kenntnisnahme. Hierfür reicht es aus, wenn der Gegenstand in den Herrschaftsbereich des Empfängers gelangt[308]. Der Zugang ist insoweit jedoch auch gegeben, wenn der Empfänger keine Kenntnis nimmt, etwa weil er zeitweise abwesend ist. In diesem Fall hat der Empfänger einer Ware jedoch keine Möglichkeit, diese in Augenschein zu nehmen und zu überprüfen. Diese Gelegenheit besteht erst, wenn er die Ware tatsächlich empfangen hat, nicht bereits wenn lediglich die Möglichkeit der Kenntnisnahme gegeben ist. Um das Recht des Verbrauchers auf einwöchige Warenprüfung zu erhalten ist folglich darauf abzustellen, wann der Verbraucher die Ware tatsächlich zu Kenntnis genommen bzw. empfangen hat. In diesem Sinne ist auch die Formulierung „Eingang der Ware" zu verstehen[309].

[308] vgl. Palandt-Heinrichs § 130 Rdnr. 5
[309] so auch Reich „Die neue..." a.a.O. S. 585

Die tatsächliche Kenntnisnahme durch den Verbraucher ist zwar schwer überprüfbar und entzieht sich in der Regel der Kenntnis des Lieferers. Die hierdurch entstehenden praktischen Probleme des Lieferers können jedoch dadurch kompensiert werden, daß den Verbraucher die Darlegungs- und Beweislast trifft, wenn er behauptet, die Ware erst nach der Zustellung tatsächlich in Empfang genommen zu haben, etwa weil diese ursprünglich dem Nachbarn übergeben wurde.

III.3.3.4. Fristbeginn – Warenlieferung an einen Dritten

Nicht selten erfolgt im Fernabsatz die Lieferung der bestellten Ware an eine andere Person als den Besteller. Viele Versandhäuser bieten einen Geschenkservice an, bei welchem die Waren als Geschenke verpackt unmittelbar an einen Dritten ausgeliefert werden, beispielsweise zum Geburtstag oder zu Weihnachten. In diesem Fall stellt sich jedoch die Frage, ab welchem Zeitpunkt der Fristenlauf für die Widerrufsfrist in Gang gesetzt wird. Die Richtlinie sieht insoweit vor, daß die Frist mit dem Eingang der bestellten Ware beim Verbraucher zu laufen beginnt, vorausgesetzt, er hat die vom Lieferer geschuldeten Informationen erhalten. Diese Regelung stellt offensichtlich darauf ab, daß Besteller und Empfänger identisch sind. Soweit diese jedoch auseinanderfallen, hat der Empfänger regelmäßig keine Kenntnis von der ursprünglichen Bestellung, deren Preis, der gewünschten Beschaffenheit sowie der Möglichkeit des Widerrufs, zumal er selbst nicht Vertragspartner ist, und er daher den Vertrag auch nicht widerrufen kann. Umgekehrt ist der Besteller nicht informiert über das genaue Eingangsdatum der Lieferung beim Empfänger sowie über die Beschaffenheit und den Zustand der gelieferten Ware. Er kann daher nur schwer entscheiden, ob und wann der Vertag zu widerrufen ist. Hier ist es jedoch sachgerecht, dem Verbraucher (Besteller) das Risiko für die unterlassene Prüfung der Ware und dem Versäumen der Widerrufsfrist aufzuerlegen. Hierbei ist zu berücksichtigen, daß die Lieferung an eine dritte Person auf seinen Wunsch erfolgt, er also selbst in Kauf nimmt, die Lieferung nicht überprüfen zu können. Daher beginnt die Widerrufsfrist auch bei der Lieferung an einen Dritten zu laufen, wenn die Ware bei diesem Empfänger eingeht. Der Besteller hat selbst dafür Sorge zu tragen, daß er vom Empfänger über den Wareneingang und die Beschaffenheit der Ware informiert wird.

III.3.3.5. Fristbeginn – Sukzessivlieferverträge

Die Fristberechnung bei Sukzessivlieferverträgen ist ebenfalls problematisch, da der Fristbeginn, insbesondere bei Warenlieferungen nicht ohne weiteres festzustellen ist. Nach Maßgabe der Richtlinie kann die Widerrufsfrist hierbei bereits mit Eingang der Ware in Gang gesetzt werden. Sukzessivlieferungen bestehen jedoch aus mehreren Einzellieferungen, so daß sich die Frage stellt, welche der Einzellieferungen für den Fristbeginn maßgeblich sein soll. Diese rechtliche Beurteilung ist für die Vertragsparteien eines entsprechenden Vertrages von zentraler Bedeutung, da das jeweilige wirtschaftliche Risiko hiervon entscheidend abhängt. Beginnt die Widerrufsfrist erst mit der letzten Teilleistung, so hat der Verbraucher bei einem lang laufenden Sukzessivlieferungsvertrag gegebenenfalls noch nach vielen Monaten oder sogar Jahren die Möglichkeit, den Vertrag zu widerrufen, obwohl er bereits eine Vielzahl von Teilleistungen erhalten hat. Wird umgekehrt der Fristbeginn des Widerrufsrechts an die erste Teilleistung geknüpft, würde dem Verbraucher dieses Recht bereits frühzeitig versagt werden, obwohl noch Teilleistungen ausstehen, die er nicht in Augenschein nehmen konnte. Hierdurch würde er wiederum mit den Risiken des Fernabsatzes belastet werden, die mit der vorliegenden Richtlinie gerade beseitigt werden sollten.

Diese somit rechtlich bedeutende Frage ist vor allem auch wirtschaftlich relevant. Hier sei nur auf Buchclubs und Zeitungsabonnements[310] verwiesen, deren Verträge hauptsächlich im Fernabsatz geschlossen werden. Infolgedessen wurde die Frage der rechtlichen Behandlung von Sukzessivlieferungsverträgen auch im Gesetzgebungsverfahren kontrovers behandelt. Erstmalig wurde der Fristbeginn bei Sukzessivlieferungsverträgen bei der ersten Lesung des Parlaments in das Gesetzgebungsverfahren eingeführt. Der in der Lesung erörterte Vorschlag sah vor, die Widerrufsfrist bei wiederholten Transaktionen für jede einzelne Teillieferung erneut laufen zu lassen, so daß jede Einzelleistung individuell hätte abgelehnt werden können[311]. Dieser Ansatz wurde jedoch von der Kommission in ihrem Geänderten Vorschlag vom 07.10.1993[312] nicht weiter verfolgt. Vielmehr sah diese im damaligen Artikel 12 vor, daß bei Warenlieferungen in mehreren Teilabschnitten der Fristbeginn erst mit der letzten Teillieferung in Gang gesetzt wird. Diese Regelung berücksichtigte somit vor allem die Verbraucherinteressen, da der Verbraucher den Vertrag auch nach einer langen Laufzeit noch hätte widerrufen können.

Der Gemeinsame Standpunkt des Rates von 1995 klammerte dagegen diese wesentliche Frage vollständig aus. In der Begründung hierzu wurde ausgeführt, daß die Richtlinie für solche Verträge, die in Teilabschnitten ausgeführt werden, grundsätzlich nicht gelte, und daher deren rechtliche Behandlung alleine durch die Mitgliedstaaten zu regeln sei[313]. Demgegenüber sollte durch die Empfehlung für die Zweite Lesung im Parlament vom 23.11.1995 nochmals ausdrücklich geregelt werden, daß die Richtlinie für Sukzessivlieferungsverträge gelte, allerdings nur für den Gesamtvertrag und nicht die Teilleistungen. Eine Regelung zum Beginn der Widerrufsfrist war in diesem Entwurf jedoch ebenfalls nicht mehr enthalten.

Auch die endgültige Fassung der Richtlinie enthält keinerlei konkrete Bestimmung mehr zur Fristberechnung bei Sukzessivlieferungsverträgen. Lediglich im Erwägungsgrund Nr. (10) ist die rechtliche Behandlung von Verträgen mit mehreren Teilleistungen und sukzessiven Leistungen erörtert, wobei der Grundsatz aufgestellt wird, daß „den Bestimmungen der Richtlinie zumindest zu dem Zeitpunkt nachgekommen werden muß, zu dem der erste einer Reihe von sukzessiven Vorgängen (...) erfolgt". Hierbei könnte die Auffassung vertreten werden, diesen Grundsatz auch auf das Widerrufsrecht anzuwenden. Die entsprechende Lesart würde ergeben, daß das Widerrufsrecht bereits bei dem ersten einer Reihe von sukzessiven Vorgängen, also bei der ersten Teilleistung ausgeübt werden muß und für die übrigen Teilleistungen

---

[310] vgl. Ziffer III.3.1.2.2.3. e)
[311] Amtsblatt der EG Nr. C176 vom 28.06.1993 S. 92
[312] KOM(93) 396 endg.
[313] Amtsblatt der EG Nr. C 288 vom 30.10.1995 S. 10

nicht mehr besteht. Hierdurch wäre das Widerrufsrecht des Verbrauchers empfindlich eingeschränkt.

Es ist jedoch sehr fraglich, ob in der Erwägung Nr. (10) tatsächlich eine derartige Grundentscheidung zum Widerrufsrecht getroffen werden sollte. Zum einen kann bezweifelt werden, daß mit der darin enthaltenen Formulierung auch auf das Widerrufsrecht Bezug genommen wurde. Die hier erwähnte rechtzeitige „Einhaltung von Bestimmungen" dürfte sich eher darauf beziehen, daß die in der Richtlinie aufgestellten Verpflichtungen bis zur ersten Teilleistung befolgt werden müssen, also insbesondere die Informationspflicht des Lieferers. Die Wahrnehmung eines Rechtes – wie das Widerrufsrecht – dürfte dagegen nur schwer unter der Formulierung „Einhaltung von Bestimmungen" zu subsumieren sein. Es wäre auch systematisch nicht nachvollziehbar, eine wesentliche Frage, wie den Fristbeginn bei Sukzessivlieferungsverträgen, außerhalb der diesbezüglichen Richtlinienbestimmungen lediglich in den Erwägungsgründen zu „regeln".

Darüberhinaus lassen die Ausführungen im Erwägungsgrund erkennen, daß die konkrete rechtliche Ausgestaltung von Sukzessivlieferungsverträgen im Fernabsatz den Mitgliedstaaten vorbehalten bleiben sollte. Dieses wird zwar nicht ausdrücklich im dem betreffenden Erwägungsgrund erklärt. Jedoch basiert der Erwägungsgrund auf der Feststellung, daß die rechtliche Behandlung mehrerer zusammenhängender Teilleistungen (Sukzessivlieferungen) in den Mitgliedstaaten unterschiedlich ausgestaltet ist, eine einheitliche europäische Regelung also nicht erwogen wird. Somit obliegt es auch den Mitgliedstaaten, die Detailfrage des Beginns der Widerrufsfrist bei Sukzessiv-lieferungsverträgen zu klären[314].

Hierbei enthält die Richtlinie auch keinerlei Vorgaben. Unter Berücksichtigung der wirtschaftlichen Interessen des Lieferers einerseits und des Verbraucherschutzes andererseits, dürfte jedoch folgende Ausgestaltung die Zielsetzung der Richtlinie am ehesten verwirklichen:

Handelt es sich bei den Teilleistungen um gleichartige Leistungen, etwa im Falle eine Zeitungsabonnements oder eines in Teilen ausgelieferten Lexikons, ist es gerechtfertigt, den Beginn der Widerrufsfrist an die Auslieferung des ersten Exemplars zu knüpfen und nach dessen Ablauf ein Widerrufsrecht nicht mehr entstehen zu lassen. Bei gleichartigen Teilleistungen im Fernabsatz reicht es aus Sicht des Verbraucherschutzes, wenn der Verbraucher die erste Leistung untersuchen kann, da er hierdurch Rückschlüsse auf Art und Qualität der weiteren Lieferungen ziehen kann. Unterscheiden sich dagegen die Teilleistungen nicht unerheblich, benötigt der Verbraucher für jede einzelne ein eigenes Recht auf Widerruf der vertraglichen Leistung, so daß die Widerrufsfrist bei jeder Teilleistung erneut zu laufen beginnt. Beispielhaft zu nennen ist hier die Versendung von Büchern durch Buchclubs, da jedes Buch in Art und Ausgestaltung unterschiedlich ist, und eine jeweils eigene Beurteilung durch den Verbraucher erforderlich macht.

---

[314] Hiervon ging auch die Bundesregierung bei ihrem Gesetzesentwurf aus, vgl. BT-Drucksache 14/2658 vom 09.02.2000 S. 43; so auch Meents „Verbraucherschutz im Internet" a.a.O. S. 224.

III.3.3.6. Frist – verspätete Information

Die Widerrufsfrist beginnt nur dann am Tag des Wareneingangs beim Verbraucher zu laufen, wenn er zu diesem Zeitpunkt schon über die ihm nach Artikel 5 geschuldeten Informationen verfügt. Hierbei reicht es aus, wenn die Informationen in schriftlicher Form der Warenlieferung beigefügt sind, also gleichzeitig eingehen. Erhält der Verbraucher die Informationen dagegen erst später, so beginnt die Widerrufsfrist erst ab diesem Zeitpunkt zu laufen. Ohne Gewährung de Informationen endet die Widerrufsfrist jedoch spätestens 3 Monate nach Wareneingang. Hierbei dürfte auch der Fall auftreten, daß die Informationen dem Verbraucher erst wenige Tage vor Ablauf der 3- monatigen Frist zugehen, hier also die eigentliche Widerrufsfrist von 7 Werktagen zu laufen beginnt. Nun stellt sich die Frage, ob bei dieser verspäteten Informationsgewährung die 7-(werk)tägige Widerrufsfrist nochmals vollständig gewährt wird, selbst wenn hierdurch die Frist von insgesamt 3 Monaten überschritten werden würde. Als Beispiel kann hier ein Fall gelten, in welchem dem Verbraucher eine Ware am 12. September geliefert wird, die Informationen dem Verbraucher erst am 10. Dezember zugehen, so daß er unter Berücksichtigung der vollständigen Widerrufsfrist von 7 Werktagen, zuzüglich 2 Tagen Wochenende, den Vertrag noch am 19. Dezember widerrufen könnte, also 7 Tage nach Ablauf der 3-Monatsfrist. Dieses Ergebnis könnte damit gerechtfertigt werden, daß der Verbraucher im Rahmen der Informationen auch über sein Widerrufsrecht und die dazugehörige Frist aufgeklärt werden muß, so daß er nach Erhalt der Information von einer vollständigen Gewährung der Widerrufsfrist ausgehen darf.

Dagegen ist allerdings einzuwenden, daß die Dreimonatsfrist hier erkennbar die Obergrenze für die Möglichkeit eines Widerrufs bilden sollte, so daß der Lieferer nach Ablauf dieser Frist zwingend von der Bestandskraft des Vertrages ausgehen kann, auch wenn er nicht weiß, ob der Verbraucher die Informationen tatsächlich erhalten hat. Die Möglichkeit des Nachschiebens der Informationen zu Gunsten des Verbrauchers gemäß Artikel 6 Absatz 1 letzter Satz ist für den Lieferer nur interessant, wenn er hierdurch die Widerrufsfrist, wie vorgesehen, verkürzen kann. Es wäre widersinnig und würde einen Wertungswiderspruch darstellen, wenn die Informationsgewährung wenige Tage vor Ablauf der Dreimonatsfrist zu deren Verlängerung führen würde. Würde hier die Widerrufsfrist von 7 Werktagen ebenfalls vollständig gewährt werden, wäre der Lieferer, der keinerlei Informationen übermittelt, besser gestellt, als jener, der wenigstens noch kurz vor Ablauf von 3 Monaten den Verbraucher auf sein Widerrufsrecht hinweist und ihm auch die übrigen Informationen mitteilt. Dieses auch für den Verbraucher ungünstige und widersinnige Ergebnis kann nur dann vermieden werden, wenn die Dreimonatsfrist die Obergrenze für den Widerruf des Vertrages darstellt, selbst wenn die Informationen erst wenige Tage vor deren Ablauf gewährt wurden. Daher muß auch die Regelung der Richtlinie ausschließlich in diesem Sinne ausgelegt werden.

III.3.3.7. Kosten des Widerrufs

Eine weiterer wesentlicher Punkt ist, mit welchen Kosten der Verbraucher nach Maßgabe der Richtlinie im Falle eines Widerrufs belastet werden darf. Auf den ersten

Blick scheint diese Frage durch Artikel 6 der Richtlinie eindeutig beantwortet zu sein. In Absatz 1 ist geregelt: „Die einzigen Kosten, die dem Verbraucher infolge der Ausübung des Widerrufsrechts auferlegt werden können, sind die unmittelbaren Kosten für die Rücksendung der Waren". Es wurde bereits darauf hingewiesen, daß diese Bestimmung nach hiesiger Auffassung zu kurz greift, da der Verbraucher auch bei der Belastung nur durch die Rücksendekosten in der Ausübung seines Widerrufsrechts gehemmt ist bzw. er in diesem Fall die Bestellung im Fernabsatz bereut[315]. Trotz der konkreten Aussage der oben zitierten Bestimmung wird allerdings die Frage diskutiert, ob der Lieferer berechtigt ist, über die Rücksendekosten hinaus ein Nutzungsentgelt für die kurzzeitige Nutzung der Ware bzw. für deren Wertverlust berechnen zu dürfen. Diese Auffassung wird von *Gößmann*[316] mit Hinweis auf die konkrete Formulierung der Bestimmung und deren Entstehungsgeschichte vertreten. Sie bezieht sich hierbei auf das in der Bestimmung enthaltene Merkmal „infolge der Ausübung des Widerrufsrechts", welches erst auf ausdrücklichen Wunsch Deutschlands aufgenommen wurde. Infolgedessen mißt sie dieser Wortfolge eine eigenständige Bedeutung bei. Dieses Merkmal habe herausheben sollen, daß hier lediglich die unmittelbare Kostenfolge im Hinblick auf die Ausübung des Widerrufsrechts geregelt werden sollte, nicht jedoch die Frage, ob der Verbraucher auch einen Wertverlust und eigene Nutzungen zu ersetzen hat. Als Beispiel hierfür nennt sie die Rückgabe eines verkratzten Kochtopfsets, welches eine Kostenerstattungspflicht des Verbrauchers nicht unmittelbar wegen des Widerrufs auslösen würde, sondern wegen der Schäden und Nutzungen an der gelieferten Ware.

Diese These ist auf Kritik gestoßen[317]. In den offiziellen Materialien ist nicht festgehalten worden, wer mit welcher Intention die Aufnahme dieses Merkmals in die Bestimmung betrieben hat. Für die Auslegung kann jedoch nur das herangezogen werden, was in den offiziellen Dokumenten enthalten ist. Aus der Entstehungsgeschichte der Bestimmung läßt sich vielmehr etwas anderes ablesen. Die in der endgültigen Fassung der Richtlinie enthaltene Formulierung ist eine gestraffte Variante der Regelungen, welche während des gesamten Gesetzgebungsverfahrens im Hinblick auf die Widerrufskosten vorgeschlagen wurden. Obwohl diese im Wortlaut teilweise voneinander abwichen, enthielten sie alle die Regelung, daß dem Verbraucher lediglich die unmittelbaren Rücksendekosten im Falle des Widerrufs auferlegt werden dürfen. Die Zielrichtung dieser Bestimmung läßt sich anhand der etwas umfangreicheren Formulierungsentwürfe ablesen, wobei hierfür insbesondere der zweite Richtlinienvorschlag der Kommission vom 7.10.1993 geeignet ist. Hier heißt es unter Artikel 12 I: Der Verbraucher kann den Vertrag ohne Angabe von Gründen widerrufen „und das Erzeugnis in seinem **Originalzustand** zurückschicken, ohne daß eine Vertragsstrafe fällig wird. Die einzigen Kosten, die ihm entstehen können sind gegebenenfalls die unmittelbaren Rücksendekosten".[318] Der Ausschluß von Strafzahlungen war in diesem sowie in allen weiteren Entwürfen prägendes Merkmal. Dieses wird auch im Bericht über den im Vermittlungsausschuß gebilligten abschließenden Entwurf von 1997 deutlich. In der dortigen Begründung heißt es unter Ziffer 10, daß dem Ver-

---

[315] vgl. Ziffer III.2.2.
[316] Christine Gößmann „Electronic Commerce" in MMR 1998 S.88ff (91)
[317] Micklitz „Die Fernabsatzrichtlinie im deutschen Recht" a.a.O. S. 26
[318] KOM (93)396 endg. Vom 15.11.1993 S. 27

braucher lediglich die unmittelbaren Aufwendungen für die Rücksendung der Ware hinsichtlich der Postgebühren auferlegt werden dürfen, nicht jedoch weitere Gebühren, etwa „Bankgebühren (Umtauschgebühren) oder Verwaltungs- oder Bearbeitungsgebühren".[319] Die Hervorhebung der Rücksendekosten ist somit als Abgrenzung zu anderen Gebühren und Strafzahlungen zu verstehen, mit welchen der Verbraucher nicht belastet werden darf. Keine Aussage trifft diese Regelung jedoch zu der Frage, ob Beschädigungen an der zurückgesendeten Ware zu ersetzen sind. Soweit der Richtlinienentwurf ursprünglich vorsah, daß das Erzeugnis im Originalzustand zurückzusenden ist, kann hieraus gerade abgeleitet werden, daß der Verbraucher verpflichtet sein sollte, im Falle des Widerrufs die Ware unbeschädigt zurückzugewähren. Nach vertraglichen Haftungsgrundsätzen hätte er somit die Beschädigungen an der Ware zu ersetzen. Dieser im Einzelfall zu leistende Schadenersatz ist auch nicht mit den durch die Regelung ausgeschlossenen „Gebühren" vergleichbar, so daß es nach Maßgabe der Richtlinie nicht ausgeschlossen ist, den Verbraucher mit den Kosten einer Beschädigung, etwa im Falle des Kochtopfsets, zu belasten. Die Einzelheiten der Schadenersatzpflichten des Verbrauchers, etwa ob ein Verschlden seinseits erforderlich ist oder ob er für die Waren in seinem Gewahrsam verschärft haftet, müssen allerdings durch die Mitgliedstaaten detailliert geregelt werden, wobei auch hier eine Rechtsangleichung im Hinblick auf den grenzüberschreitenden Fernabsatz wünschenswert wäre[320].

Von der Beschädigung der Leistung zu unterscheiden ist allerdings die gewöhnliche Abnutzung, die zwangsläufig dadurch ensteht, dass der Verbraucher die Leistung prüft. Diese Abnutzung ist dem Fernabsatz immanent. Beispielsweise wird es sich am Anprobieren bestellter Kleidungsstücke nicht vermeiden lassen, dass diese verknittern ode in sonstiger Weise geringfügige Gebrauchspuren aufweisen. Die Berechnung eines diesbezüglichen Nutzungsentgelts würde den Verbraucher entgegen den Vorgaben der Richtlinie bestrafen, da er aufgrund der fehlenden Prüfungsmöglichkeiten im Distanzvertrieb gerade die Möglichkeit haben soll, die Leistung zu Hause in Augenschein zu nehmen und auf ihre Tauglichkeit zu prüfen. Würde man hierfür ein Nutzungsentgelt berechnen, würde der Verbraucher im Falle des Widerrufs dafür bestraft, dass er seine Prüfungsrechte wahrgenommen hat. Im übrigen hätte der Verbraucher dann ein Entgelt zu zahlen, ohne die Leistung behalten zu dürfen und würde es sich daher zweimal überlegen, ob er den Vertrag tatsächlich widerruft. Ein Entgelt für die vorübergehende Nutzung der Leistung hätte damit auch psychologisch die Funktion einer Strafzahlung oder einer grundsätzlich zu zahlenden Gebühr für den Fall des Widerrufs. Eine solche ist mit dem Sinn und Zweck des Artikel 6 Absatz 1 gerade nicht vereinbar[321].

---

[319] Bericht der Delegation des Parlaments über den im Vermittlungsausschuß gebilligten Gemeinsamen Entwurf, PE 216.731/end

[320] So auch Meents „Verbraucherschutz im Internet" a.a.O. S 204f, der dem deutschen Gesetzgeber empfiehlt, sich hierbei an § 3 Haustürwiderrufsgesetz zu orientieren; das britische Handelsministerium stellte im Gesetzgebungsverfahren („Distance selling consultation") ebenfalls heraus, daß der Verbraucher die verschuldete Beschädigung einer Ware zu ersetzen hat.

[321] Die Auffassung wird im Ergebnis auch von Micklitz „Die Fernabsatzrichtlinie im deutschen Recht" a.a.O. S. 26f vertreten; dagegen sieht das deutsche Umsetzungsgesetz im neu eingefügten § 361a II BGB wie auch die österreichische Anpassung des Konsumentenschtzgesetzes unter § 5g I Nr. 2 vor, daß der Verbraucher mit einem Nutzungsentgelt belastet werden darf, was nach der hier vertretenen Auffassung einen klaren Verstoß gegen die europarechtliche Regelung darstellt.

Im Hinblick auf die von *Gößmann* vertretene These kann somit festgestellt werden, daß diese zutrifft, soweit Schadenersatz für die Rücksendung beschädigter Ware zu leisten ist. Dem Verbraucher kann insoweit auch abverlangt werden, daß er mit der Ware sorgsam umgeht, auch und insbesondere wenn er beabsichtigt, diese nicht zu behalten. Dagegen ist die Berechnung eines Nutzungsentgeltes nach Maßgabe der Richtlinie unzulässig.

III.3.3.8. Die Erstattung von Vorauszahlungen

Auch bei der Rückerstattung bereits geleisteter Vorauszahlungen dürfen seitens des Lieferers keine Gebühren berechnet werden. Die Überweisungs- und Buchungsgebühren bei der Rückerstattung müssen daher gegebenenfalls vom Lieferer übernommen werden. Dieses ergibt sich aus Artikel 6 Absatz 2 der Richtlinie, welcher bestimmt, daß dem Verbraucher die Vorauszahlungen kostenlos zu erstatten sind und im übrigen – nicht ganz verständlich – nochmals wiederholt, daß dieser lediglich mit den Kosten der Warenrücksendung belastet werden darf. Die „kostenlose" Erstattung der Vorauszahlung heißt in der englischsprachigen Version der Richtlinie „free of charge", was die Bedeutung der Regelung deutlicher macht, nämlich daß dem Verbraucher für die Rückerstattung keinerlei Gebühren berechnet werden dürfen. Dieses wird auch durch den oben zitierten Bericht über die Einigung im Vermittlungsausschuß bestätigt, wonach es ausdrücklich ausgeschlossen sein soll, dem Verbraucher Bankgebühren (Umtauschgebühren) in Rechnung zu stellen[322].

Die Erstattung der Vorauszahlung hat nach Maßgabe der Richtlinie schnellstmöglich, spätestens jedoch vor Ablauf von 30 Tagen zu erfolgen. Anders als bei der Berechnung der Widerrufsfrist handelt es sich hierbei um Kalendertage. Nicht geregelt ist, ob eine verzögerte Rückzahlung konkrete Sanktionen nach sich ziehen soll und wie diese Sanktionen aussehen könnten. Es obliegt hier somit ebenfalls den Mitgliedstaaten, die Durchsetzung dieser Frist durch entsprechende Regelungen sicherzustellen, wobei es diesem auch überlassen ist, ob er hieran überhaupt Sanktionen im engeren Sinne knüpft. Es reicht daher auch bereits aus, nach Ablauf der Frist Verzugswirkung und eine entsprechende Zinspflicht eintreten zu lassen, die Ahndung mit strafrechtlichen Sanktionen ist dagegen ebenfalls möglich[323].

III.3.3.9. Verbundene Verträge

Artikel 6 Absatz 4 der Richtlinie sieht einen Widerrufsdurchgriff vor, wonach auch ein zur Bezahlung der bestellten Leistung abgeschlossener Kreditvertrag mit dem Widerruf aufgelöst wird, wenn der Lieferer den Kredit selbst gewährt hat, oder dieser von einem Dritten aufgrund eines Vertrages mit dem Lieferer gewährt wurde. Hierbei handelt es sich um die Ausnahme von der Ausnahme, nämlich um die Berücksichti-

---

[322] im Ergebnis ebenso Meents „Verbraucherschutz im Internet" a.a.O. S. 203f; Bodewig a.a.O. S. 452

[323] So erwogen beim britischen Umsetzungsgesetz, wonach der Lieferer zu Strafzahlungen in Höhe von mindestens £ 2.500,00 verpflichtet sein sollte.

gung von Finanzdienstleistungen in der Richtlinie trotz des generellen Ausschlusses dieser Vertragskategorie. Das Prinzip ist bekannt aus der Verbraucherkreditrichtlinie 87/102/EWG[324], welche in Deutschland durch das Verbraucherkreditgesetz umgesetzt wurde. Hiernach gilt bei der Verbindung von Kaufverträgen mit Kreditverträgen, daß der Kaufvertrag als nicht geschlossen gilt, wenn der Kreditvertrag fristgemäß widerrufen wird. Die vorliegende Bestimmung dreht diesen Grundsatz nunmehr für die miteinander verbundenen Verträge um, wonach der Widerruf des Kaufvertrages zum Wegfall des Kreditvertrages führt. Es wurde bereits ausgeführt, daß bei der Kreditgewährung durch einen Dritten immer aus der Sicht des verständigen Verbrauchers zu beurteilen ist, ob der Dritte mit dem Lieferer vertraglich verbunden ist. Insoweit dürfte es ausreichen, wenn der Dritte aus der Sicht des Verbrauchers im „Lager" des Lieferers steht[325].

Daneben dürften die „verbundenen Verträge" jedoch auch die Frage aufwerfen, wem gegenüber die Verträge in einem etwaigen Dreiecksverhältnis widerrufen werden müssen, bzw. ob es überhaupt ausreicht, den Widerruf jeweils nur gegenüber Lieferer oder Drittem zu erklären. Die Richtlinie enthält hierzu keine ausdrückliche Regelung. *Micklitz* ist jedoch der Auffassung, daß sich die Frage nach dem Sinn und Zweck der Regelung beurteilen ließe. Danach müsse die Regelung dahin ausgelegt werden, daß der Verbraucher seinen Widerruf wahlweise gegenüber dem Lieferer oder dem Kreditgeber widerrufen kann, da sich beide die Kenntnis des Widerrufs wechselseitig zurechnen lassen müßten[326]. Ob sich aus dem Sinn und Zweck der Richtlinie jedoch eine derartig weitgehende Regelung zur allgemeinen Wirkung von Willenserklärungen ergibt, kann im Hinblick auf die sonstige Regelungstiefe des Widerrufsrechts bezweifelt werden. In der Richtlinie wurde vielmehr gerade ausdrücklich darauf verzichtet, die konkrete Ausgestaltung des Widerrufsrechts selbst vorzunehmen. Stattdessen sollte die Regelung der Einzelheiten den Mitgliedstaaten überlassen bleiben, um größere Eingriffe in das mitgliedstaatliche Zivilrecht zu vermeiden. Dieses ergibt sich zum einen aus Erwägungsgrund Nr. (14) der Richtlinie, welcher die Regelung der Einzelheiten für den Fall der Ausübung des Widerrufsrechts ausdrücklich in die Kompetenz der Mitgliedstaaten stellt. Zum anderen bestimmt Artikel 6 Absatz 4 letzter Satz, daß die Mitgliedstaaten im Hinblick auf den Widerruf auch die Einzelheiten der Auflösung des Kreditvertrages festzulegen haben. Die Frage, ob sich eine Partei die Kenntnisse einer anderen Partei zurechnen lassen muß, ist jedoch offenkundig eine Detailfrage des allgemeinen Zivilrechts und gehört damit zu den „Einzelheiten", welche der mitgliedstaatlichen Regelungskompetenz unterliegen. Somit läßt die Richtlinie keine umfassenden Rückschlüsse darauf zu, wie der Widerruf im Dreipersonenverhältnis des verbundenen Kreditvertrages im einzelnen zu behandeln ist, so daß die Mitgliedstaaten in der Ausgestaltung grundsätzlich frei sind. Dieses gilt insbesondere für die Frage, ob der Verbraucher sowohl den Kreditvertrag als auch den „Hauptvertrag" allein durch Erklärung gegenüber dem dritten Kreditgeber widerrufen kann.

---

[324] Amtsblatt der EG Nr. L 42/48 vom 12.02.1987
[325] vgl. Ziffer III.3.1.2.2.1. a)
[326] Micklitz „Die Fernabsatzrichtlinie im deutschen Recht" a.a.O. S. 29

Für den umgekehrten Fall, also dem Widerruf ausschließlich gegenüber dem Lieferer, dürfte die rechtliche Situation allerdings schon aufgrund der groben Vorgaben der Richtlinie eindeutig sein. Die Richtlinie sieht vor, daß der Kreditvertrag aufzulösen ist, falls der Verbraucher das Widerrufsrecht "nach Absatz 1" ausübt. Das Widerrufsrecht des Absatz 1 bezieht sich jedoch auf den Widerruf des „Hauptvertrages", so daß der Widerruf dieses Vertrages ausreicht, um die Auflösung auch des Kreditvertrages herbeizuführen. Da jedoch der Widerruf bezüglich des „Hauptvertrages" nach Absatz 1 unzweifelhaft gegenüber dem Lieferer auszuüben ist, wirkt sich diese Erklärung automatisch auf den Kreditvertrag aus, so daß die Kenntnisnahme der Widerrufserklärung auch dem Kreditgeber zugerechnet wird. Im Ergebnis ist daher folgendes festzuhalten: Nach Maßgabe der Richtlinie reicht im Dreipersonenverhältnis ein Widerruf gegenüber dem Lieferer aus, um die vertraglichen Bindungen einschließlich des Kreditvertrages aufzulösen. Die Wirkung einer Widerrufserklärung allein an den Kreditgeber ist dagegen durch die Mitgliedstaaten zu regeln.

Vor diesem Hintergrund läßt sich auch die Frage beantworten, ob der Kreditgeber eine durch Versäumnisse des Lieferers verlängerte Widerrufsfrist hinzunehmen hat. Hierbei sei verwiesen auf Fälle, in denen der Lieferer durch Verletzung der Informationspflichten eine Widerrufsfrist von bis zu drei Monaten einzuräumen hat. Eine Ausweitung dieser verlängerten Frist auf den Kreditvertrag würde den Kreditgeber empfindlich treffen, zumal dieser als dritte Partei kaum Möglichkeiten hat, auf die Informationsgewährung des Lieferers unmittelbar Einfluß zu nehmen. Die Richtlinie ist bezüglich dieses Sachverhaltes jedoch eindeutig. Der Kreditvertrag teilt im Falle des Widerrufs das Schicksal des „Hauptvertrages", so daß alleine maßgeblich ist, ob dieser fristgerecht widerrufen wurde. Eine Verlängerung der Widerrufsfrist durch Versäumnisse des Lieferers hat der Kreditgeber daher hinzunehmen, auch wenn der Kreditvertrag hierdurch erst nach einer Laufzeit von drei Monaten rückabzuwickeln ist.

Eine verzögerte Rückabwicklung ist für den Kreditgeber insbesondere deswegen unerfreulich, weil er den durch die Rückabwicklung entstandenen Zinsverlust und die Kosten nicht vom Verbraucher beanspruchen darf. Die Richtlinie bestimmt in diesem Zusammenhang unmißverständlich, daß der Kreditvertrag „entschädigungsfrei" aufzulösen ist. Somit ist es nach Maßgabe der Richtlinie nicht zulässig, den Verbraucher mit entgangenen Zinsen oder Rückabwicklungsgebühren zu belasten[327]. Der Kreditgeber hat hier bei fristverlängernden Versäumnissen des Lieferers alleine die Möglichkeit, sich bei diesem nach allgemeinen Haftungsregeln oder aufgrund vertraglicher Vereinbarungen schadlos zu halten.

III.3.4. Vertragserfüllung

Die Fragen der Vertragserfüllung sowie insbesondere das Recht der Leistungsstörungen sind Kernfragen des jeweiligen nationalen Schuldrechts, weshalb in diesem Bereich Eingriffe durch das Gemeinschaftsrecht weitestgehend vermieden wur-

[327] so auch Micklitz, wie vor

den[328]. Dieses gilt grundsätzlich auch für die Fernabsatzrichtlinie, welche sich lediglich in Artikel 7 , mit einigen Teilaspekten der Erfüllung des Vertrages durch den Lieferer befasst. Diese Bestimmung ist sprachlich und inhaltlich eindeutig, so daß sie ohne umfangreiche Auslegung nachvollzogen werden kann. Schwierigkeiten dürfte lediglich der Umstand bereiten, daß die Regelung auch einige wenige konkrete Vorgaben für das allgemeine Vertragsrecht enthält, welches jeweils der Regelungskompetenz der Mitgliedstaaten unterliegt. Das Einpassen dieser Vorgaben in die bestehenden jeweiligen Strukturen des allgemeinen Vertragsrechts der einzelnen Mitgliedstaaten dürfte einige Fragen aufwerfen, die im folgenden behandelt werden sollen.

III.3.4.1. Verwendung von AGB bezüglich der Lieferbedingungen

Artikel 7 der Richtlinie sieht in Absatz 1 vor, daß der Lieferer die Bestellung binnen 30 Tagen auszuführen hat, soweit die Parteien nichts anderes vereinbart haben. Nach Absatz 3 können die Mitgliedstaaten dem Lieferer gestatten, mangels Verfügbarkeit einer Leistung eine vergleichbare Ersatzleistung zu liefern, wobei dieses dann ebenfalls zwischen den Parteien vertraglich vereinbart sein muß. In beiden Fällen stellt sich die Frage, ob eine entsprechende Vereinbarung auch über vorformulierte Klauseln im Sinne der Richtlinie 93/13/EWG über mißbräuchliche Klauseln in Verbraucherverträgen[329] bzw. der entsprechenden mitgliedtaatlichen Umsetzungsgesetze[330] erfolgen kann.

Eine ausdrückliche Regelung hierzu ist in der Richtlinie nicht enthalten. Dem Wortlaut des Artikel 7 ist zu entnehmen, daß die Lieferfrist von 30 Tagen gilt, „sofern die Parteien nichts anderes vereinbart haben". Eine Ersatzlieferung ist nach Billigung durch den jeweiligen Mitgliedstaat zulässig, „wenn diese Möglichkeit vor Vertragsschluß oder im Vertrag vorgesehen wurde". Zumindest bei der letzteren Formulierung ist ohne weiteres erkennbar, daß die Möglichkeit einer Ersatzlieferung durch vorformulierte Klauseln bestimmt werden kann. Dieses kann „vor Vertragsschluß" vorgesehen werden, so daß es grundsätzlich ausreicht, wenn der Lieferer in den von ihm übermittelten Informationen unmißverständlich erklärt, gegebenenfalls bei mangelnder Verfügbarkeit statt der bestellten Leistung eine Ersatzleistung zu gewähren. Eine solche Information ist als vorformulierte Klausel im Sinne des Artikel 3 Absatz 2

---

[328] Allerdings hat die „Kommission über Europäisches Vertragsrecht" (Lando-Kommission) im Jahre 1995 mit dem ersten Teil der „Prinzipien des europäischen Vertragsrechts" ein Werk veröffentlicht, welches den bereits bestehenden Grundstock für ein europäisches Schuldrecht zusammenfasst, wobei diese Prinzipien jedoch kein unmittelbar geltendes Recht sind, vgl. Ole Lando (Hrsg) „The Principles of European Contract Law, Part I", 1995, sowie hierzu im einzelnen Reinhard Zimmermann „Konturen eines Europäischen Vertragsrechts" in JZ, S. 477ff; auch in der Mitteilung der Kommission zum Europäischen Vertragsrecht KOM (2001) 398 endg. werden einige schuldrechtliche Prinzipien und Begriffsdefinitionen aus dem Bestand europäischer, aber auch internationaler Regelungen und Verträge abgeleitet.

[329] Amtsblatt der EG Nr. L95 vom 21.04.1993 S. 29 bis 34

[330] z.B. das Gesetz über die allgemeinen Geschäftsbedingungen (AGBG) in Deutschland

der Richtlinie 93/13/EWG anzusehen, mithin ist es nicht erforderlich, die Möglichkeit der Ersatzlieferung individuell und einzelvertraglich zu vereinbaren[331].

Gleiches gilt auch für eine mögliche Verlängerung der Lieferfristen über den Zeitraum von 30 Tagen hinaus. Das europäische Privatrecht unterscheidet nicht grundsätzlich zwischen vertraglichen Vereinbarungen aufgrund individueller Absprachen einerseits und vorformulierten Bestimmungen andererseits, vielmehr sind die letztgenannten Bestimmungen lediglich daraufhin zu überprüfen, ob sie sich im Hinblick auf den Verbraucher als mißbräuchlich im Sinne der Richtlinie 93/13/EWG erweisen. Dementsprechend ist die Vereinbarung längerer Lieferfristen nach Artikel 7 Absatz 1 auch durch vorformulierte Verträge bzw. Klauseln zulässig[332], allerdings ist insbesondere zu überprüfen, ob sich der darin vorgesehene Verlängerungszeitraum im Einzelfall als mißbräuchlich erweisen kann. Im übrigen ist der Lieferer jedoch frei in der Ausgestaltung, so daß dem Verbraucher im Fernabsatz - wie überall – die eingehende Lektüre der allgemeinen Vertragsbedingungen des Lieferers dringend zu empfehlen ist.

III.3.4.2. Fristbeginn für die Leistungsfrist

Nach Artikel 7 Absatz 1 ist die Leistung mangels anderweitiger Vereinbarung binnen 30 Tagen zu erbringen, wobei sich der Fristbeginn an der Bestellung des Verbrauchers orientiert. Hier stellt sich die Frage, ob mit der „Bestellung" lediglich auf die entsprechende einseitige Erklärung des Verbrauchers Bezug genommen wird, oder ob mit dieser Formulierung der Vertragsschluß zwischen den Parteien gemeint ist. Bei der Begründung des Entwurfs des deutschen Fernabsatzgesetzes wurde die Auffassung vertreten, maßgeblich sei letztlich der Vertragsschluß[333]. Zwar würden Bestellung und Vertragsschluß häufig zusammenfallen, jedoch könne sich aufgrund zivilrechtlicher Besonderheiten im Vertragsrecht der jeweiligen Mitgliedstaaten ergeben, daß die Bestellung des Verbrauchers noch einer gesonderten Annahmeerklärung bedarf[334]. Diese Besonderheit sei in der Richtlinie unberücksichtigt bzw. werde davon nicht berührt, weshalb die „Bestellung" im Wortlaut der Regelung mit Vertragsschluß gleichzusetzen sei.
Zuzugeben ist dieser Auffassung, daß sich die Frage nach einer Leistungsfrist nur dann stellen kann, wenn ein Vertrag tatsächlich zustandegekommen ist. Ohne Vertragsschluß ist der Lieferer nicht zur Leistung verpflichtet und muß sich daher an keinerlei Fristen halten. Dieses bedeutet jedoch nicht zwangsläufig, daß der Fristbeginn ausschließlich an den Vertragsschluß geknüpft werden könne. Denkbar ist vielmehr

---

331 so auch Reich „Die neue Richtlinie..." a.a.O. S.586; anders Micklitz „Die Fernabsatzrichtlinie im deutschen Recht" a.a.O. S. 31, der hier lediglich eine von den allgemeinen Geschäftsbedingungen abgesetzten Hinweis zulassen möchte

332 so ebenfalls Reich „Die neue Richtlinie..." a.a.O. S.585; anders im Ergebnis wohl wiederum Micklitz „Die Fernabsatzrichtlinie im deutschen Recht" a.a.O. S. 30, der eine Überschreitung der Frist von 30 Tagen nur aufgrund individueller Vereinbarung zulassen möchte, hierfür jedoch keine stichhaltige Begründung liefert.

333 BT-Drucksache 14/2648 vom 09.02.2000 S. 18

334 soweit beispielsweise die Bestellaufforderung, wie im deutschen Recht normalerweise der Fall, lediglich als unverbindliche invitatio ad offerendum anzusehen ist

auch, daß im Falle eines zeitlich von der Bestellung abweichenden Vertragssschlusses die Frist für die Leistung „rückwirkend" schon mit der Bestellung durch den Verbraucher zu laufen beginnt.

Für ein solches Verständnis der Regelung sprechen gewichtige Gründe. Unter Berücksichtigung des Wortlauts des Artikel 7 Absatz 1 ist festzustellen, daß hier wegen der eindeutigen Formulierung kein Raum für eine Auslegung ist. Die Regelung knüpft für den Fristbeginn ausdrücklich an die Bestellung des Verbrauchers an und nicht an den Vertragsschluß. Wäre seitens des Richtliniengebers beabsichtigt gewesen, den Vertragsschluß hierfür zugrundezulegen, so wäre in der Regelung auch diese Formulierung gewählt worden. In Artikel 6 Absatz 1 Satz 3 zweiter Spiegelstrich ist der Vertragsschluß ausdrücklich als Zeitpunkt bestimmt worden, mit welchem der Fristenlauf für den Widerruf in Gang gesetzt wird. Es wurde also nicht, wie im deutschen Gesetzesentwurf offenbar angenommen, generell auf das Merkmal des „Vertragsschlusses" wegen dessen unterschiedlicher rechtlicher Ausgestaltung in den Mitgliedstaaten verzichtet. Vielmehr ergibt sich aus dem Fehlen dieses Merkmals in Artikel 7 Absatz 1 eindeutig, daß hier für den Fristenlauf nicht auf den Vertragsschluß abgestellt werden sollte.

Anknüpfungsmerkmal sollte ganz bewußt allein die Bestellung durch den Verbraucher sein, auch wenn die Frist hierdurch rückwirkend zu laufen beginnt. Dieses Ergebnis wird bestätigt durch die der Regelung zugrundeliegende Begründung. Der Wortlaut des Artikel 7 Absatz 1 geht auf den Gemeinsamen Standpunkt zur Richtlinie von 1995 zurück[335]. In der Begründung der gewählten Formulierung ist ausgeführt, daß - anders als im vorherigen Entwurf - nicht mehr auf den Eingang der Bestellung beim Lieferer für den Fristbeginn abgestellt wird. Stattdessen werde die Regelung im Hinblick auf den Lieferer strenger gefaßt und bereits auf die Übermittlung der Bestellung abgestellt, also auf den Zeitpunkt des Absendens der Bestellung durch den Verbraucher. Zum Zeitpunkt des Absendens der Bestellung kann ein Vertrag zwischen Lieferer und Verbraucher jedoch ohnehin noch nicht zustandegekommen sein, da der Lieferer noch keine Kenntnis von der Bestellung hat. Mithin lag dieser Regelung unzweifelhaft die Intention zugrunde, den Beginn der Leistungsfrist rückwirkend an das Absenden der Bestellung durch den Verbraucher zu knüpfen und eben nicht an den Zeitpunkt des Vertragsschlusses. Letzteres wäre auch wenig zweckmäßig, da der Verbraucher im Regelfall kaum wissen wird, zu welchem Zeitpunkt eine Annahme seines Angebotes (der Bestellung) intern beim Lieferer erfolgt. Er ist lediglich daran interessiert, daß sein Bestellung zeitnah ausgeführt wird, unabhängig von internen Vorgängen beim Lieferer.

Soweit bei der Fristberechnung also auf den Vertragsschluß abgestellt wird, verstößt dieses wegen der Verkürzung der Rechte des Verbrauchers gegen den von der Richtlinie gesetzten Mindeststandard.

---

[335] Amtsblatt der EG Nr. C288 vom 30.10.1993 S. 5

III.3.4.3. Verzug ex lege nach 30 Tagen ?

Weiterhin stellt sich die Frage, welche Rechtsfolge an das Überschreiten der Lieferfrist von 30 Tagen zu knüpfen ist, falls eine abweichende Frist nicht vereinbart wurde. Hier könnte die Auffassung vertreten werden, daß nach 30 Tagen automatisch Verzugswirkung eintritt, ohne daß zusätzliche Voraussetzungen erfüllt sein müssen. Allerdings würde dieses im Ergebnis einen erhebliche Eingriff in das jeweilige nationale Vertragsrecht der einzelnen Mitgliedstaaten bedeuten, da die Voraussetzungen eines Leistungsverzuges unterschiedlich geregelt sind. Soweit in den Rechtsordnungen für die Verzugswirkung Mahnung oder Verschulden erforderlich sind, ließe sich ein Verzug alleine wegen Fristüberschreitung kaum in das Regelungssystem einfügen. Der Verzug ohne weitere Voraussetzungen hätte im übrigen zur Folge, daß der Lieferer auch dann in Verzug geriete, wenn die Fristüberschreitung vom Verbraucher zu vertreten ist, etwa weil er für einen längeren Zeitraum unter seiner Lieferanschrift nicht zu erreichen ist. Dieses Ergebnis wäre jedoch nicht akzeptabel.
Es ist daher kaum anzunehmen, daß mit der Lieferfrist von 30 Tagen eine Verzugswirkung ex lege verknüpft werden sollte. Vielmehr handelt es sich um eine die Fälligkeit der Leistung betreffende Regelung, wonach die Leistung, mangels abweichender Vereinbarung, spätesten nach 30 Tagen fällig sein muß. Hierbei ist es jedoch den Mitgliedstaaten überlassen, dieses im einzelnen auszugestalten und in das jeweilige Rechtssystem einzupassen. Wie auch bei anderen Regelungen der Richtlinie ist eine Sanktion für den Fall eines Verstoßes nicht vorgesehen, vielmehr fällt dieses ebenfalls in die Kompetenz der Mitgliedstaaten, wobei der Verzugseintritt eine denkbare Variante ist.

III.3.4.4. Widerruf einer ersatzweise angebotenen Dienstleistung

Weiterhin stellt sich angesichts der Möglichkeit einer Ersatzleistung gemäß Artikel 7 Absatz 3 die Frage, wie es sich hierbei mit dem Widerrufsrecht des Verbrauchers verhält. Bei der Warenbestellung ergeben sich insoweit keine Probleme, da die Widerrufsfrist hier ohnehin frühestens erst mit der Warenlieferung beginnt und der Vertrag bei Nichtgefallen der Ersatzleistung ohne weiteres widerrufen werden kann. In diesem Fall darf er, wie Absatz 3 Satz 3 zeigt, auch nicht mit den Rücksendekosten belastet werden.

Dagegen ist bei Dienstleistungen die Situation komplizierter, da die Widerrufsfrist hier bereits bei Vertragsschluß zu laufen beginnen kann. Wenn sich allerdings erst nach Ablauf der Widerrufsfrist ergibt, daß die ursprünglich bestellte Dienstleistung nicht erbracht werden kann und daher eine Ersatzleistung gewährt werden soll, ist die Möglichkeit zum Vertragswiderruf grundsätzlich bereits erloschen. Dementsprechend wäre der Verbraucher verpflichtet, diese Ersatzleistung ohne Möglichkeit zum Widerruf zu akzeptieren. Da dieses Ergebnis kaum beabsichtigt sein kann, ist die Möglichkeit eines erneuten Widerrufsrechts im Falle einer ersatzweise angebotenen Dienstleistung zu überprüfen.
Nach dem Sinn und Zweck der Richtlinie soll der Verbraucher gerade davor geschützt werden, eine unerwünschte Leistung akzeptieren zu müssen, die er infolge seines Informationsdefizites bestellt hat. Um so mehr ist daher der Schutz des Ver-

brauchers zu gewährleisten, wenn er mit einer Leistung konfrontiert wird, die er nicht bestellt hat, sondern die einseitig vom Lieferer ausgetauscht wurde. Im Falle der Ersatz-Dienstleistung muß das Widerrufsrecht daher quasi wieder aufleben, wobei der Beginn der neuerlichen Widerrufsfrist auf den Zeitpunkt fällt, in welchem der Verbraucher über die Ersatzleistung informiert worden ist[336].

III.3.5. Bezahlung der Leistung mittels Karte

Im Fernabsatz erfolgt die Bezahlung der Leistung wegen des fehlenden persönlichen Kontakts der Parteien regelmäßig bargeldlos und häufig unter Verwendung von „Zahlungskarten", derzeit hauptsächlich noch über die Kreditkarte[337]. Hierbei wird beispielsweise am Telefon oder am Computer die Kreditkartennummer nebst dem Gültigkeitszeitraum der Karte mitgeteilt und sodann das Kreditkartenkonto des Karteninhabers vom Lieferer belastet. Durch die Regelung des Artikel 8 soll gewährleistet werden, daß das hierbei bestehende erhöhte Betrugsrisiko nicht zu Lasten des Verbrauchers geht.

In der ersten Entwurfsfassung von 1992 war die Regelung noch wesentlich weitgehender, da die Rückabwicklung der Kartenzahlung nicht von einer betrügerischen Verwendung abhängig war. Vielmehr galt nach Artikel 12 des Entwurfs: "Erhebt der Inhaber einer Bezahlkarte Einspruch gegen die Gültigkeit eines Zahlungsvorgangs, bei dem die Kartennummer bekannt gegeben wurde, ohne daß jedoch dieses Zahlungsmittel selbst vorgelegt oder elektronisch überprüft worden wäre, so hat der Einspruch die Ungültigkeit dieses Vorganges zur Folge". Mithin hätte es der Verbraucher nach diesem Entwurf in der Hand gehabt, die Rückabwicklung nahezu jeder Abbuchung über seine Zahlkarte ohne Angabe von Gründen herbeizuführen, da die Zahlungskarten im Fernabsatz regelmäßig nicht vorgelegt werden können und auch die technischen Voraussetzungen für eine elektronische „Fernüberprüfung" noch nicht geschaffen wurden.

Aufgrund der Änderung der Regelung muß eine Rückabwicklung der Zahlung nach Maßgabe der Richtlinie nur noch erfolgen, wenn hierbei die Zahlkarte betrügerisch verwendet wurde. Wann allerdings eine betrügerische Verwendung im Sinne der Richtlinie gegeben sein soll, ist ohne weiteres nicht zu erkennen. Naheliegend wäre hier, den Straftatbestand des Betruges als Anknüpfungsmerkmal zugrunde zu legen. Allerdings ist dieser Straftatbestand nicht gemeinschaftsweit identisch definiert, so daß er als allgemeingültiges Anknüpfungsmerkmal ausscheidet. Daher stellt sich die Frage, ob andere Anhaltspunkte für die Auslegung des Begriffspaares „betrügerische Verwendung" vorhanden sind.

Die Voraussetzung der betrügerischen Verwendung wurde erstmals im Gemeinsamen Standpunkt von 1995 in die Regelung aufgenommen. In der Begründung hierzu wurde ausgeführt, daß „alle betrügerischen Verwendungen **in einem weiteren Sinne**

---

[336] so auch Reich „Die neue..." a.a.O. S. 586

[337] hierzu eingehender Jochen Taupitz „Kreditkartenmißbrauch" in NJW 1996 S. 217 (223)

als im geänderten Vorschlag" von der Regelung erfaßt werden sollten[338]. Diese Begründung ist etwas mißverständlich, da im vorherigen Entwurf von einer betrügerischen Verwendung nicht die Rede war. Jedoch ist erkennbar, daß die Formulierung „betrügerische Verwendung" hier weit auszulegen ist, also eine Vielzahl von Fallgestaltungen hiervon erfaßt werden sollten. Es muß daher bezweifelt werden, ob sich der Wortlaut lediglich auf Betrugshandlungen im strafrechtlichen Sinne beziehen sollte. Auch nach dem Sinn und Zweck der Richtlinie würde es zu kurz greifen, lediglich dann die Rückabwicklung der Kartenzahlung zu ermöglichen, wenn ein Betrug im engeren Sinne vorgelegen hat. Da die Karteninformationen, insbesondere bei Kreditkarten, ohne weiteres für Dritte zugänglich sind, muß der Verbraucher allgemein vor mißbräuchlicher Verwendung geschützt werden. Insoweit ist es eine Selbstverständlichkeit, daß die strafwürdige, vorsätzliche und mißbräuchliche Verwendung seiner Karte oder seiner Kartendaten nicht dazu führen kann, daß er den finanziellen Schaden zu tragen hat. Aber auch bei sonstiger unautorisierter Verwendung der Karte, die nicht als vorsätzlicher Mißbrauch zu werten ist, verdient der Verbraucher ebensolchen Schutz[339]. So zum Beispiel bei der versehentlichen Verwendung einer falschen Karte oder einer weisungswidrigen Belastung des Kontos (falscher Geldbetrag, falscher Auszahlungszeitpunkt), da dem Karteninhaber bei einer von ihm nicht autorisierten Transaktion zweifellos der Geldbetrag zurückzuerstatten ist.

Zwar sind derartige „Versehen" nur noch schwerlich mit dem Wortsinne einer betrügerischen Verwendung zu umschreiben, die übrigens auch in der englischen Originalversion mit der Formulierung „fraudulent use"[340] vorausgesetzt wird. Jedoch ist auch in diesen Fällen der unbeabsichtigten Verwendung einer fremden Karte bzw. fremder Kartendaten die Transaktion rückabzuwickeln, da es hier an jeglicher Weisung des berechtigten Karteninhabers an sein Karteninstitut fehlt. Für die Transaktion des Karteninstituts ist somit keinerlei wirksame Grundlage vorhanden.

Nach Artikel 8 ist somit einzig und allein danach zu differenzieren, ob der Einsatz der Zahlungskarte bzw. der dazugehörigen Daten vom berechtigten Karteninhaber autorisiert wurde, oder ob deren Verwendung auch nur teilweise gegen oder ohne den Willen des Karteninhabers erfolgt. Gestattet er beispielsweise einem Dritten seine Kreditkarte zu benutzen, so hat er nach Maßgabe der Richtlinie grundsätzlich keinen Anspruch auf Erstattung des durch den Dritten über die Karte angewiesenen Zahlungsbetrages. Insbesondere kann er aufgrund des Artikel 8 nicht, wie in der ersten Fassung der Richtlinie ursprünglich vorgesehen, die Rückabwicklung der Zahlung verlangen, wenn er selbst seine Karte verwendet hat, und seine Weisung korrekt ausgeführt wurde, denn hier scheidet eine unautorisierte Verwendung der Karte aus.

Nach Maßgabe der Richtlinie reicht es also, wenn der Karteninhaber die gewünschte Stornierung der Zahlung damit begründet, diese sei weisungswidrig bzw. ohne jegliche Autorisierung ausgeführt worden. Diese Vorgaben werden bereits heute in den meisten Mitgliedsaten bei Kreditkartenzahlungen erfüllt, ohne dass es hierfür spezi-

---

[338] Amtsblatt der EG Nr.C288 vom 30.10.1995 S. 12

[339] so im Ergebnis auch Micklitz „Die Fernabsatzrichtlinie im deutschen Recht" a.a.O. S. 32; Reich „Die neue..." a.a.O. S. 586

[340] die exakte Übersetzung hiervon lautet „betrügerische Verwendung"

eller Gesetze bedurft hätte. Aufgrund der Internationalität der Kreditkartenunternehmen (Visa, Mastercard, American Express etc.) ist die vertragliche Ausgestaltung der Kreitkartenverträge auch länderübergreifend weitestgehend identisch, so dass es in den meisten Ländern – bis auf Frankreich[341] – für eine Rückerstattung (chargeback) der Zahlung ausreicht, wenn der Kreditkarteninhaber vorträgt, er habe eine Zahlung nicht autorisiert bzw. diese sei weisungswidrig erfolgt[342]. Wer diese Umstände allerdings zu beweisen hat, ist der Richtlinie nicht zu entnehmen, so daß die Beweislastverteilung für die weisungswidrige oder nicht autorisierte Verwendung der Zahlungskarte durch die Mitgliedstaaten zu regeln ist.

Es wird ebenfalls die Auffassung vertreten, daß es auch nach der Richtlinie den Mitgliedstaaten überlassen ist, den Karteninhaber in bestimmten Fällen des eigenen Verschuldens an der mißbräuchlichen Verwendung mit einer Eigenhaftung zu belegen[343]. Hierbei wird auf die Empfehlung 97/489/EG der Kommission zu den Geschäften, die mit elektronischen Zahlungsinstrumenten getätigt werden[344], verwiesen. Diese Empfehlung sieht vor, daß der Inhaber des elektronischen Zahlungsinstrumentes bei Verlust oder Diebstahl bis zur Verlustanzeige mit einem Höchstbetrag von 150 Euro haften kann, und in Fällen grober Fahrlässigkeit sogar eine unbegrenzte Haftung des Inhabers zulässig ist.

Abgesehen davon, daß die im Artikel 8 der Richtlinie erwähnten Zahlkarten nicht mit den in der Empfehlung genannten elektronischen Zahlungsinstrumenten identisch sind, ist es nach der vorliegenden Bestimmung auch ausgeschlossen, den Verbraucher für die mißbräuchliche Verwendung der Zahlungskarte auch nur anteilig haften zu lassen. Der Wortlaut der Regelung sieht unzweifelhaft vor, daß dem Verbraucher der Zahlbetrag zu erstatten ist, wenn ein Dritter seine Zahlungskarte betrügerisch verwendet. Eine nur anteilige Erstattung des Betrages oder eine Berücksichtigung des Verschuldens des Karteninhabers ist nicht vorgesehen, so daß es letztlich nicht darauf ankommen kann, ob und inwieweit der Karteninhaber deren mißbräuchliche Verwendung selbst zu vertreten hat. Dieses Ergebnis ist auch im Hinblick auf die derzeitige Praxis bei der Verwendung von Zahlungskarten nachvollziehbar. Anders als beim Einsatz der Karten am Geldautomaten, hier ist die Kenntnis der PIN-Nummer erforderlich, werden bei deren Verwendung im Fernabsatz lediglich Daten wie die Kartennummer ausgetauscht, die nicht geheim sind und daher ohne weiteres auch in die Kenntnis Dritter Personen gelangen können. Diese Gefahr besteht unabhängig von einem eigenen Verschulden des Karteninhabers, so daß es letztlich auch unerheblich ist, ob dem Karteinhaber die Karte infolge eigener grober Fahrlässigkeit abhanden gekommen ist. Auch in diesem Fall kann der Karteninhaber folglich die vollständige Rückerstattung des durch die mißbräuchliche Verwendung der Karte ausgezahlten Betrages verlangen.

---

[341] In Frankreich ist eine Annulierung der Zahlung aufgrund der dortigen Vertragsklauseln nur im Falle des Kartenverlusts oder –diebstahls möglich.
[342] vgl. Untersuchung der Europäischen Kommission „Payment card chargeback when paying over internet" MARKT/173/2000, vom 12.07.2000, S. 9
[343] vgl. Begrundung zum deutschen Gesetzesentwurf des Fernabsatzgesetzes BT-Drucksache 14/2658 vom 09.02.2000 S. 20f
[344] Amtsblatt der EG Nr. L 208 vom 02.08.1997, S. 52

Aus den obigen Ausführungen wird deutlich, daß entgegen der weit verbreiteten Auffassung der Gebrauch der Kreditkarte im Internet für den Verbraucher kaum ein Risiko birgt[345]. Das Risiko liegt vielmehr auf Seiten des Anbieters oder Händlers[346], der aufgrund seines Vertrages mit dem Kreditkartenunternehmen regelmäßig verpflichtet ist, den Betrag ebenfalls anstandslos an das Unternehmen zurückzuzahlen[347], auch wenn der BGH in einer aktuellen Entscheidung das Risiko auf das Kreditkartenunternehmen verlagert hat[348]. Im Falle eines Betruges haben dann der Händler, oder nach der Entscheidung des BGH das Kreditkartenunternehmen, ihre Leistung erbracht, ohne hierfür eine Gegenleistung bzw. Aufwendungsersatz erhalten zu haben. Häufig wird es auch nicht möglich sein, den tatsächlichen Besteller ausfindig zu machen. Anders als in den Medien häufig suggeriert, ist daher eine Neugestaltung der Zahlungswege im Internet nicht im Interesse der Verbraucher, sondern vielmehr im Interesse der Lieferer, um betrugsbedingte Verluste zu reduzieren. Zu nennen sind hier Projekte wie das von American Express geplante „Private Payment", mit welchem sich der Verbraucher durch eine ständig wechselnde Zahlenfolge gegenüber seinem Vertragspartner identifizieren muß oder die Paysafe-Card aus Österreich, bei welcher eine Karte – ähnlich wie die Prepaid Card beim Handy – mit einem Geldwert geladen wird, welcher dann über das Internet abgerufen werden kann. Beim „Paybox" System soll die Sicherung dadurch erfolgen, daß jede Bestellung noch einmal separat über das eigene Handy bestätigt wird. Hier zeigt sich jedoch, daß die Einführung dieser Systeme das Betrugsrisiko zu Lasten des Verbrauchers verschiebt, da wegen der Identifikationsmerkmale zumindest die Indizien dafür sprechen, daß der betreffende Verbraucher auch die vermeintliche Bestellung aufgegeben hat. Je nachdem, wie die Beweislastverteilung im Mitgliedstaat ausgestaltet ist, kann dieses dazu führen, daß sich der Verbraucher sogar entlasten muß. Daher sind neue Zahlungssysteme im Internet auch unter diesem Gesichtspunkt zu bewerten.

III.3.6. Unbestellte Waren oder Dienstleistungen

Artikel 9 der Richtlinie ist insoweit unmißverständlich, als die Mitgliedstaaten sicherzustellen haben, daß deren Verbraucher nicht mit kostenpflichtigen[349] Waren und Dienstleistungen konfrontiert werden, die sie nicht bestellt haben. Eindeutig ist auch die rein deklaratorische Wiederholung des bereits gemeinhin gültigen Grundsatzes, wonach das Schweigen auf eine solche unbestellte Leistung nicht als Zustimmung gilt. Wünschenswert wäre noch ein Hinweis auf die rechtliche Behandlung stillschweigender Vertragsverlängerungen bei Dauerschuldverhältnissen (z.B. Sukzessivlieferungsverträge). Bei dieser z.B. in Deutschland nicht unüblichen Form der Vertragsverlängerung werden nach der Verlängerung Leistungen erbracht, ohne daß diese nochmals aktiv vom Verbraucher bestellt worden wären, die Leistungen erfolgen vielmehr wegen seines vorangegangenen Stillschweigens. Daher müßten diese

---

[345] vgl. Gerfried Kienholz „Die Zahlung mit Kreditkarte im Nah- und Fernabsatz „ S. 92

[346] so auch Stephan Meder „Die Haftung im beleglosen Fernabsatz-Kreditkartengeschäft" In NJW 2000, S. 2076

[347] vgl. Kienholz a.a.O. S. 40

[348] Entscheidung vom 16.04.2002, Aktenzeichen XV ZR 375/00

[349] Werbesendungen und kostenlose Musterlieferungen fallen also nicht hierunter

weiteren Leistungen – strenggenommen - gemäß Artikel 9 unzulässig sein. Andererseits ist die stillschweigende Vertragsverlängerung eine Frage des allgemeinen Privatrechts der Mitgliedstaaten, in welches wohl kaum durch die vorliegende Richtlinie eingegriffen werden soll. Es ist daher davon auszugehen, daß Leistungen an den Verbraucher aufgrund einer stillschweigenden Vertrags**verlängerung** auch weiterhin möglich sind. Diese Einschätzung wird bestätigt durch den Wortlaut des vergleichbaren Artikel 9 im Entwurf der Fernabsatzrichtlinie für Finanzdienstleistungen, auf welche weiter unten ausführlich eingegangen wird[350].

Fraglich ist darüber hinaus die inhaltliche Bedeutung der Bestimmung, wonach der Verbraucher im Falle der unbestellten Leistung von jedweder Pflicht zur Gegenleistung zu befreien ist. Die Pflicht zur Gegenleistung bezieht sich zweifellos auf die Vergütung der Leistung, mit der Folge, daß ein Entgelt für die unbestellte Leistung vom Verbraucher nicht verlangt werden kann. Dagegen ist unklar, ob von dem Begriff der Gegenleistung auch Schadenersatzansprüche erfaßt sind, die etwa darauf beruhen, daß der Verbraucher die ohne Bestellung gelieferte Ware mutwillig zerstört. Im juristischen Sprachgebrauch fällt ein solcher Schadenersatzanspruch nicht unter den Begriff der Gegenleistung, da dieser nicht in einem Gegenseitigkeitsverhältnis zur Leistung steht. Dieses hätte zur Folge, daß bei entsprechender Auslegung der Verbraucher zwar nicht zur Gegenleistung verpflichtet wäre, Schadenersatz aber gegebenenfalls gezahlt werden müßte. Ob der Begriff der Gegenleistung in einem solch engen Kontext zu verstehen ist, ist daher zu überprüfen.

Für die Beantwortung der Fragestellung kommt es in erster Linie darauf an, ob nach Maßgabe der Richtlinie überhaupt der Empfänger unbestellter Leistungen zum Schadenersatz verpflichtet sein kann. Eine solche Verpflichtung zum Schadenersatz könnte nur bei der Lieferung von Waren, nicht aber bei Dienstleistungen entstehen, da nur bei Waren die Gefahr besteht, daß die Leistung beschädigt wird oder untergeht. Weitere und wesentliche Voraussetzung eines Schadenersatzanspruchs wäre, daß der Empfänger unbestellter Ware verpflichtet ist, diese sorgsam aufzubewahren und sie nach Möglichkeit unbeschädigt zurückzugewähren. Dieser wesentliche Punkt wird von der Richtlinie gerade nicht ausdrücklich geregelt.
Im ersten Entwurf der Richtlinie von 1992 war hierzu noch eine ausführliche Regelung enthalten. Im damaligen Artikel 8 hieß es:

„(1)...
(2) Für den Fall das eine solche (Anm. unbestellte) Lieferung erfolgt ist, umfassen die genannten Maßnahmen (Anm. der Mitgliedstaaten) zumindest das Recht des Verbrauchers, über das Erzeugnis oder die Dienstleistung zu verfügen, außer wenn es sich um einen offensichtlichen Irrtum handelt. In diesem Fall hält er die Lieferung während eines angemessenen Zeitraums, und sofern es deren Natur erlaubt, zur Verfügung des Lieferers. ...“[351]

Nach der ersten Fassung sollte der Verbraucher folglich frei über die gelieferte Ware verfügen können, diese also kostenlos behalten dürfen. Dieses sollte nur dann nicht

---

[350] vgl. Ziffer IV.2.2.2.3.
[351] KOM(92)11 endg.

gelten, wenn erkennbar ist, daß die Lieferung irrtümlich erfolgte, etwa im Falle einer Adressverwechslung.

Der ausdrückliche Hinweis auf das Recht des Verbrauchers, die Sache kostenlos behalten zu dürfen, wurde dann aber im Gemeinsamen Standpunkt von 1995 herausgenommen, zu Gunsten einer Regelung, die im Wortlaut nahezu der heutigen entspricht. Begründet wurde diese Abänderung mit der Zielsetzung, „daß der Verbraucher von jeder Verpflichtung gegenüber dem Lieferer befreit wird".[352] Diese Begründung läßt im Hinblick auf die vorangegangene Regelung jedoch allein den Schluß zu, daß die Bestimmung vereinfacht werden sollte: Der Verbraucher soll hiernach frei über die Ware verfügen dürfen, unabhängig davon, ob diese versehentlich oder bewußt ohne Bestellung an ihn geliefert wurde. Eine Pflicht zur Rücksendung sollte somit generell nicht bestehen. Da diese Regelung nahezu unverändert auch in die endgültige Fassung der Richtlinie übernommen wurde, kann nur gefolgert werden, daß auch nach heutiger Maßgabe der Verbraucher nicht mehr verpflichtet ist, die auch nur irrtümlich gelieferte Ware aufzubewahren oder gar zurückzuschicken. Mithin kann auch kein Schadenersatzanspruch des Lieferers entstehen, wenn der Verbraucher die Ware behält oder vielleicht auch mutwillig zerstört. Im Ergebnis ist somit festzustellen, daß der Empfänger unbestellter Ware keinesfalls zu einer Zahlung, aus welchem Rechtsgrund auch immer, verpflichtet werden kann[353].

Die einzige Ausnahme von diesem Grundsatz ist in Artikel 7 Absatz 3 der Richtlinie enthalten, wonach ein Lieferer eventuell bei Vertragsschluß vorsehen kann, daß im Falle der Nichtverfügbarkeit einer Leistung eine gleichwertige Ersatzleistung erbracht werden kann. Diese Ersatzleistung ist durch den Verbraucher nicht bestellt und würde daher andernfalls der lauterkeitsrechtlichen Regelung des Artikel 9 unterliegen.

III.3.7. Beschränkung des Einsatzes von Fernkommunikationstechniken

Wie bereits der zuvor dargestellte Artikel 9 zeigt, regelt die Richtlinie auch Bereiche, die nur noch einen mittelbaren Bezug zum eigentlichen Fernabsatz haben. Dieses gilt insbesondere für die Frage, wie der Verbraucher in seinem Privatbereich vor dem aggressiven Einsatz von Fernkommunikationstechniken durch gewerbliche Anbieter geschützt werden kann. Zu denken ist hier vor allem an durch Werbesendungen verstopfte elektronische oder reale Briefkästen, Anrufe von Telemarketingunternehmen an Wochenenden, die der Vermittlung von kostenlosen Werbeabonnements oder unverbindlichen Umfragen dienen sollen usw.. Im Vordergrund steht also der Schutz des Verbrauchers vor unlauteren Werbemaßnahmen und nicht der Fernabsatz selbst. Dennoch wird dieser Punkt in der Richtlinie geregelt und zwar unabhängig davon, ob die Fernkommunikationstechnik tatsächlich zum Fernabsatz, also unmittelbar zum Vertrieb, eingesetzt wird oder lediglich zu den erwähnten Werbemaß-

---

[352] Amtsblatt der EG Nr. C288 vom 30.10.1995 S.11

[353] Die im „Anwaltskommentar zum Fernabsatzgesetz", 2000, von Gerhard Ring auf S. 174 vertretene Auffassung, es könne dennoch durch konkludente Willenserklärung des Verbrauchers ein entgeltlicher Vertrag zustandekommen widerspricht dem in der Richtlinie manifestierten generellen Verbot der Gegenleistungspflicht und ist daher abzulehnen.

nahmen, die zum Fernabsatz keinen Bezug mehr haben[354]. Es wäre allerdings wünschenswert gewesen, wenn diese Allgemeinverbindlichkeit der lauterkeitsrechtlichten Vorschriften auch im Hinblick auf die Richtlinienausnahmen hervorgehoben worden wäre. Beispielsweise könnte die Auffassung vertreten werden, dass die lauterkeitsrechtlichen Vorschriften im Zusammenhang mit Finanzdienstleistungen und Immobilien nicht gelten, da diese gem. Artikel 3 aus dem Anwendungsbereich der Richtlinie herausgenommen wurden. Diese Schlussfolgerung wäre kaum mit der Intention der Richtlinie zu verbinden und ist daher letztlich nicht haltbar. Um dieses Missverständnis zu vermeiden wurde jedoch vorsorglich auch im aktuellen Entwurf zur Finanz-Fernabsatzrichtlinie ein Abschnitt mit lauterkeitsrechtlichen Regelungen übernommen, die denen der Fernabsatzrichtlinie entsprechen[355].

Die Fernabsatzrichtlinie regelt diesen Bereich nicht nur in einem Artikel, sondern an verschiedenen Stellen. Zu nennen sind hier Artikel 10, welcher festlegt unter welchen Voraussetzungen (ob) der gewerbliche Anbieter mit den jeweiligen Fernkommunikationtechniken aktiv den Verbraucher „ansprechen", d.h. in seinem Privatbereich kontaktieren darf. In Artikel 4 Absatz 3 wird dagegen bestimmt, in welcher Weise (wie) die Fernkommunikationstechnik des Telefons verwendet werden soll. Schließlich enthält der Erwägungsgrund Nr. (17) Ausführungen zum Schutz des Privatlebens des Verbrauchers bei der Verwendung von Fernkommunikationstechniken und dient somit als Auslegungshilfe für die beiden vorgenannten Artikel.

Darüberhinaus sind europarechtliche Regelungen außerhalb der Fernabsatzrichtlinie zu beachten, die die Verwendung von Fernkommunikationstechniken durch gewerbliche Anbieter betreffen und daher im Kontext zu den vorgenannten Regelungen zu sehen sind. Zu nennen ist hier zum einen die Richtlinie 97/66/EG des Europäischen Parlamentes und des Rates vom 15.12.1997 über die Verarbeitung personenbezogener Daten und den Schutz der Privatsphäre im Bereich der Telekommunikation[356] – im folgenden Datenschutzrichtlinie – und zum anderen die erst vor kurzem verkündete Richtlinie 2000/31/EG des Parlamentes und des Rates vom 08.06.2000 über bestimmte rechtliche Aspekte der Dienste der Informationsgesellschaft, insbesondere des elektronischen Geschäftsverkehrs im Binnenmarkt[357] – im folgenden e-commerce Richtlinie.

III.3.7.1. Europarechtliches Schutzsystem

Die Fernabsatzrichtlinie sowie die beiden anderen vorgenannten Richtlinien haben zwar jeweils einen unterschiedlichen Regelungsansatz bzw. Regelungsgehalt, jede einzelne enthält jedoch Bestimmungen, die die Verwendung von Fernkommunikationstechniken inhaltlich ausgestalten. Das europarechtliche System zum Schutze des Verbrauchers vor unlauterer Verwendung von Fernkommunikationstechniken kann somit nur durch eine Gesamtbetrachtung aller drei Richtlinien dargestellt werden.

---

[354] Pützhofen a.a.O.S. 99f
[355] Gemeinsamer Standpunkt Nr. 16/2002, Amtsblatt der EG Nr. C 58E vom 05.03.2002 S. 32, Artikel 8 bis 10
[356] Amtsblatt der EG Nr. L24 vom 30.01.1998, S. 1ff
[357] Amtsblatt der EG Nr. L178 vom 17.07.2000, S. 1ff

III.3.7.1.1. Fernabsatzrichtlinie

Es wurde bereits erläutert, daß während der Entstehung der Richtlinie äußerst umstritten war, unter welchen Voraussetzungen einem Anbieter die unaufgeforderte Kontaktaufnahme zum Verbraucher via Fernkommunikationstechnik einzuräumen ist[358]. Hierbei ging es insbesondere um die Frage, ob der Anbieter bzw. Werbetreibende die vorherige Zustimmung des Verbrauchers benötigt, um mit diesem in Kontakt zu treten (verbraucherfreundliches opt-in System) oder ob es ausreicht, wenn der Verbraucher der unaufgeforderten Kontaktaufnahme nicht widersprochen hat (anbieterfreundliches opt-out System). Die nunmehr in der Richtlinie unter Artikel 10 getroffene Regelung gibt den gefundenen Minimalkonsens wieder, welcher aus der Sicht des Verbraucherschutzes allerdings etwas zu kurz greift. Artikel 10 Absatz 1 sieht lediglich für Voice Mail Systeme (Kommunikation mit Automaten als Gesprächspartner) und für Telefax vor, daß die Kontaktaufnahme zum Verbraucher dessen vorherige Zustimmung voraussetzt (opt-in). Nach Absatz 2 gilt für alle übrigen im individuellen Kontakt einsetzbaren Fernkommunikationstechniken das opt-out Prinzip. Auffällig hierbei ist, daß die Fernkommunikationstechniken nach Absatz 1, die die vorherige Zustimmung des Verbrauchers erfordern, in der Praxis keinerlei Relevanz besitzen. Weder werden derzeit Anrufautomaten eingesetzt, um einen Verbraucher anzuwählen und diesem sodann automatisiert Leistungen anzubieten, noch sind Faxgeräte in Privathaushalten derart verbreitet, daß hierüber Werbebotschaften an Verbraucher vermittelt werden. Da diese Techniken somit keine Rolle spielen, beinhaltet die Regelung in Artikel 10 de facto ein generelles opt-out Prinzip. Dieses entspricht der Rechtslage der meisten Mitgliedstaaten in der Europäischen Union, wie sie vor Einführung der Richtlinie galt[359]. Lediglich in Österreich und Deutschland galt für nahezu alle[360] im individuellen Kontakt einsetzbaren Fernkommunikationstechniken das opt-in Prinzip, so daß die gefundene Regelung unter dem in diesen beiden Staaten geltenden Schutzniveau liegt.

Schwierigkeiten bereitet daneben schon die Anwendung des Artikel 10 selbst, da dieser wegen einiger unklarer Formulierungen nicht ohne weiteres nachvollzogen werden kann.

a) „individuelle Kommunikation"

Zum einen läßt sich aufgrund des Wortlautes nicht eindeutig feststellen, für welche Fernkommunikationstechniken das opt-out System im einzelnen gelten soll. Nach Artikel 10 Absatz 2 der Richtlinie ist das opt-out Prinzip grundsätzlich anwendbar auf sämtliche Fernkommunikationstechniken, mit Ausnahme der in Absatz 1 genannten Voice mail und Telefax. Darüberhinaus sollen nach Absatz 2 jedoch nur solche Techniken reglementiert werden, die „eine individuelle Kommunikation erlauben". Die Kommission forderte im Gesetzgebungsverfahren, dieses kurz zuvor im Gemeinsa-

---

[358] vgl. oben Ziffer II.4.3.

[359] Eine ausführlichere Darstellung der rechtlichen Situation in den einzelnen Mitgliedstaaten vor Einführung der Richtlinie findet sich in Reich „Die Fernabsatzrichtlinie im deutschen Recht" a.a.O. S. 92f.

[360] lediglich mit Ausnahme der Postwurfsendungen

men Standpunkt des Rates eingeführte Merkmal zu streichen, „da es zu vage ist, um handhabbar zu sein"[361], konnte sich hiermit jedoch nicht durchsetzen. Durch dieses zusätzliche Erfordernis der „individuellen Kommunikation" sollte erreicht werden, daß Massenmedien, die auch zu den Fernkommunikationstechniken zählen, ohne zusätzliche Voraussetzungen im Fernabsatz bzw. zu Werbezwecken eingesetzt werden können. Dieses erscheint auch sachgerecht, da sich der Verbraucher in aller Regel nur durch individuelle Ansprache zu einer Reaktion verpflichtet fühlt, also auch nur diese individuelle Ansprache für ihn besonders belästigend werden kann. Bei den klassischen Massenmedien wie Fernsehen und Radio hat der Verbraucher dagegen jederzeit die Möglichkeit, das Empfangsgerät abzuschalten oder den Sender zu wechseln, einem konkreten Gegenüber – wie beim Telefongespräch - muß er sich insoweit nicht verpflichtet fühlen. Daher ist seine Schutzbedürftigkeit bei der individuellen Kommunikation höher. Desweiteren ist auch zu berücksichtigen, daß im Falle von Massenmedien die Werbeansprache nicht gezielt bezüglich einzelner Personen unterbunden werden kann, alleine der Konsument entscheidet, ob er diese weiter empfangen möchte oder nicht. Eine Bewertung nach opt-in und opt-out ist daher bei der Verwendung von Massenmedien nicht praktikabel[362].

Im Hinblick auf eine spezielle, in der Werbung und im Fernabsatz weit verbreitete Fernkommunikationstechnik, ist jedoch fraglich, ob es sich hierbei um individuelle Kommunikation handelt oder um ein Massenmedium, auf welches Artikel 10 nicht anwendbar wäre. Die Rede ist von der Postwurfsendung, die teils in anonymisierter, teils in persönlicher Form an private Haushalte verteilt wird, häufig um Werbebotschaften zu vermitteln oder auf „Sonderangebote" aufmerksam zu machen. Sollte es sich hierbei nicht um individuelle Kommunikation im Sinne des Absatz 2 handeln, könnte hieraus gefolgert werden, daß Postwurfsendungen auch in solche Briefkästen lauterkeitsrechtlich zulässig sind, die den ausdrücklichen Hinweise tragen „Keine Werbung, Broschüren, Wurfsendungen etc.". Die Zuordnung der Postwurfsendung zu einer bestimmten Kommunikationsgattung ist in der Literatur nicht einheitlich. *Reich* vertritt die Auffassung, die Postwurfsendung erlaube keine individuelle Kommunikation und falle daher nicht unmittelbar unter die Voraussetzung des opt-out gemäß Artikel 10 Absatz 2[363]. Mit Hinweis auf den Erwägungsgrund Nr. (17) der Richtlinie, welcher das Recht des Verbrauchers auf Privatsphäre hervorhebt, kommt er jedoch zu dem Ergebnis, daß der Verbraucher den Einwurf von Postwurfsendungen gegen seinen ausdrücklichen Widerspruch nicht zu dulden brauche, und daher in quasi analoger Anwendung des Artikel 10 Absatz 2 das opt-out Prinzip trotz fehlender individueller Kommunikation auch auf Postwurfsendungen anwendbar sei.

Gößmann zählt die Postwurfsendung dagegen zu den individuellen Kommunikationstechniken, allerdings ohne diese Zuordnung näher zu begründen[364]. Nach dieser

---

[361] vgl Stellungnahme der Kommission zu den Änderungsvorschlägen des Parlaments in KOM (96)36 endg. S. 5 Abänderung 29

[362] In der Begründung zum Gemeinsamen Standpunkt vom 29.06.1995 wird diesbezüglich ausgeführt, hier Schutzmaßnahmen zugunsten des Verbrauchers nur illusorisch wären und aus diesem Grund das Merkmal der individuellen Kommunikation eingefügt wurde, Amtsblatt der EG Nr. C288 vom 30.10.1995, S.11.

[363] Reich „Die Fernabsatzrichtlinie im deutschen Recht" a.a.O. S. 70

[364] Gößmann, a.a.O. S. 91f

Auffassung würde somit das opt-out Prinzip nach Absatz 2 unmittelbar durchgreifen, mit der Folge, daß der Widerspruch des Verbrauchers bei Postwurfsendungen zwingend zu beachten wäre.

Für beide Einschätzungen lassen sich Argumente finden. Insbesondere die nicht adressierte Postwurfsendung weist kaum noch individuelle Bezüge auf, vielmehr hängt es vom Zufall ab, welcher Haushalt eine Postwurfsendung erhält und welcher nicht. Auch wird der Verbraucher in diesen Sendungen nicht persönlich angesprochen, sondern bleibt auch für den Versender anonym. Diese Situation ist vergleichbar mit anderen Massenmedien wie Fernsehen und Hörfunk, so daß es auf den ersten Blick naheliegend ist, die Postwurfsendung nicht als individuelles Kommunikationsmittel einzustufen. Allerdings besteht dennoch zum Fernseh- und Hörfunk ein gravierender Unterschied, welcher eine andere Einschätzung rechtfertigen dürfte: Im Falle der üblichen Massenmedien hat es der Verbraucher selbst in Hand darüber zu entscheiden, ob er bestimmte Inhalte empfangen möchte oder nicht. Beispielsweise durch Ab- oder Umschalten eines Senders kann er dem Anbieter den „Zugang" zu seiner Privatsphäre verwehren. Dem Anbieter ist es daher bei diesen Medien nicht möglich, einen bestimmten Verbraucher zu individualisieren und diesen konkreten Verbraucher ohne dessen Zutun anzusprechen. Bei der Postwurfsendung richtet sich diese jedoch nach dem Einwurf in einen bestimmten Briefkasten an dessen Eigentümer, auch wenn die jeweilige Drucksache anonymisiert war. Hierdurch wird der Verbraucher unmittelbar vom Versender angesprochen, wobei er selbst den Zugang nicht beeinflussen kann. Dieses ist letztlich vergleichbar mit dem zufälligen Anrufen bestimmter Telefonnummern aus dem Telefonbuch durch ein Telemarketingunternehmen oder mit dem Versenden von Werbe-Telefaxen an zufällig ausgewählte Adressen. Somit kann auch im Falle von Postwurfsendungen von individueller Kommunikation gesprochen werden.

Diese Einschätzung kommt auch im Gesetzgebungsverfahren zum Ausdruck. Zwar vertrat die Kommission ursprünglich die Auffassung, daß die zufällige und anonymisierte Kontaktaufnahme, z.B. im Falle von Postwurfsendungen, nicht unter individueller Kommunikation zu subsumieren ist. Daher sei dieses Merkmal gerade im Hinblick auf die Postwurfsendungen zu streichen, um hier den Verbraucherschutz nicht zu gefährden[365]. Im Vermittlungsausschuß waren sich dann jedoch die Beteiligten darin einig, daß diese von der Kommission vorgetragene Auffassung unzutreffend ist. In dem diesbezüglichen Bericht heißt es: "Postwurfsendungen können, weil sie nach wie vor von Einzelpersonen empfangen werden, als **Mittel der individuellen Kommunikation** gelten und sind deshalb von Artikel 10 Absatz 2 mit erfaßt. Die Kommission stimmt mit dieser Auslegung überein und wird gegen Mitgliedstaaten, die diese Bestimmung nicht korrekt ausführen, zu klagen haben".[366]

Schließlich läßt sich auch nur dieses Ergebnis im Hinblick auf neue Technologien systematisch einordnen. Insoweit ist darauf zu verweisen, daß die e-mail sogar im Hinblick auf die sogenannten Spams – unaufgeforderte Werbung im elektronischen

[365] vgl. KOM (96)36 endg. S.5 Abänderung 29
[366] Bericht des Vermittlungsausschusses PE 216.731/end S. 7

Briefkasten - nach einhelliger Ansicht[367] eine individuelle Form der Kommunikation im Sinne des Artikel 10 Absatz 2 darstellt, obwohl die Spams häufig auch zufällig in anonymisierter Form verschickt werden. Ein qualitativer Unterschied zu den Postwurfsendungen ist hierbei jedoch nicht ersichtlich, so daß beide Fernkommunikationstechniken gleich zu behandeln sind. Insgesamt ist es daher nicht erforderlich, mit *Reich* über den Erwägungsgrund Nr. (17) eine analoge Anwendung des Artikel 10 Absatz 2 auf Postwurfsendungen zu konstruieren, vielmehr ist die Regelung hierauf unmittelbar anwendbar.

b) „offenkundige Ablehnung"

Das opt-out Prinzip stellt generell darauf ab, daß eine Person über die Kommunikationstechniken nur dann kontaktiert werden darf, wenn sie die Kontaktaufnahme nicht ablehnt. Konkrete Vorgaben für die Frage, wie diese Ablehnung zu ermitteln oder gegebenenfalls mitzuteilen ist, enthält dieses Prinzip jedoch nicht. Daher muß die entsprechende gesetzliche Regelung festlegen, unter welchen Voraussetzungen der Verwender der Kommunikationstechnik eine Ablehnung des Verbrauchers anerkennen muß. Denkbar sind hier verschiedene Varianten, etwa daß er nach den konkreten Gesamtumständen bereits von einer Ablehnung auszugehen hat, oder aber im Gegenteil ein ausdrücklicher oder zumindest konkludenter Widerspruch des Verbrauchers erforderlich ist.

Die Richtlinie regelt diese Frage in Artikel 10 Absatz 2. Allerdings ist die entsprechende Bestimmung wegen des ungenauen Wortlautes ebenfalls nicht eindeutig und bedarf daher der Auslegung. Nach Absatz 2 soll eine Fernkommunikationstechnik nur dann verwendet werden dürfen, „wenn der Verbraucher ihre Verwendung nicht offenkundig abgelehnt hat". *Fikentscher/Möllers* interpretieren den Wortlaut dahingehend, daß in einer Gesamtbetrachtung der Gruppe der Verbraucher ermittelt werden muß, ob diese den Gebrauch einer bestimmten Fernkommunikationstechnik für Werbe- oder Vertriebszwecke generell ablehnen[368]. Bei entsprechender allgemeiner Ablehnung müßte folglich nach dieser Auffassung der unaufgeforderte Einsatz bestimmter Fernkommunikationstechniken grundsätzlich untersagt werden, wobei es auf den Willen bzw. die Einstellung des Einzelnen nicht mehr ankäme. Abgesehen von der Frage, wie eine allgemeine gesellschaftliche Ablehnung zu ermitteln wäre, geht diese Auslegung auch am Wortlaut des Artikel 10 vorbei[369]. Artikel 10 stellt hinsichtlich der Zustimmung oder der Ablehnung bei der Verwendung bestimmter Techniken nicht auf einen gesellschaftlichen Gesamtkonsens ab, vielmehr ist der Wille des einzelnen Verbrauchers zu überprüfen. Dieses ergibt sich zum einen aus Absatz 1, der für die Verwendung von Telefax und Voice Mail die „vorherige Zustimmung **des** Verbrauchers" voraussetzt. Eindeutig bezieht sich diese Formulierung auf eine

---

[367] Selbst Reich geht offensichtlich davon aus, daß es sich beim Spamming um individuelle Kommunikation handelt, vgl. „Die Fernabsatzrichtlinie im deutschen Recht" a.a.O. , S. 69 und 92; außerdem stellvertretend für weitere Autoren Claudia Ziem „Spamming" in MMR 2000, S. 129ff.

[368] vgl. Wolfgang Fikentscher und Thomas M.J. Möllers „Die (negative) Informationsfreiheit als Grenze von Werbung und Kunstdarbietung" in NJW 1998 S. 1337 (1343)

[369] so auch Andreas Pützhofen „Europäischer Verbraucherschutz im Fernabsatz" München 2001, S. 102

Einzelperson und nicht auf die Gesamtgesellschaft. Gleiches gilt auch für Absatz 2. Danach ist die Kontaktaufnahme zum Verbraucher mittels einer bestimmten Fernkommunikationstechnik nur dann zulässig, „wenn **der** Verbraucher ihre Verwendung nicht offenkundig abgelehnt hat". Dieser Wortlaut beschreibt ebenfalls die Handlung eines Individuums, welche in der Vergangenheit liegt und bereits abgeschlossen ist. Hiervon gingen auch zweifellos die an der Abfassung der Richtlinie Beteiligten aus, da diesbezüglich auch in den Materialien zur Richtlinie lediglich von der konkreten Einzelperson die Rede ist[370]. Die von *Fikentscher/Möller* vertretene Auffassung legt dagegen eine Vielzahl von Personen zugrunde, deren Ablehnung als quasi gesellschaftlicher Konsens in der Gegenwart noch andauert, so daß diese Auslegung dem Wortlaut des Artikel 10 und der Intention des Richtliniengebers eindeutig zuwiderläuft[371].

Somit stellt sich allerdings die Frage, wie die in Artikel 10 Absatz 2 vorausgesetzte „offenkundige Ablehnung" des konkreten Verbrauchers auszusehen hat. Muß er sich ausdrücklich äußern oder reicht es, wenn sich seine Ablehnung aus den Gesamtumständen oder aus seinem sonstigen Verhalten ergibt? Konkrete Hinweise ergeben sich weder aus dem Wortlaut der Richtlinie noch aus den Begründungen und Beratungsdokumenten. Eine Konkretisierung des Begriffspaares „offenkundige Ablehnung" durch Hinzuziehung der sprachlichen Fassungen anderer europäischer Mitgliedstaaten ist ebenfalls nicht möglich, diese führt im Gegenteil eher zu zusätzlicher Konfusion. Während die englische[372] und die französische[373] Fassung ähnlich der deutschen in ihrer Formulierung nicht zwingend voraussetzen, daß sich der Verbraucher ausdrücklich ablehnend äußert, verlangt die spanische Fassung eine „Widerspruchserklärung"[374] des Verbrauchers, ebenso die italienische, wonach der Verbraucher „ausdrücklich den Widerspruch erklären"[375] muß. Nach dem spanischen und italienischen Wortlaut dürfte daher die konkludente Ablehnung nicht ausreichen, um dem Anbieter die unaufgeforderte Kontaktaufnahme zu versagen. Hinsichtlich der deutschen Fassung nimmt *Reich* dagegen zu Recht an, daß diese auch die stillschweigende Ablehnung zuläßt oder sogar – z.B. bei nächtlichen Anrufen - die Gesamtumstände durch den Anbieter zu berücksichtigen sind[376] Es zeigt sich also, daß in den Mitgliedstaaten unterschiedliche Vorstellungen darüber vorhanden sind, ob und wie der Verbraucher seine Ablehnung kundzutun hat. Eine für sämtliche Mitgliedstaaten allgemeingültige Auslegung der „offenkundigen Ablehnung" wird es daher vorerst nicht geben, auch wenn dieses im Hinblick auf die grenzüberschreitende Verwendung von Fernkommunikationstechniken wünschenswert wäre.

Jedoch stimmen die Interpretionen auch in Teilbereichen überein, so daß zumindest für diese Teilbereiche allgemeingültige Aussagen getroffen werden können. Außer

---

[370] vgl. Bericht des Vermittlungsausschusses vom 13.01.1997 PE 216.731/end S.7
[371] so auch Thorsten Vehslage „Auswirkungen der Fernabsatzrichtlinie auf die Telefon- und e-Mail Werbung" in GRUR 1999, S. 656 (657)
[372] „...where there is no **clear objection**..." = deutlicher Einwand
[373] „...en l'absence d'**opposition manifeste**..." = offenkundiger Widerspruch
[374] „...a falta de **oposición manifiesta**...", hat trotz der Ähnlichkeit der Wortwahl eine andere Bedeutung als im französischen
[375] „...non si **dichiara esplicitamente contrario**..."
[376] Reich "Die Fernabsatzrichtlinie im deutschen Recht" a.a.O. S. 71f

Frage dürfte insoweit stehen, daß zumindest die ausdrücklich erklärte Ablehnung des Verbrauchers ausreicht, um die Unzulässigkeit der Kontaktaufnahme durch einen Anbieter oder Werbetreibenden via Fernkommunikationstechnik zu begründen. Diese ausdrückliche Ablehnung kann entweder unmittelbar gegenüber dem jeweiligen konkreten Anbieter bzw. Werbetreibenden erklärt werden, wobei dieses für den Verbraucher außerordentlich mühsam wäre und in der Regel erst erfolgen wird, wenn der Verbraucher bereits durch den betreffenden Verwender der Fernkommunikationstechnik in seiner Privatsphäre gestört worden ist. Daher sollte dem Verbraucher bereits im Vorfeld die Möglichkeit gegeben werden, sämtlichen Anbietern und Werbetreibenden seine Ablehnung anzuzeigen, wobei gegebenenfalls nach Fernkommunikationstechniken zu differenzieren wäre. Hinsichtlich der Postwurfsendungen reicht bereits ein entsprechender Aufkleber auf dem Briefkasten, spamming könnte in Zusammenarbeit mit den Providern und den Versendern der Spams durch entsprechende Filtersoftware abgewehrt werden, wobei sich hierfür außerdem, wie auch hinsichtlich der Telefonanrufe, sogenannte „Robinson-Listen" anbieten, in welche der Verbraucher seine für die Werbewirtschaft verbindliche Ablehnung der unaufgeforderten Kontaktaufnahme eintragen lassen kann. Die Schaffung derartiger Institutionen schwebte auch dem Richtliniengeber vor, wobei es den Mitgliedstaaten vorbehalten sein soll, dieses auf nationaler Ebene zu entwickeln und auszugestalten. Hierbei sind die Mitgliedstaaten grundsätzlich nicht festgelegt, sie müssen jedoch sicherstellen, daß dem Verbraucher in allen Bereichen der Fernkommunikation effektive Systeme zur Verfügung gestellt werden, um die Ablehnung der ungefragten Kontaktaufnahme allgemein verbindlich zu artikulieren. Hierbei dürfte es seitens der Mitgliedstaaten nicht ausreichen, lediglich einen rechtlichen Rahmen zu schaffen. Dieses ergibt sich aus dem Erwägungsgrund Nr. (17) der Richtlinie, wonach die Mitgliedstaaten „die geeigneten Maßnahmen" zu ergreifen haben, um den Verbraucher vor unerwünschter Kontaktaufnahme zu schützen, ebenso aus Artikel 10 Absatz 2, wonach die Mitgliedstaaten hierfür Sorge zu tragen haben. Im Vermittlungsausschuß wurde nochmals darauf hingewiesen, daß es Sache der Mitgliedstaaten ist, zu Gunsten des Verbrauchers „Ablehungsregelungen zu ermöglichen"[377], ihm also ein Forum zu geben, um die Ablehnung wirksam artikulieren zu können. Die Mitgliedstaaten müssen somit neben der rechtlichen Ausgestaltung auch Institutionen – wie z.B. Register, Listen und staatliche Überwachungsstellen - schaffen, die diesen Schutz gewährleisten[378]. Diese bereits aufgebauten bzw. noch zu etablierenden Systeme zum Schutze vor unerwünschter Kontaktaufnahme sind darüber hinaus regelmäßig daraufhin zu überprüfen, ob sie den Anforderungen der Richtlinie (noch) genügen, also sicherstellen, daß der einzelne Verbraucher vor unerwünschten Störungen in seiner Privatsphäre in jedem Einzelfall geschützt wird.

Während folglich einerseits die ausdrückliche Ablehnungserklärung des Verbrauchers in allen Mitgliedstaaten zur Unzulässigkeit der ungefragten Kontaktaufnahme führt, sind andererseits auch Situationen denkbar, in welchen sich die Ablehnung aus den Gesamtumständen ergibt, eine ausdrückliche Erklärung also entbehrlich sein könnte. Hierzu zählen beispielsweise Werbe- bzw. Verkaufsanrufe am Wochenende oder zur Nachtzeit, Anrufe bei Kindern oder sehr alten, unselbstständigen Menschen.

---

[377] Bericht des Vermittlungsausschusses PE 216.731/end, S. 6
[378] vgl. auch Ziem a.a.O. S. 132

Das Telefon ist hierbei als Fernkommunikationsmittel besonders hervorzuheben, da der Anruf und das hiermit eventuell aufgezwungene, persönliche Gespräch den Angerufenen stärker als andere Fernkommunikationstechniken bindet und daher als besonders störend empfunden wird. Im Erwägungsgrund Nr. (17) der Richtlinie wird jedoch gerade solchen, nicht hinnehmbaren Belästigungen des Verbrauchers mit Hinweis auf die Europäische Konvention zum Schutz der Menschenrechte und Grundfreiheiten entgegengetreten: „Es ist daher angezeigt, dem Verbraucher ein Recht auf den Schutz des Privatlebens, insbesondere vor Belästigungen durch besonders aufdringliche Fernkommunikationstechniken zuzuerkennen und mithin die spezifischen Grenzen der Nutzung der Techniken genau zu bestimmen." Der Erwägungsgrund enthält somit das Gebot, den besonders belästigenden Einsatz bestimmter Fernkommunikationstechniken zu untersagen. Hieraus läßt sich bereits die Unzulässigkeit der Verwendung einer Fernkommunikationstechnik ableiten, wenn die konkrete Verwendung im Einzelfall zu erheblich belästigenden Eingriffen in die Privatsphäre führt. Dieses ist bei den obigen Fallbeispielen hinsichtlich des Telefons zweifellos gegeben, da der Verbraucher weder am Wochenende noch zur Nachtzeit oder in bestimmten Altersstufen mit Werbe- oder Verkaufsanrufen konfrontiert werden möchte. Aufgrund der Richtlinie ergibt sich somit, daß auch ohne ausdrückliche Ablehnung ein derartiger Einsatz der Fernkommunikationstechniken zu unterlassen ist[379].

Schließlich bleibt noch die Frage, wie sich die stillschweigende oder konkludente Ablehnung des Verbrauchers auswirkt. Es wurde oben bereits dargestellt, daß der Wortlaut des Artikel 10 Absatz 2 der Richtlinie in den Sprachen der einzelnen Mitgliedstaaten inhaltlich insoweit unterschiedlich ist, als beispielsweise in Italien und Spanien eine ausdrückliche Ablehnungserklärung des Verbrauchers erforderlich sein soll. In diesen Staaten wird daher stillschweigendes bzw. konkludentes Handeln nicht ausreichen, um dem Verwender der Fernkommunikationstechnik die eigene Ablehnung nahezubringen. Soweit in den sprachlichen Fassungen anderer Mitgliedstaaten allerdings von offenkundiger Ablehnung, deutlichem Einwand oder offenkundigem Widerspruch die Rede ist, ist nicht zwingend erforderlich, daß dieser ausdrücklich vom Verbraucher erklärt wird. Dem entsprechend kann es auch bereits ausreichen, wenn der Verbraucher durch konkludentes Handeln seine Ablehnung zum Ausdruck bringt, z.B. dadurch, daß er noch während der Vorstellung des telefonischen Gesprächspartners kommentarlos den Hörer auflegt.

Aufgrund der unterschiedlichen sprachlichen Ausgestaltung des Artikel 10 Absatz 2 wird deutlich, daß eine einheitliche Linie bei der Berücksichtigung stillschweigenden oder konkludenten Handelns von den Mitgliedstaaten nicht beabsichtigt war, sondern es den nationalen Rechtsordnungen überlassen bleiben sollte, diese Frage konkret zu regeln. Dieses ist auch zweckmäßig, da die rechtliche Bewertung von konkludentem Handeln im Rahmen des allgemeinen Zivilrechts der Mitgliedstaaten zu erfolgen

---

[379] Ebenso im Ergebnis Reich "Die Fernabstzrichtlinie im deutschen Recht" a.a.O. S. 72, welche darauf hinweist, daß in diesen Fällen in denen vernünftigerweise mit einer Zustimmung nicht gerechnet werden kann, das opt-out Prinzip in ein opt-in Prinzip umgewandelt wird, der Verbraucher also gerade diesem besonders belästigenden Einsatz der Fernkommunikationstechnik zugestimmt haben muß.

hat, und daher eine entsprechende Regelung auf Gemeinschaftsebene einen zu weitgehenden Eingriff in die nationalen Rechtsordnungen darstellen würde.

Im Ergebnis wird also in den Mitgliedstaaten nur dahingehend Übereinstimmung bestehen müssen, als die ausdrückliche erklärte Ablehnung des Verbrauchers und bestimmte unlautere Gesamtumstände zur Unzulässigkeit der Kontaktaufnahme führen. Dagegen ist es den Mitgliedstaaten überlassen, die nicht ausdrückliche Ablehnung in diesem Zusammenhang zu regeln und vor allem eigene konkrete Systeme herauszubilden, in welchen der Verbraucher seine Ablehnung bezüglich der einzelnen Fernkommunikationstechniken wirkungsvoll artikulieren und durchsetzen kann. Im Hinblick auf den grenzüberschreitenden Fernabsatz und insbesondere angesichts des Internets dürfte hier allerdings einer der Schwachpunkte der Richtlinie liegen, da die fehlende gemeinschaftsrechtliche Harmonisierung bei diesen Punkten zu erheblichen Unsicherheiten bei Anbietern und Verbrauchern führen wird. Soweit die Mitgliedstaaten jeweils unterschiedliche Institutionen zum Schutz des Verbrauchers vor unerwünschter Kontaktaufnahme aufbauen, sieht sich der Anbieter einer Vielzahl von je nach Mitgliedstaat differierenden Listen, Kontrollstellen, Registern oder auch Systemen von Computer-Filtersoftware gegenüber, die für ihn kaum mehr zu überblikken sein wird. In der Folge wird es bei der grenzüberschreitenden Kommunikation unvermeidbar sein, den einen oder anderen Verbraucher via Fernkommunikationstechnik versehentlich zu kontaktieren, der gegenüber den nationalen Einrichtungen ausdrücklich seine Ablehnung erklärt hatte. Wegen der hieraus zwangsläufig für den Anbieter folgenden Sanktionen ist daher die grenzüberschreitende Kontaktaufnahme - beispielsweise via Internet – für den Anbieter nur wenig attraktiv. Auch wenn dieses in der Richtlinie nicht vorgesehen ist, sollten sich daher die Mitgliedstaaten auf einheitliche Systeme und Institutionen zum Schutz des Verbrauchers vor unerwünschter Kontaktaufnahme verständigen.

III.3.7.1.2. Die Datenschutzrichtlinie 97/66/EG

Diese Richtlinie bezieht sich vornehmlich auf den Schutz personenbezogener Daten in den modernen Telekommikationsnetzen, wie z.B. auch Mobilfunk und ISDN. Daneben zielt die Richtlinie, ähnlich wie die Fernabsatzrichtlinie, jedoch gem. Erwägungsgrund Nr. (22) darauf ab, die Teilnehmer der Telekommunikationsnetze „gegen das Eindringen in ihre Privatsphäre durch unerbetene Anrufe oder unerbetene Fernkopierübermittlungen zu schützen. Die Migliedstaaten können diese Vorkehrungen auf Teilnehmer beschränken, die natürliche Personen sind." Durch letztere Formulierung wird allerdings auch ein Unterschied zum Schutzbereich der Fernabsatzrichtlinie deutlich, da sich die Datenschutzrichtlinie generell nicht nur auf Verbraucher bezieht, sondern auch auf Gewerbetreibende und sogar juristische Personen bzw. Gesellschaften, wobei die Mitgliedstaaten den Schutzbereich auf natürliche Personen einschränken können. Gewerbetreibende sind somit grundsätzlich auch durch den nachfolgend zitierten Artikel 12 der Datenschutzrichtlinie geschützt, welcher den zulässigen Einsatz von Telekommunikationstechniken konkretisiert :

„(1) Die Verwendung von Kommunikation mit Automaten als Gesprächspartner (Voice-mail-System) oder Fernkopien (Telefax) für die Zwecke des Telemarketing darf nur bei vorheriger Einwilligung der Teilnehmer gestattet werden."

Diese Regelung entspricht Artikel 10 Absatz 1 der Fernabsatzrichtlinie, da hier ebenfalls das opt-in Prinzip für Fax und Voice-mail-Systeme festgelegt wurde. Somit muß es nach europäischer Rechtslage auch ein Firmenchef nicht tolerieren, wenn er ungefragt Faxnachrichten im Büro erhält, welche zum Zwecke des Telemarketing, also Werbung oder Vertrieb, abgesendet wurden. Bezüglich dieser Techniken existiert somit ein allgemein gültiger Standard.

Anders als die Fernabsatzrichtlinie enthält die Datenschutzrichtlinie in Artikel 12 Absatz 2 auch eine konkrete Regelung zum Einsatz des Telefons. Dort heißt es:

„(2) Die Mitgliedstaaten ergreifen geeignete Maßnahmen, um gebührenfrei sicherzustellen, daß mit Ausnahme der in Absatz 1 genannten Anrufe unerbetene Anrufe zum Zweck des Direktmarketing, die entweder ohne die Einwilligung der betreffenden Teilnehmer erfolgen oder an Teilnehmer gerichtet sind, die keine solchen Anrufe erhalten möchten, nicht gestattet sind; welche dieser Optionen gewählt wird, ist im innerstaatlichen Recht zu regeln."

Auf den ersten Blick ist diese Regelung mißverständlich, da sie dahingehend verstanden werden könnte, daß auch für die „normalen" Telefonanrufe zum Zwecke des Direktmarketing das opt-in Prinzip nunmehr obligatorisch ist, enthält doch Satz 1 die Formulierung „ohne Einwilligung der betreffenden Teilnehmer". In Satz 2 zeigt sich jedoch, daß es den Mitgliedstaaten vorbehalten bleiben soll, ob diese im innerstaatlichen Recht bezüglich der Telefonanrufe ein opt-in oder ein opt-out Prinzip vorsehen. Diese Regelungsbefugnis mußte den Mitgliedstaaten deshalb ausdrücklich eingeräumt werden, weil die Datenschutzrichtlinie, anders als die Fernabsatzrichtlinie, eine vollständige Harmonisierung vorsieht, Abweichungen hiervon also nur aufgrund ausdrücklicher Ausnahmeregelungen – wie der vorliegenden – zulässig sind. Das Fehlen dieser Ausnahmeregelung hätte zur Folge gehabt, daß allgemeinverbindlich bei Telefonanrufen das opt-out Prinzip gelten würde, Mitgliedstaaten wie Deutschland und Österreich also das dort derzeit geltende opt-in Prinzip zu Gunsten der Werbetreibenden hätten abschwächen müssen. Aufgrund des Zusatzes in Absatz 2 kann demgegenüber die unterschiedliche Rechtslage in den einzelnen Mitgliedstaaten im Telefonbereich bestehen bleiben.

Weitere Fernkommunikationstechniken wie Briefpost oder e-mail sind von der Datenschutzrichtlinie nicht erfaßt, so daß insoweit der Anwendungsbereich dieser Richtlinie kleiner ist als der der Fernabsatzrichtlinie. Hiernach ist weiterhin generell von einem opt-out Prinzip bezüglich dieser Techniken auszugehen.

III.3.7.1.3. Die e-commerce Richtlinie 2000/31/EG

Die e-commerce Richtlinie schließlich greift aktuellste Entwicklungen auf und zielt darauf ab, den Handel über elektronische Medien, insbesondere das Internet, auf europäischer Ebene zu harmonisieren. Wegen des Bezugs zum Internet regelt die Richtlinie lediglich die Zulässigkeit der Verwendung einer einzigen Fernkommuniktionstechnik, nämlich der elektronischen Post, bzw. der e-mail. Die diesbezüglichen Ausführungen in der Richtlinie sind umfangreich, bereits in den Erwägungsgründen ist der kommerziellen Verwendung vom e-mails ein größerer Abschnitt gewidmet :

„(30) Die Zusendung nicht angeforderter kommerzieller Kommunikation durch elektronische Post kann für Verbraucher und Anbieter von Diensten der Informationsgesellschaft unerwünscht sein und das reibungslose Funktionieren interaktiver Netze beeinträchtigen. Die Frage der Zustimmung der Empfänger bestimmter Formen der nicht angeforderten kommerziellen Kommunikation **ist nicht Gegenstand dieser Richtlinie,** sondern ist, insbesondere in den Richtlinien **97/7/EG** und **97/66/EG**, bereits geregelt. In den Mitgliedstaaten, die nicht angeforderte kommerzielle Kommunikationen über elektronische Post zulassen, sollten geeignete Initiativen der Branche zum Herausfiltern entsprechender Mitteilungen gefördert und erleichtert werden. Darüber hinaus müssen nicht angeforderte kommerzielle Kommunikationen auf jeden Fall klar als solche erkennbar sein, um die Transparenz zu verbessem und die Funktionsfähigkeit derartiger Filtersysteme der Branche zu fördern. Durch elektronische Post zugesandte, nicht angeforderte kommerzielle Kommunikationen dürfen keine zusätzlichen Kommunikationskosten für den Empfänger verursachen (gemeint war wohl „entstehen" – Anm. d. Verf.).
(31) Mitgliedstaaten, die in ihrem Hoheitsgebiet niedergelassenen Dienstanbietern die Versendung nicht angeforderter kommerzieller Kommunikation mit elektronischer Post ohne vorherige Zustimmung des Empfängers gestatten, müssen dafür Sorge tragen, daß die Dienstanbieter regelmäßig sogenannte Robinson-Listen konsultieren, in die sich natürliche Personen eintragen können, die keine derartigen Informationen zu erhalten wünschen, und daß die Dienstanbieter diese Listen beachten."

Zwar wird in diesen Erwägungsgründen hervorgehoben, daß durch die Richtlinie die Zulässigkeit der ungefragten Kontaktaufnahme durch kommerzielle Anbieter via e-mail nicht geregelt werden soll, dennoch enthält sie konkrete Ausführungen zu genau dieser Frage. Den Erwägungsgründen kann insoweit entnommen werden, daß es grundsätzlich für die Mitgliedstaaten möglich sein soll, nicht angeforderte e-mail Werbung zu erlauben, wobei hierbei das opt-out Prinzip gelten muß, also e-mail Werbung nach ausdrücklichem Widerspruch des Verbrauchers immer unzulässig ist. Letzteres ergibt sich zum einen aus Artikel 10 Absatz 2 der Fernabsatzrichtlinie und aus dem Umstand, daß nach den zitierten Erwägungsgründen der e-commerce-Richtlinie Robinson-Listen für e-mail-Werbung anzulegen sind, wobei der Dienstanbieter den dortigen Widerspruch des Verbrauchers zwingend zu beachten hat. Darüber hinaus sollen kommerzielle e-mails auch dann gegen die Vorgaben der Richtlinie verstoßen, wenn sie zusätzliche Kosten für den Empfänger verursachen, oder wenn sie nicht als Werbe-mails erkennbar und daher nicht für Filtersysteme identifizierbar sind. Diese in den Erwägungsgründen bereits dargestellten Voraussetzungen an die Zulässigkeit von spamming[380] werden dann noch einmal im Abschnitt der verbindlichen Regelungen unter Artikel 7 konkretisiert:

„(1) Zusätzlich zu den sonstigen Anforderungen des Gemeinschaftsrechts stellen Mitgliedstaaten, die nicht angeforderte kommerzielle Kommunikation mittels elektronischer Post zulassen, sicher, daß solche kommerziellen Kommunikationen eines in ihrem Hoheitsgebiet zugelassenen Dienstanbieters bei Eingang beim Nutzer klar und unzweideutig als solche erkennbar sind.

(2) Unbeschadet der Richtlinien 97/7/EG und 97/66/EG ergreifen die Mitgliedstaaten Maßnahmen, um sicherzustellen, daß Dienstanbieter, die nicht angeforderte kommerzielle Kommunikation durch elektronische Post übermitteln, regelmäßig sogenannte Robinson-Listen konsultieren, in die sich natürliche Personen eintragen können, die keine derartigen kommerziellen Kommunikationen zu erhalten wünschen, und daß Dienstanbieter diese Listen beachten."

Artikel 7 entspricht somit im Wortlaut weitestgehend den Erwägungsgründen, allerdings ist in Absatz 1 eine Regelung enthalten, die nicht den Erwägungsgründen entstammt und einer näheren Erläuterung bedarf. Aus Absatz 1 ergibt sich, daß es jedem Mitgliedstaat freigestellt ist, die nicht angeforderte e-mail-Werbung, also das spamming, nach Maßgabe des opt-out-Prinzips zu gestatten. Hierbei hat jeder Mitgliedstaat, der das spamming grundsätzlich erlaubt, **die in seinem Hoheitsgebiet zugelassenen** Dienstanbieter dahingehend zu kontrollieren, ob die von dort versendeten Werbe-e-mails als solche erkennbar sind. Somit obliegt die rechtliche Kontrolle den Herkunftsländern der Dienstanbieter, daß dortige Recht ist maßgeblich. Nun könnte hieraus geschlossen werden, daß spamming im Bereich der Europäischen Union grundsätzlich zulässig ist, da die Erlaubnis durch einen Mitgliedstaat dazu führen würde, daß die dort ansässigen Dienstanbieter Werbe-e-mails auch in andere Mitgliedstaaten versenden können, die rechtliche Zulässigkeit dieses Handelns sich aber lediglich nach dem Recht des Herkunftsstaates bemißt. Das Untersagen des spamming in einzelnen Mitgliedstaaten wäre somit wirkungslos, da sich nur die dort ansässigen Dienstanbieter hieran halten müßten, nicht aber die Anbieter aus anderen Staaten. Diese Sichtweise wird dadurch gestützt, daß in Artikel 3 der e-commerce-Richtlinie eine „radikale Neuregelung"[381] mit der Einführung des Herkunftslandprinzips erfolgte. Dieses Prinzip besagt generell, daß ein Provider, der seine Dienste entsprechend der Maßgaben seines „Heimatrechts" erbringt, zusätzliche Restriktionen in anderen Staaten, in denen seine Dienste abgerufen werden, nicht hinzunehmen braucht. Übertragen auf obige Frage würde dieses bedeuten, daß der Provider ein spamming-Verbot außerhalb seines Herkunftsstaates ignorieren kann, er also letztlich in sämtliche Mitgliedstaaten spammings versenden dürfte. Diese Auffassung wurde hinsichtlich des Artikel 7 der Richtlinie auch teilweise vertreten[382], wobei hier noch die ursprüngliche Entwurfsfassung dieser Vorschrift vom 23.12.1998[383] zu Grunde lag: im Entwurf wurde lediglich ausgeführt, daß e-mail-

[380] unaufgeforderte e-mail Werbung, vgl Ausführungen auf S. 126
[381] Thomas Hoeren „ Vorschlag für eine EU-Richtlinie über E-Commerce" in MMR 1999, S. 192 (194)
[382] Stefan Freytag „EU-Kommission: Richtlinienentwurf zu Electronic Commerce" in MMR 1998, S. V
[383] Amtsblatt der EG Nr. C30 vom 05.02.1999 S. 4ff

Werbung als solche zu erkennen sein müsse, die Möglichkeit eines spamming-Verbotes durch einzelne Mitgliedstaaten wurde nicht einmal mittelbar erwähnt. Angesichts der endgültigen Fassung der Richtlinie dürfte dieser Standpunkt jedoch nicht (mehr) haltbar sein. Zum einen differenziert Artikel 7 nunmehr nach solchen Mitgliedstaaten, die das spamming zulassen wollen und solchen, in denen die unaufgeforderte Werbe-e-mail verboten wird. Diese Differenzierung wäre letztlich überflüssig, wenn aufgrund des beschriebenen Herkunftslandprinzips ein Provider spammings in alle Mitgliedstaaten verschicken dürfte, wenn dieses in seinem Herkunftsstaat erlaubt wäre. Schnell würden sich sämtliche Provider im liberalsten Mitgliedstaat sammeln.

Zum anderen ist zu berücksichtigen, daß im Falle der unaufgeforderten Versendung von e-mails ausnahmsweise gerade nicht das Herkunftstlandprinzip des Artikel 3 gilt. Vielmehr müssen die Provider beim spamming sowohl die Regeln ihres Herkunftsstaates beachten als auch die Regeln des Staates, in welchem der Adressat sitzt. Insoweit wurde offensichtlich von Vertretern der gegenteiligen Auffassung übersehen, daß nach Artikel 3 Absatz 3[384] und Anhang 2 der Richtlinie das Herkunftslandprinzip ausdrücklich für die Frage der Zulässigkeit von spamming ausgeschlossen wurde, die einzelnen Staaten also auch ausländischen Providern die unaufgeforderte e-mail untersagen können[385].

Festzuhalten bleibt somit, daß es den Mitgliedstaaten freigestellt ist, spamming unter Maßgabe des opt-out zu erlauben oder aber zu verbieten bzw. – was einem Verbot gleichkommt – von einer vorherigen Zustimmung des Verbrauchers abhängig zu machen (opt-in). Nur solche Dienstanbieter, in deren Herkunftsland spamming erlaubt ist, dürfen dieses auch zulassen. Bei der grenzüberschreitenden Versendung der mails müssen sie außerdem das diesbezügliche Recht des Empfängerstaates beachten. Selbst, wenn die Versendung unaufgeforderter elektronischer Post im Herkunfts- und Empfängerstaat generell erlaubt ist, verstoßen solche mails immer gegen die Richtlinie, die nicht eindeutig als spamming zu identifizieren sind und/oder zusätzliche Kosten für den Empfänger verursachen.

III.3.7.2. höheres Schutzniveau auf nationaler Ebene

In Deutschland und Österreich wird seit der Veröffentlichung der Fernabsatzrichtlinie vor allem unter Wettbewerbsrechtlern eine eingehende Diskussion darüber geführt, ob es auf nationaler Ebene zulässig ist, das Schutznivaeu der Richtlinie zu Gunsten des Verbrauchers zu überschreiten. Diese Frage ist insbesondere in den beiden deutschsprachigen Mitgliedstaaten relevant, da hier auch noch nach der Umsetzung der Fernabsatzrichtlinie in nationales Recht am generellen opt-in Prinzip für die Telekommunikation festgehalten wurde, die Marketing- bzw. Vertriebsbranche dort also immer die Zustimmung des Verbrauchers benötigt, um diesen kontaktieren zu dürfen[386]. Die Beibehaltung der bisherigen Rechtslage wurde in beiden Mitgliedstaaten

---

[384] vormals Artikel 22 Absatz 2

[385] Hoeren a.a.O. S. 198

[386] Das Landgericht Kiel hat insoweit allerdings vor kurzem die Zulässigkeit einer unaufgeforderten gewerblichen e-mail bestätigt, die keine Werbung sondern ein konkretes vertragliches Angebot an den Empfänger enthielt – LG Kiel, Urteil vom 20.06.2000 (8 S 263/99) in NJW-RR 2001, S. 412.

damit begründet, daß die Fernabsatzrichtlinie gem. Artikel 14 nur eine Mindestharmonisierung vornimmt, und es daher zulässig sei, auf nationaler Ebene strengere und vor allem den Verbraucher stärker schützende Vorschriften beizubehalten[387]. Diese Einschätzung wird jedoch vor allem in der Literatur nicht geteilt, wofür ein unterschiedliches Verständnis des Artikel 14 der Richtlinie (Mindestklauseln) ursächlich ist. Zur Darstellung und Lösung des Problems ist es daher erforderlich, bereits an dieser Stelle auf Artikel 14 der Fernabsatzrichtlinie ausführlich einzugehen. Für die unterschiedliche Auslegung des Artikel 14 ist dessen mißverständlicher Wortlaut verantwortlich, weshalb dieser hier vollständig zitiert werden soll:

„Die Mitgliedsstaaten können in dem unter diese Richtlinie fallenden Bereich mit dem EG-Vertrag in Einklang stehende strengere Bestimmungen erlassen oder aufrechterhalten, um ein höheres Schutzniveau für die Verbraucher sicherzustellen. Durch solche Bestimmungen können sie im Interesse der Allgemeinheit den Vertrieb im Fernabsatz für bestimmte Waren und Dienstleistungen, insbesondere Arzneimittel, in ihrem Hoheitsgebiet unter Beachtung des EG-Vertrags verbieten."

Dieser Wortlaut entspricht grundsätzlich den aus Artikel 129 a Absatz 5 EGV abgeleiteten Mindestharmonisierungsklauseln, wie sie bereits aus der Haustürwiderrufsrichtlinie 85/577/EWG[388] oder der Richtlinie über vergleichende Werbung 84/450/EWG[389] bekannt sind. Somit regelt diese Bestimmung das Recht der Mitgliedstaaten, zum Zwecke des Verbraucherschutzes ein höheres Schutzniveau, als das in der Richtlinie vorgesehene, zu etablieren, soweit dieses nicht den Prinzipien des EG-Vertrages, insbesondere dem freien Waren- und Dienstleistungsverkehr widerspricht. Nach der anfänglich einhelligen Auffassung war Satz 2 der Bestimmung lediglich eine Wiederholung von Satz 1 und sollte somit nochmals hervorheben, daß auch der Vertrieb bestimmter Waren und Dienstleistungen via Fernabsatz zum Schutze höherer Interessen verboten werden kann.

Nach dieser Auffassung sollte es daher auch zulässig sein, im Interesse des Verbrauchers die in Deutschland geltende generelle opt-in Lösung beizubehalten[390]. Weiterhin verstoße das strengere deutsche und österreichische System auch nicht gegen die Prinzipien der EU-Verträge, insbesondere gegen die Grundfreiheiten nach Artikel 30ff EGV (Art. 28ff EGV n.F.) und Artikel 59ff EGV (Art. 49ff EGV n.F.). Artikel 30 EGV (Warenverkehrsfreiheit) soll lediglich produktbezogene Beschränkungen ausschließen, nicht jedoch solche, die auf eine bestimmte Vertriebsart abzielen und

---

[387] vgl. für Deutschland Entwurf zum Umsetzungsgesetz BT-Drucksache 14/2658 vom 09.02.2000 S. 24ff; für Österreich Regierungsvorlage zum Umsetzungsgesetz in den stenographischen Protokollen des Nationalrates, abrufbar unter http://normative.zusammenhaenge.at/materialien/fernabsatzg_rv_vorbl.html

[388] dort Artikel 8, Amtsblatt der EG Nr. L372 vom 31.12.1985

[389] Amtsblatt EG Nr. L 250 vom 19.09.1984, S. 17

[390] vgl. Andreas Günther „Erwünschte Regelung zu unerwünschter Werbung" in CR 1999 S.172ff (174, 182) Gerhard Ring a.a.O. S. 54; Kai Westerwelle zum Urteil des LG Berlin vom 13.08.1998 in MMR S. 1999 S. 45(46); Begründung des Gesetzesentwurfs des deutschen Bundestages in der BT-Drucksache 14/2658 S. 25; Fikentscher /Möllers a.a.O. S. 1343; Gößmann a.a.O. S. 91; Landgericht Traunstein, Beschluß vom 18.12.1997 abgedruckt in 1998 S. 1648f

hierbei alle Wirtschaftsteilnehmer eines Staates gleichermaßen betreffen[391]. Die strengeren Regelungen in Deutschland und Österreich beziehen sich lediglich auf den Vertrieb und gelten für alle in diesem Wirtschaftsraum tätigen Unternehmen, weshalb die restriktiven Bestimmungen dieser Länder mit Artikel 30 EGV vereinbar[392] sind.

Gleiches gilt für Artikel 59 EGV a.F., wobei die rechtliche Bewertung hier etwas schwieriger ist. Artikel 59 EGV schützt die Dienstleistungsfreiheit, also die Freiheit der Unternehmen ihre Leistungen auch außerhalb ihres Herkunftsstaates anbieten zu dürfen. Bezüglich der Zulässigkeit von Verboten bzw. Beschränkungen bestimmter Telemarketingpraktiken im Lichte der Dienstleistungsfreiheit hatte der Europäische Gerichtshof mit seiner Entscheidung zur niederländischen Firma Alpine Investments[393] im Jahre 1995 bereits einige Vorgaben aufgestellt. Im entschiedenen Fall ging aus ein Verbot des niederländischen Finanzministeriums von „cold calling"[394] im Bereich der Finanzdienstleistungen. Dieses Verbot untersagte der Firma Alpine Investment auch das Betreiben des „cold calling" im Ausland, selbst wenn dieses dort jeweils zulässig sein sollte. Der Europäische Gerichtshof sah hier grundsätzlich die Dienstleistungsfreiheit nach Artikel 59 EGV a.F. tangiert, hielt die Regelung jedoch ausnahmsweise für zulässig, da das Allgemeininteresse dieses im Falle des sensiblen Bereichs der Finanzdienstleistungen rechtfertige. Trotz dieser Entscheidung des Europäischen Gerichtshofs wird in der Literatur die Auffassung vertreten, strengere Beschränkungen des Telemarketing in Deutschland und Österreich, wie zum Beispiel das generell bestehende Verbot des „cold calling", würden die Dienstleistungsfreiheit nach Artikel 59 EGV a.F. nicht berühren[395]. Zur Begründung wird angeführt, im Falle der Alpine Investment sei auch die Tätigkeit im Ausland untersagt worden, mithin auch die Betätigung in solchen Staaten, in welchen diese Werbepraktiken erlaubt waren. Demgegenüber seien Unternehmen in Deutschland und Österreich trotz der strengeren Regelungen im Inland berechtigt, im Ausland tätig zu sein und dort auch solche Werbepraktiken zu verwenden, die in ihren Herkunftsländern untersagt sind. Da das Marktortprinzip[396] gelte, bestimme sich die Zulässigkeit solcher Werbemaßnahmen nach dem Recht des Ortes, an welchem diese ankommt[397], also gegebenenfalls nach dem Recht des ausländischen Staates[398].

---

[391] Grundlegend EuGH Slg. 1993 I-6097 – Keck/Michouard, ebenfalls abgedruckt in NJW 1994 S. 121; zuletzt EuGH Slg. 1997 I-3689

[392] Günther a.a.O. S.176; Ring a.a.O. S. 52; Gesetzesbegründung des Bundestages BT-Drucksache 14/2658 S. 25

[393] EuGH Slg. 1995 I-1141

[394] Unaufgeforferte kommerzielle Anrufe, die insbesondere im Bereich des Telemarketing beliebt sind, um Zeitungsabonnements, Versicherungen etc. zu verkaufen.

[395] Günther a.a.O. S.176; Ring a.a.O. S. 52; Gesetzesbegründung des Bundestages BT-Drucksache 14/2658 S. 25

[396] Zum Marktortprinzip im grenzüberschreitenden Direktmarketing eingehend Nina Dethloff „Marketing im Internet und Internationales Wettbewerbsrecht" in NJW 1998 S. 1596ff.

[397] Dieses übersieht im übrigen Stefan Grundmann „EG-Richtlinie und nationales Privatrecht" in JZ 1996 S. 274 (281), der mit Verweis auf das Binnenmarktprinzip die Auffassung vertritt, solche Regelungen, die über die Mindestharmonisierung hinausgehen, würden jeweils nur für inländische Unternehmen gelten, nicht aber für ausländische.

[398] Diese Einschätzung kann jedoch zumindest im Hinblick auf unaufgeforderte e-mails nur noch eingeschränkt gelten, da die e-commerce-Richtlinie – wie bereits aufgezeigt - auch die Herkunftsstaaten von Dienstanbietern hinsichtlich der Rechtskontrolle in die Pflicht nimmt, vgl. Ziffer III.3.7.1.4..

Nach der in der Literatur vertreten Auffassung wäre jedoch sogar die Einschränkung der Auslandstätigkeit von Unternehmen der Direktmarketingbranche entgegen Artikel 59 EGV a.F. unschädlich, da dieses zum Schutz der Lauterkeit des Wettbewerbs und des Verbrauchers durch höhere Allgemeininteressen gerechtfertigt sei, und die Verhältnismäßigkeit gewahrt werde[399]. Somit seien strengere Regelungen in Deutschland und Österreich im Hinblick auf die Mindestharmonisierungsklausel und auch auf die vertraglichen Prinzipien der Europäischen Union nicht zu beanstanden.

Reich sieht dagegen gerade unter Hinweis auf europarechtliche Prinzipien ein dringendes Erfordernis, die deutsche und österreichische Rechtslage der der übrigen Mitgliedstaaten anzupassen. Insoweit hebt er hervor, daß Verbraucherbelange gelegentlich hinter dem Ziel einer vollständigen Harmonisierung von Regelungsbereichen zurücktreten müssten, insbesondere wenn diese Bereiche einen starken Binnenmarktbezug haben[400]. Ein starker Binnenmarktbezug ist im Bereich des grenzüberschreitenden Telemarketing zweifellos gegeben. Der EG-Gesetzgeber habe hier durch die Regelung des Artikel 10 das vorrangige Allgemeininteresse definiert und sich bis auf die Ausnahmen Telefax und Voice-mail für das opt-out Prinzip entschieden[401]. Dieses Prinzip sei somit europaweit als lauterkeitsrechtlich zulässig einzustufen, weshalb der strengere deutsche (und österreichische) Standpunkt – auch im Interesse dort ansässiger Unternehmen – nicht aufrechtzuerhalten sei. Hieraus folgert *Reich* schließlich, daß in Bereich der Lauterkeit von Telemarketingmaßnahmen der Grundsatz der Mindestharmonisierung nach Artikel 14 nicht gelte, sondern in dieser Frage eine vollständige Harmonisierung in den Mitgliedstaaten vorzunehmen sei.

Letztere Auffassung hat nunmehr eine Vielzahl von Anhängern gefunden. Diese stützen ihre Ansicht allerdings nicht, wie *Reich*, allein auf das vorrangige Allgemeininteresse einer vollständigen Harmonisierung, sondern zusätzlich auf den Wortlaut des die Mindestharmonisierung betreffenden Artikel 14. Hiernach sei Artikel 14 so zu verstehen, daß grundsätzlich durch die Richtlinie eine vollständige Harmonisierung vorgenommen werde. Lediglich im Hinblick auf bestimmte Waren und Dienstleistungen sei es zulässig, strengere Vorschriften zu erlassen. Dieses ergebe sich aus dem Satzbau der Regelung: Im ersten Satz ist vorgesehen, daß die Mitgliedstaaten zu Gunsten eines höheren Schutzniveaus für die Verbraucher strengere Bestimmungen erlassen können. Der zweite Satz nehme hierbei Bezug auf den ersten mit der Formulierung „ Durch solche Bestimmungen können sie ... verbieten". Dieses stelle dann aber keine Wiederholung oder Erläuterung des ersten Satzes dar. Vielmehr enthalte dieser eine Konkretisierung bzw. Einschränkung der Regelung dahingehend, daß strengere Vorschriften nur im Hinblick auf bestimmte heikle Dienstleistungen und Waren – wie z.B. Arzneimittel – zulässig sind, nicht jedoch bei der Lauterkeit von Telemarketingmaßnahmen[402]. Als Argument wird angeführt, daß der Gesetzgeber

---

[399] Leible/Sosnitza „Telefonwerbung und Fernabsatzrichtlinie" in K&R 1998 S. 283 (288); Ring a.a.O. S. 53; Günther a.a.O. 178

[400] Reich „Die Fernabsatzrichtlinie im deutschen Recht" a.a.O. S. 109ff

[401] Reich „Die neue Richtlinie..." a.a.O. S. 586

[402] Thorsten Vehslage „Auswirkungen der Fernabsatzrichtlinie auf die Telefon- und e-mail Werbung" in GRUR 1999 S. 656 (658); Ursula Zehentmeier „Unaufgeforderte E-Mail-Werbung – Ein wettbewerbswidriger Boom im Internet" in BB 2000 S. 940 (944); Steffen Böhm „Unerlaubte Telefonwerbung im

andernfalls durch Hinzufügung der Worte „auch", „vor allem", „insbesondere" deutlich gemacht hätte, daß es sich bei Satz zwei lediglich um eine ergänzende Erläuterung handeln soll, wie z.B. im Hinblick auf die erwähnten Arzneimittel[403]. Außerdem wird darauf hingewiesen, daß Satz 2 in einer lediglich klarstellenden Funktion ohne eigenständige Bedeutung keinen Sinn mache, sondern in diesem Fall Satz 1 ausgereicht hätte[404]. Auch Zweckmäßigkeitserwägungen werden für die Begründung herangezogen, insbesondere die Feststellung, daß eine Zersplitterung des Rechts und eine Auflockerung der Harmonisierung gerade in diesem wesentlichen Bereich kaum im Interesse des Richtliniengebers sein könne. Daher sei es nicht zulässig in Deutschland und Österreich strengere Regelungen, vor allem in den Bereichen Telefon und e-mail-Werbung aufrechtzuerhalten, da dieses angesichts des Artikel 10 der Richtlinie nunmehr gegen europäisches Recht verstoße. Die Konsequenz aus dieser Ansicht wäre, daß in Deutschland und Österreich das rechtliche System bezüglich unlauterer Werbemaßnahmen weitgehend umgestaltet werden müßte. Angesichts des Umstandes, daß weder in Deutschland noch in Österreich bei der Umsetzung der Richtlinie die Notwendigkeit einer Anpassung gesehen wurde[405], dürfte diese Frage bald vor dem EuGH entschieden werden.

Günther hält den Befürwortern einer vollständigen Harmonisierung jedoch zutreffend entgegen, daß eine solche in Brüssel und Straßburg gerade keine Mehrheit gefunden habe, und diese auch nicht über eine „teleologische Reduktion erzwungen" werden könne[406]. Tatsächlich ist aus den Materialien zur Fernabsatzrichtlinie kaum zu ermitteln, in welcher Weise Artikel 14, insbesondere Satz 2, nach der Intention des Richtliniengebers verstanden werden sollte. Auch die sonst ergiebigen Begründungen zu den einzelnen Entwürfen enthalten nur kurze Erläuterungen zum jetzigen Artikel 14 und sind daher kaum hilfreich. Unzutreffend ist allerdings das oben geschilderte Argument, Artikel 14 Satz 2 habe nur dann eine eigenständige Bedeutung, wenn er Satz 1 einschränke und daher andernfalls weggelassen werden könne. Vielmehr würde sich beim Fehlen des Satz 2 die Frage stellen, ob es überhaupt zulässig ist, Waren oder Dienstleistungen im Bereich des Fernabsatzes zu verbieten. Insoweit sei auf die obigen Ausführungen zu Artikel 30 EGV a.F. und Artikel 59 EGV a.F. verwiesen. Verbote von Waren und Dienstleistungen im Fernabsatz könnten insoweit gegen die Waren- und Dienstleistungsfreiheit verstoßen und daher unzulässig sein. Durch die „Klarstellung" in Artikel 14 Satz 2 der Richtlinie wird jedoch festgestellt, daß solche Einschränkungen der Handelsfreiheiten unter bestimmten Voraussetzungen erfolgen können. Mithin hat Artikel 14 Satz 2 ohne Zweifel eine eigenständige Bedeutung.

Obwohl die Materialien zur Fernabsatzrichlinie im übrigen keine Anhaltspunkte für eine Auslegung enthalten, hat der Europäische Richtliniengeber jedoch durch seine weitere Tätigkeit zu erkennen gegeben, wie er Artikel 14 der Fernabsatzrichtlinie verstanden haben will. Eine eindeutige Aussage zu dieser Frage ist in den oben zitierten

---

geschäftlichen Bereich" in MMR 1999 S. 643 (647); Ziem a.a.O. S.133; LG Berlin im Urteil vom 13.10.1998, abgedruckt in MMR 1999 S. 43 (44)

[403] vgl. Vehslage a.a.O. S. 658

[404] vgl. Böhm a.a.O. S. 647

[405] vgl. Fn 377

[406] Günther a.a.O. S. 175

Richtlinien zum e-commerce 2000/31/EG[407] und zum Datenschutz im Bereich der Telekommunikation 97/66/EG[408] enthalten. Es wurde bereits dargestellt, daß die Datenschutzrichtlinie auf eine vollständige Harmonisierung abzielt. Gerade bei der Verwendung des Telefons für Werbemaßnahmen wurde von diesem Grundsatz jedoch eine Ausnahme gemacht, da Artikel 12 Absatz 2 der Datenschutzrichtlinie es ausdrücklich den Mitgliedstaaten überläßt, ob diese ein opt-in oder ein opt-out Prinzip bei Telefonanrufen etablieren[409].

Gleiches ergibt sich für e-mails im Hinblick auf die e-commerce-Richtlinie. In Artikel 7 Absatz 1 der Richtlinie wird ebenfalls ausdrücklich hervorgehoben, daß es neben den Staaten, die unangeforderte e-mails zulassen auch solche gibt, in denen spamming untersagt ist[410]. Hieraus kann nur geschlossen werden, daß der Richtliniengeber hier ebenfalls nicht von einer gemeinschaftsweiten Harmonisierung der Regelungen ausging.

Beide Richtlinien sind zeitlich nach der Fernabsatzrichtlinie entstanden, so daß die Fernabsatzrichtlinie bei der Abfassung der e-commerce-Richtlinie und der Datenschutzrichtlinie bereits zu Grunde gelegt wurde. Auf die Fernabsatzrichtlinie wird jeweils sogar ausdrücklich Bezug genommen. Wenn der Richtliniengeber jedoch bei der Abfassung der beiden genannten Folgerichtlinien davon ausging, daß die Mitgliedstaaten im Bereich des Telefons und der e-mails sich selbst für die Etablierung des opt-in- oder opt-out- Prinzips entscheiden können, kann durch die vorher beschlossene Fernabsatzrichtlinie keine bindende Vorgabe im Sinne einer vollständigen Harmonisierung erfolgt sein. Folglich hat der Richtliniengeber Artikel 14 der Fernabsatzrichtlinie selbst dahingehend verstanden, daß die Mitgliedstaaten auch hinsichtlich der Vertriebsformen strengere Bestimmungen, als die in der Richtlinie enthaltenen, erlassen können. Mithin ist es Deutschland und Österreich auch im Hinblick auf die Fernabsatzrichtlinie nach wie vor gestattet, daß bestehende Schutzniveau beizubehalten.

Dieses Ergebnis wird im übrigen auch bestätigt durch den aktuellen Entwurf zur Finanz-Fernabsatzrichtlinie[411], welcher unter Artikel 10 ausdrücklich vorsieht, dass die Mitgliedstaaten das opt-in-Prinzip nicht auf Fax und Voice-Mail-Systeme beschränken müssen, sondern dieses auch auf andere Fernkommunikationstechniken ausweiten können[412]. Hierbei handelt es sich zwar nocht nicht um die endgültige Fassung. Dennoch lässt auch der Entwurf bereits den Schluß zu, dass der Richtliniengeber durch die beiden zusammenhhängenden Regelungswerke den Mitgliedstaaten die Möglichkeit einräumen wollte, strengere Regelungen im Hinblick auf die Verwendung von Fernkommunikationstechniken zu erlassen.

---

[407] Amtsblatt der EG Nr. L178 vom 17.07.2000, S. 1ff
[408] Amtsblatt der EG Nr. L24 vom 30.01.1998, S. 1ff
[409] vgl. Ziffer II.3.7.1.3.
[410] vgl. Ziffer II.3.7.1.4.
[411] Gemeinsamer Standpunkt Nr. 16/2002 vom 19.12.2001
[412] vgl. Ziffer IV.2.6.2.

III.3.8. Rechtsdurchsetzung

In den Artikel 11 bis 17 sind schließlich die Regelungen enthalten, welche die Bindungswirkung der Richtlinie festlegen und vorgeben, wie diese durch die Mitgliedstaaten umzusetzen ist, um den Verbrauchern hinreichende Möglichkeit zur Rechtsdurchsetzung zu geben. Bis auf den bereits dargestellten Artikel 14, welcher die Mindestharmonisierung betrifft, sind die Bestimmungen weitestgehend unproblematisch, so daß eine umfassende Erörterung hier nicht erforderlich ist.

III.3.8.1. Rechtsbehelfe in den Mitgliedstaaten

Die Fernabsatzrichtlinie normiert zwar eine Vielzahl von Rechten des Verbrauchers und Pflichten des Lieferers, jedoch benennt sie nur in einem einzigen Fall eine konkrete Sanktion für die Pflichtverletzung, nämlich die Verlängerung der Widerrufsfrist auf 3 Monate gemäß Artikel 6 Absatz 1 bei der Verletzung der Informationspflichten[413]. Im übrigen ist es daher den Mitgliedstaaten überlassen, die Rechtsfolgen einer Verletzung der Richtlinienvorgaben festzulegen. Dieses ist angesichts der verschiedenen Sanktionsmöglichkeiten in straf-, verwaltungs- und zivilrechtlicher Sicht und der diesbezüglich unterschiedlichen Rechtssysteme in den Mitgliedstaaten nachvollziehbar bzw. nach dem Subsidiaritätsprinzip des Gemeinschaftsrechts gem. Art. 3b EGV (Artikel 5 n.F.) sogar geboten. Dem entsprechend haben gem. Artikel 11 Absatz 1 der Richtlinie alleine die Mitgliedstaaten dafür Sorge zu tragen, daß wirksame Mittel vorhanden sind, um den Verbraucherschutz im Sinne der Richtlinie zu gewährleisten. Bei dieser einseitigen Zuständigkeitsverteilung stand für den Richtliniengeber vor allem das Bemühen im Vordergrund, „keine zu spezifischen Bestimmungen festzulegen, die möglicherweise nicht den einzelstaatlichen Rechtsordnungen entsprechen würden"[414].

Diese alleinige Zuständigkeit der Mitgliedstaaten bei der Etablierung wirksamer rechtlicher Instrumente fördert andererseits jedoch die rechtliche Zersplitterung und begünstigt somit die Rechtsunsicherheit im Binnenmarkt, wie auch Wettbewerbsverzerrungen, da sich Anbieter bevorzugt dort niederlassen, wo die geringsten Sanktionen und Einschränkungen zu erwarten sind. Lediglich Absatz 2 des Artikel 11 könnte dieser Entwicklung entgegenwirken, da dieser zwingend[415] vorsieht, daß in allen Mitgliedstaaten die Möglichkeit der Verbandsklage zum Schutz der Kollektivinteressen der Verbraucher zu etablieren ist. Hierdurch wird ein gemeinschaftsweit existierender Rechtsbehelf begründet, welcher zumindest eine Mindestharmonisierung in diesem Bereich gewährleistet. Um dieses Verbandsklagerecht zugunsten kollektiver Verbraucherinteressen auf europäischer Ebene weiter zu konkretisieren, wurde am 19. Mai 1998 die Richtlinie 98/27/EG[416] über Unterlassungsklagen zum Schutz von Verbraucherinteressen verabschiedet, welche im Anhang auch ausdrücklich auf die

---

[413] vgl. Ziffer III.3.3.6.

[414] Gemeinsamer Standpunkt des Rates, Begründung zu Artikel 11, Amtsblatt der EG Nr. C288 vom 30.10.1995, S.12

[415] vgl. auch Reich „Die Fernabstzrichtlinie im deutschen Recht" a.a.O. S. 114; ders. „Die neue..." a.a.O. S. 588

[416] Amtsblatt der EG Nr. L166 vom 11.06.1998, S. 51 - 55

Fernabsatzrichtlinie bezug nimmt. Durch diese Richtlinie über Unterlassungsklagen dürften vor allem Verbraucherschutzorganisationen eine Aufwertung erfahren, welche als „qualifizierte Einrichtungen" im Sinne dieser Richtlinie gemäß deren Artikel 4 sogar in jeweils anderen Mitgliedstaaten klagebefugt sein sollen und damit grenzüberschreitenden Schutz bieten können. Die in den Erwägungsgründen 2 bis 11 dieser Richtlinie ausdrücklich geforderte Harmonisierung im Bereich der verbraucherrechtlichen Schutzsysteme ist durch diese Richtlinie ein Stück weit erreicht worden, weitere Angleichungen wären jedoch auch gerade im Hinblick auf die Rechtssicherheit wünschenswert.

Daneben setzt der Richtliniengeber gem. Artikel 11 Absatz 4 auch auf neue Wege in der Rechtsdurchsetzung und Streitschlichtung. Hiernach können die Mitgliedstaaten zusätzlich zu den klassischen gerichtlichen Institutionen auch die Inanspruchnahme anderer unabhängiger Institutionen zwecks Streitschlichtung vorsehen. Dieses würde einen zusätzlichen außergerichtlichen Rechtsbehelf in Verbraucherstreitigkeiten begründen. Auf europäischer Ebene wird die Entwicklung eines Systems zusätzlicher Rechtsbehelfe für Verbraucher gezielt vorangetrieben. Zu verweisen ist hier auf die nach der Fernabsatzrichtlinie veröffentlichte Empfehlung der Kommission 98/57/EG über die Grundsätze für Einrichtungen, die für die außergerichtliche Beilegung von Verbraucherstreitigkeiten zuständig sind[417] und außerdem auf die erst kürzlich mitgeteilte Entschließung des Rates vom 25. Mai 2000 über ein gemeinschaftsweites Netz staatlicher Einrichtungen für die außergerichtliche Beilegung von Verbraucherstreitigkeiten[418]. Mit dem Aufbau dieses Netzes, welches den Verbraucher insbesondere auch bei grenzüberschreitenden Problemfällen unterstützen soll, wurde bereits begonnen[419]. In den Erwägungsgründen zu der diesbezüglichen Entschließung traf der Rat die zutreffende Feststellung, daß gerade wegen der Zunahme grenzüberschreitender Transaktionen im elektronischen Geschäftsverkehr die Entwicklung praktikabler, wirksamer und kostengünstiger Verfahren für die außergerichtliche Streitbeilegung in Verbraucherangelegenheiten erforderlich ist. Besonders innovativ ist hierbei der Ansatz in Ziffer 10 Nr. 3 zweiter Spiegelstrich der Entschließung, wonach online-Systeme für die Streitbeilegung entwickelt werden sollen, quasi eine Streitschlichtung via Internet. Erste private Projekte in dieser Richtung existieren bereits, etwa das *Cybercourt*[420], welches aufgrund einer Schiedsvereinbarung angerufen werden kann und eine Verhandlung im Internet vor „echten", zum Richteramt befähigten Richtern ermöglicht, welche sich mit der Spezialmaterie hinreichend auskennen. Dieses gewährleistet eine schnelle und sachgerechte Entscheidungsfindung und dürfte auch zur Entlastung der ordentlichen Gerichte beitragen.

---

[417] KOM 1998 (198) endg.

[418] Amtsblatt der EG C 155 vom 6.6.2000, S. 1f

[419] zu der Clearingstelle Deutschland kann beispielsweise über http://www.eej-net.de oder http://www.euroinfo-kehl.com Kontakt aufgenommen werden, Formblätter für Verbraucherbeschwerden sind abrufbar unter http://europa.eu.int/comm/dg24

[420] die Schiedsgerichtsordnung kann heruntergeladen werden unter http://www.cybercourt.de/cyber/schiedo.htm

III.3.8.2. Die Verantwortlichkeit des Betreibers der Kommunikationstechnik

Es wurde bereits darauf hingewiesen[421], daß der in Artikel 2 Nummer 5 der Richtlinie definierte Betreiber einer Fernkommunikationstechnik alleine in Artikel 11 Nr. 3 b nochmals Erwähnung findet, nämlich im Hinblick auf seine Verantwortlichkeit für die Verhinderung richtlinienwidriger Praktiken. Aufgrund der Formulierung des Artikel 11 Nr. 3 b ist zwingend zu folgern, daß der Richtliniengeber den Betreiber der Fernkommunikationstechnik im Lager des Anbieters sieht, diesen also zusammen mit dem Lieferer für die Einhaltung der Richtlinienvorgaben in die Verantwortung nimmt. Dem Betreiber der Fernkommunikationstechnik kommt insoweit eine Überwachungsfunktion zu, als er sicherstellen soll, daß der Lieferer die ihm zur Verfügung gestellte Plattform nicht in unzulässiger Weise nutzt. Dieses gilt zum einen für die Lauterkeit der Verwendung der Technik, also beispielsweise die Unterbindung von unzulässigem spamming durch den Internetprovider oder die Verhinderung von unerbetenen Anrufen via voice-mail durch den Telefonnetzbetreiber. Zum anderen haben die Betreiber auch dafür Sorge zu tragen, daß die über ihre Fernkommukationstechnik vermittelten Inhalte gesetzeskonform sind, z.B. keine verbotene Pornographie angeboten wird. Nach Artikel 11 Absatz 3 b der Fernabsatzrichtlinie wird der Betreiber der Fernkommunikationstechnik hierfür aber nur so weit in die Verantwortung genommen, wie er „in der Lage" ist, die Praktiken zu kontrollieren und gegebenenfalls zu unterbinden. Nach Maßgabe der Richtlinie beschränkt sich somit eine etwaige Haftung des Betreibers auf die Fälle, in denen eine objektive Einwirkungsmöglichkeit gegeben ist. Eine rechtliche Ausgestaltung dieses allgemeinen Grundsatzes bleibt wiederum den Mitgliedstaaten überlassen.

Lediglich für den Bereich der Dienste in der Informationsgesellschaft, momentan also vor allem dem Internet, ist der obige Grundsatz nunmehr durch die bereits erwähnte e-commerce-Richtlinie 2000/31/EG vom 8. Juni 2000[422] konkretisiert worden. In den Artikeln 12 bis 14 sind die Verantwortlichkeiten der Provider bzw. Dienstanbieter geregelt, wobei insgesamt nach dem Umfang der vom Provider zur Verfügung gestellten Dienstleistung differenziert wird. Den Erwägungsgründen 42 ff dieser Richtlinie kann entnommen werden, daß ein Provider zumindest immer dann für die von ihm übermittelten Informationen **verantwortlich** ist, wenn er diese Inhalte selbst oder in Zusammenarbeit mit einem Nutzer in das Netz gestellt hat. Die **eingeschränkte Verantwortlichkeit** für die übermittelten Informationen setzt hingegen voraus, daß der Provider „weder Kenntnis noch Kontrolle über die weitergeleitete Information besitzt"[423]. Eine **fehlende Verantwortlichkeit** können nach der e-commerce-Richtlinie vor allem solche Provider geltend machen, die die Informationen der Netznutzer nur durchleiten bzw. deren Zugang zum Netz vermitteln (Artikel 14), ohne selbst auf die Übermittlung und die Inhalte Einfluß zu nehmen. Ausnahmsweise kann eine fehlende Verantwortlichkeit auch dann noch geltend gemacht werden, wenn der Dienstanbieter die Informationen seines Nutzers speichert. Bei einer kurzzeitigen automatischen Zwischenspeicherung (Artikel 15) setzt dieses allerdings voraus, daß er selbst die Inhalte nicht verändert und die Bedingungen für den Zugang zu diesen Inhalten be-

[421] vgl. Ziffer II.3.1.1 b)
[422] Amtsblatt der EG Nr. L 178 vom 17.07.2000 S.1 - 16
[423] vgl. Erwägungsgrund 42 der Richtlinie

achtet. Bei einer längeren Speicherung von Informationen (Artikel 16) kann sich der Dienstanbieter nur dann auf fehlende Verantwortlichkeit berufen, wenn er keine Kenntnis von den Inhalten hatte und sich diese Kenntnis auch nicht aufdrängte. Im Falle sowohl der längeren als auch der kurzzeitigen Speicherung von Informationen muß der Provider allerdings unverzüglich den Zugang hierzu sperren, wenn er Kenntnis von der Rechtswidrigkeit der Inhalte erlangt.

Für eine Verantwortlichkeit des Betreibers ist somit zu dem in der Fernabsatzrichtlinie geregelten objektiven Element - der Möglichkeit einer Einflußnahme - ein weiters subjektives Element ergänzt worden, nämlich die Kenntnis der vermittelten Inhalte. Die Möglichkeit der Kenntnisnahme reicht hierbei nicht aus. Insbesondere ist der Dienstanbieter zum Schutz vor einer ausufernden Verantwortlichkeit nicht verpflichtet, die von ihm vermittelten Informationen auf rechtswidrige Inhalte zu untersuchen. Artikel 15 der e-commerce-Richtlinie schränkt insoweit die Überwachungspflichten der Dienstanbieter ein, da diese nicht durch die Mitgliedstaaten verpflichtet werden dürfen, „die von ihnen übermittelten oder gespeicherten Informationen zu überwachen oder aktiv nach Umständen zu forschen, die auf eine rechtswidrige Tätigkeit hinweisen". Aufgrund dieser Ausgestaltung dürfte es allerdings für die Dienstanbieter zur Verringerung der Verantwortlichkeit am zweckmäßigsten sein, möglichst jegliche Kenntnis von den selbst vermittelten Informationen zu vermeiden.

III.3.8.3. Keine Unmittelbare Wirkung der Richtlinie

Auf den ersten Blick formuliert Artikel 12 Absatz 1 der Richtlinie eine Selbstverständlichkeit, nämlich daß der Verbraucher auf das durch die Richtlinie garantierte Schutzniveau nicht verzichten kann. Darüberhinaus hat Artikel 12 Absatz 1 jedoch auch eine klarstellende Funktion, nämlich daß die Richtlinie keine unmittelbare Wirkung entfaltet, sondern der Verbraucher seine Rechte nur aus den Umsetzungsgesetzen des innerstaatlichen Rechtes ableiten kann. Dieser Hinweis erklärt sich aus diversen Rechtsstreiten vor dem Europäischen Gerichtshof, die sich mit der Frage beschäftigen, ob Richtlinien auch unmittelbare Wirkung im Verhältnis der Bürger zueinander entfalten können. In den Entscheidungen *Dori*[424] und *El Corte Inglés*[425] hatte der Europäische Gerichtshof entschieden, daß im Verhältnis der Bürger zueinander – anders als im Verhältnis zum Staat – Richtlinien selbst dann keine unmittelbare Wirkung entfalten, wenn der betreffende Mitgliedstaat die Umsetzungsfrist untätig hat verstreichen lassen. Dieses beruht darauf, daß eine Richtlinie für einen Bürger grundsätzlich keine Verpflichtungen begründen kann, sondern nur für die Mitgliedstaaten als Rechtssubjekte. Allerdings verwies der Europäische Gerichtshof die in diesen Verfahren klagenden Bürger auf die mit dem *Francovich*[426] Urteil begründete Möglichkeit, die säumigen Mitgliedstaaten für die entstandenen Schäden auf Schadenersatz in Anspruch zu nehmen[427].

---

[424] Slg. 1994, I-3325
[425] Slg. 1996, I-1281
[426] Slg. 1991, I-5357, Rdnr. 39
[427] vgl. El Corte Inglés Slg. 1996 I-1281, Rdnr.22

Aus Artikel 12 Absatz 1 der Richtlinie ergibt sich nunmehr zweifellos, daß die einzelnen Bestimmungen auch bei verspäteter Umsetzung ebenfalls keine unmittelbare Wirkung im Verhältnis zwischen den Bürgern entfalten können, wodurch eine diesbezügliche Klärung durch den EuGH überflüssig wird[428].

Das Recht des Bürgers, wegen einer verspäteten Umsetzung der Richtlinie Schadenersatzansprüche gegen den betreffenden Mitgliedstaat geltend zu machen, wird von Artikel 12 Absatz 1 allerdings nicht berührt[429], auch wenn die Bestimmung insoweit mißverständlich ist. Andernfalls wäre dieses nicht mit der *Dillenkofer*[430] Entscheidung des Europäischen Gerichtshofs vereinbar, in welcher dieser erstmals ausdrücklich ausgeführt hat, daß seine Rechtsprechung zur Staatshaftung der Mitgliedstaaten bei verspäteter Umsetzung auch im Rechtsgebiet des Verbraucherschutzes gilt. Sonst könnte das Defizit der fehlenden Drittwirkung nicht umgesetzter Richtlinien nicht mehr kompensiert werden, der Bürger wäre den pflichtwidrigen Verzögerungen seines Mitgliedsstaates schutzlos ausgeliefert. Im übrigen ist die Staatshaftung der Mitgliedstaaten eines der wirksamsten Instrumente, um diese zur fristgemäßen Umsetzung einer Richtlinie zu bewegen, so daß ein Verzicht auf dieses Instrument durch Artikel 12 Absatz 1 der Fernabsatzrichtlinie nicht plausibel wäre.

III.3.8.4. Drittstaatenbezug

Artikel 12 Absatz 2 sieht vor, daß der Schutz des Verbrauchers nach Maßgabe der Richtlinie auch dann zu gewährleisten ist, wenn für den Fernabsatzvertrag das Recht eines Staates außerhalb der Europäischen Union gewählt wurde, dieser Vertrag aber einen engen Bezug zu einem oder mehreren Mitgliedstaaten aufweist. Diese kollisionsrechtliche Norm ist in ähnlicher Form bereits aus der Richtlinie 93/13/EWG über vorformulierte Klauseln[431] und der Time-Sharing Richtlinie 94/47/EG[432] bekannt. Gerade im Fernabsatz dürfte ihr wegen des zunehmend grenzüberschreitenden Bezugs jedoch besondere Bedeutung zukommen. Insoweit ist daran zu erinnern, daß die USA nach wie vor mit großem Abstand die führende Position im Internethandel belegen, weshalb auch der europäische Verbraucher bei Anbietern aus den Vereinigten Staaten das reichhaltigste Angebot findet. Hier stellt sich dann die Frage, ob der europäische Verbraucher auch den durch die Fernabsatzrichtlinie gewährten Schutz in Anspruch nehmen kann, wenn beispielsweise der US-amerikanische Anbieter – wie generell üblich – das Recht seines Bundesstaats als gesetzliche Grundlage für den jeweiligen Fernabsatzvertrag vereinbart.

---

[428] Zu diesem Ergebnis kam auch das Landgericht Kiel, welches in seinem Urteil vom 20.06.2000 über die Zulässigkeit von unaufgeforderten gewerblichen e-mails zu entscheiden hatte – hierbei lehnte es eine unmittelbare Anwendung der Fernabsatzrichtlinie auf den zu entscheidenden Fall ab, da es – trotz Ablaufs der Umsetzungsfrist – in Deutschland noch an einem Umsetzungsgesetz fehlte, dieses deutsche Fernabsatzgesetz trat **10 Tage** nach dem Urteil in Kraft.
[429] so auch Reich in „Die neue Richtlinie..." a.a.O. S. 587
[430] Slg. 1996, I-4845
[431] Amtsblatt der EG Nr. L 95 vom 21.04.1993, S. 29
[432] Amtsblatt der EG Nr. L 280 vom 29.10.1994, S. 83

Zweifellos bezieht sich Artikel 12 Absatz 2 auf derartige Fälle, nicht eindeutig ist dagegen jedoch die beabsichtigte Wirkungsweise. Insbesondere ist das Verhältnis dieser Kollisionsnorm zu den in der Bedeutung ähnlichen Artikeln 5 und 9 Absatz 5 des Römischen Übereinkommens bezüglich vertraglicher Schuldverhältnisse (im weiteren EVÜ) zu klären. Dieses am 19.06.1980 geschlossene Übereinkommen[433] gilt mittlerweile in nahezu sämtlichen Mitgliedstaaten der EU, wobei eine unmittelbare Anwendung des Übereinkommens ausgeschlossen ist, also eine Umsetzung der Regelungen in nationales Recht erfolgen mußte[434]. Artikel 5 in Verbindung mit Artikel 9 Absatz 5 des Übereinkommens sehen vor, daß bei „Verträgen über die Lieferung beweglicher Sachen oder die Erbringung von Dienstleistungen zu einem Zweck, der nicht der beruflichen oder gewerblichen Tätigkeit des Berechtigten zugerechnet werden kann", eine Rechtswahl der Vertragsparteien nicht dazu führen darf, daß dem Verbraucher der durch seinen Heimatstaat rechtlich gewährleisteten Schutz entzogen wird. Allerdings sollte dieses nur dann gelten, wenn die Vertragsanbahnung, Werbung oder Bestellung im Heimatstaat des Verbrauchers erfolgt ist, oder wenn der Verbraucher auf Veranlassung des Anbieters zum Warenkauf in einen anderen Staat gereist ist (z.B. Butterfahrten).

Offensichtlich sind im Anwendungsbereich Überschneidungen mit dem Artikel 12 Absatz 2 der Fernabsatzrichtlinie gegeben, so daß sich die Frage stellt, ob die Vertragsstaaten, welche das Römische Übereinkommen zwischenzeitlich umgesetzt haben, auf eine zusätzliche Umsetzung des Artikel 12 Absatz 2 der Fernabsatzrichtlinie verzichten können. Bei einem eingehenden Vergleich der Regelungen zeigen sich jedoch bereits wiederum zahlreiche Unterschiede. Der persönliche Anwendungsbereich ist nur insoweit deckungsgleich, als sowohl nach dem EVÜ als auch nach Artikel 12 Absatz 2 der Fernabsatzrichtlinie eine der Vertragsparteien ein Verbraucher sein muß. Wie aufgezeigt[435], ist jedoch der Verbraucherbegriff in seiner Definition nicht unumstritten, so daß sich wegen der hier unterschiedlichen Rechtsquellen abweichende Definitionen ergeben können. So wird beispielsweise die Auffassung vertreten, daß für den Verbraucherbegriff im EVÜ eine geringe berufliche bzw. gewerbliche Motivation des Bestellers unschädlich ist[436], während zumindest nach der hier vertretenen Auffassung die Fernabsatzrichtlinie eine ausschließlich private Motivation voraussetzt. Da der Verbraucherbegriff nach dem EVÜ in jedem Fall jedoch weiter wäre als der nach der Fernabsatzrichtlinie, könnte dieser Unterschied im Sinne eines umfangreicheren Verbraucherschutzes hingenommen werden. Gleiches gilt für den Umstand, daß sich die Artikel 5 und 9 Absatz 5 des EVÜ nach herrschender Auffassung auch auf solche Fälle beziehen, in welchen auf beiden Seiten des Vertrages Verbraucher stehen („von Privat zu Privat")[437], während bei der Fernabsatzrichtlinie auf der anderen Seite ein gewerblicher Anbieter stehen muß[438]. Aus der Sicht des

---

[433] Amtsblatt der EG Nr. L 266 vom 9.10.1980, S. 1
[434] in Deutschland erfolgte diese Umsetzung in den Artikeln 27ff EGBGB
[435] vgl. Ziffer III.3.1.1. a)
[436] vgl. Giuliano und Lagarde, Bericht über das EVÜ, Amtsblatt der EG Nr. C 282 vom 31.10.1980, S.1 (18); a.A. Egon Lorenz „Rechtswahlfreiheit im internationalen Schuldvertragsrecht" in RIW S. 569 (576)
[437] vgl. Weitnauer „Der Vertragsschwerpunkt" 1981, S.201; Palandt/Heinrichs zu § 29 EGBGB Rdnr 3; Münchner-Kommentar / Martiny zu § 29 EGBGB Rdnr. 6; a.A. Lorenz a.a.O. S. 576
[438] vgl. Ziffer III.3.1.1. a)

persönlichen Anwendungsbereichs würden daher keine Bedenken dagegen bestehen, die Umsetzungsregelungen des EVÜ in den betreffenden Vertragsstaaten auch für die Umsetzung der Fernabsatzrichtlinie zu verwenden.

Anders verhält es sich dagegen mit dem sachlichen Anwendungsbereich, da dieser im Rahmen des EVÜ zumindest in einzelnen Punkten kleiner ist, als in Artikel 12 Absatz 2 der Fernabsatzrichtlinie vorgesehen. Beide Regelungswerke beziehen sich zwar auf die Fälle der freien Rechtswahl, also Sachverhalte, in welchen der Anbieter und der Verbraucher häufig mittels der allgemeinen Geschäftsbedingungen des Anbieters die Anwendung des Rechts eines bestimmten Staates vereinbaren[439]. Beide Regelungswerke sollen dem Verbraucher den Schutz durch das ihm vertraute Recht seines Heimatstaates zusichern, wobei die Fernabsatzrichtlinie einschränkend nur für Verbraucherverträge im Fernabsatz gilt. Umfassender ist dagegen der Anwendungsbereich des Artikel 12 Absatz 2 der Fernabsatzrichtlinie insoweit, als dieser keine weiteren Voraussetzungen beinhaltet, welche für die Geltung des zwingenden Rechts des Heimatstaates erfüllt sein müssen. Artikel 5 und 9 V des EVÜ setzen dagegen voraus, daß der Vertrag im Heimatstaat des Verbrauchers zustande kam, angebahnt bzw. beworben wurde oder der Abschluß alleine auf gezielte Veranlassung des Anbieters in einem anderen Staat erfolgte. Die Fernabsatzrichtlinie verlangt demgegenüber nur einen engen Bezug des Fernabsatzvertrages zu dem Gebiet eines oder mehrerer Mitgliedstaaten in der EU. Der Begriff des engen Bezugs ist zwar sehr auslegungsbedürftig und bedarf der Konkretisierung durch die jeweiligen Umsetzungsregelungen, jedoch dürfte das Erfordernis bereits erfüllt sein, wenn beispielsweise ein Verbraucher in Italien Waren auf einer US-amerikanischen Website bestellt, obwohl der entsprechende Anbieter zuvor keinerlei Werbung oder Angebote in Europa geschaltet hatte. Ferner soll der EU-Verbraucher auch dann den durch die Richtlinie gewährten Schutz erhalten, wenn er nicht aus seinem Heimatstaat bestellt, sondern aus einem anderen Mitgliedstaat, der genannte Italiener also beispielsweise aus Dänemark. Nach der Fernabsatzrichtlinie ist folglich nicht mehr entscheidend wo die Leistung beworben oder entgegengenommen wurde. Vielmehr reicht es aus, daß beim Besteller ein räumlicher Bezug zum Territorium der Europäischen Union besteht. Dieses ist auch aus praktischer Sicht zweckmäßig, da moderne Kommunikationsformen im Fernabsatz nicht mehr genau ermitteln lassen, wo eine Bestellung vorbereitet, beworben oder entgegengenommen wurde. Man denke lediglich an die Bestellung im Internet, bei welcher schwerlich zu klären ist, ob der Vertragsschluß am Standort des Computers des Bestellers erfolgte, am Standort des Providers oder am Sitz oder Rechenzentrum des Anbieters[440]. Die Regelungen in Artikel 5 und 9 Absatz 5 des EVÜ sind somit weder ausreichend, um den Anforderungen moderner Vertriebsformen gerecht zu werden, noch entsprechen sie dem in Artikel 12 Absatz 2 Fernabsatzrichtlinie geregelten Schutzniveau.

Aus diesem Grund ist es auch nicht zulässig auf eine gesonderte Umsetzung des Artikel 12 Absatz 2 der Fernabsatzrichtlinie zu verzichten, soweit in dem betreffenden

[439] zur Zulässigkeit von Rechtswahlklauseln in AGB vgl. Rolf Wagner „Verfahrens und- internationalprivatrechtliche Fragen beim Teleshopping" in WM 1995 S. 1129 (1135f)
[440] vgl. Katharina Boele-Woelki „Internet und IPR: Wo geht jemand ins Netz", S. 8 dieser Aufsatz ist abrufbar unter http://cui.unige.ch/~billard/ipilec/BOELLED1.HTM

Mitgliedstaat die Artikel 5 und 9 Absatz 5 EVÜ wörtlich in nationales Recht übernommen wurden. Dennoch geht *Reich* [441] davon aus, daß durch Artikel 12 Absatz 2 keine zusätzliche Kollisionsnorm zu den Umsetzungsgesetzen des EVÜ geschaffen werden sollten, da diese einen hinreichenden Schutz des Verbraucher bereits gewährleisteten. Bei der Umsetzung der Fernabsatzrichtlinie durch sämtliche Mitgliedstaaten entstehe ein einheitlicher „Schutzraum" für den europäischen Verbraucher im Fernabsatz, weshalb bei diesbezüglichen Rechtsgeschäften innerhalb der Gemeinschaft der jeweilige mitgliedstaatliche Verbraucher nicht einer zusätzlichen Kollisionsnorm zum EVÜ bedarf. Diese Auffassung ist zutreffend und findet ihre Bestätigung darin, daß nach Artikel 12 Absatz 2 eine zusätzliche Kollisionsnorm nur dort greifen soll, wo das Recht eines „Drittlandes", also eines Staates außerhalb der Europäischen Union, vereinbart wird. Jedoch führt diese Feststellung letztlich nicht weiter, da *Reich* selbst einräumen muß, daß Artikel 12 Absatz 2 zumindest in den Fällen mit Drittstaatenbezug eine im Anwendungsbereich umfangreichere Kollisionsnorm voraussetzt, als die Artikel 5 und 9 Absatz 5 EVÜ.

Insoweit könnte ein in einem anderen Zusammenhang vorgetragener Ansatz[442] diskutiert werden, wonach die Artikel 5 und 9 Absatz 5 EVÜ bzw. die hierauf umgesetzten mitgliedstaatlichen Regelungen analog angewendet werden könnten. Um den Anforderungen des Artikel 12 Absatz 2 zu genügen, müßte diese analoge Anwendung dahingehend erfolgen, daß die zusätzlichen Voraussetzungen der Regelungen des EVÜ, wie Werbung oder Bestellung im Heimatstaat des Verbrauchers, schlicht ignoriert werden. Es liegt allerdings auf der Hand, daß eine derartige analoge Anwendung systematisch kaum zu rechtfertigen wäre, da diese zusätzlichen Voraussetzungen von den Vertragsstaaten des EVÜ gezielt aufgenommen wurden. Es besteht also keine „planwidrige Lücke" die durch eine analoge Anwendung aufgefüllt werden könnte, sondern im Gegenteil, würde die analoge Anwendung im hier dargestellten Sinne den entsprechenden Regelungen des EVÜ weitestgehend widersprechen, weshalb eine analoge Anwendung im Hinblick auf Artikel 12 Absatz 2 nicht in Frage kommen kann[443].

Darüber hinaus ist diskutiert worden, ob der (in Deutschland nicht umgesetzte) Artikel 7 Absatz 1 EVÜ eine Möglichkeit bietet, den Anforderungen des Artikel 12 Absatz 2 gerecht zu werden und daher auf eine gesonderte Umsetzung verzichtet werden könnte[444]. Artikel 7 Absatz 1 EVÜ ermöglicht eine weitgehend in das Ermessen des Richters gestellte Anwendung der international zwingenden Vorschriften einer jeden Rechtsordnung, zu welcher der von ihm zu entscheidende Sachverhalt einen engen Bezug aufweist. Als international zwingende Vorschriften wären hier gemäß Artikel 12 Absatz 2 die aufgrund der Fernabsatzrichtlinie ergangenen mitgliedstaatlichen Regelungen anzusehen. Dementsprechend hätte ein Richter hier im Hinblick auf Artikel 7 Absatz 1 EVÜ die Möglichkeit, durch Anwendung der betreffenden Gesetze dem Verbraucherschutz nach der Fernabsatzrichtlinie zur Durchsetzung zu verhelfen

---

441 vgl. Reich „Die neue Richtlinie..." a.a.O. S. 587

442 vgl. Lüderitz in „Internationaler Verbraucherschutz in Nöten" in IPRax 1990 S. 216 (219)

443 so auch Herbert Kronke in „Electronic-Commerce und Europäisches Verbrauchervertrags-IPR" RIW S. 987 (989f)

444 Kronke a.a.O. S. 990; Georg Borges „Weltweite Geschäfte per Internet und deutscher Verbraucherschutz" in ZIP 1999, S. 173

und hierdurch dem Artikel 12 Absatz 2 zu folgen. Allerdings würde diese Vorgehensweise ignorieren, daß Adressat der europarechtlichen Richtlinien nicht die Judikative der einzelnen Mitgliedstaaten ist, sondern einzig der Gesetzgeber der Mitgliedstaaten, welcher die Richtlinie in nationales Recht umzusetzen hat. Ein Überspringen dieses Adressaten und eine „Umsetzung" des Artikel 12 Absatz 2 alleine durch die jeweiligen nationalen Gerichte wäre daher nicht zulässig. Folglich reicht es nicht aus, aufgrund Artikel 7 Absatz 1 EVÜ bzw. dessen nationalen Umsetzungsbestimmungen den jeweiligen Richter darüber entscheiden zu lassen, ob bei internationalrechtlichen Zusammenhängen Verbraucherschutz im Sinne der Fernabsatzrichtlinie zu gewähren ist, vielmehr sind diese Zusammenhänge durch die mitgliedstaatlichen Gesetzgeber im Sinne des Artikel 12 Absatz 2 gezielt zu regeln.

Da das bisherige EVÜ in den Artikeln 5 und 9 Absatz 5 hierbei – wie aufgezeigt – wegen des eingeschränkten Anwendungsbereiches nicht ausreicht, sind Ergänzungen erforderlich. Zu diesem Zweck können die Mitgliedstaaten jeweils eigene Kollisionsnormen entwickeln, welche den Anforderungen des Artikel 12 Absatz 2 genügen. Dieses ist derzeit in den Mitgliedstaaten erfolgt. Deutschland hat beispielsweise dem Art 29 EGBGB, welcher die Artikel 5 und 9 Absatz 5 EVÜ umsetzte, lediglich einen Artikel 29 a EGBGB angefügt, welcher eine gelungene Transformation des Artikel 12 Absatz 2 darstellt[445].

Jedoch führt dieses zu einer weiteren Zersplitterung der Kollisionsnormen im Bereich des Verbraucherschutzes, so daß der von *Kronke* dargestellte Ansatz sinnvoller erscheint, nämlich das EVÜ insgesamt auf europäischer Ebene zu novellieren und den neuen Gegebenheiten in technischer und rechtlicher Hinsicht anzupassen[446]. Trotz der zwischenzeitlich in den Mitgliedstaaten erfolgten unterschiedlichen Regelungen scheint dieses nicht ausgeschlossen, da im Aktionsplan des Rates und der Kommission zur bestmöglichen Umsetzung der Bestimmungen des Amsterdamer Vertrages über den Aufbau eines Raumes der Freiheit, der Sicherheit und des Rechts vom 03.12.1998[447] eine Angleichung der kollisionsrechtlichen Vorschriften der einzelnen Mitgliedstaaten vorgesehen ist. Dieses könnte wiederum am leichtesten über das bereits existierende rechtliche Instrumentarium, das EVÜ, erfolgen. Deshalb wird beispielsweise die oben dargestellte Umsetzung des Artikel 12 Absatz 2 in Deutschland lediglich als bloße Übergangsregelung gesehen, welcher eine gemeinsame europäische Lösung folgen soll[448].

---

[445] vgl. hierzu Begründung des Gesetzentwurfes in BT-Drucksache 14/2658 S. 28, 49f
[446] vgl. Kronke a.a.O. S. 992; so auch Boele-Woelki a.a.O. S. 21, die aber auch die Schaffung eines weltweiten Haager Gerichtsstands- und Vollstreckungsabkommens für erforderlich hält, S. 14
[447] Amtsblatt der EG Nr. C 19 vom 23.01.1999
[448] vgl. Ring a.a.O. Rn. 203; Begründung des deutschen Gesetzesentwurfs in BT-Drucksache 14/2658 S. 50

III.3.8.5. Grenzüberschreitende Durchsetzung und Vollstreckung

Bei grenzüberschreitenden Auseinandersetzungen hat sich die prozessuale Position insbesondere des deutschen Verbrauchers erst vor kurzem deutlich verbessert. Bisher . Bisher war der deutsche Verbraucher gehalten, seine Ansprüche vor ausländischen Gerichten durchzusetzen und gegebenenfalls im Ausland zu vollstrecken. Insoweit galt Artikel 14 des Brüsseler EWG-Übereinkommens über die gerichtliche Zuständigkeit und die Vollstreckung gerichtlicher Entscheidungen in Zivil- und Handelssachen (EuGVÜ), welcher zwar grundsätzlich eine Klage des Verbrauchers vor den Gerichten seines Heimatstaates zuließ. Dieses setzte jedoch eine entsprechende Zuständigkeitsregelung im nationalen Recht, etwa für Verbraucherstreitigkeiten, voraus. In Deutschland fehlte beispielsweise eine solche Regelung, so daß der deutsche Verbraucher grundsätzlich gehalten war, seinen Vertragspartner an dessen Sitz, also gegebenenfalls im Ausland, zu verklagen.

Durch den aufgrund des Amsterdamer Vertrages neu eingefügten Artikel 65 des EG-Vertrages wurde der Gemeinschaft nunmehr die Kompetenz für die Verbesserung und Vereinfachung der Anerkennung und Vollstreckung gerichtlicher und außergerichtlicher Entscheidungen in Zivil- und Handelssachen übertragen. Damit war es möglich das EuGVÜ abzulösen, welches als völkerrichtlicher Vertrag nur sehr schwerfällig, nämlich durch die Raifikation sämtlicher Mitgliedstaaten weiterentwickelt werden konnte.

Auf der Grundlage des Artikel 65 EG-Vertrag hat der Rat der Europäischen Gemeinschaften am 22.12.2000 die Verordnung Nr. 44/2001 „Brüssel I" verabschiedet[449], die seit dem 01.03.2001 in Kraft ist[450]. Diese Verordnung schafft nunmehr mit Ausnahme von Dänemark[451] für sämtliche Mitgliedstaaten eine einheitliche Regelung, die jeweils unmittelbar anwendbar ist, also keinerlei Umsetzungsgesetze oder Ratifikationen bedarf. Durch Artikel 16 I der Verordnung wird dem Verbraucher ausdrücklich die Möglichkeit eingeräumt, einen in einem anderen Mitgliedstaat ansässigen Unternehmer an seinem eigenen Gerichtsstand, also an dem für seinen Wohnort zuständigen Gericht zu verklagen. Dieses dürfte die Rechtsdurchsetzung des deutschhen Verbrauchers erheblich vereinfachen, auch wenn die hierbei erforderlichen Auslandszustellungen nach wie vor zeitintensiv sein dürften.

Die Regelungen zu der Anerkennung und Vollstreckung von Entscheidungen der Gerichte anderer Mitgliedstaaten wurde in der Verordnung weitestgehend aus dem EuGVÜ übernommen. So ist nach Artikel 33 I nach wie vor eine Anerkennung der Entscheidungen in einem gesonderten Anerkennungsverfahren nicht erforderlich, wohl aber muß der Verbraucher die Entscheidung in dem anderen Mitgliedstaat für

---

[449] Amtsblatt der EG Nr. L12 vom 16.01.2001 S.1

[450] hierzu eingehender Gerald Spindler „Internationales Verbraucherschutzrecht im Internet –Auswirkungen der geplanten neuen Verordnung des Rates über die gerichtliche Zuständigkeit und die Anerkennung und Vollstreckung von Entscheidungen in Zivil- und Handelssachen, MMR 2000, 18-25; Burkhardz Heß „Die Europäisierung des internationalen Zivilprozeßrechts durch den Amsterdamer Vertrag" in NJW 200, S. 23ff

[451] Dänemark hatte hinsichtlich Artikel 65 einen Vorbehalt erklärt, weshalb bei dortigen grenzüberschreitenden Auseinandersetzungen nach wie vor das EuGVÜ Anwendung findet.

vollstreckbar erklären lassen. Hierbei sind weiterhin jene Tatbestände zu beachten, die die Anerkennung und Vollstreckung eines Urteils in einem anderen Mitgliedstaat ausschließen[452]. Dieses ist nach wie vor der Schwachpunkt für einen Verbraucher, der gegen ein im Ausland ansässiges Unternehmen vorgehen möchte, da die praktische Erfahrung zeigt, daß eine Zwangsvollstreckung auch im europäischen Ausland langwierig und bisweilen sehr kostenintensiv ist. Eine Verbraucher wird sich daher trotz der verbesserten prozessualen Situation weiterhin gut überlegen müssen, ob sich der Rechtsstreit gegen einen im Ausland ansässigen Unternehmer lohnt. Eine Vereinheitlichung und Beschleunigung der Vollstreckungsverfahren wäre daher künftig wünschenswert.

III.3.8.6. Spezialitätsgrundsatz

Artikel 13 enthält den allgemeinen rechtlichen Grundsatz, daß die spezielleren Gesetze jeweils dem allgemeinen vorgehen. Absatz 1 bezieht sich insoweit auf Rechtsvorschriften der Gemeinschaft, welche bestimmte Vertragstypen im Fernabsatz umfassend regeln. Hierunter fallen sämtliche europarechtlichen Regelungen, welche einen bestimmten Vertragstypus zum Inhalt haben. Diese Regelung ist gerade auf europäischer Ebene angebracht, da sich das europäische Privatrecht vor allem durch die Kodifikation einzelner konkreter „Vertragsbereiche" entwickelt. Spezialregelungen im Sinne des Artikel 13 Absatz 1 sind die Time-Sharing-Richtlinie[453], die e-commerce-Richtlinie[454] oder die geplante Richtlinie über den Fernabsatz von Finanzdienstleistungen[455]. Spezialregelungen in diesem Sinne sind jedoch nicht die Ausnahmetatbestände nach Artikel 3 der Richtlinie, diese sind vielmehr ohnehin vollständig oder teilweise aus dem Anwendungsbereich der Richtlinie ausgenommen, so daß bei diesbezüglichen Regelungen ein Konflikt mit der Fernabsatzrichtlinie nicht bestehen kann, und daher auch die Grundsätze der Spezialität nicht zum Tragen kommen.

Artikel 13 Absatz 2 wiederholt den Grundsatz der Spezialität, diesmal allerdings für Rechtsvorschriften, welche im einzelnen regeln, wie bestimmte Waren oder bestimmte Dienstleistungen zu leisten sind. Zu denken ist hier an Regelungen, die die Darbringung bestimmter Waren oder Dienstleistungen regeln, wie beispielsweise die Verordnung Nr. 1771/94 der Kommission vom 19. Juli 1994 über die Einfuhr von Pelzen und Fertigartikeln aus Exemplaren bestimmter wildlebender Tierarten[456] oder die Richtlinie 1999/99/EG des Europäischen Parlaments und des Rates vom 25. Mai 1999 zu bestimmten Aspekten des Verbrauchskaufs und der Garantien für Verbrauchsgüter. Soweit entsprechende Regelungen betroffen sind, greifen diese durch und werden nicht durch die Fernabsatzrichtlinie verdrängt. Der Absatz 2 regelt somit eine Selbstverständlichkeit.

---

[452] vgl. Art 34ff
[453] Amtsblatt der EG Nr. L 280 vom 29.10.1994 S. 83
[454] Amtsblatt der EG Nr. L 178 vom 17.07.2000 S. 1
[455] vgl. Ziffer IV
[456] Amtsblatt der EG Nr. L 184 vom 20.07.1994, S. 3

III.3.8.7. Bestellung von Arzneimitteln im Fernabsatz

Unter Ziffer II.3.7.2. wurde bereits eingehend erörtert, daß Artikel 14 der Richtlinie es den Mitgliedstaaten erlaubt, zu Gunsten der Verbraucher strengere Vorschriften zu erlassen und hierdurch auf nationaler Ebene ein Schutzniveau zu etablieren, welches über den Standard der Fernabsatzrichtlinie hinausgeht. Satz 2 des Artikel 14 wiederholt insoweit lediglich diese Möglichkeit und nennt beispielhaft die Arzneimittel als denkbaren Bereich einer Regelungsverschärfung. Hierbei kommt Satz 2 jedoch eine eigenständige Bedeutung zu, da das Verhältnis zu Artikel 30 EGV a.F. (Warenverkehrsfreiheit) geklärt wird. Artikel 30 EGV soll produktbezogene (Einfuhr-)Beschränkungen im Binnenhandel ausschließen, weshalb das mitgliedstaatliche Verbot bestimmter Produktgattungen für den Fernabsatz rechtlich zumindest bedenklich wäre. Aus Art 14 Satz 2 kann jedoch entnommen werden, daß das Verbot bestimmter Leistungen im Fernabsatz durch die Mitgliedstaaten zulässig ist, wenn dieses durch das Interesse der Allgemeinheit gerechtfertigt werden kann. Im Bereich der Arzneimittel ist das Interesse der Allgemeinheit bereits durch die beispielhafte Aufzählung impliziert[457], bei anderen Waren und Dienstleistungen muß dieses im Einzelfall überprüft werden. Artikel 14 Satz 2 regelt somit die Zulässigkeit von Ausnahmen gegenüber Art 30 EGV a.F. im Bereich des Fernabsatzes. Daneben existieren auf europäischer Ebene Spezialregelungen bezüglich der Produktgattung „Arzneimittel"[458], welche nach dem Grundsatz der Spezialität gemäß Artikel 13 Absatz 2 der Richtlinie vorrangig zu beachten sind. Ein Verbot oder eine Einschränkung des Versandhandels mit Arzneimitteln enthalten diese europarechtlichen Regelungen jedoch nicht, so daß es allein den Mitgliedstaaten überlassen ist, ob diese nach Artikel 14 strengere Vorschriften bezüglich der Versendung von Arzneimitteln vorsehen oder dieses sogar verbieten.

In Deutschland waren bereits vor der Fernabsatzrichtlinie strengere Vorschriften vorhanden, da hier das Inverkehrbringen und der Vertrieb von Arzneimitteln sehr restriktiv geregelt ist. Zu nennen sind hier insbesondere die §§ 43ff des Gesetzes über den Verkehr mit Arzneimitteln vom 24. August 1976 (Arzneimittelgesetz –AMG)[459] und die Verordnung über apothekenpflichtige und freiverkäufliche Arzneimittel vom 24.11.1988[460]. Nach § 43 Absatz 1 AMG dürfen solche Arzneimittel, die nicht gesondert freigegeben wurden, nur in Apotheken verkauft werden. Da nur für den geringsten Teil der Arzneimittel eine Freigabe besteht, müssen diese Produkte weitestgehend persönlich in Apotheken bezogen werden, wodurch der Versandhandel hiermit

---

[457] Diese Einschätzung des Richtliniengebers dürfte jedoch eher auf eine politische Entscheidung zurückzuführen sein, hatte doch der EuGH in seinem Urteil vom 04.02.1992 (Kommission gegen die Bundesrepublik Deutschland) entschieden, daß beim Bezug von Arzneimitteln in anderen europäischen Mitgliedstaaten keine besondere Gefährdung der Gesundheit des Endverbrauchers zu erwarten ist – vgl. Slg. 1992, 1-2575.

[458] Richtlinie 93/42/EWG des Rates vom 14. Juni 1993 über Medizinprodukte (Amtsblatt der EG Nr. L 193, S.1) sowie die Richtlinie des Rates vom 22. Juli 1993 zur Änderung von Richtlinien des Medizinprodukterechts (Amtsblatt der EG Nr. L 220 S. 1)

[459] BGBl. I , S. 2445 in der Fassung der Bekanntmachung vom 19. Oktober 1994 – BGBl. I S. 3018

[460] BGBl. I, S. 2150, zuletzt geändert durch die Verordnung vom 22.01.1996 – BGBl. I S. 101

bis auf die freigegebenen Arzneimittel grundsätzlich ausgeschlossen ist. So zumindest die bisher kaum bestrittene Rechtsaufassung[461].

Diese Einschätzung steht jedoch jetzt auf dem Prüfstand, da viele – vornehmlich US-amerikanische Unternehmen - Medizinprodukte bzw. Arzneimittel im Internet anbieten[462], wobei deren Preise häufig weit unter dem hiesigen Niveau liegen. Wie zu erwarten, macht auch der deutsche Verbraucher, trotz der in Deutschland einschlägigen Vorschriften, von diesen Angeboten Gebrauch. Da diese amerikanischen Konzerne jedoch rechtlich kaum greifbar sind, entwickelte sich erst eine rechtliche Auseinandersetzung, als Medizinprodukte von einem Unternehmen aus einem Mitgliedstaat der Europäischen Union grenzüberschreitend im Internet angeboten wurden. Hierbei handelte es sich um das Unternehmen DocMorris[463] aus dem niederländischen Kerkrade, welches bereits 8 Tage nach „Öffnung" der Internetseite den zehntausendsten Besucher begrüßen durfte[464]. Der Verkauf der Arzneimittel erfolgt hierbei entsprechend den Gesetzen der Niederlande, so daß trotz Bestellung über das Internet auch hier gegebenenfalls ein ärztliches Rezept vorgelegt werden muß.

Wegen des niedrigen Preisniveaus (bis zu 40 % unter den in Deutschland üblichen Preisen) entsteht für die deutschen Apotheken ein erheblicher Konkurrenzdruck, weshalb der Deutsche Apothekerverband im Oktober 2000 eine einstweilige Verfügung gegen DocMorris, auf Unterlassung des Vertriebs nach Deutschland, vor dem Landgericht Frankfurt a. M. beantragte, und der Verband Sozialer Wettbewerb Berlin einen ebensolchen Antrag kurz darauf an das Landgericht Berlin richtete. Die darauffolgenden Entscheidungen könnten unterschiedlicher nicht sein, da das Landgericht Frankfurt a. M. dem Antrag statt gab[465], während das Landgericht Berlin diesen zurückwies[466]. Das Landgericht Berlin war der Meinung, der Vertrieb von Arzneimitteln im Fernabsatz sei grundsätzlich zulässig, während das Landgericht Frankfurt den gewerblichen Distanzvertrieb von Medikamenten in Deutschland durch das AMG gehindert sah. Diese gegensätzliche Auffassung resultiert im Kern aus einer unterschiedlichen Auslegung des § 73 II Nr.6 a AMG, wonach auch zulassungspflichtige Arzneimittel von deutschen Endverbrauchern aus anderen Mitgliedstaaten bezogen werden können, wenn diese Arzneimittel im Herkunftsland in Verkehr gebracht werden dürfen und ohne **gewerbs- oder berufsmäßige Vermittlung** in einer dem üblichen persönlichen Bedarf entsprechenden Menge an den Verbraucher abgegeben werden. Während das Landgericht Frankfurt am Main in der Tätigkeit von DocMorris eine gewerbsmäßige Vermittlung sieht, wird dieses vom Landgericht Berlin mit dem Argument verneint, zu einer Vermittlung würden drei Parteien gehören, DocMorris verkaufe jedoch direkt an den Verbraucher, so daß es am Merkmal einer Vermittlung

---

[461] Hiervon weichen die Bundesregierung und einige Krankenkassen allerdings zunehmend ab, da diese laut einem Bericht der Sendung Plus-Minus in der ARD vom 28.05.02 sogar kürzlich empfohlen haben, wegen der zu erzielenden Kostenersparnis Medikamente im Versandhandel zu bestellen, vgl. auch Fn. 471.

[462] http://www.drugstore.com, http://www.soma.com, http://www.HomeShoppingPharmacy.com

[463] http://www.0800DocMorris.com

[464] vgl. Artikel in der F.A.Z. „Arzneimittel aus dem Internet" vom 13.06.2000

[465] Aktenzeichen des Landgerichts Frankfurt 2-03 O 366/00, abrufbar auf der Internetseite von DocMorris, vgl. Fn. 463

[466] Aktenzeichen des Landgerichts Berlin 103 O 192/00, ebenfalls abrufbar auf der Internetseite von DocMorris, vgl. Fn. 463

fehle. Wohl erkennend, daß diese Argumentation – gelinde gesagt - sehr angreifbar ist, entwickelte das Landgericht Berlin eine zweite Argumentationsschiene, wonach das Verbot oder die Beschränkung des Arzneimittelhandels im Fernabsatz auch gegen Artikel 30 EGV a.F. verstoße, da der freie Warenverkehr durch einen Mitgliedstaat in unzulässiger Weise beschränkt werde. Bezüglich dieses Argumentes ist allerdings anzunehmen, daß sich die Prozeßbeteiligten und das Gericht nicht mit der Fernabsatzrichtlinie auseinandergesetzt haben, die – wie beschrieben – nach Artikel 14 Satz 2 gerade eine Ausnahme zu Art. 30 EGV a.F. zuläßt. Wegen der stichhaltigeren Argumentation ist daher eher dem Landgericht Frankfurt am Main zuzustimmen, wonach aufgrund der damaligen Rechtslage der Fernabsatz von Arzneimitteln in Deutschland nur sehr eingeschränkt zulässig ist, nämlich lediglich bei freigegebenen Arzneimitteln. Diese Auffassung des Landgerichts wurde dementsprechend auch in der Berufungsentscheidung durch das Oberlandesgericht Frankfurt a.M.[467] bestätigt, während der entgegenlautende Beschluß des Landgerichts Berlin zum Ärger von Doc Morris durch das Kammergericht aufgehoben und der einstweiligen Verfügung stattgegeben wurde[468]. Das nunmehr vor dem Landgericht Frankfurt laufende Hauptsacheverfahren wurde allerdings ausgesetzt, um durch Vorlage[469] beim EuGH überprüfen zu lassen, inwieweit ein Verbot des Arzneimittelversandes mit Art. 30 EGV a.F. vereinbar ist. Diese Frage dürfte in der zuvor beschriebenen Weise entschieden werden, wonach das Verbot zumindest nicht gegen Art. 30 a.F. EGV verstößt.

Dieses heißt allerdings nicht zwingend, daß dieses Verbot bzw. diese Einschränkung auch für Unternehmen anderer europäischen Mitgliedstaaten dauerhaft aufrechterhalten werden kann. Eine Änderung der Rechtslage ist insoweit durch die e-commerce- Richtlinie[470] entstanden, welche von den Mitgliedstaaten bis zum 17. Januar 2002 umzusetzen war. Wie in Abschnitt II.3.7.1.4 bereits ausführlich erörtert, etabliert diese Richtlinie in Artikel 3 Absatz 1 das Herkunftslandprinzip, d.h. die Dienstanbieter müssen bei ihrer Tätigkeit grundsätzlich nur die Rechtsvorschriften beachten, die in dem Mitgliedstaat, in welchem sie ihren Sitz haben, gelten. Für den niederländischen Betreiber einer Internet-Apotheke sind somit lediglich die niederländischen Rechtsvorschriften maßgeblich. Nach Artikel 3 Absatz 2 dürfen andere Mitgliedstaaten das Anbieten dieser Dienste in ihrem Land grundsätzlich nicht beschränken, weshalb die Zulässigkeit der einschränkenden Bestimmungen im deutschen Arzneimittelgesetz zumindest fraglich ist. Nur ausnahmsweise kann allerdings nach Absatz 4 die Erbringung solcher Dienste in einzelnen Mitgliedstaaten untersagt werden, wenn dieses durch höhere Allgemeininteressen gerechtfertigt wird. Zu nennen ist hier beispielsweise die unter Artikel 3 Absatz 4 a) I 2. Spiegelstrich aufgezählte öffentliche Gesundheit. Unter den in diesem Satz weiterhin genannten Erfordernissen, wie z.B. die Verhältnismäßigkeit, kann ein Mitgliedstaat sodann einem Dienstanbieter aus einem anderen Mitgliedstaat untersagen, seine Dienste grenzüberschreitend anzubieten. Die Meßlatte für die Zulässigkeit eines solchen Verbotes bzw. eine solche Beschränkung wird somit jedoch durch die e-commerce-Richtlinie erhöht, so daß bei deren Umsetzung in Deutschland zu überprüfen wäre, ob die

[467] Entscheidung abgedruckt in MMR 2001, S. 751
[468] Entscheidung abgedruckt in MMR 2001, S. 759
[469] der Vorlagebeschluß ist abgedruckt in MMR 2001, S. 758
[470] Amtsblatt der EG Nr. L 178 vom 17.07.00, S. 1

darin aufgestellten Voraussetzungen vom Arzneimittelgesetz noch erfüllt werden. Die e-commerce-Richtlinie ist wegen Artikel 13 Absatz 1 der Fernabsatzrichtlinie auch vorrangig, da es sich hierbei um eine besondere Bestimmung handelt, welche einen speziellen Vertragstyp regelt.

Im Ergebnis ist somit festzustellen, daß die rechtliche Zulässigkeit von Einschränkungen des Arzneimittelvertriebs im Internet, trotz der Regelung des Artikel 14 Satz 1, an zusätzliche Bedingungen geknüpft ist, nachdem die e-commerce-Richtlinie in den Mitgliedstaaten umzusetzen war. Eine Einschränkung wird daher nicht mehr ohne weiteres möglich sein[471], weshalb das deutsche Apothekengewerbe gut daran täte, sich auf eine Änderung der Situation einzustellen.

III.3.8.8. Beschwerdesysteme

In Artikel 17 der Richtlinie kündigte die Kommission an, die Möglichkeit neuer Beschwerdesysteme für Verbraucher untersuchen zu wollen. Die Ergebnisse dieser Untersuchung sollten zwei Jahre nach Erlaß der Richtlinie veröffentlicht werden. Dieser Bericht der Kommission vom 10.03.2000[472], der sich vornehmlich mit der Möglichkeit der statistischen Erfassung von Verbraucherbeschwerden und deren rechtlichen Durchsetzung beschäftigt, spiegelt die fehlende Kooperationsbereitschaft der Mitgliedstaaten wieder, unter der europäische Institutionen mitunter zu leiden haben. Einige Mitgliedstaaten, wie z.B. Deutschland, steuerten zu dem Text nur wenige Zeilen mit dem Hinweis bei, eine statistische Erfassung finde nicht statt, der Verbraucher habe aber die Möglichkeit zu klagen[473]. Der Bericht ist daher nur im Hinblick auf einige wenige Mitgliedstaaten informativ. Das Fehlen statistischer Daten wird folgerichtig auch von der Kommission beklagt, die an die zuständigen Stellen appelliert, zukünftig die Datenerfassung zu verbessern, wobei es nicht die Intention der Kommission sei, dieses zwangsweise durchzusetzen[474].

Zum weiteren Vorgehen kündigte die Kommission an, insbesondere die Hindernisse bei der grenzüberschreitenden Geltendmachung von Verbraucherbeschwerden auszuräumen und dabei zu helfen, ein den Erfordernissen und Möglichkeiten der Informationsgesellschaft entsprechendes System für Verbraucherbeschwerden zu entwickeln[475]. Desweiteren möchte die Kommission ein Arbeitspapier veröffentlichen zur Handhabung von Gerichts- und Anwaltskosten des europäischen Verbrauchers im Falle einer Auseinandersetzung. Ferner soll ein Arbeitspapier veröffentlicht werden[476] zu den Fortschritten bei der Umsetzung der unter Ziffer II.3.8.1 bereits vorgestellten

---

[471] So geht auch die Monopolkommission der Bundesregierung mit Hinweis auf die e-commerce-Richtlinie davon aus, daß es bereits heute zulässig ist, in Deutschland Medikamente im Versandhandel zu vertreiben, trotz der anderslautenden Gerichtsurteile, vgl. Artikel „Internet erlaubt" in DER SPIEGEL Nr. 29 vom 15.07.2002, S. 20.
[472] lediglich in englischer Fassung „Report from the Commission to the Council and the European Parliament on Consumer complaints in respect of distance selling and comparative advertising – KOM (2000) 127 endg.
[473] wie vor, S. 21
[474] wie vor S. 14
[475] wie vor S. 13
[476] wie vor S. 15

Richtlinie 98/27/EG vom 19.05.1998 über Unterlassungsklagen zum Schutz der Verbraucherinteressen[477], welche insbesondere ein Verbandsklagerecht von Verbraucherverbänden vorsieht. Weitere Arbeitspapiere sollen veröffentlicht werden zu der Empfehlung der Kommission 98/57/EG über die Grundsätze für Einrichtungen, die für die außergerichtliche Beilegung von Verbraucherstreitigkeiten zuständig sind[478]. Ein entsprechender Ansatz ist die bereits ebenfalls unter Ziffer II.3.8.1. vorgestellte Entschließung des Rates vom 25. Mai 2000 über ein gemeinschaftsweites Netz staatlicher Einrichtungen für die außergerichtliche Beilegung von Verbraucherstreitigkeiten[479]. Die weitere Entwicklung, insbesondere bei der Mitarbeit der Mitgliedstaaten bei der statistischen Erfassung von Verbraucherbeschwerden, bleibt abzuwarten.

III.4. Stand der Umsetzung in den Mitgliedstaaten

Die Fernabsatzrichtlinie hätte gemäß Artikel 15 Absatz 1 bis zum 01. Juni 2000 in den einzelnen Mitgliedstaaten umgesetzt werden müssen. Ein Großteil der Mitgliedstaaten ist dieser Verpflichtung nachgekommen, in einigen Staaten steht die Umsetzung trotz des Fristablaufs jedoch noch aus. Im einzelnen ist der Regelungsstand für die einzelnen Mitgliedstaaten wie folgt zusammenzufassen:

III.4.1. Italien

In Italien wurde die Richtlinie durch das Gesetz Nr. 185 (1) vom 22. Mai 1999 umgesetzt[480]. Die italienischen Bestimmungen weichen kaum von der Fernabsatzrichtlinie[481] ab, vielmehr wurde diese nahezu deckungsgleich in ein eigenes Gesetz über den Fernabsatz übernommen. Die Gliederung des Gesetzes entspricht somit ebenfalls weitestgehend der der Richtlinie. Im ersten Artikel finden sich die Definitionen, im zweiten und siebten werden die Ausnahmen vom Anwendungsbereich geregelt, der dritte sowie der vierte enthalten die Bestimmungen zur Informationspflicht, der fünfte betrifft die Ausübung des Widerrufsrechts.

Die Informationspflichten des Anbieters sind vollständig der Fernabsatzrichtlinie entnommen. Angefügt ist in Artikel 3 Absatz 4 des Gesetzes lediglich die Verpflichtung, im Falle einer individuellen Kommunikation (Telefon, Brief, e-mail) die Informationen in italienischer Sprache zu übermitteln. Der italienische Verbraucher wird also grundsätzlich auch im Fernabsatz davor geschützt, sich auf fremdsprachige Vertragsbedingungen einlassen zu müssen. Findet die Kommunikation dagegen auf einer nicht individuellen Ebene statt, so sind Fremdsprachen zulässig. Daher ist es unproblematisch, wenn der italienische Verbraucher beispielsweise im Internet über die jeweiligen Homepages mit fremdsprachigen Angeboten konfrontiert wird. Sobald er dort jedoch eine Leistung bestellt, sind ihm die jeweiligen Informationen zum Vertrag in

---

[477] Amtsblatt der EG vom 11.06.1998 Nr. L 166 S. 51ff
[478] KOM 1998 (198) endg.
[479] Amtsblatt der EG C 155 vom 6.6.2000, S. 1f
[480] abgedruckt in Pubblicato nella Gazz. Uff. 21. giugno (Juni) 1999, n. 143
[481] direttiva relativa alla protezione die consumatori in materia di contratti a distanza

seiner Muttersprache zu übermitteln. Diese Verpflichtung könnte jedenfalls kleinere Anbieter ohne internationale Erfahrung vor Probleme stellen.

Gemäß Artikel 5 Absatz beträgt die Widerrufsfrist 10 Werktage, also mehr, als in der Richtlinie vorgesehen. Die Regelungen zum Fristbeginn, wie zu den Ausnahmen vom Widerrufsrecht entsprechen vollumfänglich dem Artikel 6 der Fernabsatzrichtlinie. Allerdings wird zusätzlich die Form des Widerrufs eingehend geregelt. Nach Artikel 5 Absatz 4 hat der Widerruf durch den Verbraucher per Einschreiben mit Rückschein an den Unternehmenssitz des Lieferers zu erfolgen. Diese Regelung enthält somit zwar eine strenge Formvorschrift, andererseits wird später jedoch die Beweisbarkeit für den Verbraucher erleichtert. Der Widerruf kann auch ausnahmsweise mittels Fax, Telex oder Telegramm noch am Tag des Fristablaufs erfolgen, er muß dann allerdings binnen 48 Stunden nochmals per Einschreiben mit Rückschein bestätigt werden. Ein Widerruf via Telefon oder e-mail ist nach dem Wortlaut der Regelung in Italien nicht möglich.

Im Falle von Warenbestellungen hat der Verbraucher die bereits gelieferten Waren an den Lieferer zurückzusenden oder zur Abholung bereitszustellen. Die Kosten der Rücksendung dürfen dem Verbraucher nur dann auferlegt werden, wenn dieses zuvor im Vertrag ausdrücklich vereinbart worden ist.

Im Hinblick auf die Beschränkungen bei der Verwendung bestimmter Fernkommunikationstechniken teilt der italienische Gesetzgeber die hier vertretene Auffassung. Die Zulässigkeit der Verwendung bestimmter Techniken wurde jedenfalls strenger geregelt als in der Richtlinie vorgesehen, obwohl umstritten ist, ob die Mitgliedstaaten in diesem Bereich das Schutzniveau zu Gunsten des Verbrauchers verschärfen dürfen[482]. Während die Richtlinie eine vorherige Zustimmung des Verbrauchers nur bei der Verwendung von Voice-mail Systemen und Telefax vorsieht, wird dieses in Artikel 10 des italienischen Fernabsatzgesetzes zusätzlich noch auf Telefon und e-mail ausgeweitet. Der italienische Verbraucher ist somit hinreichend vor unerwünschten Telefonanrufen und Spamming geschützt.

In Artikel 12 des Gesetzes sind die Sanktionen gegen solche Lieferer geregelt, die die Informationspflichten, das Widerrufsrecht oder die Bestimmungen bezüglich unlauterer Handlungsweisen verletzen. Danach kann für jeden Fall des Verstoßes ein Ordnungsgeld (Verwaltungsstrafe) von 1 Million bis zu 10 Million Lire[483] verhängt werden.

III.4.2. Finnland

In Finnland wurde die Richtlinie über den Verbraucherschutz beim Fernabsatz[484] durch Artikel 6 des dortigen Verbraucherschutzgesetzes umgesetzt[485]. Die letzten diesbezüglichen Änderungen traten am 01.03.2001 in Kraft.

---

[482] vgl. Ziffer III.3.7.
[483] ca. 500 bis 5.000 EURO
[484] kuluttajansuojasta etäsopimuksissa

Durch § 15 dieser gesetzliche Regelung wird dem Verbraucher ein Widerrufsrecht von 14 Tagen gewährt. Soweit der Verbraucher bereits die Ware erhalten hat, muß er diese zwar selbst zurücksenden, die Kosten hierfür hat jedoch der Lieferer zu tragen.

Die Informationspflichten des Anbieters sind in § 13 des Fernabsatzgesetzes geregelt und entsprechen nahezu wortgleich den Bestimmungen der Fernabsatzrichtlinie. Soweit der Lieferer seine Informationspflichten verletzt hat, führt dieses dazu, daß der Vertrag für den Verbraucher unverbindlich ist, er also jederzeit vom Vertragsschluß zurücktreten kann.

Anders als in Italien darf der Verbraucher in Finnland auch dann von einem gewerblichen Anbieter telefonisch kontaktiert werden, wenn er einer Kontaktaufnahme zuvor nicht zugestimmt hat. Hinsichtlich des Telefons gilt somit, wie auch bei der Fernabsatzrichtlinie, daß opt-out Prinzip. Auch in Finnland war man jedoch der Auffassung, daß über bei der Umsetzung des Artikel 10 über das in der Richtlinie vorgesehene Schutzniveau hinausgegangen werden kann. Dementsprechend gilt dort für e-mails das opt-in Prinzip, die Kontaktierung des finnischen Verbrauchers über e-mail setzt also dessen vorherige Zustimmung voraus.

Soweit sich ein Anbieter in unlauterer Weise der Fernkommunikationstechniken bedient, hat er in Finnland mit empfindlichen Sanktionen zu rechnen. Beispielsweise kann ein Vertriebsverbot ausgesprochen werden, welches gegebenenfalls noch durch Geldstrafen verschärft wird.

III.4.3. Belgien

In Belgien wurde die Richtlinie[486] umgestzt durch das Gesetz „Overeenkomsten op afstand" vom 25. Mai 1999[487], durch welches das schon oben[488] erwähnte „Gesetz über die Handelspraktiken, die Information und den Schutz des Verbrauchers" vom 14 Juli. 1991 abgewandelt wurde. Die jetzige Fassung ist bereits seit Oktober 1999 in Kraft.

Das Schutzniveau in Belgien war schon vor Erlaß der Richtlinie vergleichsweise hoch, so daß im Zuge der Umsetzung nur noch wenig Änderungen erforderlich waren. Das schon vorher gesetzlich garantierte Widerrufsrecht von mindestens 7 Tagen wurde beibehalten. Im Falle des Widerrufs ist der Verbraucher allerdings für die Rücksendung der Ware verantwortlich und muß diese – soweit nichts anderes vereinbart ist – auch selbst bezahlen.

---

485 das Gesetz ist veröffentlicht im jährlich erscheinenden Suomen Laki (Teil I) und ist abrufbar unter http://www.finlex.fi

486 Directive concernat la protection des consommateurs en matière de contrats à distance

487 abgedruckt im „Belgisch Staatsblad" vom 23 Juni 1999 S. 23673 bis 23677

488 vgl. die Darstellung der Gesetzeslage in den Mitgliedstaaten vor Erlaß der Richtlinie, hier für Belgien, S.

Die Informationspflichten bzw. die einzelnen zu gewährenden Informationen, wurden inhaltlich an die entsprechenden Regelungen der Fernabsatzrichtlinie angepaßt. Die Verletzung dieser Informationspflichten führt in Belgien jedoch nicht allein zu einer Verlängerung der Widerrufsfristen, vielmehr kann der Lieferer nach vorangegangener Mahnung auch mit einem Bußgeld belegt werden, welches zwischen 1240 bis zu 99.000 EURO bei einem vorsätzlichen Verstoß liegen kann[489]. Ein Belgien tätiger Lieferer wird sich somit zweimal überlegen, ob den Kunden nur unzureichend informiert.

Der Schutz des Verbrauchers vor unerwünschter Kontaktaufnahme mittels Fernkommunikationstechniken ist in Belgien ausgestaltet wie in der Fernabsatzrichtlinie. Lediglich für Fax und Voice-mail-Systeme gilt das opt-in-Prinzip, für andere individuelle Kommunikationstechniken gilt das opt-out-Prinzip. Hierbei hat der Verbraucher, ähnlich wie in Deutschland, die Möglichkeit, sich in „Robinson Listen" eintragen zu lassen, welche beim Belgischen Direktmarketing-Verband geführt werden. Soweit der Lieferer die Ablehnung eines Verbrauchers mißachtet, kann er wiederum mit Ordnungsgeldern belegt werden. Diese sind mit jenen bei der Verletzung von Informationspflichten identisch.

III.4.4. Dänemark

In Dänemark wurde die Fernabsatzrichtlinie[490] ebenfalls fristgerecht umgesetzt durch das am 29. Mai 2000 verabschiedete Gesetz Nr. 442[491], welches größtenteils am 1. i 2000 in Kraft trat.

Das dänische Gesetz gewährt dem Verbraucher ein Widerrufsrecht von 14 Tagen, nachdem er die in der Richtlinie vorgesehenen Informationen erhalten hat. Im Falle des Widerrufs hat er die bereits erhaltene Ware auf eigene Kosten zurückzusenden oder die Annahme gegenüber der Post zu verweigern.

Der Verwendung von Fernkommunikationstechniken ist in Dänemark ebenfalls strenger geregelt, als in der Fernabsatzrichtlinie. Telefonanrufe, Fax oder e-mails dürfen von einem Lieferer nur dann zur Kontaktaufnahme verwendet werden, wenn der konkrete Verbraucher vorher zugestimmt hat. Lediglich Postsendungen dürfen ohne vorherige Einwilligung erfolgen, falls der Verbraucher nicht zuvor seine Ablehnung beim „Zivilen Registrierungs- System" erklärt hat (opt-out). Die dänischen Lieferer sind verpflichtet, diese vierteljährlich erscheinende Liste selbständig zu prüfen und die dort erwähnten Personen nicht anzuschreiben.

---

[489] zwischen 50.000 und 4.000.000 BEF

[490] „direktiv om forbrugerbeskyttelse i forbindelse med aftaler vedroerende fjernsalg"

[491] veröffentlicht am 31. Mai 2000 in dem Gesetzesblatt „Lovitende"

III.4.5. Schweden

Schweden hatte wegen des erst 1995 erfolgten Beitritts zur Europäischen Union diverse EU-Richtlinien noch nachträglich umzusetzen, unter anderem auch die Richtlinie 85/577/EWG[492] bezüglich der durch Verbraucher außerhalb von Geschäftsräumen geschlossenen Verträge (Haustürgeschäfterichtlinie). Da die Fernabsatzrichtlinie in ihrer Zielrichtung und ihrem Aufbau der Haustürgeschäfterichtlinie ähnlich war, wurden beide Richtlinien in Schweden in einem einheitlichen Gesetz umgesetzt. Dieses Gesetz Nr. 2000/247 über Verbraucherschutz beim Fernabsatz und Heimverkauf[493] vom 11.05.2000 trat fristgemäß zum 01. Juni 2000 in Kraft.

Gliederung und Wortlaut des Gesetzes sind größtenteils den Richtlinien entnommen, wodurch eine sinnvolle Kombination aus beiden Richtlinien entstanden ist. Hierbei wurden die jeweiligen Texte der beiden Richtlinien jedoch auch zu Gunsten detaillierterer Regelungen abgewandelt und ergänzt. So ist zwar die Informationspflicht nahezu identisch zur Richtlinie geregelt. Andererseits ist beispielsweise das Widerrufsrecht des Verbrauchers nicht grundsätzlich ausgeschlossen, selbst wenn die bestellte Ware nach seinen Spezifikationen gefertigt oder auf seine speziellen Bedürfnisse zugeschnitten ist. Abweichend von Artikel 6 Absatz 3, dritter Spiegelstrich der Richtlinie kann der Verbraucher gemäß § 15 Absatz 3 des schwedischen Gesetzes die Bestellung noch binnen einer im jeweiligen Vertrag vorgesehenen Frist widerrufen, selbst wenn die spezifisch hergestellte Ware schon an ihn ausgeliefert wurde. Demgegenüber findet sich allerdings auch eine zusätzliche Ausnahmeregelung vom Widerrufsrecht. Der Verbraucher darf nach § 17 des Gesetzes den Vertrag nicht mehr widerrufen, wenn der Zustand der gelieferten Ware nach der Auslieferung verändert wurde, etwa durch Beschädigung, Zerstörung oder Umbau[494]. Ist die Veränderung des Zustandes allerdings nicht vom Verbraucher zu vertreten, oder beruht sie auf Maßnahmen, die zum Untersuchen des Zustandes erforderlich waren (z.B. Öffnen der Verpackung), so ist das Widerrufsrecht uneingeschränkt gegeben.

Die gesetzlich gewährte Widerrufsfrist beträgt im übrigen 14 Arbeitstage, wobei der Fristenlauf nahezu identisch zur Richtlinie geregelt ist. Allerdings steht dem Verbraucher unter Umständen eine von der Richtlinie abweichende Widerrufsfrist zu, wenn der Lieferer seine Informationspflichten verletzt. In Artikel 3 Absatz 1 der Richtlinie ist vorgesehen, daß die Widerrufsfrist auch bei Verletzung der Informationspflichten höchstens 3 Monate beträgt. Demgegenüber sieht § 16 des schwedischen Verbraucherschutzgesetzes vor, daß die Widerrufsfrist bis zu einem Jahr beträgt, wenn der Verbraucher nicht über die genauen Bedingungen des Widerrufsrechts, der Kündigung, die geographische Anschrift der Niederlassung des Lieferers sowie die Einzelheiten zum Kundendienst bzw. der Garantie informiert worden ist. Hierbei handelt es sich um die Informationen, die nach Artikel 5 Absatz 1 der Richtlinie zwingend schriftlich oder auf einem dauerhaften Datenträger zu übermitteln sind. Bei der Verletzung anderer Informationspflichten beträgt die Widerrufsfrist gemäß § 16 des

[492] Amtsblatt EG 1985 Nr. L 372 S.31
[493] Lag (2000:274) om konsumentskydd vid distansavtal och hemförsäljningsavtal
[494] Demgegenüber folgen die anderen Mitgliedstaaten der Systematik der Richtlinie, wonach im Falle der Verschlechterung zwar das Widerrufsrecht nicht ausgeschlossen ist, der Verbraucher jedoch schadenersatzpflichtig sein kann, vgl. oben Ziffer III.3.3.7. (Kosten des Widerrufs).

schwedischen Verbraucherschutzgesetzes dann allerdings ebenfalls höchstens drei Monate, so daß dort die Frist eine Dauer von 14 Tagen, 3 Monaten oder 1 Jahr haben kann.

Wenn der Verbraucher bei Warenlieferungen sein Widerrufsrecht ausüben möchte, soll er die Waren zur Abholung bereitstellen oder an den Lieferer zurücksenden. In jedem Fall hat der Lieferer die Kosten für den Rücktransport zu übernehmen und etwaige Vorauszahlungen binnen 30 Tagen zu erstatten. Dieser Pflicht wird durch § 19 des schwedischen Verbraucherschutzgesetzes Nachdruck verliehen, da der Verbraucher hiernach die Ware so lange behalten darf, bis der Lieferer die Kosten übernommen bzw. Vorauszahlungen erstattet hat. Erfüllt der Lieferer diese Verpflichtungen nicht binnen 3 Monaten, oder holt er die bereitgestellte Ware nicht binnen dieses Zeitraumes ab, so darf der Verbraucher diese entschädigungslos behalten.

Zur Umsetzung des lauterkeitsrechtlichen Artikels 10 der Fernabsatzrichtlinie wurde außerdem das schwedische Werbungsgesetz[495] abgeändert. Neu eingefügt wurde dort § 13 a) , welcher die zulässige Verwendung von Fernkommunikationstechniken regelt. Der schwedische Gesetzgeber hielt sich hierbei an die Vorgaben der Richtlinie. Die Kontaktaufnahme über Fax und Voice-mail Systeme ist nur zulässig, wenn der Verbraucher vorher zugestimmt hat. Ergänzt wurde allerdings, daß die vorherige Zustimmung auch erforderlich ist bei vergleichbaren automatischen Systemen, die nicht mehr jeweils durch einzelne Personen betätigt werden müssen. Dieses dürfte sich auf sämtliche Kommunikationsmittel beziehen, die selbsttätig größere Mengen von Adressaten ansprechen können. Daher dürfte in Schweden auch das e-mail-spamming nur jeweils bei vorheriger Zustimmung des Adressaten zulässig sein.

Für alle anderen individuellen Fernkommunikationssysteme gilt, wie in der Richtlinie, das opt-out-Prinzip.

III.4.6. Niederlande

Der niederländische Verbraucher ist bereits seit dem 01. Februar 2000 durch das dortige Umsetzungsgesetz der Fernabsatzrichtlinie[496] besser geschützt[497]. Die Umsetzung erfolgte durch Abänderung des 7. Buches des niederländischen „Burgerlijk Wetboek" (Bürgerliches Gesetzbuch)[498] durch Einfügen eines Abschnitts (Afdeling)

---

[495] Marknadsföringslagen (1995:450)

[496] Richtlijn betreffende de bescherming van de consument bij op afstand gesloten overeenkomsten

[497] zu der Rechtslage in den Niederlanden unter Berücksichtigung der Fernabsatzrichtlinie im Bereich des e-commerce ausführlich Jan Jaap van der Sar „Juristische aspecten van electronic commerce" Diss. (niederländisch) vom August 1999, abrufbar unter http:www.rint.rechten.rug.nl/pulicaties/jjvandersar.htm

[498] Wet van 21. december 1999 tot anpassing van Boek 7 van het Burgerlijk Wetboek aan richtlijn nr. 97/7/EG van het Europees Parlement en de Raad van de Europese Unie von 20 mei betreffend bescherming van de consument bij op afstand gesloten overeenkomsten, abgedruckt im niederländischen Staatsblad 2000 Nr. 617

9A. Die darin aufgenommenen Regelungen halten sich weitestgehend an die Vorgaben der Richtlinie[499]. Die Informationspflichten sind identisch.

Die Frist für den Widerruf beträgt in den Niederlanden 7 Werktage. Bei der Verletzung der Informationspflichten verlängert sich die Widerrufsfrist, wie in der Richtlinie vorgesehen, auf höchstens drei Monate. Im Falle des Widerrufs dürfen dem Verbraucher die Kosten für die Rücksendung der Ware auferlegt werden. Die bezüglich der Dienstleistungen beim Fernabsatz geltenden Besonderheiten sind, aus gesetzestechnischer Sicht besonders gelungen, in einem eigenen Artikel 46i zusammengefaßt worden, wodurch der Sonderstatus von Dienstleistungen hinsichtlich der Fristen und der Ausnahmeregelungen eher nachvollzogen werden kann.

Insbesondere im Bereich der lauterkeitsrechtlichen Bestimmungen sind die Regelungen jedoch detaillierter. Bei der Umsetzung von Artikel 8 der Richtlinie („Zahlung mittels Karte") wurde das Recht des Verbrauchers zur Stornierung einer Zahlung mittels Bezahlkarte eingeschränkt. Der Verbraucher muß nämlich dann für die entstandenen Kosten aufkommen, wenn er selbst die mißbräuchliche Verwendung der Zahlkarte ermöglicht hat. Dies soll beispielsweise der Fall sein, wenn es der Verbraucher unterläßt, den Diebstahl seiner Zahlkarte unverzüglich dem Kartenausgeber zu melden.

Die Zulässigkeit der Verwendung von Fernkommunikationstechniken ist geregelt wie in der Fernabsatzrichtlinie, d.h. lediglich Fax und voice-mail-Systeme erfordern die Zustimmung des Verbrauchers vor der Kontaktaufnahme. Sämtliche anderen individuellen Kommunikationstechniken unterliegen dem opt-out-Prinzip. Nach Artikel 46h sollen sämtliche Personen, die eine Kontaktaufnahme über bestimmte Fernkommunikationstechniken ablehnen, mindestens einmal im Jahr über geeignete Publikationen bekannt gemacht werden. Somit haben die Lieferer auch eine ausreichende Möglichkeit, von der jeweiligen Ablehnung Kenntnis zu nehmen.

Im Hinblick auf die Durchsetzung der Verbraucherrechte insbesondere auch beim grenzüberschreitenden Fernabsatz haben die Niederlande außerdem neue Regeln in das 3. und 6. Buch des „Burgerlijk Wetboek" aufgenommen. Danach sollen niederländische Verbraucherorganisationen berechtigt sein, die Interessen des einzelnen niederländischen Verbrauchers auch vor den Gerichten der anderen Mitgliedstaaten zu vertreten. Umgekehrt sollen andere mitgliedstaatliche Verbraucherschutzorganisationen auch in den Niederlanden auftreten dürfen. Diese Maßnahme ist aus Verbrauchersicht sehr begrüßenswert, da die Möglichkeiten des einzelnen Verbrauchers zur Rechtsdurchsetzung gerade im Ausland mangels entsprechender Kenntnisse äußerst begrenzt sind.

---

[499] näher hierzu C.J. Sander und S.E. Bartels „Vraagpunten bij de implementatie van de Europese richtlijn op afstand gesloten overeenkomsten" in Tijdschrift voor consumentenrecht 1998 Nr. 5, S.407 - 415

III.4.7. Großbritannien

In Großbritannien wurde die Richtlinie[500] durch die Consumer Protection (Distance Selling) Regulations 2000 vom 31. August 2000[501] umgesetzt, welche etwas verspätet am 31. Oktober 2000 in Kraft traten. Die bereits oben[502] erwähnte „Mail Order Transactions (Information) Order 1976" wurde stattdessen außer Kraft gesetzt. Die jetzige britische Regelung zeichnet sich durch besonders detaillierte Regelungen aus, wodurch einerseits eine Anpassung an britisches Recht angestrebt wurde, und andererseits die der Richtlinie immanenten Regelungslücken vermieden werden sollten. Dem entsprechend ist das Umsetzungsgesetz mit insgesamt 29 Artikeln auch etwas umfangreicher geworden. Hierbei sind einige bemerkenswerte Abweichungen vom Richtlinientext entstanden, von denen nachfolgend lediglich die wichtigsten zusammengefaßt werden.

Wie in der Fernabsatzrichtlinie sind auch den Consumer Protection Regulations Definitionen der wichtigsten Begriffe vorangestellt. Um Auslegungsschwierigkeiten zu vermeiden wird dort auch der Begriff „Werktage" („working days") definiert, der bei der Berechnung der Widerrufsfrist von erheblicher Bedeutung ist. Es wurde bereits darauf eingegangen[503], daß nach britischer Rechtstradition mit dem Begriff „working days" lediglich die Tage von Montag bis Freitag erfaßt sind, während in vielen anderen Mitgliedstaaten auch der Samstag als ein regulärer Werktag gilt. Großbritannien hat in seiner Regelung zum Fernabsatz nochmals die eigene Sichtweise ausdrücklich bekräftigt, indem gemäß Artikel 3 Paragraph 1 „working days" definiert werden als sämtliche Tage außer Samstagen, Sonntagen und Feiertagen.

Auch bei der Formulierung der Ausnahmetatbestände wurde Wert darauf gelegt, durch eindeutige Bestimmungen Mißverständnisse möglichst zu verhindern. Während bei Artikel 3 Paragraph 1 vierter Spiegelstrich der Fernabsatzrichtlinie noch unklar ist, ob auch Architekten- oder Bauunternehmerverträge vom Anwendungsbereich der Richtlinie ausgeschlossen sind, trifft Artikel 5 Paragraph 1 (b) der britischen Umsetzungsregelung eine konkrete Entscheidung. Danach sind die Consumer Protection Regulutions lediglich nicht auf solche Verträge anwendbar, bei welchen über Rechte am Grundstück verfügt wird, also beispielsweise Übertragung und Belastung der Grundstücksrechte. Baut dagegen jemand auf seinem eigenen Grundstück ein Haus, so werden die hiermit verbundenen Verträge, soweit sie im Fernabsatz geschlossen wurden, von den britischen Fernabsatzregelungen erfaßt. Eine Besonderheit gilt allerdings noch für Pacht-, Leasing- und Mietkaufverträge von Immobilien. Gemäß Artikel 5 Paragraph 2 sind solche „rental agreements" aus dem Anwendungsbereich der Umsetzungsbestimmungen herausgenommen, die nicht schriftlich niedergelegt werden müssen. Das britische Recht sieht grundsätzlich vor, daß sämtliche Mietverträge (auch Pacht und Leasing) schriftlich abzufassen sind. In England und Wales sind jedoch solche Grundstückspacht- und Leasingverträge von der

[500] Einen Überblick über die Einschätzung der Richtlinie aus britischer Sicht gibt der Aufsatz von Rob Bradgate „The EU Directive on Distance Selling" im Web Journal of Current Legal Issues 1997, im Internet abrufbar unter http://www.webjcli.ncl.ac.uk/1997/issue4/bradgat4.html.
[501] Statutory Instrument 2000 No. 2334
[502] siehe Ziffer I.3.2.
[503] siehe Ziffer III.3.3.2.

Schriftform befreit, die länger als drei Jahre laufen[504]. Gleiches gilt in Schottland für entsprechende Verträge von mehr als einjähriger Laufzeit. Bei diesen Verträgen wird folglich – soweit sich die betreffenden Grundstücke in Großbritannien befinden - kein besonderer Verbraucherschutz im Fernabsatz gewährt, ein Widerrufsrecht beispielsweise besteht also nicht.

Des weiteren hebt die britische Regelung in Artikel 6 hervor, daß die Bestimmungen zum Fernabsatz auch nur eingeschränkt auf solche Verträge anwendbar sind, die der Time-Sharing-[505] und der Pauschalreiserichtlinie[506] der EU bzw. den diesbezüglichen Umsetzungsgesetzen unterliegen. Diese enthalten eigene Regelungen über Informationspflichten, Rückabwicklung von Verträgen etc., so daß sie ohnehin gemäß Artikel 13 der Fernabsatzrichtlinie vorrangig sind.

Der Umfang der vom Anbieter schriftlich oder auf einem dauerhaften Datenträger zu gewährenden Informationen ist in der englischen Regelung größer als in der Richtlinie. Gemäß Artikel 8 der Regelung sind sämtliche Informationen, auch die gegenüber der Richtlinie zusätzlich zu gewährenden, noch einmal schriftlich bzw. auf einem dauerhaften Datenträger zu bestätigen. Soweit der Verbraucher nach der Vorstellung des Lieferers verpflichtet sein soll, die gelieferte Ware nach einem etwaigen Widerruf zurückzuschicken, muß dieses ebenfalls in konservierbarer Form an den Verbraucher übermittelt werden, da andernfalls diese Verpflichtung nicht besteht. Schließlich muß der Verbraucher bei Dienstleistungen auch in entsprechender Weise darauf hingewiesen werden, daß ein Widerrufsrecht zu seinen Gunsten nicht besteht, wenn die Ausführung der Dienstleistung mit seinem Einverständnis bereits vor Ablauf der Widerrufsfrist erfolgte. Kommt der Lieferer dieser Verpflichtung nicht nach, so kann auch der Vertrag für eine bereits erbrachte Dienstleistung noch innerhalb von bis zu drei Monaten widerrufen werden.

Vor allem das Widerrufsrecht ist in den britischen Consumer Protection Regulations ausführlich geregelt. So ist in Artikel 10 Paragraph 3 vorgesehen, daß der Verbraucher den Vertrag nur schriftlich oder auf einem dauerhaften Datenträger widerrufen kann. Eine mündliche Erklärung, etwa am Telefon, reicht also in Großbritannien nicht aus. Die Widerrufserklärung ist gemäß Paragraph 4 desselben Artikels an die letzte bekannte Anschrift bzw. den (Telefax-, e-mail-) Anschluß des Lieferers oder einer von diesem benannten Person zu übermitteln. Es reicht aus, wenn die Widerrufserklärung am letzten Tag der Frist abgesandt wird, also beispielsweise den Poststempel dieses Tages trägt.

Die Widerrufsfrist beträgt 7 Tage nach dem Tag des Fristbeginns, also beispielsweise 7 Tage nach Wareneingang, Vertragsschluß oder Informationsübermittlung. Die Widerrufsfrist ist entsprechend der Richtlinie auf eine Höchstdauer begrenzt. Diese beträgt jedoch – abweichend von der Richtlinie – 3 Monate plus 7 Werktage. Hierdurch wird die oben bei der Richtlinie aufgeworfene Frage[507] gelöst, ob die Frist auch

---

[504] vgl. „Law of Property (Miscellaneaous Provisions) Act 1989"
[505] Richtlinie 94/47/EG, Amtsblatt Nr. L 280 vom 26.10.1994 S. 83
[506] Richtlinie 90/314/EWG, Amtsblatt Nr. L158 vom 23.06.1990 S. 59
[507] siehe Ziffer III.3.3.6.

nach exakt 3 Monaten endet, wenn der Lieferer die geschuldeten Informationen noch kurz vor Ablauf dieser Frist übermittelt hat. Der britische Gesetzgeber möchte in diesem Fall noch einmal die übliche Frist in Gang setzen.

In Artikel 11 Paragraph 5 wird ein weiteres, im Hinblick auf die Richtlinie aufgeworfenes[508] Problemfeld geregelt, nämlich die Lieferung einer Ware an dritte Personen. Diese etwa bei Geburtstags- und Weihnachtsgeschenken häufig auftretende Konstellation wirft die Frage auf, ob die Widerrufsfrist hier ebenfalls mit Anlieferung der Ware beim Empfänger beginnen soll, obwohl dieser nicht mit dem Besteller identisch ist. Die vorbenannte Regelung bestimmt insoweit, daß hier für den Fristbeginn die allgemeinen Regeln gelten, als ob der Besteller die Ware am selben Tag wie der Empfänger erhalten hätte.

Im Falle des Widerrufs kann dem Verbraucher die Rücksendung der Ware und die Übernahme der Kosten auferlegt werden, wenn dieses vorher vereinbart und schriftlich bzw. auf einem dauerhaften Datenträger bestätigt wurde. Ist mit dem Fernabsatzvertrag auch ein Kreditvertrag verbunden, so ist gemäß Artikel 15 der Consumer Protection Regulations der Lieferer dafür verantwortlich, den Kreditgeber als etwaige dritte Partei über den Widerruf zu informieren.
Der Artikel 17 beschäftigt sich ausführlich mit den Sorgfaltspflichten des Verbrauchers hinsichtlich der empfangenen Waren. Hiernach ist er sowohl vor als auch nach einem etwaigen Widerruf zu einer „angemessen Sorgfalt" („reasonable care") im Umgang mit den Waren verpflichtet. Diese Maßgabe soll erreichen, daß die Waren im Falle eines Widerrufs in einem Zustand sind, der einen erneuten Verkauf ermöglicht. Soweit der Verbraucher aufgrund der getroffenen Vereinbarung nicht verpflichtet ist, im Falle des Widerrufs die Ware zurückzusenden, muß er diese dennoch sorgsam bis zur Abholung durch den Lieferer aufbewahren.

In diesem Fall muß der Lieferer binnen 21 Tagen anzeigen, wann die Abholung der Ware beim Verbraucher erfolgen soll. Scheitert die Abholung der Waren am Verschulden des Verbrauchers, so ist er auf weitere unbestimmte Zeit für den Zustand der Ware verantwortlich, etwaige Verschlechterungen hat er dann zwingend zu ersetzen. Meldet sich andererseits der Lieferer nicht binnen dieser Frist von 21 Tagen, so wird der Verbraucher von jeglicher Verantwortung für die Ware frei.

Ist er dagegen zur Rücksendung verpflichtet, so muß der Verbraucher ebenfalls in angemessener Weise dafür Sorge tragen, daß die Waren, etwa wegen mangelhafter Verpackung, nicht während des Transportes beschädigt werden. Kommt er trotz entsprechender Vereinbarung und Aufforderung durch den Lieferer der Verpflichtung zur Rücksendung nicht nach, so ist er diesem schadenersatzpflichtig, mindestens in Höhe der Kosten für die Abholung der Ware. Etwaige Schäden oder Verschlechterungen an der Ware gehen dann ebenfalls grundsätzlich zu seinen Lasten.

Bei der Bezahlung mittels einer Bezahlkarte bestimmt Artikel 21, daß von einer mißbräuchlichen Verwendung der Karte durch Dritte nicht auszugehen ist, wenn der Karteninhaber eine weitere Person zu deren Benutzung autorisiert hat. Allerdings hat

---

[508] siehe Ziffer III.3.3.4.

der Kartenausgeber gegebenenfalls zu beweisen, daß eine solche Bevollmächtigung tatsächlich vorlag, die Karte also nicht in betrügerischer Weise verwendet wurde.

Bei der Lieferung unbestellter Waren zum Zwecke der Verkaufsförderung sieht Artikel 24 der Consumer Protection Regulations entsprechend der Richtlinie vor, daß der Verbraucher diese kostenlos behalten darf. Zusätzlich ist allerdings geregelt, daß eine solche Handlungsweise durch einen Lieferer ein strafwürdiges Vergehen darstellt, welches mit einem Bußgeld belegt wird. Das Bußgeld verschärft sich, wenn der Lieferer noch mit Drohungen (z.B. Androhung einer Klage) versucht, den Verbraucher zur Bezahlung der unbestellten Ware zu veranlassen.

Die Zulässigkeit der Verwendung von Fernkommunikationstechniken ist in Großbritannien geregelt, wie in der Fernabsatzrichtlinie vorgesehen. Die entsprechenden Bestimmungen befinden sich jedoch außerhalb der Consumer Protection Regulations. Zu beachten ist allerdings, daß es gemäß der Telecommunications (Data Protection and Privacy) Regulations[509] ein strafwürdiges Vergehen darstellt, wenn ein Verbraucher zu Verkaufs- oder Werbezwecken angerufen wird, obwohl er beim zuständigen „Telephone Preference Service" seine Ablehnung angezeigt hat.

III.4.8. Deutschland

In Deutschland wurde die Richtlinie ursprünglich durch ein eigenes Fernabsatzgesetz umgesetzt, nebst einigen Änderungen in bestehenden Gesetzen, wie etwa dem Bürgerliche Gesetzbuch (BGB)[510]. Die neuen Vorschriften traten in den wesentlichen Teilen am 30.06.2000 in Kraft.

Dieses Fernabsatzgesetz war allerdings nur wenige Monate in Kraft und wurde sodann im Rahmen einer Neugestaltung des deutschen Schuldrechts durch ein anderes Regelungswerk ersetzt. Die umfangreichen Gesetzesänderungen waren insbesondere wegen der Verbrauchsgüterrichtlinie 1999/44/EG erforderlich geworden, die bis zum 31.12.2001 in mitgliedstaatliches Recht umzusetzen war. Die nach der e-Commerce-Richtlinie 2000/31/EG und der Zahlungsverzugsrichtlinie 2000/35/EG erforderlichen Gesetzesänderungen sollten bei dieser Gelegenheit ebenfalls vorgenommen werden. Um der Zersplitterung des Rechts entgegenzuwirken, die durch die

---

[509] Statutory Instrument 1999 No. 2093

[510] Gesetz über die Fernabsatzverträge und andere Fragen des Verbraucherrechts sowie zur Umstellung von Vorschriften auf EURO vom 27. Juni 2000, abgedruckt im BGBl. I/2000 S. 897 sowie Berichtigungen vom 21. Juli 2000im BGBl. I/2000 S. 1139; besonders aufschlußreich ist der Regierungsentwurf vom 09.02.2000 mit Begründung der einzelnen Änderungen, welcher abgedruckt ist in BT-Drucksache 14/2658; zu diesem Gesetz ist bereits in größerem Umfang Literatur vorhanden, beispielhaft sollen nachfolgend einige Titel genannt werden, wobei dort wiederum weiterführende Verweise vorhanden sind: Fuchs „Das Fernabsatzgesetz im neuen System des Verbraucherschutzes" in ZIP 2000 S. 1273; Härtling „Referentenentwurf für ein neues Fernabsatzgesetz" in CR 1999, S. 507; Lorenz „Im BGB viel Neues: Die Umsetzung der Fernabsatzrichtlinie" in JuS 2000, S. 833; Vehslage „Das neue Fernabsatzgesetz" in ZAP 2000, S. 891; Tonner „Das neue Fernabsatzgestz – oder: System statt Flickenteppich" in BB 2000; S. 1413; Ring „Fernabsatzgesetz" Kommentar, Bonn 2000; Hensen „Das Fernabsatzgesetz oder: Man könnte heulen" ZIP 2000, 1151; Sudabeh Kamanabrou „Die Umsetzung der Fernabsatzrichtlinie" in WM 2000, S. 1417ff

Umsetzung europäischer Richtlinien im Privatrecht bereits entstanden war, wurden die jeweiligen Spezialgesetze – wie etwa das Fernabsatzgesetz, das Haustürwiderrufsgesetz, das Gesetz über allgemeine Geschäftsbedingungen etc. – in das Bürgerliche Gesetzbuch integriert.

Die Regelungen zum Fernabsatz befinden sich jetzt in den §§ 312ff BGB, welche sich vornehmlich auf das Widerrufsrecht und die Informationspflichten beziehen. Der Anwendungsbereich dieser Regelungen deckt sich grundsätzlich mit jenem der Richtlinie. Die Ausnahmetatbestände sind in § 312 b Abs. 3 BGB jedoch teilweise abweichend geregelt. Ausgenommen vom Anwendungsbereich sind zusätzlich solche Verträge, die den Fernunterricht oder die Teilzeitnutzung von Wohngebäuden betreffen. Für derartige Verträge sind speziellere Gesetze[511] vorhanden, welche eigene Regelungen zu den Informationspflichten und zum Widerruf enthalten.

Anders als beispielsweise in Großbritannien, sind aus dem Anwendungsbereich des Fernabsatzregelungen solche Verträge ausgenommen, die lediglich die Errichtung von Bauwerken betreffen. Somit ist es für den Ausnahmetatbestand nicht erforderlich, daß gleichzeitig dingliche Rechte am Grundstück übertragen oder verändert werden. Beim Abschluß eines Architektenvertrages oder bei der Beauftragung eines Bauunternehmers im Fernabsatz könnte sich der deutsche Verbraucher daher nicht auf den Schutz des Gesetzs berufen. Da die Formulierung im Gesetz jedoch nicht konkret definiert, welche Verträge „die Errichtung von Bauwerken betreffen", dürfte hier noch eine umfangreiche Klärung durch die Gerichte erforderlich sein.

Die Informationspflichten des Lieferers, die in § 312 c BGB i.V.m. einer nach Artikel 240 EGBGB erlassenen Rechtsverordnung geregelt sind, sind größtenteils wörtlich aus der Fernabsatzrichtlinie entnommen. Will sich der Lieferer allerdings vorbehalten, eine Leistung im Falle der Nichtverfügbarkeit auch nicht erbringen zu müssen, so muß er den Verbraucher hierüber vorab informieren. Andernfalls hat er für seine Leistungszusage unbedingt einzustehen und ist gegebenenfalls schadenersatzpflichtig wegen Nichterfüllung. Die vorab zu gewährenden Informationen sind nochmals schriftlich oder auf einem dauerhaften Datenträger zu bestätigen, wobei die gemäß Artikel 5 Absatz 1 der Fernabsatzrichtlinie „zwingenden" Informationen in einer „deutlich gestalteten Form" hervorzuheben sind, etwa durch Verwendung eines großen oder fetten Schriftbildes.

Die Anforderungen an einen dauerhaften Datenträger sind nunmehr im neu eingefügten § 360 BGB geregelt. Dieser hat zu gewährleisten, daß der Verbraucher für eine den Erfordernissen des Rechtsgeschäfts entsprechende Zeit inhaltlich unveränderte Information abrufen kann. Die erforderliche Dauerhaftigkeit des Datenträgers ist somit relativ einzuschätzen, je nach den Gegebenheiten des Rechtsgeschäfts. Nach der Auffassung des deutschen Gesetzgebers fallen hierunter jedenfalls e-mails und unter Umständen auch heruntergeladene Homepages eines Lieferers[512].

---

[511] das Fernunterrichtsschutzgesetz vom 24. August 1976, abgedruckt im BGBl. I/1976 S: 2525 sowie § 481 BGB zur Teilnutzung von Wohngebäuden, welcher jetzt die Time-Sharing Richtlinie 94/47/EG umsetzt.

[512] so Regierungsentwurf, BT-Drucksache 14/2658, S. 40 (zum vormaligen § 361 BGB)

Welche Sprache bei der Information des Verbrauchers zu verwenden ist, legt das Gesetz nicht fest. Erforderlich ist lediglich die auch nach der Richtlinie vorgeschriebene Klarheit und Verständlichkeit des Textes, so daß jeweils der Einzelfall unter Berücksichtigung der Gesamtumstände zu bewerten ist.

Das Recht des Verbrauchers zum Widerruf des Vertrages ist in § 312 d BGB geregelt, welcher allerdings auf den ebenfalls neu eingefügten § 355 BGB verweist. Dieser sieht vor, daß der Widerruf binnen einer Frist von 2 Wochen erfolgen kann, wobei es sich hier nicht ausschließlich um Werktage handelt, sondern um vollständige Wochen einschließlich Wochenenden und Feiertagen. Um die Weihnachtszeit, mit ihren zahlreichen Feiertagen einschließlich dem Jahreswechsel, ist daher die Widerrufsfrist nur unwesentlich länger als 7 Werktage. Die Regelungen zum Fristbeginn entsprechen der Fernabsatzrichtlinie. Zur Wahrung der Frist reicht es aus, wenn der Widerruf vor Fristablauf abgeschickt worden ist. Folglich ist es unerheblich, wann die Widerrufserklärung beim Lieferer eingeht. Der Widerruf hat schriftlich, mittels dauerhaftem Datenträger oder durch Rücksendung einer Ware zu erfolgen. Ein ausschließlich mündlicher Widerruf reicht daher nicht aus. Soweit der Verbraucher nicht hinreichend über sein Widerrufsrecht belehrt wurde, verlängert sich seine Widerrufsfrist auf bis zu sechs Monate (§ 355 Absatz 3 BGB), wodurch der in der Richtlinie vorgesehene Zeitraum um drei Monate erweitert wurde.

Im Falle des Widerrufs ist der Verbraucher gem § 357 BGB grundsätzlich zur Rücksendung der gelieferten Ware verpflichtet, wobei die Rücksendung auf die Gefahr des Lieferers zu erfolgen hat. Etwaige Beschädigungen während des Rücktransportes gehen somit im Normalfall zu dessen Lasten. In Deutschland ist es zulässig, dem Verbraucher die Kosten für die Rücksendung der Waren aufzuerlegen, allerdings nur dann, wenn der Wert der Bestellung unter 40 Euro liegt. Auch in diesem Fall ist selbstverständlich Voraussetzung, daß der Verbraucher über die Kostenpflichtigkeit der Rücksendung informiert wird.

Die deutschen Regelungen zum Fernabsatz heben sich von den Umsetzungsgesetzen anderer Mitgliedstaaten vor allem dadurch ab, dass vom Verbraucher im Falle des Widerrufs eine Vergütung für den Gebrauch bzw. die Benutzung der Sache verlangt werden kann sowie nach § 357 Absatz 3 BGB der Ersatz einer etwaigen Wertminderung, die durch den vorübergehenden Gebrauch der Sache eingetreten sein könnte. Als Begründung hierführ wird angeführt, dass der Lieferer andernfalls zu sehr mit den Folgen eines Widerrufs belastet würde, da die Wertminderung durch den erstmaligen Gebrauch einer neuen Sache erheblich sein könne[513]. Der Anspruch des Lieferers auf Ersatz der etwaigen wetminderung setzt allerdings voraus, dass der Verbraucher zuvor auf die erstattungspflich hingewiesen wird und ihm eine Möglichkeit geschildert wird, diese Wertminderung zu vermeiden.

Hierbei ist äußerst fraglich, ob die somit gestattete Berechnung eines Nutzungsentgelts sowie einer Wertminderung nach Maßgabe der Fernabsatzrichtlinie überhaupt zulässig ist. Jedenfalls nach der hier vertretenen Auffassung verstößt die Regelung

---

[513] vgl. Regierungsentwurf zum Schuldrechtsmodernisisierungsgesetz, BT- Drucksache 14/6040 S. 465

des § 357 BGB gegen die Bestimmungen der Fernabsatzrichtlinie[514]. Neben dem Wertverlust, der durch den bestimmungsgemäßen Gebrauch einer Sache eingetreten ist, muß in Deutschland selbstverständlich auch der Wertverlust ersetzt werden, der von dem Besteller durch unsachgemäßen Gebrauch sowie durch Fahrlässigkeit und Vorsatz verursacht wurde. Die ursprünglich noch im Fernabsatzgesetz bzw. § 361 a BGB a.F. enthaltene Ausnahme, wonach eine Haftung des Bestellers auf Vorsatz und grobe Fahrlässigkeit beschränkt sein sollte, soweit er keine Kenntnis vom Widerrufsrecht hatte, wurde bedauerlicherweise ersatzlos gestrichen.

Hinsichtlich der Lieferung unbestellter Waren regelt § 241 a BGB, daß hierdurch ein Anspruch des Lieferers nicht begründet wird, also auch ein Herausgabeanpruch nicht besteht. Mithin kann der Verbraucher die Ware kostenlos behalten. Dieses gilt allerdings dann nicht, wenn der Lieferer angenommen hat, daß die Ware durch den betreffenden Verbraucher bestellt worden ist und der Verbraucher dieses erkannt hat oder hätte erkennen müssen. Die versehentliche Lieferung an einen Nachbarn des Bestellers bei Namensverwandtschaft dürfte den Empfänger daher regelmäßig nicht von der Rückgabepflicht befreien.

Für die Verwendung von Fernkommunikationstechniken ist in Deutschland keine weitergehende Regelung vorgenommen wurde, da nach der Rechtsprechung zum Gesetz über den Unlauteren Wettbewerb die Zulässigkeit ohnehin sehr restriktiv gehandhabt wird. Im Rahmen der individuellen Kommunikation unterliegt nach der deutschen Rechtsprechung lediglich die Briefpost dem opt-out-Prinzip, sämtliche anderen individuellen Kommunikationswege wie Telefon, Fax, e-mail etc. bedürfen der vorherigen Zustimmung des Verbrauchers[515]. Damit geht das diesbezügliche deutsche Schutzniveau einerseits über die Fernabsatzrichtlinie hinaus, andererseits wurde es jedoch unterlassen, eine konkrete verbindliche Regelung zu schaffen, da die jetzige Einschätzung des unlauteren Verhaltens ausschließlich auf Richterrecht beruht.

Im Bereich der unlauteren Vertriebspraktiken wurde die Gelegenheit wahrgenommen, um eine weitere unerwünschte Werbemaßnahme zu unterbinden. Hierbei handelt es sich um die als Postwurfsendung bisher weit verbreiteten Gewinnzusagen („Sie haben einen PKW gewonnen, ...“), mit welchen der Verbraucher zum Kauf von Produkten animiert werden sollte. Diese Gewinnzusagen erwiesen sich im Regelfall als wertlos, da sie entweder unverbindlich waren oder eine mindestens gleichwertige Gegenleistung vom Verbraucher erforderten. Dieser Praxis wird nunmehr mit dem neu eingefügten § 661 a BGB entgegengewirkt, welcher bestimmt, daß die Gewinnzusage verbindlich ist, der Verbraucher also einen Anspruch auf diesen Gewinn hat.

Soweit der Lieferer seine Pflichten verletzt, oder in sonstiger Weise gegen Lauterkeitsvorschriften verstoßen wird, sind nach den deutschen Regelungen keine verwaltungsrechtlichen Maßnahmen oder gar Bußgelder vorgesehen. Im neuen Gesetz über Unterlassungsklagen bei Verbraucherrechts- und anderen Verstößen

---

[514] vgl. insoweit die Ausführungen unter Ziffer III.3.3.7.

[515] vgl. insoweit die zusammenfassende Auflistung im Regierungsentwurf, BT-Drucksache 14/2658 S. 24

(UKlaG)[516] ist allerdings geregelt, daß solche Unternehmer zivilrechtlich auf Unterlassung in Anspruch genommen werden können, wobei in Deutschland nunmehr auch ein Verbandsklagerecht für Verbraucherverbände eingeführt wurde. Wie auch in den Niederlanden, wurde in Deutschland die Richtlinie 98/27/EG vom 19. Mai 1998 über Unterlassungsklagen zum Schutz der Verbraucherinteressen[517] umgesetzt. Nach § 3 UKlaG können nunmehr auch Verbraucherverbände anderer Mitgliedstaaten aus eigenem Recht auf Unterlassung vor deutschen Gerichten klagen.

III.4.9. Österreich

Österreich verfügte bereits vor der Entstehung der Fernabsatzrichtlinie über ein eigenes Konsumentenschutzgesetz[518], so daß es zweckmäßig war, die Fernabsatzrichtlinie im Rahmen dieses Gesetzes umzusetzen. Dieses erfolgte durch das österreichische Fernabsatzgesetz[519]. Hierdurch wurden vor allem die §§ 5 a bis i sowie § 31 a in das Konsumentenschutzgesetz neu eingefügt. Diese Änderung trat am 01. Juni 2000 in Kraft. Bei dieser Gelegenheit erfolgte durch Anpassung weiterer Vorschriften auch die Umsetzung der Richtlinie 97/55/EG über Änderungen im Bereich der irreführenden Werbung[520] sowie der Richtlinie 98/27/EG über Unterlassungsklagen zum Schutz der Verbraucherinteressen[521].

Trotz der Umstandes, daß die Regelungen in ein bestehendes Gesetz eingefügt wurden, entspricht der Anwendungsbereich der österreichischen Fernabsatzgesetzgebung gem. § 5 a, b Konsumentenschutzgesetz nahezu wortgleich der Richtlinie. Gleiches gilt gemäß § 5 c, d des Gesetzes für die vom Lieferer zu übermittelnden Informationen.

Nach § 5 e steht dem Verbraucher terminologisch kein Widerrufsrecht, sondern ein Rücktrittsrecht zu. Dieses beträgt für den Verbraucher 7 Werktage, wobei – wie in der britischen Regelung – der Samstag ausdrücklich nicht zu den Werktagen gerechnet wird. Im Falle der Verletzung der Informationspflichten beträgt die Frist bis zu 3 Monate zzgl. 7 weiterer Werktage, falls die Information noch kurz vor Ablauf der Frist erfolgt. Zur Fristwahrung genügt es, wenn der Verbraucher seine Rücktrittserklärung noch am Tag des Fristablaufes „absendet", auf den Zugang kommt es daher nicht an. Wegen der Verwendung des Begriffs „absenden" ist anzunehmen, daß ein mündlicher Widerruf nicht ausreichen soll.

Die Ausnahmetatbestände zum Rücktrittsrecht sind weitgehend der Richtlinie entnommen, mit Ausnahme von „periodischen Druckwerken". Während einerseits das

---

[516] vom 26.11.2001, BGBl. I 2001, S. 3138, 3173
[517] Amtsblatt EG Nr. L 166 vom 11.06.1998 S. 51
[518] vgl. Ziffer I.3.2.
[519] österreichisches BGBl. I Nr. 185/1999; aufschlußreich ist hierbei außerdem die Begründung der Regierungsvorlage, welche im Internet unter http://normative.zusammenhaenge.at/materialien/fernabsatg_rv_vorbl.html abgerufen werden kann; hierzu beispielhaft Hermann Oberdanner „Umsetzung der Fernabsatzrichtlinie im Österreichischen Recht" Dipl. Arbeit Universität Salzburg, Dezember 1999
[520] Amtsblatt EG Nr. L 290 vom 23.10.19997, S. 18
[521] Amtsblatt EG Nr. L. 166 vom 11.06.1998, S.51

Rücktrittsrecht bei Zeitungen, Zeitschriften und Illustrierten nicht gegeben ist, gilt bei wiederholten Lieferungen von periodischen Druckwerken über einen längeren Zeitraum (z.B. Zeitungsabos), daß der Vertrag schriftlich geschlossen werden muß und vom Verbraucher widerrufen werden kann (§ 26 Konsumentenschutzgesetz).

Im Falle des Rücktritts können dem Verbraucher die Kosten der Rücksendung auferlegt werden, wenn dieses zuvor vereinbart wurde. Ferner hat der österreichische Verbraucher, ähnlich wie in Deutschland, ein „angemessenes Entgelt für die Benützung" der Leistung zu zahlen. Anders als in Deutschland ist allerdings auch noch Wertersatz für eine an der Leistung eingetretene Wertminderung zu leisten. Lediglich der ideele Wertverlust, der durch die erstmalige Weitergabe einer Ware an den etwaigen Käufer erfolgt (Verlust der Neuwertigkeit), ist für sich allein nicht als Wertminderung anzusehen. Die Zulässigkeit dieser Regelung ist äußerst fraglich, da die Fernabsatzrichtlinie jegliche Art von Strafzahlungen verbietet. Mit der vorliegenden Regelung wird dem Verbraucher das Rücktrittsrecht psychologisch erschwert, da er nur ungern eine Leistung zurückgeben wird, wenn er diese dennoch teilweise zu vergüten hat. In diesem Fall wird er die Leistung häufig auch dann behalten, wenn sie nicht seinen Vorstellungen entspricht. Insoweit wird er jedoch nicht hinreichend vor der im Fernabsatz typischen Gefahr geschützt, die „Katze im Sack" kaufen zu müssen.

Auch in Österreich hielt man es für erforderlich, unlautere Gewinnzusagen zu sanktionieren. Gemäß § 5 j des Konsumentenschutzgesetzes ist der österreichische Verbraucher ebenfalls berechtigt, die zugesagten Gewinnen einzufordern.

Hinsichtlich der Zulässigkeit des Einsatzes von Fernkommunikationstechniken ist lediglich in § 5 c Konsumentenschutzgesetz eine ausdrückliche Regelung enthalten. Hiernach dürfen Automaten als Gesprächspartner nur eingesetzt werden, wenn der Verbraucher der entsprechenden Kontaktaufnahme zugestimmt hat. Im übrigen gilt die Generalklausel des § 16 ABGB, aus welchem die Achtung des Privatbereichs abgeleitet wird[522]. Auf dieser Grundlage hat sich in Österreich ein Richterrecht herausgebildet, wonach auch der Gebrauch von Telefon, Telefax oder e-mail nur bei der vorherigen Zustimmung des betreffenden Verbrauchers zulässig ist. Ähnlich wie in Deutschland wurde daher in diesen Bereichen eine ausdrückliche Umsetzung dieser Regelungen der Fernabstzrichtlinie nicht für erforderlich gehalten.

III.4.10. Luxemburg

Es wurde in der Einleitung bereits dargestellt[523], daß Luxemburg der erste Staat in der Europäischen Union war, der mit dem Verbrauchergesetz vom 25.08.1983 den Fernabsatz spezifisch regelte, beispielsweise durch die Gewährung eines Widerrufsrechts. Diese Regelungen werden nunmehr ergänzt durch das Gesetz No. 4641[524],

---

[522] vgl. OGH vom 24.02.1998, ÖBl. 1998, S.298

[523] vgl. Ziffer I.3.2.

[524] „Loi relatif au commerce électronique modifiant le code civil, le bouveau code de procédure civil, le code de commerce, le code pénal et transposant la directive 1999/93 relative à un cadre communautaire pour les signatures électroniques, la directive relative à certains aspects juridiques des services

welches vornehmlich die Richtlinie über elektronische Signaturen 99/93/EG umsetzen und den Bereich des e-commerce regeln soll, wobei in großen Teilen auch bereits die e-commerce-Richtlinie 2000/31/EG vorweggenommen wurde. Bei dieser Gelegenheit wurden außerdem im fünften Titel des Gesetzes, zweites Kapitel (Artikel 53ff), die noch umsetzungsbedürftigen Bestimmungen der Fernabsatzrichtlinie in das luxemburgische Recht eingefügt. Die Artikel 53 und 54 des Gesetzes regeln die Informationspflichten des Lieferers einschließlich des Erfordernisses der Bestätigung auf einem dauerhaften Datenträger, wobei die entsprechenden Bestimmungen der Fernabsatzrichtlinie nahezu wörtlich übernommen wurden. Artikel 55 betrifft das Widerrufsrecht des Verbrauchers. Hiernach kann der Verbraucher den Vertrag binnen 7 Tagen widerrufen, wobei hier im Hinblick auf die Richtlinie von Arbeitstagen auszugehen sein dürfte. Soweit der Verbraucher die Informationen nicht auf einem dauerhaften Datenträger erhalten hat, verlängert sich sein Widerrufsrecht auf 3 Monate zzgl. etwaiger 7 Tage, falls der Verbraucher noch am letzten Tag der 3 Monate die bestätigten Informationen erhält. Das Widerrufsrecht ist schriftlich oder auf einem dauerhaften Datenträger auszuüben, so daß in Luxemburg der lediglich mündliche Widerruf nicht ausreicht.

Interessant ist der Umstand, daß in Luxemburg auch die Versicherungsverträge (eine Finanzdienstleistung !!) in den Schutzbereich der Richtlinie mit einbezogen wurden, soweit diese eine längere Laufzeit als einen Monat haben. Hier wird dem Verbraucher ein Widerrufsrecht von 30 Tagen eingeräumt. Im übrigen entsprechen die Ausnahmetatbestände aber denen der Fernabsatzrichtlinie.

Artikel 58 des Gesetzes verweist schließlich ergänzend auf die Regelungen im bereits erwähnten Verbrauchergesetz vom 25. August 1983.

III.4.11. Frankreich

In Frankreich war der Fernabsatz vor Erlaß der Richtlinie teilweise geregelt durch das entsprechende Verbraucher-Gesetz vom 6. Januar 1988[525]. Die Umsetzung der Fernabsatzrichtlinie konnte daher mit geringem Aufwand erfolgen, indem einige neue Regelungen in das bestehende Gesetz eingefügt werden.Dennoch erfolgte die Umsetzung in Frankreich erst im August 2001, also mehr als 1 Jahr nach Ablauf der Umsetzungsfrist. Grund hierfür war ein erheblicher Rückstand bei der Umsetzung von Richtlinien der EU, der es erforderlich machte, zu ungewöhnlichen Maßnahmen zu greifen. Um das Gesetzgebungsverfahren zu beschleunigen wurde die französische Regierung ermächtigt, verschiedene Richtlinien schlicht durch Verordnung umzusetzen. Eine solche Verordnung ist die „Ordonnance no 2001-741 du 23 août 2001 portant transposition de directives communautaires et adaption au droit communauraire en matière de droit de la consommation"[526], mit welcher die verbraucherschützenden Richtlinien der EU umgesetzt werden. Der bisherige Gesetzgebungsrück-

---

de la société de l'information, certains dispositios de la directive 97/7/CEE concernant la vente à distance des biens et des services autres que les services financiers" - vom luxemburgischen Chambre des Deputes (Abgeordnetenkammer) verabschiedet am 12.07.2000

[525] „code de la consommation", siehe Fn. 34

[526] Journal officiel Nummer 196 vom 25. August 2001, S. 13645

stand zeigt sich daran, dass die Verordnung selbst ältere Richtlinien, wie die Richtlinie 93/13/EWG über missbräuchliche Klauseln in Verbraucherverträgen oder die Richtlinie 97/55/EG über die Einbeziehung der vergleichenden Werbung erstmals in französisches Recht umsetzt. Die Regelungen zur Umsetzung der Fernabsatzrichtlinie befinden sich in den Artikeln 5 bis 15 der Verordnung, welche wiederum die Artikel L 121-16 bis Artikel L 122-3 des code de la consommation abändern.
Die entsprechenden Neuregelungen orientieren sich sehr am Wortlaut der Richtlinie, so dass die französischen Regelungen zum Fernabsatz weitestgehend jenen der Richtlinie entsprechen. Die Ausnahmetatbestände für die Anwenbarkeit der Fernabsatzregelungen sind nahezu wörtlich der Richtlinie entnommen worden. Lediglich bei den vom Lieferer zu gewährenden Informationen sind leichte Abweichungen vorhanden. So hat er dem Verbraucher beispielsweise neben seiner Anschrift auch seine Telefonnummer mitzuteilen (Art. L 121-18 Absatz 1).

Die Widerrufsfrist beträgt, wie in der Richtlinie vorgesehen, 7 Werktage bzw. bis zu drei Monate, wenn der Lieferer seinen Informationspflichten nicht nachgekommen ist. Im Falle des Widerrufs dürfen dem Verbraucher bis auf die Kosten der Rücksendung keine weiteren Beträge in Rechnung gestellt werden (Art. L 121-20).

Die Zulässigkeit der Verwendung von Fernkommunikationstechniken für den Vertrieb ist in Artikel L 121-20-5 des code de la consommation geregelt, wobei die entsptrechende Bestimmung vollständig der Fernabsatzrichtlinie entnommen wurde. Somit ist in Frankreich die Verwendung von Fax und Voice-mail Systemen nur dann zulässig, wenn der Verbraucher vorher zugestimmt hat, bei allen anderen individuellen Fernkommunikationstechniken reicht es bereits aus, wenn er nicht seine diesbezügliche Ablehnung erklärt hat.

Das Umsetzungsgesetz zum Fernabsatz wird flankiert von einem ausführlichen Verhaltenskodex des französischen Versandhandelsverbandes Fevad[527]. Hierbei ist insbesondere positiv hervorzuheben, daß der französische Verhaltenskodex auch Regelungen für Direkt-Versicherungen enthält und damit in einem Teilbereich Finanzdienstleistungen miterfaßt.

III.4.12. Irland

In Irland wurde die Fernabsatzrichtlinie ebenfalls verspätet am 15. Mai 2001 durch die EC Regulations 2001[528] umgesetzt. Hierbei wurden die Regelungen der Fernabsatzrichtlinie nahezu unverändert übernommen, so dass der Anwendungsbereich der Bestimmungen, die Informationspflichten des Anbieters sowie die Ausgestaltung des Widerrufsrechts vollumfänglich mit der Fernabsatzrichtlinie übereinstimmt.

---

[527] „FEDERATION DES ENTERPRISES DE VENTE A DISTANCE", diesem Verband gehören über 90% aller französischen Unternehmen des Versandhandels an, so daß eine weitgehende Akzeptanz des Kodex gewährleistet ist; der Verhaltenskodex kann im Internet in englischer Sprache abgerufen werden unter http://www.fevad.com/generale/uk/codeprofuk99.htm.

[528] Statutory Instrument 207 of 2001

Dementsprechend hat der Verbraucher ein Widerrufsrecht von 7 Arbeitstagen bzw. 3 Monaten, für den Fall, dass ihm die erforderlichen Informationen nicht auf einem dauerhaften Datenträger zur Verfügung gestellt worden sind. In diesem Punkt weicht die irische Regelung allerdings von der Fernabsatzrichtlinie ab: Im Falle von Dienstleistungen beginnt die Frist von 3 Monaten – abweichend von der Richtlinie – erst dann zu laufen, wenn die Dienstleistung erbracht wurde und nicht bereits, wenn der Vertrag geschlossen worden ist. Die irische Regelung ist somit in diesem Punkt verbraucherfreundlicher.

Die Regelung zur Verwendung von Fernkommunikationstechniken hält sich ebenfalls an die Vorgaben der Richtlinie. Der Einsatz von Fax und Voice-Mail-Systemen ist nur mit der vorherigen Zustimmung des Verbrauchers gestattet, andere individuelle Fernkommunikationstechniken können bereits eingesetzt werden, wenn der Verbraucher deren Einsatz nicht widersprochen hat. Falls eine Fernkommunikationstechnik für den Abschluß eines Vertrages verbotswidrig eingesetzt wird, ist der betreffende Vertrag unwirksam. Darüberhinaus riskiert ein Lieferer, der gegen die Regelungen zum Fernabsatz verstößt, Strafen bis zu € 3.800,00.

III.4.13. sonstige Staaten

In den verbleibenden Staaten, namentlich Griechenland[529], Portugal und Spanien war die Rechtslage bereits im Vorfeld den Erfordernissen der seinerzeit entstehenden Fernabsatzrichtlinie angepasst worden, so daß der dortige Nachbesserungsbedarf nur noch gering ist. Insoweit kann auf die obigen[530] Ausführungen zur dortigen Rechtslage verwiesen werden.

III.5. Resümee

Die Eignung und Effektivität der Fernabsatzrichtlinie ist daran zu messen, ob sie den Ansprüchen gerecht wird, die ihrer Schaffung zugrunde lagen. Dabei stellt sich die Frage, inwieweit die Ziele der Verbesserung des Verbraucherschutzes, der Rechtsangleichung und der Verwirklichung des Binnenmarktes im Fernabsatz durch die Richtlinie erreicht werden können.

---

[529] Gesetz 1961/91 vom 02.06.1991, welches bereits konkrete Informationspflichten des Lieferers regelte sowie ein Widerrufsrecht des Verbrauchers von 10 Arbeitstagen

[530] siehe Ziffer I.3.2.

III.5.1. Verbraucherschutz

Die vornehmlich angestrebte Anhebung des Verbraucherschutzniveaus wurde weitestgehend verwirklicht. Durch das verbindliche Widerrufsrecht des Verbrauchers und die Informationspflichten des Lieferers werden die für den Fernabsatz typischen Mängel, wie Informationsdefizite, Leistungsmängel, irrtümliche und übereilte Bestellungen, hinreichend kompensiert. Wie die Umsetzung der Richtlinie durch die Mitgliedstaaten zeigt, waren diese regelmäßig gezwungen, in den eigenen Rechtsordungen das Verbraucherschutzniveau zu erhöhen. Während einige Mitgliedstaaten, wie z.B. Deutschland, erstmals ein gesetzliches Recht des Verbrauchers auf Vertragswiderruf im Fernabsatz begründet haben, wurden in den meisten Staaten erstmals konkrete Informationspflichten des Lieferers festgelegt. Das hohe Schutzniveau der Richtlinie wird auch dadurch bestätigt, daß nur wenige Staaten in ihren Umsetzungsbestimmungen darüber hinaus gegangen sind. So wurde beispielsweise lediglich in den skandinavischen Ländern, Deutschland und Italien eine längere Widerrufsfrist, als 7 Werktage, gewählt. Die Informationpflichten wurden in den meisten Umsetzungsgesetzen wörtlich aus der Richtlinie entnommen und nur in seltenen Fällen ergänzt. Lediglich in Italien, Deutschland und Österreich benötigt ein Anbieter für die Kontaktaufnahme via Telefon die vorherige Zustimmung des betreffenden Verbrauchers, während in den anderen Mitgliedstaaten bezüglich des Telefons das in der Richtlinie vorgesehene opt-out-Prinzip übernommen worden ist. Insgesamt fällt auf, daß die Mitgliedstaaten nicht gewillt waren, erheblich über das in der Richtlinie vorgesehene Schutzniveau hinauszugehen, teilweise wird sogar versucht, dieses zu unterschreiten. Hierbei ist wiederum beispielhaft auf Deutschland und Österreich zu verweisen, die es zu Gunsten der Anbieter erlauben, dem Verbraucher im Falle des Widerrufs ein Nutzungsentgelt oder in Österreich sogar eine Entschädigung für die etwaige Wertminderung zu berechnen.

Daher wäre es begrüßenswert gewesen, wenn die Richtlinie selbst strengere Mindestvorgaben enthalten hätte. Da der Besteller im Fernabsatz die Qualität und Eignung der bestellten Ware nicht aus eigener Anschauung kennt, sollte er nicht mit den Folgen einer letztlich nicht gewünschten Bestellung belastet werden. Aus diesem Grund hätte in der Richtlinie aus der Sicht des Verbraucherschutzes explizit untersagt werden müssen, den Verbraucher im Falle des Vertragswiderrufs mit Kosten (auch Rücksendekosten) zu belasten, solange die Sache von ihm nicht vertragswidrig verwendet bzw. beschädigt wurde. In diesem Fall hätten auch Deutschland und Österreich davon abgesehen, eine zusätzliche Kostenbelastung des Verbrauchers im Widerrufsfall zu gestatten.

Des weiteren hätte zum Schutz des Verbrauchers ein Verbot von Vorauszahlungen erfolgen müssen[531], wie es in der Entwurfsphase zur Richtlinie zweitweise vorgesehen war. Nach der jetzigen Regelung kann dem Verbraucher im Wege der Vorauszahlung das Risiko einer Insolvenz des Anbieters aufgebürdet werden oder aber auch das Risiko, die Vorauszahlung vom Anbieter, etwa im Ausland einklagen zu müssen.

---

[531] vgl. Ziffer III.2.4.

Der Verbraucherschutz bei grenzüberschreitenden Fernabsatzverträgen wurde seit dem Erlaß der Richtlinie verbessert. In materiell-rechtlicher wurde die Rechtslage bei Verträgen mit Drittstaatenbezug dahingehend ausgestaltet, daß sich der Verbraucher immer auf den durch die Richtlinie gewährten Schutz berufen kann. In prozessualer Hinsicht etabliert Artikel 11 Absatz 2 ein grenzüberschreitendes Verbandsklagerecht, wodurch Verstöße der Lieferer gegen den von der Richtlinie gewährten Verbraucherschutz effektiver geahndet werden können. Die Richtlinie wird im übrigen ergänzt durch später erlassene Bestimmungen, die die Rechtsdurchsetzung betreffen. Zu nennen sind hier die Richtlinie 98/27/EG über Unterlassungsklagen zum Schutz von Verbraucherinteressen[532] oder die Empfehlung der Kommission 98/57/EG über Grundsätze für Einrichtungen, die für die außergerichtliche Beilegung von Verbraucherstreitigkeiten zuständig sind[533]. Auch bei der Durchsetzung einzelner, individueller Ansprüche des Verbrauchers gegen einen ausländischen Anbieter hat sich die bisher eher schlechte Position des Verbrauchers etwas verbessert. Hier ist zu verweisen auf die Verordnung Nr. 44/2001 des Rates über die gerichtliche Zuständigkeit und die Anerkennung und Vollstreckung von Entscheidungen in Zivil- und Handelssachen[534]. Schwachpunkt bei der Durchsetzung der Ansprüche des Verbrauchers im Ausland dürfte allerdings nach wie vor die dortige Zwangsvollstreckung sein, weshalb hier weiterhin Nachbesserungsbedarf besteht.

Ferner ist zu beklagen, daß die Regelungen der Richtlinie – wie die Ausführungen in den vorangegangenen Abschnitten zeigen - teilweise unklar und häufig höchst auslegungsbedürftig sind. Die fehlenden Detailregelungen sind angesichts der unterschiedlichen Rechtssysteme in den Mitgliedstaaten zwar nachvollziehbar. Jedoch hätten klarere Formulierungen dazu geführt, daß der in den Mitgliedstaaten zu gewährende Mindeststandard an Verbraucherschutz im Fernabsatz genauer abgesteckt wird. Einzelne Mitgliedstaaten hätten somit keine Gelegenheit, das Schutzniveau infolge der unklaren Regelungen zu unterlaufen[535]. Die Auslegungsbedürftigkeit vieler Bestimmungen führt außerdem – auch zum Nachteil des Verbrauchers – zu mehr Rechtsunsicherheit.

Aus Verbrauchersicht ist daher festzuhalten, daß die Richtlinie zwar das Schutzniveau für den europäischen Verbraucher anhebt, letztlich aber jedoch unter ihren Möglichkeiten geblieben ist.

III.5.2. Rechtsangleichung

Unter dem Gesichtspunkt der Rechtsangleichung stellt sich die Frage, ob das der Richtlinie zu Grunde liegende Konzept der Mindestharmonisierung zweckmäßig war. Damit wollten die Mitgliedstaaten zwar einerseits größere Eingriffe in die eigenen nationalen Rechtsordnungen verhindern[536], tatsächlich jedoch werden hierdurch die

---

[532] Amtsblatt der EG Nr. L 166 vom 11.06.1998, S. 51-55
[533] KOM 1998(198) endg.
[534] Amtsblatt der EG Nr. L12 vom 16.01.2001 S. 1; vgl. Ziffer III.3.8.4
[535] Wie etwa Deutschland und Österreich im Hinblick auf die im Falle des Widerrufs zu zahlenden Nutzungsentgelte.
[536] vgl. Ziffer III.3.7.2.

Unterschiede sogar aufrechterhalten. Unterschiede in den Widerrufsfristen, den Modalitäten bei der Erklärung des Widerrufs, den lauterkeitsrechtlichen Regelungen bei der zulässigen Verwendung von Fernkommunikationstechniken sowie unterschiedliche Sanktionen bei Pflichtverletzungen führen nach wie vor dazu, daß der grenzüberschreitende Fernabsatz sowohl für den Anbieter als auch den Verbraucher riskant ist. Darüberhinaus werden durch die Richtlinie einzelne relevante Bereiche nicht geregelt, etwa wer die Gefahr eines zufälligen Untergangs von bestellten Waren zu tragen hat. Das Privatrecht der Mitgliedstaaten weicht folglich auch in diesem, für den Fernabsatz wichtigen Punkt, weiterhin voneinander ab. Zumindest für diese wesentlichen Details hätte daher eine Vollharmonisierung angestrebt werden müssen. Dieses wäre auch durchsetzbar gewesen, wie die nachfolgend erörterten Entwürfe zur Finanzfernabsatzrichtlinie zeigen: diese sollen für den Bereich der Finanzen insgesamt eine Vollharmonisierung herstellen.

Das Ziel der Rechtsangleichung wurde daher nur unzureichend verwirklicht, weshalb zu hoffen bleibt, daß sich die nationalen Umsetzungsgesetze im Laufe Zeit einander annähern.

III.5.3. Verwirklichung des Binnenmarkts im Fernabsatz

Die Verwirklichung des Binnenmarktes im Fernabsatz wird durch die fehlende Rechtsangleichung behindert. Der Verbraucher wird bei grenzüberschreitenden Bestellungen zwar auf eine hinreichende vorvertragliche Information durch den Lieferer in einem anderen Mitgliedstaat setzen können. Soweit aber – etwa im Internet - sprachliche Unterschiede bestehen, trägt er das Risiko, die Angaben zu Widerrufsfristen, Rücksendemodalitäten etc. vollständig zu verstehen. Er wird sich angesichts der unterschiedlichen Umsetzungsgesetze und verschiedenartigen Rechtsordnungen in den Mitgliedstaaten auch nicht darauf verlassen können, daß die Regelungen den Bestimmungen in seinem Heimatstaat entsprechen. Hinzu kommt die durch die Richtlinie nicht beseitigte Schwierigkeit, etwaige Ansprüche im Normalfall auch im Ausland durchsetzen zu müssen. Aufgrund dieser Umstände kann dem Verbraucher auch nach der Umsetzung der Richtlinie nicht bedenkenfrei geraten werden, Waren und Dienstleistungen bei Lieferern im jeweiligen Ausland zu bestellen. Dieses gilt umgekehrt auch für die Lieferer, insbesondere im Hinblick auf das unterschiedliche Lauterkeitsrecht und die erheblichen Unterschiede bei den Sanktionen von Verstößen, die in einzelnen Staaten[537] sogar strafrechtliche Konsequenzen haben können.

Begrüßenswert ist die Hinwendung zu neuen Technologien, insbesondere die Berücksichtigung von dauerhaften Datenträgern als Medium. Hierdurch wird der Fernabsatz an die modernen Gegebenheiten und insbesondere an die Erfordernisse des Internet angepaßt. Dieser Ansatz, vor allem in Verbindung mit der noch weiter gehenden e-commerce-Richtlinie 2000/31/EG[538], macht die Europäische Union im Bereich der rechtlichen Behandlung von modernen Kommunikations- und Informationstechnologien zukunftsfähig. Trotz der nach wie vor bestehenden Risiken im grenz-

---

[537] wie z.B. Großbritannien, vgl. oben unter Ziffer III.4.7.

[538] Amtsblatt der EG Nr. L178 vom 17.07.2000, S. 1ff

überschreitenden Fernabsatz wird daher die Richtlinie zu einer Verbreitung dieser Vertriebsform beitragen und insbesondere auch den Distanzvertrieb im Binnenmarkt insgesamt fördern.

III.5.4. Keine einheitliche Besteuerung von Leistungen im Binnenmarkt

Es sollte allerdings nicht unerwähnt bleiben, dass die Organe der EU bei der Abfassung der Richtlinie einen für die Förderung des Fernabsatzes wesentlichen Aspekt vollkommen ausgespart haben, nämlich die einheitliche Besteuerung von Waren- und Dienstleistungen im Binnenmarkt. Durch den zunehmenden grenzüberschreitenden Handel im Internet wurde bereits in den letzten Jahren eines deutlich: Die unterschiedlichen Steuersysteme, insbesondere im Bereich der Mehrwertsteuer, belasten den Binnenmarkt erheblich. Zum einen sind Wettbewerbsverzerrungen die logische Konsequenz der unterschiedlichen Mehrwertsteuersätze. Dieses ist besonders festzustellen im Bereich Dienstleistungen sowie von Online-Leistungen via Internet, wie zum Beispiel das Überspielen von Software, Literatur oder Musik. Da es sich hierbei um nicht gegenständliche Leistungen handelt, ist nach Artikel 6 Absatz 1 der 6. Mehrwertsteuerrichtlinie der Sitz des Leistungserbringers maßgeblich für die Festlegung des Mehrwertsteuersatzes[539]. In diesen Fällen richtet sich somit die Höhe der zu zahlenden Mehrwertsteuer nach dem Mitgliedstaat, in welchem der Anbieter seinen Sitz hat. Bestellt also beispielsweise der dänische Verbraucher bei einem dänischen Anbieter via Internet eine gleich zu überspielende Software, so hat er hierauf – abgesehen von Sonderfällen - eine Mehrwertsteuer von 25%[540] zu entrichten. Bestellt er dagegen die gleiche Ware bei einem Anbieter in Luxemburg, so entfällt hierauf lediglich eine Mehrwertsteuer von 15 %, was eine erhebliche Ersparnis bedeutet. Der dänische Anbieter hat somit gegenüber dem Anbieter aus Luxemburg einen Wettbewerbsnachteil, ganz abgesehen von außereuropäischen Staaten wie Japan mit einem Mehrwertsteuersatz von 5% oder den USA ohne Mehrwertsteuer.

Ein weiteres Problem ist die Benachteiligung von Online-Leistungen durch die abgestuften Mehrwertsteuersätze. In den meisten Mitgliedstaaten existiert ein abgestuftes Mehrwertsteuersystem, d.h. bestimmte Gruppen von Leistungen werden durch eine niedrigere Mehrwertsteuer begünstigt[541]. Hierbei handelt es sich vor allem um Waren des lebensnotwendigen täglichen Bedarfs, sowie um Leistungen aus dem Bereich der Kultur (z.B. Bücher) oder der sozialen Anbindung. Die Möglichkeit eines ermäßigten Steuersatzes besteht nach h.M. jedoch nur für gegenständliche Leistungen[542], so daß Online-Leistungen dem normalen Mehrwertsteuersatz unterliegen. Kauft also ein Verbraucher ein Buch in einem Geschäft, so entfällt hierauf in jedem Mitgliedstaat der EU eine ermäßigte Mehrwertsteuer, wobei die Sätze in den einzelnen Staaten wiederum unterschiedlich sind. Lädt sich dieser Verbraucher dagegen den Text des

---

[539] vgl. hierzu Hans-Wolfgang Arndt und Thomas Fetzer „Der Richtlinienvorschlag der Europäischen Kommission zur Mehrwertbesteuerung des Elektronischen Handels" in BB 2000, S. 2545 (2546)

[540] Mehrwertsteuersätze im europäischen Vergleich in: „Die Mehwertsteuersätze in den Mitgliedstaaten der Europäischen Gemeinschaft" Europäische Kommission, Generaldirektion XXI, Brüssel 1999

[541] diese Möglichkeit wird den Mitgliedstaaten durch Artikel 12 Absatz 3 a der 6. Mehrwertsteuer-Richtlinie eingeräumt

[542] vgl. Arndt/Fetzer a.a.O. S. 2549

gleichen Buches entgeltlich aus dem Internet herunter, so hat er hierauf den vollen Mehrwertsteuersatz zu zahlen. Komplizierter wird es bei einem ausländischen Anbieter, da in diesem Fall dessen voller Mehrwertsteuersatz zu zahlen wäre. Dementsprechend wäre die Online-Bestellung bestimmter Leistungen wesentlich teurer als deren Erbringung im Ladengeschäft, obwohl der Aufwand für den Anbieter im Internet geringer ist. Durch das bestehende europäische System der Mehrwertbesteuerung wird folglich der Wettbewerb verzerrt und die Ausbreitung neuer Absatzformen behindert.

Bisher sind lediglich Bestrebungen der Kommission vorhanden, die 6. Mehrwertsteuerrichtlinie an die Erfordernisse des elektronischen Handels anzupassen. Zu diesem Zweck hat die Kommission bereits einen Richtlinienentwurf[543] vorgelegt, nach welchem beispielsweise im Business-to-Business (B to B) Online-Handel die Mehrwertsteuersätze des Staates gelten sollen, in dem der Besteller seinen Sitz hat. Der Handel mit Verbrauchern ist hiervon jedoch ausdrücklich ausgenommen, so daß es im Bereich des hier relevanten Vertriebs an Verbraucher bei der alten Rechtslage bleiben würde. Der Entwurf der Kommission greift somit zu kurz und bedarf der Überarbeitung[544]. Bis zu einer allgemeinen Angleichung der Mehrwertsteuersätze sollte generell der Satz des Herkunftslandes des Bestellers gelten. Allein hierdurch werden Wettbewerbsverzerrungen vermieden. Darüberhinaus sollten die ermäßigten Mehrwertsteuersätze auch für solche Online vertriebenen Leistungen gelten, wenn diese in der herkömmlichen Form begünstigt sind (z.B. Bücher und Zeitschriften).

---

[543] KOM (2000) 349 endg.

[544] so auch Arndt/Fetzer a.a.O. S. 2551

IV. Vorschlag für eine Finanzdienstleistungsrichtlinie

Es dürfte kaum eine Dienstleistung geben, die für den Verbraucher ähnlich relevant und sensibel ist, wie der Bereich der Finanzdienstleistungen. Man denke nur an die täglichen Bankgeschäfte, den Abschluß von Versicherungen oder auch das zunehmend verbreitete spekulieren an der Börse. Derartige Geschäfte beeinflussen in erheblichem Maße die Lebensführung des Verbrauchers und können ihm im Falle von Fehlentscheidungen schlimmstenfalls sogar seine Existenzgrundlage entziehen.

Darüberhinaus stellt gerade der Bereich der Finanzdienstleistungen für den durchschnittlichen Verbraucher eine sehr komplexe Materie dar, die er häufig nur schwer überschauen kann. Dieses hängt damit zusammen, daß Finanzdienstleistungen in der Regel nicht gegenständlich sind, sondern lediglich den Austausch von Geldwerten zum Inhalt haben, wobei vor allem die vertragliche Ausgestaltung im Vordergrund steht. Wegen der Bedeutung der Finanzdienstleistungen sind die entsprechenden Vertragswerke zudem häufig außerordentlich umfangreich und kompliziert. Hier ist als Beispiele der Abschluß einer Reisekrankenversicherung, einer KfZ-Haftpflichtversicherung oder die Eröffnung eines Bankkontos zu nennen, deren Vertragswerke durch die Verweisung auf verschiedene gesetzliche Vorschriften für den Verbraucher kaum mehr nachvollziehbar sind. Während beim Kauf einer Ware häufig sehr schnell festgestellt werden kann, ob diese mit Mängeln behaftet ist, fällt es schwer zu ermitteln, ob beispielsweise die Konditionen einer Versicherung günstig sind, oder wie hoch das Risiko einer Vermögensanlage ist.

Diese Unübersichtlichkeit zieht zwangsläufig auch zahlreiche „schwarze Schafe" an, die mit einem überforderten Verbraucher leichtes Spiel haben. Zu nennen sind hier angebliche Vermögens- oder Anlageberater, die unbedarfte Personen überreden, ihr Erspartes in unseriöse Spekulationsgeschäfte zu investieren, Briefkastenfirmen, die mit sensationellen Renditen werben oder Kreditgeber, die ein Darlehen schnell, ohne Formalitäten und Gestellung von Sicherheiten, dafür aber zu weit überhöhten Zinsen bzw. mit einer hohen „Abschlußgebühr" anbieten. Durch den gemeinsamen Binnenmarkt und den Wegfall des Wechselkursrisikos infolge der Einführung des Euro wird sich die Zahl der Anbieter, die um jeden einzelnen Verbraucher konkurrieren, erheblich vergrößern. Der einzelne Verbraucher hat nun die Möglichkeit, bei einem französischen Konzern seine Lebensversicherung abzuschließen und als Bankdienstleister ein niederländisches Unternehmen zu wählen, obwohl er selbst in Deutschland wohnt. Die Zunahme von grenzüberschreitend tätigen Finanzdienstleistern ist rasant, wenn man bedenkt, daß der Binnenmarkt im Bankbereich erst seit 1993, im Versicherungsbereich erst seit 1994 und im Wertpapierbereich sogar erst seit 1996 besteht.[545]

Dieses stellt die Finanzdienstleister wiederum unter einen erheblichen Wettbewerbs- und Kostendruck, wodurch, wie bereits ausgeführt, unlautere oder gar betrügerische Geschäftsmethoden provoziert werden. Zusätzlich versuchen die Anbieter durch Einsparung von Kosten in eine günstige Marktposition zu kommen, wobei das größte Sparpotential meist im Vertriebsnetz ausgemacht wird. Eine besonders große Ein-

---

[545] vgl. KOM(96) 209 endg. S. 13

sparmöglichkeit bietet insoweit der Direktvertrieb, der durch Telefon, Fax oder Internet über die Distanz mit dem Kunden erfolgen kann, wodurch teure Geschäftsstellen und Personal eingespart werden. Da der Anbieter diese Einsparungen häufig an seine Kunden durch Preissenkungen weitergibt, sind Unternehmen mit Direktvertrieb, wie Direktbanken, Direktversicherungen und Discount-Broker auch für den Verbraucher interessant und erfreuen sich zunehmender Beliebtheit.

Der Einsatz der neuen Technologien für den Direktvertrieb von Finanzdienstleistungen wird jedoch mitunter durch bestehende gesetzliche Regelungen behindert. So ist es zur Zeit in Deutschland nur eingeschränkt möglich, einen Versicherungsvertrag über das Internet abzuschließen. Hierauf macht das Bundesaufsichtsamt für das Versicherungswesen in einem Rundschreiben an alle in Deutschland tätigen Versicherungsunternehmen aufmerksam[546]. Schwierigkeiten bereitet insoweit die Pflicht des Anbieters gemäß § 10 Versicherungsaufsichtsgesetz (VAG), die dort aufgelisteten Informationen dem Verbraucher **schriftlich** zur Verfügung zu stellen. Das bedeutet, daß die Informationen in verkörperter Form, also beispielsweise auf Papier, übermittelt werden müssen. Die Darstellung auf einer Internetseite oder die Versendung per e-mail genügt diesen Anforderungen nicht, weshalb dem Verbraucher bei einem ausschließlich über das Internet geschlossenen Versicherungsvertrag regelmäßig das Widerrufsrecht gemäß § 5 a Versicherungsvertragsgesetz (VVG) zusteht. Ein weiteres Problem besteht bei Versicherungsverträgen mit Laufzeiten von mehr als einem Jahr. Hier steht dem Verbraucher gemäß § 8 VVG ein weiteres Widerrufsrecht zu, wobei er mit seiner Unterschrift zu bestätigen hat, über dieses Recht belehrt worden zu sein. Abgesehen von der nicht verbreiteten digitalen Signatur ist es dem Verbraucher nicht möglich, im Internet eine Unterschrift zu leisten. Bei der bestehenden Gesetzeslage können Versicherungen folglich nicht ausschließlich über elektronische Kommunikationsmittel vertrieben werden. Der Austausch schriftlicher Erklärungen per Post ist noch unverzichtbar.

Anders hingegen im Bereich von Bankdienstleistungen, die zunehmend unter Verwendung des Internet erbracht werden. Inzwischen gibt es in Deutschland mehr als 10 Mio. Online- Konten und damit rund sieben mal soviel, wie noch 1995[547]. Zwar betreiben zur Zeit nur etwa 11 % der Deutschen Online-Banking, im Verhältnis zur Gesamtzahl der in Deutschland bereits an das Internet angeschlossenen Haushalte beträgt die Quote jedoch schon 40 %[548]. Der Kunde im Online-Banking wickelt jedoch nicht nur den üblichen Zahlungsverkehr und die Kontoführung über das Internet ab. Viele Banken bieten auch das Direct-Brokerage oder gar „Intraday-Trading" an, also Wertpapierhandel in Echtzeit an der jeweiligen Börse[549]. Nach Schätzungen der Branche sollen in Europa im Jahre 2004 bereits 14 Mio. Internet-Wertpapierkonten geführt werden[550], so daß die Zahl der Verbraucher mit einem direkten Draht zur Börse ständig wächst. Zum Jahresende 1999 wickelten die vier größten Direct- Bro-

[546] Rundschreiben R 2 /1999 „Grenzen des Vertriebs von Versicherungsprodukten über das Internet"

[547] Monatsbericht der Deutschen Bundesbank vom Dezember 2000 „Electronic Banking aus bankenaufsichtlicher Perspektive"" , S. 43 ff (47)

[548] Umfrage des Bundesverbandes deutscher Banken, die Ergebnisse wurde kommentiert in dem Artikel „Bankgeschäfte im Internet nehmen zu" in der F.A.Z. vom 18.10.2000

[549] vgl. beispielhaft http://www.consors.de, http://www.comdirect.de

[550] Broschüre "Geld anlegen im Internet", Beilage zum Magazin Gateway Frankfurt, Stand 2000, S. 1

ker 13 % des deutschen Aktienumsatzes ab, nur geringfügig weniger als in den USA, wo die Quote bei 16 % lag[551].

Teilweise ist es nicht einmal mehr erforderlich, für die Eröffnung des Bankkontos oder des Wertpapierdepots die eigene Wohnung zu verlassen. Bei der First-e[552] Bank können Kunden die Anmeldung komplett von zu Hause aus erledigen, indem sie zwei Original Haushaltsrechnungen und eine gut lesbare Kopie des Personalausweises an die Bank senden.

Die Distanz zwischen dem Kunden und seinem Finanzdienstleister hat allerdings auch Schattenseiten[553]. Gerade im Bereich von Finanzen spielt die Vertraulichkeit von Daten eine besonders wichtige Rolle. nicht zuletzt, um das eigene Geld vor dem unberechtigten Zugriff Dritter zu schützen. Die Vertraulichkeit kann am ehesten gewahrt werden, wenn die Informationen auf möglichst kurzem Wege, am besten in einem persönlichen „Vier-Augen-Gespräch" übermittelt werden. Das Zwischenschalten von Kommunikationsnetzen, die letztlich für Jedermann zugänglich sind, erhöht jedoch die Gefahr, daß die Daten von Unbefugten empfangen und zum Nachteil des Kunden verwendet werden. Daher sind zahlreiche Nutzer des Internet nach wie vor skeptisch, was die Abwicklung von Bankgeschäften über dieses Medium angeht. So gaben in einer repräsentativen Umfrage 31% der Befragten an, sie hielten derartige Geschäfte über das www für „zu unsicher"[554]. Hinzu kommen die Nachteile, die im Fernabsatz von Leistungen ohnehin gegeben sind, wie etwa Informationsdefizite oder die Gefahr der Übereilung einer Entscheidung[555]. Auch die im Direktvertrieb häufig fehlende eingehende persönliche Beratung dürfte sich negativ auswirken, insbesondere im Hinblick auf den nunmehr für jedermann möglichen Einsatz des eigenen Vermögens an den Wertpapierbörsen der Welt, lediglich durch einen Mausclick.

Der Wertpapierhandel via Fernabsatz wurde in der Vergangenheit durch operative Risiken zusätzlich erschwert. Im Frühjahr des Jahres 2000 kam es anläßlich diverser Neuemissionen zu Kapazitätsengpässen bei den Direct-Brokern, da deren Call-Center und Datenverarbeitungssysteme angesichts der zahlreichen Transaktionswünsche überlastet waren[556]. Dieses kann für den Kunden schwerwiegende finanzielle Konsequenzen haben, wenn er beispielsweise eine Verkaufsorder nicht rechtzeitig übermitteln kann. Nach einer diesbezüglichen Rüge durch das Bundesaufsichtsamt für den Wertpapierhandel wurde die Erreichbarkeit allerdings erheblich verbessert[557]. Weiterhin drohen dem Verbraucher beim grenzüberschreitenden Absatz von Finanzdienstleistungen Gefahren, die durch die Distanz, unterschiedliche Sprachen und verschiedene Rechtssysteme entstehen.

---

551 Standard & Poor's, European Banks Face Up to the Internet, 9. August 2000
552 http://www.first-e.de
553 Die negativen Seiten des Online-Bankings werden ausführlich in einer Studie des Instituts für Finanzdienstleistungen/Hamburg beleuchtet, die im dortigen Infobrief 24/99 abgedruckt ist.
554 wie Fn. 495
555 vgl. Artikel „Mausklick in die Überschuldung" in der F.A.Z. vom 26.05.1999, S. 17; im übrigen ist auf die obigen Ausführungen unter Ziffer I.1.2.2. zu verweisen
556 vgl. Deutsche Bundesbank Monatsbericht vom Dezember 2000 a.a.O. S. 53
557 Pressemitteilung des Bundesaufsichtsamts für den Wertpapierhandel vom 27. Oktober 2000

Es liegt auf der Hand, daß der Schutz des Verbrauchers gerade im überaus sensiblen Bereich des Fernabsatzes von Finanzdienstleistungen mindestens so wichtig ist, wie bei anderen Dienstleistungen und Waren. Gerade hier wurde jedoch davon abgesehen, im Rahmen der Fernabsatzrichtlinie eine entsprechende Regelung zu Gunsten des Verbrauchers vorzunehmen. Vielmehr wurde, trotz heftiger Kritik, die Gruppe der Finanzdienstleistungen aus dem Anwendungsbereich der Richtlinie herausgenommen[558]. Übrig blieb lediglich eine Erklärung der Kommission im Anhang der Richtlinie, wonach die Bedeutung des Verbraucherschutzes im Bereich des Fernabsatzes von Finanzdienstleistungen anerkannt werde und deshalb überprüft werde, ob auf europäischer Ebene etwaige Rechtsvorschriften zu erlassen seien. Das aktuellste Ergebnis dieser Ankündigung ist ein Gemeinsamer Standpunkt des Rates vom 19. Dezember 2001 für eine Richtlinie über den Fernabsatz von Finanzdienstleistungen an Verbraucher[559]. Dieser Gemeinsame Standpunkt soll, da er die Fernabsatzrichtlinie ergänzen wird, nachfolgend untersucht werden. Hierbei ist allerdings zu betonen, daß es sich bei dem Gemeinsamen Standpunkt selbstverständlich noch nicht um ein verbindliches Regelungswerk handelt. Es ist davon auszugehen, daß während des weiteren Gesetzgebungsverfahrens durch das Parlament noch einige Ergänzungen und Änderungen vorgenommen werden. Wie sich bei der Fernabsatzrichtlinie gezeigt hat, dürfte der Gemeinsame Standpunkt der endgültigen Fassung der Richtlinie jedoch bereits sehr nahe kommen, so daß der wesentliche Regelungsinhalt bereits jetzt absehbar ist.

IV.1. Entstehung des Richtlinienentwurfs

Die Entwicklung einer speziellen Richtlinie über den Fernabsatz von Finanzdienstleistungen ist die logische Konsequenz der Fernabsatzrichtlinie, die gerade diesen wichtigen und regelungsbedürftigen Bereich aussparte. Die im Anhang der Fernabsatzrichtlinie enthaltene Ankündigung der Kommission, wonach die Erforderlichkeit einer Richtlinie über Finanzdienstleistungen geprüft werden sollte, darf somit als „Geburtsstunde" einer eigenständigen Richtlinie über den Verbraucherschutz beim Fernabsatz von Finanzdiensleistungen (im weiteren Finanz-Fernabsatzrichtlinie) gesehen werden. In dieser Ankündigung wird auch Bezug genommen auf das Grünbuch „Finanzdienstleistungen – Wahrung der Verbraucherinteressen", welches von der Kommission bereits am 23.05.1996 vorgelegt worden war[560]. Dieses Grünbuch wurde mit der Zielsetzung erstellt, das Niveau des europarechtlichen Verbraucherschutzes im Bereich Finanzdienstleistungen zu ermitteln und die bestehenden Defizite aufzuzeigen.

Hierfür unterteilte die Kommission den Finanzdienstleistungssektor in die drei Gruppen Bankbereich, Versicherungsbereich und Börsen- bzw. Wertpapierbereich und erörterte jeweils den damaligen Regelungsstand, die Schwierigkeiten bei grenzüber-

558 vgl. oben unter Ziffer II.3.1.2.2.1 a)

559 Gemeinsamer Standpunkt Nr. 16/2002, abgedruckt im Amtsblatt der EG Nr. C 58 E vom 05.03.2002, S. 32ff

560 KOM(96) 209 endg.

schreitenden Aktivitäten und die künftigen Entwicklungen in diesen Bereichen. Obwohl der Fernabsatz hierbei lediglich ein Teilaspekt war, sah die Kommission vor allem in diesem Bereich Handlungsbedarf. Insbesondere bei grenzüberschreitenden Finanzdienstleistungen sei der Binnenmarkt noch nicht ausreichend verwirklicht, da zum einen noch viele Anbieter solche Kunden ablehnen, die aus anderen Mitgliedstaaten kommen. Zum anderen habe der Verbraucher häufig das Problem, Angebote aus anderen Mitgliedstaaten nur unzureichend prüfen zu können, wobei ihm im Streitfall die Rechtsdurchsetzung ebenfalls schwer falle.

Nach Vorlage des Grünbuchs wurde am 17.2.1997 eine Entschließung des Europäischen Parlaments angenommen, mit der die Kommission aufgefordert wurde, binnen Jahresfrist den Entwurf einer Richtlinie zum Fernabsatz von Finanzdienstleistungen vorzulegen[561]. Ebenso reagierte der Wirtschafts- und Sozialausschuß auf das Grünbuch und schlug vor, die Regelungen an der bereits bestehenden Richtlinie zum Fernabsatz auszurichten[562].

Als weitere Reaktion auf das Grünbuch erhielt die Kommission 140 Beiträge mit insgesamt ca. 1500 Seiten, in welchen die Interessenverbände der Finanzwirtschaft und der Verbraucher die eigenen Anliegen vortrugen. Diese Beiträge wurden verarbeitet in der Mitteilung der Kommission vom 26.06.1997 „Finanzdienstleistungen: Das Vertrauen der Verbraucher stärken"[563]. Diese Mitteilung faßt die Reaktionen der Interessengruppen nochmals als „Zustandsbeschreibung" zusammen und gibt einen Maßnahmenkatalog zur Beseitigung von Mißständen vor.
Im Bereich des Fernabsatzes von Finanzdienstleistungen zitiert die Kommission die von den Verbrauchergruppen vorgetragenen Bedenken, wonach folgende Punkte im Interesse der Verbraucher zu regeln wären: Das anwendbare Recht im Falle grenzüberschreitender Dienstleistungen, die notwendige Kundeninformation, Bedenkzeiten des Verbrauchers beim Vertragsabschluß, die Gefahr von Trägheitskäufen („Vertragsschluß" durch Schweigen des Verbrauchers auf unerbetene Gewährung der Dienstleistung) und unerbetene Angebote (cold calling etc.)[564]. Des weiteren sieht die Kommission die Gefahr der Zersplitterung des Verbraucherschutzes und eine zunehmende Behinderung grenzüberschreitender Aktivitäten, da sich diesbezügliche Verbraucherschutzinitiativen vermehrt auf nationaler Ebene etablieren. Es wird sich weiter unten zeigen, daß genau diese Problemfelder durch den Vorschlag für eine Finanz-Fernabsatzrichtlinie geregelt werden sollen.

Vorerst schwebte der Kommission jedoch ein anderer Ansatz vor. Ähnlich wie anfangs bei der Fernabsatzrichtlinie setzte die Kommision darauf, daß eine Vielzahl der Problemfelder durch einen „konstruktiven Dialog zwischen den europäischen Verbänden der Finanzdienstleister und der Verbraucher" beseitigt werden können[565]. Eine Verbindlichkeit sollte sodann durch gegenseitige Vereinbarungen der Interessengruppen erreicht werden sowie durch freiwillige Selbstverpflichtungen der Wirt-

---

[561] Entschließung des Europäischen Parlaments zum Grünbuch der Kommission Dok. Nr. A4-0048/97
[562] Amtsblatt der EG Nr. C 56 vom 24.02.1997
[563] KOM(97) 309 endg.
[564] KOM(96) 209 endg. S. 5
[565] wie vor, S. 6

schaft. Die Kommission drohte jedoch für den Fall des Scheiterns derartiger freiwilliger Vereinbarungen und Verpflichtungen den Erlaß von Rechtsvorschriften an. Weiteren Regelungsbedarf ortete die Kommission im Bereich der Finanzmittler, soweit diese betrügerisch oder unlauter am Markt auftreten[566]. Schließlich stellte die Kommission zutreffend fest, daß die unterschiedlichen Steuersysteme und Steuersätze in den einzelnen Mitgliedstaaten einer freien Entfaltung der Finanzdienstleistungen im Wege stehen, da für den Verbraucher immer die Besteuerung in seinem Herkunftsland maßgeblich ist und hierdurch die Vorteile ausländischer Angebote zunichte gemacht werden könnten. Für diesen Bereich räumte die Kommission aber ein, selbst nur wenig Änderungen bewirken zu können[567].

Die von der Kommission geforderte freiwillige Einigung der Interessengruppen im Bereich der Finanzdienstleistungen kam nicht zustande, so daß die Kommission den von ihr angekündigten Erlaß von Rechtsvorschriften vorbereiten mußte. Nach einem ersten Vorentwurf Ende 1997 konnte sodann am 14.10.1998 der erste Vorschlag der Kommission für eine Finanz-Fernabsatzrichtlinie[568] vorgelegt werden. In der Begründung zum Entwurf wurden die vier Hauptprobleme aufgezeigt, die bei der Ausgestaltung einer solchen Richtlinie zu lösen sind:

⇒ Schwierigkeiten bereitete zum einen das Einfügen einer horizontalen, vertriebsspezifischen Richtlinie in die bestehenden Regelungssysteme. Auf europäischer Ebene sind bereits Bestimmungen vorhanden, die einzelne Gruppen von Finanzdienstleistungen regeln und hierbei Informationspflichten und Widerrufsrechte enthalten[569]. Daneben ist gerade der Bereich der Finanzdienstleistungen auch auf der Ebene der Mitgliedstaaten stark reglementiert.
⇒ Ein weiteres Problem sah die Kommission darin, eine der Fernabsatzrichtlinie vergleichbare Informationspflicht des Anbieters festzulegen. Angesichts der Vielzahl von unterschiedlichsten Finanzdienstleistungen hängen die jeweils relevanten Informationen vom Einzelfall ab und können daher nur schwerlich in generalisierender Form bzw. durch eine Liste zusammengefaßt werden.
⇒ Als dritte Schwierigkeit nennt die Kommission den Umstand, daß es nicht der gängigen Vertragspraxis entspricht, die über eine Fernkommunikationstechnik übermittelten Angaben und Informationen nochmals zu bestätigen.
⇒ Schließlich weist die Kommission im Bereich des Widerrufsrechts auf ein viertes Problem hin. Insbesondere im Börsen- und Wertpapierbereich haben die Finanzdienstleistungen einen nahezu ausschließlich spekulativen Charakter, weshalb ein Widerrufsrecht aus der Sicht der Anbieter hier kaum praktikabel wäre.

---

[566] In diesem Zusammenhang wies die Kommission darauf hin, daß bis heute in Deutschland und Dänemark keine gesetzlichen Bestimmungen vorhanden sind, um die Anforderungen und Voraussetzungen an die Berufsgruppe der Finanzmittler zu regeln, angesichts der vielen „schwarzen Schafe" in der Branche kaum nachvollziehbar .

[567] wie vor, S. 15

[568] KOM(98)468; von der Kommission vorgelegt am 19.11.1998 = Amtsblatt der EG vom Nr. C 385 vom 11.12.1998 S. 10

[569] Zu nennen sind hier beispielhaft die Richtlinie 90/619/EWG über Lebensversicherungen, die ein Widerrufsrecht einräumt oder die Richtlinie 87/102/EWG über den Verbraucherkredit, die die schriftliche Bestätigung von Informationen regelt.

In der Begründung zum Entwurf formulierte die Kommission sodann die Kernziele, die aus ihrer Sicht bei der Ausgestaltung der Richtlinie zu verfolgen sind. Hiernach soll dem Anbieter der Vertrieb von Finanzdienstleistungen im Fernabsatz ermöglicht werden, wobei insbesondere der verbreitete Einsatz neuer Medien angestrebt wird. Demgegenüber soll dem Verbraucher die Möglichkeit geboten werden, auch im Fernabsatz einen Vertrag eingehend zu prüfen, bevor er darin einwilligt. Außerdem soll er verschiedene Angebote vergleichen können, bevor er eines auswählt. Schließlich soll er einen Vertrag dann widerrufen können, wenn er diesen abgeschlossen hat, ohne daß ihm die erforderlichen Informationen vorlagen oder ihm keine ausreichende Bedenkzeit eingeräumt wurde[570].

Nach diese Maßgabe entstand ein Richtlinienentwurf, der zwar Ähnlichkeiten zur Fernabsatzrichtlinie aufwies, im Detail – insbesondere beim Widerrrufsrecht - aber neue Konzeptionen enthielt. Ein wesentlicher Kernpunkt der Fernabsatzrichtlinie 97/7/EG ist das Widerrufsrecht des Verbrauchers. Dieser Vorteil wird dadurch gerechtfertigt, daß der Verbraucher gerade beim Warenkauf im Fernabsatz, anders als im Ladengeschäft, keine Möglichkeit hat, die Ware zu inspizieren. Diese Gelegenheit soll ihm nachträglich eingeräumt werden, wobei er bei Nichtgefallen den Kauf ablehnen kann.

Bei Finanzdienstleistungen stellt sich die Situation jedoch anders dar. Die Finanzdienstleistung ist grundsätzlich nicht gegenständlich, sondern „besteht" aus den ihr zugrundeliegenden Vertragsbedingungen. Diese Vertragsbedingungen werden dem Verbraucher jedoch auch im Fernabsatz regelmäßig vor einem etwaigen Vertragsschluß zugehen. Das für den Fernabsatz typische Defizit für den Verbraucher, nämlich einen Gegenstand vor Vertragsschluß nicht untersuchen zu können, fehlt hier folglich. Mithin wäre auch die Einräumung eines Widerrufsrechts hier grundsätzlich nur schwerlich zu rechtfertigen. Wegen der Komplexität der häufig umfangreichen Verträge und Vertragsbedingungen scheint es dagegen angebracht, dem Verbraucher eine Bedenkzeit zu geben, binnen der er den Vertrag prüfen und gegebenenfalls mit anderen Verträgen vergleichen kann.

Diesem gedanklichen Ansatz folgte auch der erste Entwurf zur Finanz-Fernabsatzrichtlinie. Nach Artikel 3 Absatz 1 des Entwurfs sollte dem Verbraucher eine Bedenkzeit von 14 Tagen zustehen. Während dieser Frist sollte es dem Anbieter verwehrt sein, einzelne Vertragsbedingungen einseitig zu ändern. Hierdurch kann der Verbraucher den Vertrag in aller Ruhe prüfen, da es dem Anbieter bei dieser Konzeption nicht mehr möglich wäre, zeitlichen Druck auf den Verbraucher auszuüben. Der diesbezügliche Schutz des Verbrauchers wurde noch dadurch intensiviert, daß der Verbraucher zwingend über die Bedenkzeit zu informieren war, er also an die Möglichkeit einer reiflichen Überlegung ausdrücklich erinnert werden mußte.

Alternativ zur Bedenkzeit wurde dem Verbraucher auch ein Recht zum Widerruf des Vertrages eingeräumt. Dieses sollte jedoch konsequenter Weise nur für die Fälle gewährt werden, in denen der Verbraucher ausnahmsweise vor dem Vertragsschluß nicht hinreichend Kenntnis vom Vertragsgegenstand nehmen konnte. Hiervon ist

570 vgl. KOM(98) 468 S. 9

auszugehen, wenn dem Verbraucher die Vertragsbedingungen nicht zuvor zur Kenntnis gebracht worden sind, sondern beispielsweise erst nach Vertragsschluß übersandt wurden. Des weiteren kann der Verbraucher die Vertragsbedingungen nicht hinreichend überprüfen, wenn er vom Anbieter in unlauterer Weise gedrängt wird, die Bedenkzeit nicht voll auszunutzen und den Vertrag frühzeitig abzuschließen. In eben diesen beiden Situationen sollte der Verbraucher gemäß Artikel 4 des Richtlinienentwurfs ein Widerrufsrecht ausüben können, wobei ihm hierfür eine Frist von 14 Tagen vom Tag des Vertragsabschlusses eingeräumt werden sollte.

Wie oben bereits ausgeführt, hatte die Kommission wegen der sehr unterschiedlichen Gruppen von Finanzdienstleistungen Schwierigkeiten, einen Katalog von abstrakten Informationen zu benennen, die dem Verbraucher vor Vertragsschluß gewährt werden mußten. Um diesem Problem zu entgehen, sah sie, anders als in der Fernabsatzrichtlinie, davon ab, konkrete Informationen vorzugeben. Statt dessen sollten gemäß Artikel 3 Absatz 1 des Entwurfs lediglich die näher konkretisierten „Vertragsbedingungen" übermittelt werden. Zusätzlich war der Verbraucher gemäß Artikel 6 über seine Bedenkzeit und gegebenenfalls das Widerrufsrecht zu informieren.

Ein weiterer Unterschied zur Fernabsatzrichtlinie verbirgt sich im Erwägungsgrund 9 des Entwurfs. Dort heißt es: „In Anbetracht des mit der vorliegenden Richtlinie gewährleisteten hohen Verbraucherschutzniveaus, um den freien Verkehr von Finanzdienstleistungen sicherzustellen, dürfen die Mitgliedstaaten für die durch diese Richtlinie harmonisierten Bereiche keine anderen als die mit dieser Richtlinie festgelegten Bestimmungen vorsehen." Durch diese Formulierung gab die Kommission zu erkennen, daß für die Finanz-Fernabsatzrichtlinie das Prinzip der Mindestharmonisierung nicht weiterverfolgt werden sollte, sondern in diesem Bereich die Vollharmonisierung angestrebt wurde. Den Mitgliedstaaten sollte es hier also nicht möglich sein, z.B. im Hinblick auf die Widerrufsfrist, den Umfang der Informationen oder die ungefragte Kontaktaufnahme strengere bzw. den Verbraucher stärker schützende Vorschriften zu erlassen.

Angesichts dieser nicht unerheblichen Abweichungen von der Konzeption der Fernabsatzrichtlinie wurde Kritik an dem von der Kommission vorgelegten Entwurf laut. Im Ausschuß für Gesundheit und Verbraucherschutz des Europäischen Parlaments wurde zum einen kritisiert, daß die von der Kommission angestrebte Vollharmonisierung in einigen Mitgliedstaaten eine Beschneidung des Verbraucherschutzes bewirken könnte, statt dessen aber die Möglichkeit eines höheren Schutzniveaus erhalten bleiben müßte[571]. Auch die im Entwurf vorgenommene Unterteilung in Bedenkzeit und Widerrufsrecht wurde seitens des Ausschusses kritisiert. Dieses zweigleisige System sei zu komplex und für den Verbraucher nicht nachvollziehbar. Im übrigen verfüge der Verbraucher ohnehin im Normalfall über eine Bedenkzeit, weshalb es

---

[571] vgl. Bericht des Ausschusses für Umweltfragen, Volksgesundheit und Verbraucherschutz (Berichterstatterin Ria G.H.C. Oomen-Ruijten) vom 21.04.1999, veröffentlicht in PE 229.267/end. S. 5 (Änderungsantrag 5); im selben Dokument – Stellungnahme des Ausschusses für Recht und Bürgerrechte (Frau Maria Berger) S. 45; lediglich der Ausschuß für Wirtschaft, Währung und Industriepolitik (Frau Marie-Paule Kestelejn-Sierens) begrüßte die angestrebte Vollharmonisierung im Interesse der Wirtschaftsunternehmen, S. 29

sinnvoller sei, die Bedenkzeit – wie auch in der Fernabsatzrichtlinie - durch ein einheitliches Widerrufsrecht zu ersetzen[572]. Im eigenen Entwurfsvorschlag des Ausschusses für Gesundheit und Verbraucherschutz wurde dementsprechend auch der Passus in Artikel 3 über die Bedenkzeit gestrichen und in Artikel 4 ein einheitliches Widerrufsrecht von 30 Tagen eingeräumt. Ähnlich waren auch die Änderungsvorschläge des Ausschusses für Wirtschaft, Währung und Industriepolitik sowie des Ausschusses für Recht und Bürgerrechte, die allerdings jeweils ein Widerrufsrecht von 14 Tagen favorisierten[573]. Darüberhinaus sahen sich diese drei Ausschüsse jeweils in der Lage, einen umfangreichen Katalog von konkreten Informationspflichten des Anbieters zusammenzustellen, obwohl die Kommission dieses wegen der Bandbreite der unterschiedlichen Finanzdienstleistungen für nicht praktikabel gehalten hatte.

Auch in der Literatur stieß der Entwurf der Kommission auf Kritik, wobei sich diese im wesentlichen mit den Stellungnahmen der Ausschüsse deckte. *Hoppmann*[574] bemängelt insoweit die unzureichende Regelung der Informationspflichten der Anbieter. Die Formulierung „alle Vertragsbedingungen" reiche nicht aus, da nicht erkennbar sei, ob hiervon lediglich die nach deutschem Recht mindestens erforderlichen Essentialia negotii erfaßt sind oder auch zusätzliche Informationen wie Anschriften des Anbieters, Kundendienst etc.[575]. Darüberhinaus hält er ebenfalls eine Unterteilung in Bedenkzeit und Widerrufsrecht für verfehlt, da hierdurch ein „äußerst unübersichtlicher Rechtsrahmen" geschaffen werde[576]. Interessant ist sein Argument, daß gerade der Verbraucher im Fernabsatz die Möglichkeit hat, eine Vielzahl von Finanzdienstleistungsangeboten, etwa im Internet, binnen kürzester Zeit zu überprüfen, während der Verbraucher beim konventionellen Kundengespräch in den jeweiligen Filialen weit mehr Zeit braucht. Es sei daher nicht erforderlich, den Verbraucher im Fernabsatz durch eine zusätzliche Bedenkzeit zu privilegieren[577]. Dieses Argument wird um so überzeugender, wenn man berücksichtigt, daß insbesondere der Verbraucher im unmittelbaren Kontakt mit dem „Vertreter" Schwierigkeiten haben wird, sich eine Bedenkzeit auszunehmen, während im Fernabsatz der verbal auf den Interessenten ausgeübte Druck wesentlich geringer sein dürfte. *Hoppmann* bevorzugt daher das einfachere Konzept der Fernabsatzrichtlinie, welches lediglich aus der Informationspflicht und dem Widerrufsrecht besteht.

Aufgrund dieser Kritik sah sich die Kommission veranlaßt, ihren Entwurf der Finanz-Fernabsatzrichtlinie zu überarbeiten, mit dem ehrgeizigen Ziel, spätestens im Laufe

---

[572] wie vor S. 47
[573] wie vor, vgl. im übrigen S. 14, 37, 55
[574] Carsten Hoppmann „Vorschlag für eine Fernabsatzrichtlinie für Finanzdienstleistungen" in VersR 1999 S. 673ff
[575] Auch Karl Riesenhuber hält in seinem Aufsatz „Fernabsatz von Finanzdienstleistungen im europäischen Schuldvertragsrecht" WM 1999 S.1441 (1444) die von der Kommission nicht näher konkretisierte Informationspflicht für bedenklich, stimmt der Kommission dann jedoch darin zu, daß diese Produkte zu komplex sind für einen konkreten Informationskatalog.
[576] wie vor S. 682
[577] wie vor, S. 677

des Jahres 2000 den Erlaß der Richtlinie zu erreichen[578]. Das Ergebnis ist der Geänderte Vorschlag der Kommission für eine Finanzdienstleistungsrichtlinie vom 23.07.1999[579].

Der neue Entwurf sollte vereinfacht und in seiner Struktur der Fernabsatzrichtlinie angepaßt werden. Hierfür wurde insbesondere die Unterteilung zwischen Bedenkzeit und Widerrufsfrist aufgegeben und einheitlich ein Widerrufsrecht zu Gunsten des Verbrauchers geregelt, wobei die entsprechende Widerrufsfrist zwischen 14 und 30 Tagen liegen sollte, die konkrete Dauer jedoch der Regelung durch die Mitgliedstaaten vorbehalten bleiben sollte. Der neue Entwurf enthielt hinsichtlich der Widerrufsfrist eine weitere Neuerung, die vor allem den Anbietern im grenzüberschreitenden Absatz von Finanzdienstleistungen entgegenkommen sollte: Nach Artikel 4 Absatz 1 des Entwurfs sollte sich bei grenzüberschreitenden Verträgen die Dauer der Widerrufsfrist nach dem Staat richten, in welchem der Anbieter seinen Sitz hat. Der Anbieter hätte durch diese Regelung zwar eine höhere Rechssicherheit erhalten, da er nur die Widerrufsfrist in seinem Herkunftsstaat hätte beachten müssen, umgekehrt wäre beim Verbraucher aber die Unsicherheit entstanden, bei grenzüberschreitenden Verträgen mit wechselnden Widerrufsfristen konfrontiert zu werden.

Nachdem die Kommission im vorangegangenen Entwurf noch bezweifelt hatte, daß es möglich wäre sämtliche bei Finanzdienstleistungen zu gewährenden Informationen in einer einheitlichen Liste zusammenzufassen, enthielt der Richtlinienentwurf vom 23.07.1999 eine ebensolche Liste. Wie sich in Artikel 3 Absatz 1 Buchstabe a) bis p) des Entwurfs zeigt, gelang es sogar, sämtliche vom Anbieter zu gewährenden Informationen abschließend zusammenzufassen.

Neben diesen Neuerungen enthielt der Entwurf der Kommission vom 23.07.1999 jedoch eine Vielzahl von gesetzestechnischen Mängeln. Der Entwurf sah beispielsweise im Gegensatz zu der Fernabsatzrichtlinie vor, daß die Widerrufsfrist selbst dann unverändert zu laufen beginnt, wenn der Verbraucher die ihm zu gewährenden Informationen nicht auf einem dauerhaften Datenträger erhält. Verantwortlich hierfür war allerdings ein Verweisungsfehler im betreffenden Artikel 4, der das Widerrufsrecht regelte[580]. Der zweite Entwurf war mit einer Vielzahl von derartigen Ungereimtheiten durchsetzt, so daß es bereits aus diesem Grund erforderlich war, zahlreiche Korrekturen im Entwurf vorzunehmen.

Der Erlaß der verbindlichen Richtlinie sollte bereits im Januar 2001 erfolgen, wobei die Mitgliedstaaten zur Umsetzung der Richtlinie bis zum Juli 2002 hätten verpflichtet

---

578 Dieser Zielsetzung lag der Aktionsplan der Kommission „Finanzdienstleistungen – Umsetzung des Finanzrahmens KOM (1999) 232 vom 11.05.1999 zugrunde, der vorsieht, daß bis zum Jahre 2005 ein voll integrierter europäischer Markt für Finanzdienstleistungen geschaffen wird.

579 KOM (1999) 385 endg.

580 Artikel 4 verwies wegen des Beginns der Widerrufsfrist auf Artikel 3, der jedoch lediglich die formfreie vorherige Informationsgewährung zum Inhalt hatte, nicht jedoch auf den neu eingefügten Artikel 3a, der die Informationsgewährung auf einem dauerhaften Datenträger regelte. Aus der Begründung zum Entwurf – KOM (99) 385 endg. S. 7 – ging jedoch zweifellos hervor, daß der Fristbeginn gerade von der Bestätigung der Information auf einem dauerhaften Datenträger abhängig gemacht werden sollte.

werden sollen[581]. Es sollten jedoch alleine 2 weitere Jahre vergehen, bis mit dem Gemeinsamen Standpunkt 16/2002 vom 19.12.2001[582] ein korrigierter Entwurf vorgelegt wurde, der zumindest die gesetzestechnischen Fehler beseitigt. Der Gemeinsame Standpunkt, bei dem es sich um die zur Zeit aktuellste Fassung eines Entwurfs zur Finanzdienstleistungsrichtlinie handelt, läßt bereits weitestgehend die Struktur und die Ausrichtung der künftigen Richtlinie erkennen. Er soll daher im Vorgriff auf die Finanzdienstleistungsrichtlinie Gegenstand der nachfolgenden Untersuchung sein, wobei die Problembereiche und die Abweichungen von der Fernabsatzrichtlinie näher einzugehen sein wird.

Nach den bisherigen Verzögerungen im Gesetzgebungsverfahren ist nunmehr geplant, die Richtlinie schnell genug auf den Weg zu bringen, um eine Umsetzung in den Mitgliedstaaten bis Mitte 2004 zu gewährleisten[583]. Zwischen dem Inkrafttreten der Richtlinie und der Umsetzung durch die Mitgliedstaaten sollen allerdings mindestens 2 Jahre liegen[584], weshalb jetzt bereits bezweifelt werden kann, daß der Erlaß der Richtlinie in diesem ehrgeizigen Zeitrahmen bleibt.

IV.2. Anwendung und Auslegung der Regelungen des Entwurfs

Im folgenden wird sich zeigen, daß die Überarbeitung des Richtlinienentwurfs insbesondere zu einer Angleichung an die Fernabsatzrichtlinie geführt hat, mit der Folge, daß die Kompatibilität beider Richtlinien zueinander erhöht wurde. So wurde das Prinzip einer dem Vertragsschluß vorgelagerten *Bedenkzeit,* wie es noch im ersten Entwurf vorgesehen war, endgültig zugunsten eines einheitlichen Widerrufsrechts verworfen. Darüberhinaus sind im Gemeinsamen Standpunkt eine Vielzahl von Unklarheiten und gesetzestechnischen Fehlern beseitigt worden, die im Entwurf vom 23.07.1999 enthalten waren..

IV.2.1. vollständige Harmonisierung

Von der Absicht, mit der Finanz-Fernabsatzrichtlinie eine vollständige Harmonisierung in den Mitgliedstaaten zu erzielen, sind weder die Kommission noch der Rat in ihren Entwürfen abgerückt, obwohl dieses in den Ausschüssen teilweise kritisiert wurde[585]. Im Gegensatz zu den vorangegangenen Entwürfen wird im aktuellen Gemeinsamen Standpunkt allerdings versucht, die Vollharmonisierung eng einzugrenzen, teilweise sogar aufzuweichen. Im Erwägungsgrund Nr. 9 des zweiten Entwurfs der Kommission heißt es noch, daß die Mitgliedstaaten in dem durch die Finanz-

---

581 vgl. KOM (2000) 692 endg. „Finanzdienstleistungen Prioritäten und Fortschritte – Dritter Bericht", S. 10

582 Amtsblatt der EG Nr. C 58 E vom 05.03.2002, S. 32

583 vgl. Fünfter Bericht der Kommission über Fortschritte bei der Umsetzung des Aktionsplans Für Finanzdienstleistungen" KOM (2001) 712 endg. vom 30.11.2001

584 vgl. aktueller Entwurf des Artikel 21 Absatz 1 der Richtlinie im Gemeinsamen Standpunkt Amtsblatt der EG Nr. C 58 E vom 05.03.2002, S. 40

585 vgl. Stellungnahme des Ausschusses für Recht und Bürgerrechte, welcher ausdrücklich im Sinne der Verbraucher eine Mindestharmonisierung fordert, in PE 229.267/end

Fernabsatzrichtlinie geregelten Bereich keine anderen, „als die mit dieser Richtlinie festgelegten Bestimmungen vorsehen" *dürfen*, was sinngemäß in den Erwägungsgrund Nr. 13 des aktuellen Gemeinsamen Standpunktes übernommen wurde. Diese neue Fassung mildert den Wortlaut allerdings dahingehend ab, daß die Mitgliedstaaten keine abweichenden Bestimmungen vorsehen *sollten*, wodurch die Vorgabe etwas unverbindlicher wird. Darüberhinaus hebt der aktuelle Erwägungsgrund Nr. 13 hervor, daß die Mitgliedstaaten überall dort von der Richtlinie abweichende Regelungen vornehmen dürfen, wo die Richtlinie ausdrücklich Abweichungen zuläßt, etwa im Bereich der Informationspflichten (vgl. Artikel 4 Abs. 2). Ferner hebt der Erwägungsgrund Nr. 12 des Gemeinsamen Standpunktes hervor, daß die Vereinheitlichung der Regelungen zum Fernabsatz von Finanzdienstleistungen nicht dazu führen dürfen, das allgemeine Verbraucherschutzniveau in den Mitgliedstaaten zu reduzieren.
Diese Neufassung der Erwägungsgründe im Gemeinsamen Standpunkt läßt den Schluß zu, daß die Vollharmonisierung zwar weiterhin grundsätzlich als Ziel vorgegeben wird, dieses Prinzip jedoch durchaus Ausnahmen zuläßt. Abweichende Regelungen in den Mitgliedstaaten sind demnach selbstverständlich immer dann zulässig, wenn die Richtlinie dieses ausdrücklich vorsieht. Daneben soll es den Mitgliedstaaten aber auch dann erlaubt sein, **bereits existierende** abweichende Regelungen beizubehalten, die auf **allgemeiner Ebene** ein höheres Verbraucherschutzniveau gewährleisten. Dieses bezieht sich also auf horizontale Regelungen zum Verbraucherschutz, die unabhängig von der Vertriebsart und dem Vertragstypus gelten und nicht speziell für den Fernabsatz von Finanzdienstleistungen erlassen wurden.

Soweit bestimmte Finanzdienstleistungen auf europäischer Ebene allerdings spezielleren Regelungen unterliegen, sollen diese vorrangig gelten und werden nicht durch die Finanz-Fernabsatzrichtlinie verdrängt. Dieser Grundsatz war in der Fernabsatzrichtlinie noch durch eine eigene Bestimmung in Artikel 13 Absatz 1 geregelt worden. Im Gemeinsamen Standpunkt hat sich der Rat mit einem entsprechenden Hinweis in Erwägungsgrund Nr. 14 begnügt.

IV.2.2. Anwendungsbereich

Nach Artikel 1 des Entwurfs ist Gegenstand der Richtlinie „die Angleichung der Rechts- und Verwaltungsvorschriften der Mitgliedstaaten über den **Fernabsatz von Finanzdienstleistungen** an Verbraucher". Dieser Wortlaut ähnelt zwar dem aus Artikel 1 der Fernabsatzrichtlinie, ist aber unter dem Gesichtspunkt der Regelungstechnik mißglückt. Offenbar war hier, wie auch bei der Fernabsatzrichtlinie beabsichtigt, den Anwendungsbereich nach Artikel 1 durch die Begriffsbestimmungen in Artikel 2 zu definieren. In Artikel 2 findet sich jedoch keine Definition des „Fernabsatz von Finanzdienstleistungen", sondern lediglich jeweils eine Definition zum „Fernabsatzvertrag" und zur „Finanzdienstleistung". Da auch bei der vorliegenden Richtlinie eine gewisse regelungstechnische Systematik zugrunde gelegt werden sollte, wäre eine Korrektur der Formulierung des Artikel 1 angebracht. Als Anwendungsbereich könnte somit bezeichnet werden „die Angleichung der Rechts- und Verwaltungsvorschriften der Mitgliedstaaten über den **Vertragsabschluß im Fernabsatz von Finanzdienstleistungen**". In Artikel 2 könnte sodann unter der letztgenannten Formulierung die entsprechende Definition aufgeführt werden.

IV.2.2.1. Persönlicher Anwendungsbereich

Maßgeblich für die Festlegung des Anwendungsbereiches des Richtlinienentwurfes sind die Begriffsbestimmungen in Artikel 2, insbesondere die Definition des „Fernabsatzvertrages" und der „Finanzdienstleistungen" gemäß Artikel 2 a) und b). Wie bei der Fernabsatzrichtlinie ist auch hier zwischen dem persönlichen und dem sachlichen Anwendungsbereich zu unterscheiden.

In persönlicher Hinsicht bezieht sich der Entwurf auf Verträge zwischen Verbrauchern und Anbietern. Die Definition des Verbrauchers gemäß Artikel 2 d) entspricht wörtlich der aus der Fernabsatzrichtlinie und stellt folglich die private Motivation des einen Vertragspartners in den Vordergrund. Insoweit kann auf die obigen Ausführungen zur Verbrauchereigenschaft und zu den Auswirkungen einer auch gewerblichen Zweckrichtung verwiesen werden[586].
Im Erwägungsgrund Nr. 29 wird den Mitgliedstaat allerdings ausdrücklich die Möglichkeit eingeräumt, den Anwendungsbereich der Richtlinie auch auf „Nichtverbraucher" auszuweiten. Dieser Hinweis ist aufgrund der angestrebten Vollharmonisierung erforderlich, da andernfalls die Mitgliedstaaten keine Möglichkeit hätten, auch andere Personengruppen in den Schutzbereich der Richtlinie miteinzubeziehen. Gerade im sensiblen Bereich der Finanzdienstleistungen erscheint es zweckmäßig, nicht nur Verbraucher vor den hiermit verbundene spezifischen Gefahren zu schützen. Die an die Mitgliedstaaten gerichtete Erlaubnis, den Anwendungsbereich auch auf „Nichtverbraucher" auszuweiten, wird in Erwägungsgrund Nr. 29 allerdings sogleich wieder eingeschränkt:
Lediglich gemeinnützige Organisationen oder Existenzgründer dürfen in den Umsetzungsgesetzen zusätzlich durch die Richtlinie geschützt werden. Gerade im Hinblick auf Existenzgründer ist diese Erweiterung des persönlichen Anwendungsbereichs allerdings auch erforderlich, um Konflikte mit dem Verbraucherbegriff einzelner Mitgliedstaaten zu vermeiden. In Deutschland beispielsweise unterliegen Existengründerdarlehen von weniger als 50.000,- EURO gem. § 491 Abs. I und Abs. II Nr. 2 BGB n.F. dem besonderen Verbraucherschutz im Rahmen des vormaligen Verbraucherkreditgesetzes, weshalb diese Wertung auch Finanzdienstleistungen insgesamt zweckmäßig wäre.

Aufgrund der Einschränkung in Erwägungsgrund Nr. 29 gilt folglich, daß die Mitgliedstaaten den persönlichen Anwendungsbereich der geplanten Finanz-Fernabsatzrichtlinie nur auf die dort genannten Personengruppen ausweiten dürfen, weshalb bereits am Markt tätige Gewerbetreibende, Selbständige oder sonstige Unternehmer aus dem Schutzbereich ausgenommen bleiben müssen.

Der persönliche Anwendungsbereich des Entwurfs weicht auch insoweit von der Fernabsatzrichtlinie ab, als dem Verbraucher nicht mehr die sprachliche Neuschöpfung des „Lieferers" gegenüberstehen soll, sondern schlicht der „Anbieter". Diese

---

586 vgl. oben Ziffer II.3.1.1.

begriffliche Abänderung ist damit zu erklären, daß Finanzdienstleistungen nicht wie gegenständliche Waren geliefert werden können. Darüber hinaus sind mit dem Begriff des Anbieters zwei verschiedene Gruppen von Finanzdienstleistern zusammengefaßt. Hierunter fällt zum einen der Erbringer der Finanzdienstleistung selbst, wie zum Beispiel die Bank oder die Versicherung. Zum anderen sind hiervon aber auch die zahlreichen Vermittler von Finanzdienstleistungen erfaßt, deren Einbeziehung auch im Hinblick auf die schwarzen Schafe der Branche erforderlich ist. Die Vermittler war im zweiten Entwurf der Kommission noch ausdrücklich in der Definition des Anbieters erwähnt worden. Dieses ist im Gemeinsamen Standpunkt nicht mehr der Fall, jedoch ergibt sich aus dessen Erwägungsgrund Nr. 19, daß zwischengeschaltete Vermittler von Finanzdienstleistungen nach wie vor als „Anbieter" im Sinne des aktuellen Entwurfs gelten. Hierdurch soll der Schutz des Verbrauchers durch die Finanz-Fernabsatzrichtlinie unabhängig davon gewährleistet werden, wie der Finanzdienstleister sein Vertriebsnetz organisatorisch ausgestaltet hat[587]. Auch wenn er sich unabhängiger Vermittler beim Vertragsschluß bedient, wird dem Verbraucher der durch die Finanz-Fernabsatzrichtlinie gewährte Schutz nicht entzogen.

IV.2.2.2. Sachlicher Anwendungsbereich

Der sachliche Anwendungsbereich könnte schlicht dadurch beschrieben werden, daß die gemäß Artikel 3 Absatz 1 erster Spiegelstrich der Fernabsatzrichtlinie verursachte Regelungslücke aufgefüllt wird, so daß im übrigen Deckungsgleichheit zwischen beiden Richtlinien besteht. Dementsprechend sieht Artikel 18 des Entwurfs vor, daß die Finanzdienstleistungen in der Fernabsatzrichtlinie nicht mehr gesondert definiert werden sollen, sondern diese schlicht auf die Definition der Finanz-Fernabsatzrichtlinie verweist: Wenn nach dieser Definition eine Finanzdienstleistung vorliegt, soll nicht die Fernabsatzrichtlinie sondern die speziellere Richtlinie Anwendung finden.

IV.2.2.2.1. Vertrieb im Fernabsatz

Ebenso wie in der Fernabsatzrichtlinie soll auch die Finanz-Fernabsatzrichtlinie nur für solche Fälle gelten, in denen der betreffende Vertrag in einem für den Fernabsatz organisierten Vertriebssystem geschlossen wird und während der Vertragsanbahnung sowie des Vertragsschlusses ausschließlich Fernkommunikationstechniken[588] zum Einsatz kommen [Artikel 2 a) des Entwurfs]. Das Erfordernis der „ausschließlichen" Verwendung dieser Techniken wurde erst im zweiten Vorschlag der Kommission vom 23.07.1999 eingefügt, um die Definition an die der Fernabsatzrichtlinie anzupassen[589]. Soweit die Parteien also bei gleichzeitiger körperlicher Anwesenheit über den Vertrag verhandeln oder beim Abschluß zusammenkommen, wäre die Anwendung der geplanten Finanz-Fernabsatzrichtlinie ausgeschlossen. Unschädlich

[587] Riesenhuber a.a.O. S. 1443

[588] Die hier erwähnten Fernkommikationstechniken sind identisch mit den der Fernabsatzrichtlinie, die Begründung des ersten Richtlinienentwurfs verweist auf die beispielhafte Aufzählung in der Fernabsatzrichtlinie, vgl. KOM (98) 468 endg., S. 12.

[589] vgl. KOM (99) 385 endg. S. 4

dürfte jedoch sein, wenn die Parteien im Vorfeld des Vertrages persönlich zusammenkommen, ohne den speziellen Vertragsgegenstand zu besprechen. Der Verbraucher, der eine in seiner Bankfiliale ausliegende Broschüre über das dortige Online-Banking Angebot mitnimmt und daraufhin telefonisch oder schriftlich einen entsprechenden Online-Banking-Vertrag abschließt, wird trotz des vorangegangenen persönlichen Kontakts nicht den Schutz der Richtlinie verlieren. Dieses dürfte auch gelten, wenn ein Bankkunde von seinem konventionellen Bankkonto auf Online-Banking umsteigen möchte und seinen diesbezüglichen schriftlichen Antrag bei seiner Bankfiliale ausfüllt und abgibt, ohne persönlich über die Einzelheiten informiert worden zu sein. Diese persönliche Übergabe des Antrages könnte zwar durchaus als Vertragsschluß für das neue Online-Konto gewertet werden, mit der Folge, daß mangels der Verwendung einer Fernkommunikationstechnik der betreffende Verbraucher sich nicht auf die Richtlinie berufen könnte. Die Interessenslage gebietet es hier jedoch, den Kunden ebenfalls in den Schutzbereich der Fernabsatzrichtlinie miteinzubeziehen, der hier bezüglich des Vertragsgegenstandes zu keinem Zeitpunkt durch ein persönliches Gespräch informiert wurde und auch den weiteren Kontakt im Online- Banking nur über Fernkommunikationstechniken herstellen wird. Dieses folgt aus dem Sinn und Zweck der Richtlinie, die die fehlende persönliche Information des Verbrauchers zum Vertragsgegenstand ausgleichen soll, unabhängig davon, ob die Parteien anderweitig in einem unmittelbaren Kontakt miteinander stehen.

Hier zeigt sich allerdings bereits ein schwer erklärbarer Widerspruch in der Grundkonzeption der Richtlinie, da auch der im persönlichen Kontakt abgeschlossene Finanzdienstleistungsvertrag für den Verbraucher ebenso weitreichende Konsequenzen haben kann, und daher auch ohne Fernabsatztechnik eine umfangreiche Information und gegebenenfalls ein Widerrufsrecht angebracht wäre. Es sollte daher überlegt werden, die Finanz-Fernabsatzrichtlinie nicht nur als horizontale, auf eine bestimmte Vertriebsform bezogene Richtlinie auszugestalten, sondern sämtliche Finanzdienstleistungsvertäge zwischen Verbrauchern und Anbietern zu erfassen.

Der Entwurf setzt, wie die Fernabsatzrichtlinie, weiterhin voraus, daß der Vertrag im Rahmen eines für den Fernabsatz organisierten Vertriebssystems geschlossen wird, die Fernkommunikationstechniken also gezielt hierfür eingesetzt werden. Hierdurch will man vermeiden, daß die nur zufällige und gelegentliche Verwendung von Fernkommunikationstechniken von der Richtlinie erfaßt wird[590]. Der Bankkunde, der bei seiner Bank telefonisch ausländische Währungen für seinen Urlaub bestellt, kann sich dementsprechend nicht auf den Schutz der Richtlinie berufen[591].

IV.2.2.2.2. Finanzdienstleistungen

Des weiteren soll die Richtlinie nur dann zur Anwendung kommen, wenn sich der jeweilige Fernabsatz auf Finanzdienstleistungen bezieht. Schwierigkeiten bereitete offenbar die Definition der Finanzdienstleistungen, die von der künftigen Richtlinie erfaßt sein sollen. Dieses lag vor allem darin begründet, daß bereits mehrere verti-

---

590 vgl. oben Ziffer II.3.1.2.1. c)

591 vgl. Hoppmann a.a.O. S. 675

kale Richtlinien existierten, die einzelne spezielle Finanzdienstleistungen regelten. Zu nennen sind hier beispielsweise die zweite Bankenkoordinierungsrichtlinie 89/646/EWG[592], die Wertpapierdienstleistungsrichtlinie 93/22/EWG[593], die erste Versicherungsrichtlinie – Schaden 73/293EWG[594] und die erste Versicherungsrichtlinie – Leben 79/267/EWG[595]. Um Widersprüche mit diesen Richtlinien zu vermeiden, wurden sie kurzerhand in die Definition der Finanzdienstleistungen des ersten Richtlinienentwurfs mit einbezogen, so daß hiervon „jede Dienstleistung der Kreditinstitute, Versicherungsunternehmen und Investmentbanken" gemäß den vorgenannten Richtlinien erfaßt sein sollten[596]. Eine nicht erschöpfende Liste der Finanzdienstleistungen fand sich im Anhang des ersten Entwurfs. Diese Liste war allerdings nicht identisch mit der im Anhang zur Fernabsatzrichtlinie abgedruckten Liste von Finanzdiensleistungen, so daß es bereits für die mitgliedstaatlichen Gesetzgeber und Gerichte, vor allem aber für den einzelnen Verbraucher, kaum möglich gewesen wäre zweifelsfrei zu beurteilen, ob eine konkrete Dienstleistung in den Schutzbereich der Richtlinie fällt.

Dieses Defizit erkannte offenbar auch die Kommission und reduzierte im geänderten Vorschlag den Begriff der Finanzdienstleistung auf jede „Bank-, Versicherungs-, Investment- und Zahlungsdienstleistung" (Artikel 2 b). Diese weite Definition schützt den Verbraucher stärker und ist leichter nachzuvollziehen, da nunmehr jede Dienstleistung in den Anwendungsbereich fällt, die die Verwaltung und den Einsatz finanzieller Mittel zum Inhalt hat. Der jetzige Entwurf im Gemeinsamen Standpunkt erweitert die Definition der Finanzdienstleistung sogar nocheinmal, indem jede „Dienstleistung **im Zusammenhang** mit einer Kreditgewährung, Versicherung (...)" miteinbezogen werden soll, wodurch auch Verträge erfaßt werden, die sich lediglich auf Nebenleistungen zur Finanzdienstleistung beziehen. Hierdurch werden auch Verträge erfaßt, die im weitesten Sinne finanzbezogene Dienstleistungen zum Inhalt haben, was den Verbraucherinteressen entgegenkommt.

Durch den Artikel 18 des Entwurfs, welcher eine Änderung der Fernabsatzrichtlinie vorsieht, werden die von der Kommission befürchteten Regelungslücken[597] vermieden. Eine Definition der Finanzdienstleistungen soll nur noch in der Finanz-Fernabsatzrichtlinie erfolgen, die Definition in Artikel 3 Absatz der Fernabsatzrichtlinie sowie deren Anhang II sollen gestrichen werden. Nur wenn ein Finanzdienstleistungsvertrag im Sinne des Entwurfs vorliegt, muß der Verbraucher auf den Schutz der Fernabsatzrichtlinie verzichten. Hierdurch wird der Verbraucher umfassend geschützt, entweder durch die Fernabsatzrichtlinie oder die Finanz-Fernabsatzrichtlinie, die sich dann beide nahtlos ergänzen.

Im geänderten Vorschlag der Kommission war ferner noch eine eigene Definition für die Finanzdienstleistung der Immobilienkredite enthalten. Dieses war nach Auffassung der Kommission erforderlich, da die Immobilienkredite wegen ihres besonderen

---

[592] vom 15.12.1989, Amtsblatt der EWG Nr. L 386 vom 30.12.1989, S. 1
[593] vom 10.05.1993, Amtsblatt der EWG Nr. L 141 vom 11.06.1993, S. 27
[594] vom 24.07.1973, Amtsblatt der EWG Nr. L 228 vom 16.08.1973, S. 3
[595] vom 05.03.1979, Amtsblatt der EWG Nr. L 63 vom 13.03.1979, S. 1
[596] Artikel 2 b des ersten Entwurfs, Amtsblatt der EG Nr. C 385 vom 11.12.1998, S. 13
[597] vgl. KOM (99) 385 endg. S. 4

Bezugs zu Eigentumsfragen beim Widerrufsrecht abweichend von den anderen Finanzdienstleistungen geregelt werden sollen[598]. Der jetzige Entwurf der Richtlinie enthält ebenfalls eine abweichende Regelung des Widerrufsrechts bei Immobilienkrediten, die diesbezügliche gesonderte Definition wurde jedoch gestrichen.

IV.2.2.2.3. Sukzessiv aufeinanderfolgende Verträge

Der Entwurf der Kommission enthielt unter Artikel 1 b) eine Bestimmung, die die rechtliche Behandlung sukzessiv aufeinanderfolgender Verträge oder Vorgänge regeln soll. Hierdurch weicht der Entwurf von der Fernabsatzrichtlinie ab, bei welcher nach umfangreichen Kontroversen davon abgesehen worden war, den Mitgliedstaaten in dieser Frage konkrete Vorgaben zu machen[599]. Dem gegenüber traf der Entwurf in Artikel 1 b) eine weitreichende Grundentscheidung für Finanzdienstleistungen: Soweit Verbraucher und Anbieter einen Finanzdienstleistungsvertrag abschließen, der eine Reihe von aufeinanderfolgenden Dienstleistungen zum Inhalt hat, gelten die Bestimmungen der Richtlinie nur für die erste dieser Dienstleistungen. Dieses gilt unabhängig davon, ob die Dienstleistungen jeweils aufgrund eines einheitlichen Vertrages erbracht werden, oder für jede Dienstleistung ein neuerlicher Vertragsschluß erforderlich ist.

Ihre Regelung zu den Sukzessivverträgen begründete die Kommission am Beispiel eines Bankkontos[600]: Eröffnet ein Verbraucher ein Bankkonto online bei einer Direktbank, so soll lediglich diese Konteneröffnung von den Bestimmungen der Richtlinie erfaßt sein. Nur für diese Handlung stehen ihm die Informationsrechte (Artikel 3 bis 5) und das Widerrufsrecht (Artikel 6) zu, nicht jedoch für die darauffolgenden einzelnen Überweisungen, Abhebungen und sonstigen Buchungen. Auf den ersten Blick ist dieser Ansatz nicht zu beanstanden.

Eine genauere Prüfung zeigt jedoch, daß durch diese generelle Festlegung im Einzelfall unbefriedigende Ergebnisse erzielt werden. Auf den Schutz durch die Richtlinie müßte der Verbraucher beispielsweise dann verzichten, wenn er einen im Fernabsatz gewährten Kredit aufstocken lassen möchte oder bei einer im Fernabsatz abgeschlossenen Versicherung die vertraglichen Modalitäten abzuändern gedenkt. Obwohl auch diese nachfolgenden Handlungen via Fernkommunikationstechnik erfolgen würden, wäre dieser Kunde hierbei nicht durch die Richtlinie geschützt, da gemäß Artikel 1 b) des Entwurfs alleine der erste Vorgang, also hier der Abschluß des ersten Kredit- oder Versicherungsvertrages maßgeblich wäre. Gerade im Falle des Kredites kann die Entscheidung besonders weitreichend sein und auf die Lebensverhältnisse des Verbrauchers dauerhaft einwirken, so daß nicht einzusehen ist, warum der für den ersten Vertragsabschluß gewährte Schutz bei weiteren wesentlichen Vorgängen verwehrt wird.

---

598 vgl. KOM (99) 385 endg. S. 5; eingehender erläutert nachfolgend unter Ziffer IV.2.4.5.2.

599 vgl. oben Ziffer II.3.3.4.

600 KOM (98) 468 endg. S. 11

Der Ansatz der Kommission wurde vom Rat im Gemeinsamen Standpunkt beibehalten und sogar in dem jetzigen Artikel 1 Absatz 2 noch ergänzt: Wenn es an einer erstmaligen Dienstleistungsvereinbarung fehlt, dennoch aber gleichartige Vorgänge in einem zeitlichen Zusammenhang abgewickelt werden, sind die nach Artikel 3 und 4 zu gewährenden Informationen nur beim ersten Vorgang geschuldet. Etwas anderes gilt allerdings dann, wenn zwischen 2 Vorgängen mehr als ein Jahr liegt, da in diesem Fall die Informationspflicht „wiederaufleben" soll.

Obwohl der Rat der Auffassung war, durch diesen Zusatz die Regelung der Kommission zu präzisieren[601], ist eher das Gegenteil der Fall. Es ist praktisch nicht vorstellbar, daß ein Anbieter eine Reihe von sukzessiven Dienstleistungen erbringt, ohne daß eine „erstmalige Dienstleistungsvereinbarung" existiert. Auch die einzelnen Vorgänge werden auf der Grundlage von vertraglichen Abreden erbracht, so daß zwingend eine „erstmalige Dienstleistungsvereinbarung" vorhanden sein muß. Offenbar versteht der Rat unter dem Begriff „erstmalige Dienstleistungsvereinbarung" jedoch nicht den ersten Vertragsschluß, sondern einen Vertragsschluß, der quasi als Rahmenvertrag sämtliche sukzessiven Vorgänge miteinbezieht, wie etwa der Vertrag über die Eröffnung eines Kontos. Auch wenn es an einer solchen, sämtliche sukzessiven Vorgänge umfassenden Vereinbarung fehlt, sollen folglich die Informationen grundsätzlich nur beim ersten Vorgang gewährt werden.

Die von der Kommission und dem Rat angestrebte und begrüßenswerte Zielsetzung, nämlich die Angleichung der Rechtslage in den Mitgliedstaaten, unabhängig von der jeweiligen Ausgestaltung des Vertragsrechts, wird durch die sehr generalisierende Bestimmung des Artikel 1 Absatz 2 nur unbefriedigend umgesetzt. Unklare Bestimmungen sowie unbestimmte Rechtsbegriffe in dieser Bestimmung wie „aufeinander folgenden Vorgängen" oder „einem zeitlichen Zusammenhang" erschweren hierbei sogar eine einheitliche Rechtsanwendung der mitgliedstaatlichen Gerichte[602]. Die nationalen Umsetzungsbestimmungen sollten eine detailliertere Regelung von sukzessiven Vorgängen bzw. Dauerschuldverhältnissen enthalten. Hierbei wäre der Sinn und Zweck zu beachten, den die Kommission mit ihrer Bestimmung verfolgte: Nur solche Folgevorgänge sollen vom Anwendungsbereich der Richtlinie ausgeschlossen sein, die eine zwingende Einheit mit dem ersten Vertrag bilden, wobei der Verbraucher bereits sämtliche vertraglichen Modalitäten kennt und sich am Ursprungsvertrag nichts mehr ändert[603]. Die Erweiterung eines Darlehens oder dessen Verlängerung zu neuen Konditionen würde die Vertragsmodalitäten ändern, mit der Folge, daß sowohl die betreffenden Informationen vollständig zu übermitteln sind und gegebenenfalls ein neuerliches Widerrufsrecht, zumindest für die Vertragsänderung, entsteht.

IV.2.2.2.4. Bereichsausnahmen

---

[601] vgl. Amtsblatt der EG Nr. C 58E vom 05.03.2002, S. 43

[602] Die Verwendung der unbestimmten Begriffe im geänderten Entwurf der Kommission zur Festlegung des Anwendungsbereiches wurde auch vom Bundesrat in dessen Empfehlung kritisiert, abgedruckt in BR-Drucksache 987/1/98 S. 2.

[603] so auch Riesenhuber a.a.O. S. 1443

Hervorzuheben ist, daß der Entwurf, anders als die Fernabsatzrichtlinie, keine Bereichsausnahmen enthält, der Anwendungsbereich also ausschließlich anhand positiver Merkmale bestimmt werden kann. Hierdurch werden die aus der Fernabsatzrichtlinie bekannten, erheblichen Auslegungsprobleme vermieden[604]. Lediglich im Bereich des Widerrufsrechts (Artikel 6 Absatz 2, 3 , 7 des Entwurfs) sind einige konkrete Finanzdienstleistungen genannt, für die ein Widerrufsrecht nicht gelten soll. Wie sich später im betreffenden Abschnitt aber noch zeigen wird[605], sind diese Ausnahmen präzise genug formuliert, um Schwierigkeiten bei der Auslegung zu verhindern.

IV.2.3. Die Informationspflicht des Anbieters

Ursprünglich bezweifelte die Kommission angesichts der unterschiedlichsten Finanzdienstleistungen die Möglichkeit, sämtliche Informationspflichten des Anbieters in einem konkreten Katalog zusammenzufassen[606]. Nach der Kritik der Ausschüsse und des Parlaments sah sich die Kommission jedoch veranlaßt, eine ebensolche Liste von Informationen in die betreffende Bestimmung aufzunehmen. Wie sich in Artikel 3 des geänderten Vorschlags und des jetzigen Gemeinsamen Standpunkts zeigt, gelang es sogar, diese Informationen abschließend zusammenzufassen.

Hierdurch wird ein übergreifender, für alle Finanzdienstleistungen geltender Informationskatalog geschaffen, der die bisher nur für Teilbereiche geregelte Informationspflicht ergänzt. Für Versicherungen gilt in Deutschland beispielsweise der § 10 Versicherungsaufsichtsgesetz (VAG), der detailliert regelt, welche Informationen dem künftigen Versicherten in den Versicherungsbedingungen zur Verfügung zu stellen sind.

IV.2.3.1. Die geschuldeten Informationen

Ähnlich wie bei der Fernabsatzrichtlinie hat der Anbieter dem Verbraucher während der Vertragsanbahnung eine Vielzahl von Informationen zu übermitteln um zu gewährleisten, daß der Verbraucher über das angebotene Produkt, seinen Vertragspartner und seine Rechte hinreichend informiert ist. Bei einem Vergleich des aktuellen Entwurfs der Finanz-Fernabsatzrichtlinie mit deren Vorentwürfen und der Fernabsatzrichtlinie kann festgestellt werden, daß der Umfang der zu gewährenden Informationen immer größer geworden ist, so daß die jetzige Fassung bereits insgesamt 21 Positionen enthält. Um einer Unübersichtlichkeit dieser Vielzahl von Informationen entgegenzuwirken, wurden diese im jetzigen Artikel 3 aufgeteilt in insgesamt 4 Gruppen, nämlich Informationen bezüglich des Anbieters, der Finanzdienstleistung, des Fernabsatzvertrages und der Rechtsbehelfe des Verbrauchers.

---

[604] vgl. Ziffer III.3.1.2.2.
[605] vgl. Ziffer IV.2.4.5.
[606] vgl. KOM(98) 468 endg. S.8

Insbesondere die Informationspflichten zur Identität des Anbieters wurden erweitert, der nunmehr auch seine Hauptgeschäftstätigkeit, also sein eigentliches Betätigungsfeld zu offenbaren hat, nebst sämtlichen für die Geschäftsbeziehung relevanten Anschriften. Da im Bereich der Finanzdienstleistungen häufig nicht der Anbieter selbst sondern ein Vermittler die Vertragsanbahnung übernimmt, sind gegebenenfalls auch zu dieser Person umfangreiche Angaben zu machen. Ferner ist noch die Aufsichtsbehörde mitzuteilen, die für eine etwaige Zulassung des Finanzdienstleisters zu ständig ist, wie z.B. das Bundesaufsichtsamt für das Versicherungswesen.

Begrüßenswert ist insbesondere, daß die Finanzdienstleister verpflichtet sein sollen, bei Angeboten mit spekulativem Charakter, etwa Aktien oder Fonds, auf die besonderen Risiken hinzuweisen, die sich durch die Marktschwankungen ergeben. Ferner haben die Anbieter in diesen Fällen darauf hinzuweisen, daß etwaige in der Vergangenheit erzielte Erträge kein Indikator für die Zukunft sind, da nicht selten mit Erfolgen aus vergangenen Jahren geworben wird.

Die Information „Beschreibung der wesentlichen Merkmale der Finanzdienstleistung" gemäß Artikel 3 Absatz 1 Nr. 2 a) des Entwurfs dürfte bei der Informationsgewährung von erheblicher Bedeutung sein, fungiert sie doch als eine Art Generalklausel der Informationspflichten. Hier sind die wesentlichen Vertragsbedingungen zu nennen, die die jeweilige konkrete Finanzdienstleistung gerade ausmachen. Wegen der Unterschiedlichkeit der Finanzdienstleistungen enthält der Richtlinienentwurf diesbezüglich keinerlei konkrete Vorgaben, so daß es voraussichtlich an den Mitgliedstaaten bzw. deren Gerichten sein wird, die jeweiligen Merkmale einer Finanzdienstleistung zu definieren, die dem Verbraucher mitzuteilen sind.

Im Hinblick auf den Fernabsatzvertrag ist der Verbraucher selbstverständlich darüber aufzuklären, daß eine Widerrufsmöglichkeit gegeben ist bzw. in bestimmten Ausnahmefällen nicht besteht. Neu ist die Pflicht des Anbieters, mit der **Zustimmung des Verbrauchers** die Sprache festzulegen, in welcher die weitere Kommunikation im Rahmen des Vertrages erfolgen wird. Die zumindest konkludente Zustimmung des Verbrauchers dürfte allerdings bereits dann vorliegen, wenn der Verbraucher unter Verwendung einer bestimmten Sprache die Vertragsanbahnung fortsetzt.

Schließlich ist der Verbraucher auch über die im Streitfall zur Verfügung stehenden außergerichtlichen Rechtsbehelfe zu informieren. Dieses dient dem effektiven Verbraucherschutz, da der Verbraucher nicht erst einen Rechtsanwalt beauftragen muß, um zu erfahren, wo er etwaige Beschwerden vorbringen kann.

Wie sich aus Artikel 4 Absatz 1 ergibt, sind die im Richtlinienentwurf genannten Informationspflichten jedoch nicht abschließend: Soweit bereits nach sektoralen Richtlinien der EU konkrete Informationspflichten bestehen, die über die über die Informationspflichten nach der Finanz-Fernabsatzrichtlinie hinausgehen, sind diese zusätzlich zu gewähren. Zu nennen sind hier die schon erwähnte Wertpapierdienstleistungsrichtlinie 93/22/EWG[607], die dritte Richtlinie Lebensversicherung

[607] vom 10.05.1993, Amtsblatt der EWG Nr. L 141 vom 11.06.1993, S. 27

92/96/EWG[608], die dritte Richtlinie Schadensversicherung 92/49/EWG[609], die OGAW Richtlinie 85/611/EWG[610] und schließlich die Richtlinie über Neuemissionen von Wertpapieren 89/298/EWG[611].

Die Kenntnis dieser Bestimmungen ist unerläßlich, da diese für die jeweils erfaßten Finanzdienstleistungen zusätzlich zur Finanz-Fernabsatzrichtlinie weitere Informationpflichten des Anbieters enthalten. Erscheint beispielsweise eine **Wertpapierneuemission** im Börsenhandel eines der Mitgliedstaaten, so regelt die Richtlinie 89/298/EWG genau, welche Informationen im betreffenden Wertpapierprospekt veröffentlicht werden müssen[612]. Beim **Wertpapierkauf** hat der Anbieter zusätzlich noch die Informationspflichten nach Artikel 11 der Wertpapierdienstleistungsrichtlinie zu beachten. Im Falle von **Investmentfonds und Investmenttrusts** bestimmt außerdem Artikel 28 der OGAW Richtlinie, daß der Anleger anhand von Prospekten und Geschäftsberichten so umfassend über die Geschäftssituation zu informieren ist, daß er sich ein „fundiertes Urteil" bilden kann. Beim Abschluß einer **Lebensversicherung** im Fernabsatz muß der Anbieter zusätzlich die in der dritten Richtlinie Lebensversicherung normierten Informationspflichten einhalten. Im dortigen Anhang II B, auf welchen der Artikel 31 verweist, findet sich eine ausführliche Liste der zu gewährenden Informationen, wie zum Beispiel Laufzeit der Versicherungspolice, Rückkaufswerte, Prämienzahlungsweise und sogar die Möglichkeit eines etwaigen Widerrufsrechts. Dieser Richtlinie ist auch ein Grundsatz zu entnehmen, der sinngemäß auf sämtliche Informationspflichten des Anbieters angewendet werden sollte. Dort heißt es im Erwägungsgrund Nr. 23: „Verbraucherinformation muß so klare und genaue Angaben über die wesentlichen Merkmale der ihm angebotenen Produkte enthalten, daß der Verbraucher den seinen Bedürfnissen am ehsten entsprechenden Vertrag auswählen kann." Diese Regel muß folglich auch für **Schadenversicherungen** gelten, bei welchen die Informationspflichten weniger ausführlich in Artikel 43 der dritten Schadensversicherungsrichtlinie geregelt sind.

Der Artikel 4 des Gemeinsamen Standpunktes enthält in Absatz 2 ferner eine Durchbrechung des Prinzips der Vollharmonisierung, da den Mitgliedstaaten hier ausdrücklich das Recht eingeräumt wird, in den Umsetzungsgesetzen die Informationspflichten der Anbieter strenger zu regeln, sofern dieses mit dem Gemeinschaftsrecht vereinbar ist, also nicht etwa der Marktzugang ausländischer Anbieter erschwert wird. Die Mitgliedstaaten sollen hiernach berechtigt sein, die gesamte „vorherige Auskunftserteilung" strenger zu regeln, wovon auch die Bestätigung der Informationen auf einem dauerhaften Datenträger erfaßt sind[613], so daß hier schärfere Formvorschriften, etwa ein ausschließliches Schriftformerfordernis, denkbar wäre.

---

[608] vom 10.11.1992, Amtsblatt der EWG Nr. L 360 vom 09.12.1992, S. 1
[609] vom 18.06.1992, Amtsblatt der EWG Nr. L 228 vom 10.08.1992, S. 1
[610] OGAW = Organismen für gemeinsame Anlagen von Wertpapieren, Richtlinie vom 20.12.1985, Amtsblatt der EWG Nr. L 375 vom 31.12.1985, S. 3
[611] vom 17.04.1989, Amtsblatt der EWG Nr. L 124 vom 05.05.1989, S. 8
[612] umgesetzt wurde die Richtlinie in Deutschland durch das Werrpapierverkaufsprospektgesetz vom 17.07.1996 (BGBl. I S.1074) und die Verkaufsprospektverordnung vom 17.12.1990 (BGBl. I S.2869)
[613] vgl. Artikel 5 Absatz 1 des Entwurfs

Durch den vorläufigen Verzicht auf eine Vollharmonisierung im Hinblick auf die Informationspflichten werden zwangsläufig Unterschiede zwischen den mitgliedstaatlichen Regelungen beibehalten. Beim grenzüberschreitenden Vertrieb von Finanzdienstleistungen dürfte daher für den Anbieter regelmäßig die Schwierigkeit auftreten, daß die im Mitgliedstaat des Verbrauchers konkret zu gewährenden Informationen nicht bekannt sind. Dieses Problem wollte der Rat durch Artikel 3 Absatz 4 auflösen, wobei die dortige Regelung als sowohl sprachlich wie auch inhaltlich mißglückt bezeichnet werden kann. Mit dieser Regelung sollte zum Ausdruck gebracht werden, daß der Anbieter seine Informationsgewährung lediglich nach dem Recht auszurichten hat, welches er im konkreten Fall für anwendbar hält[614], da nach Auffassung des Rates alleine dieses Recht gelten kann. Nach dieser Auffassung des Rates würde sich somit das anwendbare Recht an der Meinung einer Vertragspartei, nämlich an der Meinung des Anbieters orientieren. Demgegenüber hat der Rat jedoch auch erkannt, daß die subjektive Sichtweise einer Vertragspartei für die objektive Feststellung des anwendbaren Rechts nicht maßgeblich sein kann. In der Begründung zu Artikel 3 Ansatz 4 heißt es jedenfalls, daß im Streitfall das anwendbare Recht nach den Regeln des Internationalen Privatrechts zu ermitteln ist[615]. Ein grenzüberschreitend tätiger Anbieter, der sich also bei der Informationsgewährung lediglich nach dem Recht richtet, daß er für anwendbar hält und hierbei die Regeln des Internationalen Privatrechts mißachtet, läuft somit nach wie vor Gefahr, die Informationsrechte des Verbrauchers zu verletzen. Durch den geplanten Artikel 3 Absatz 4 ist dem Anbieter folglich nicht geholfen, weshalb die Regelung auch ersatzlos gestrichen werden könnte.

IV.2.3.2. Zeitpunkt und Übermittlungstechnik

Durch Artikel 3 Absatz 1 Satz 1 wird festgelegt, daß der Verbraucher rechtzeitig vor Vertragsschluß über die jeweiligen Informationen verfügen muß. Dieses entspricht der Regelung in der Fernabsatzrichtlinie. Rechtzeitig heißt hier also ebenfalls, daß der Verbraucher ausreichend Gelegenheit hat, die Vertragsbedingungen zu reflektieren. Um dieses zu gewährleisten, hatte die Kommission ursprünglich in ihrem ersten Entwurf eine Bedenkzeit des Verbrauchers von 14 Tagen vorgesehen, wobei diese Konzeption nun mit dem vorliegenden Entwurf zu Gunsten eines umfassenden Widerrufsrechts aufgegeben wurde. Dieses bedeutet jedoch nicht, daß einer Bedenkzeit des Verbrauchers keine Bedeutung mehr beigemessen wird. Vielmehr ist die Formulierung „rechtzeitig" im Sinne einer ausreichenden Bedenkzeit auszulegen. Insoweit ist auf die diesbezüglichen Ausführungen zur Fernabsatzrichtlinie zu verweisen[616]. Hier hat somit gleichfalls der Grundsatz zu gelten, daß mit zunehmender finanzieller Bedeutung und Komplexität der Finanzdienstleistung auch der Zeitraum anwachsen muß, der zwischen Informationsgewährung und Vertragsschluß liegt. Da gerade im Finanzbereich das Rechtsgeschäft für den Verbraucher häufig von größerer Wichtigkeit und Komplexität sein wird, dürfte regelmäßig ein zeitlicher Abstand von mehreren Tagen erforderlich sein. Dieser zeitliche „Mindestabstand" bezieht sich

---

[614] vgl. Begründung des Rates Amtsblatt der EG Nr. C 58 E vom 05.03.2002, S. 43
[615] wie vor
[616] vgl. Ziffer III.3.2.1. a)

wohlgemerkt auf die Fälle, bei denen der Anbieter einem bestimmten Zeitpunkt für den Vertragsschluß vorgibt oder anstrebt. Verkürzt der Verbraucher selbst den Zeitraum aus eigenem Antrieb, etwa weil er meint auf eine genaue Kenntnis der Vertragsbedingungen verzichten zu können, so geht dieses zu seinen Lasten und spricht nicht gegen eine Rechtzeitigkeit der Informationsübermittlung.

Wie auch die Informationen nach der Fernabsatzrichtlinie sollen auch jene nach der Finanz-Fernabsatzrichtlinie in klarer, verständlicher, an die Kommunikationstechnik angepaßten Weise übermittelt werden. Hinsichtlich der für die Informationsgewährung verwendeten Sprache bedeutet dies, daß ein lediglich auf nationaler Ebene agierender Anbieter auch die Sprache des entsprechenden Landes zu verwenden hat. Alles andere würde den Grundsätzen von Treu und Glauben widersprechen[617]. Bei grenzüberschreitenden Angeboten, beispielsweise per Katalog oder Internet, soll Artikel 3 Absatz 1 Ziffer 3 g) jetzt aber ausdrücklich die Möglichkeit einräumen, im Einvernehmen mit dem jeweiligen Verbraucher eine von dessen Muttersprache abweichende Vertragssprache zu wählen.

Soweit der Fernabsatzvertrag fernmündlich, also per Telefon angebahnt wird, soll dem Anbieter ausnahmsweise die Möglichkeit eingeräumt werden, den Umfang der zu gewährenden Informationen zu verringern (Artikel 3 Absatz 3 des Entwurfs). Dieses folgt aus Gründen der Praktikabilität, da alleine die Übermittlung der zahlreichen Informationen am Telefon mehrere Minuten dauern dürfte, wobei unwahrscheinlich ist, daß sich der Verbraucher diese merken könnte. Daher darf der Anbieter – nach ausdrücklicher Zustimmung des Verbrauchers – die zu übermittelnden Informationen auf jene reduzieren, die in Artikel 3 Absatz 3 b) aufgelistet sind. Er muß dem Verbraucher jedoch auch ausdrücklich anbieten, im Anschluß an das Gespräch die vollständigen Informationen zur Verfügung zu stellen. Es dürfte auf der Hand liegen, daß gerade bei dieser telefonischen Vertragsanbahnung erhebliche Beweisschwierigkeiten zu der Frage entstehen werden, ob der Verbraucher hinreichend aufgeklärt wurde und gegebenenfalls auf eine vollständige Informationsgewährung verzichtet hat.

Wie bei der Fernabsatzrichtlinie sind die dem Verbraucher zu gewährenden Informationen schriftlich oder auf einem dauerhaften Datenträger zu bestätigen (Artikel 5 Absatz 1 des Entwurfs). Im Gegensatz zur Fernabsatzrichtlinie sollen die auf einem dauerhaften Datenträger enthaltenen Informationen dem Verbraucher zwingend bereits vor dem Vertragsschluß übermittelt werden. Bei der Fernabsatzrichtlinie hatte es noch ausgereicht, wenn die Informationen nach Vertragsschluß, spätestens aber mit Erbringung des Leistungsgegenstandes „bestätigt" wurden. Die geplante Regelung der Finanz-Fernabsatzrichtlinie verschärft folglich die Informationspflichten bzw. den zeitlichen Ablauf der Informationsgewährung, was damit zu rechtfertigen ist, daß die Finanzdienstleistungen häufig sehr komplex sind und dem Verbraucher daher bereits vor Vertragsschluß sämtliche Modalitäten in geschriebener Form vorliegen sollten. Von diesem Grundsatz soll nach Artikel 5 Absatz 2 des Entwurfes nur dann abgewichen werden können, wenn der Vertrag **auf Ersuchen des Verbrauchers** mittels einer Fernkommunikationstechnik geschlossen wurde, die keine Übermittlung der Informationen via dauerhaftem Datenträger ermöglicht. Zu nennen ist hier bei-

---

[617] vgl. Ziffer III.3.2.1. b)

spielsweise das Internet oder das Telefon. In diesem Fall hat der Anbieter allerdings unverzüglich nach Vertragsschluß die Informationen auf einem dauerhaften Datenträger zu übermitteln.

Die Informationsgewährung auf einem dauerhaften Datenträger dient der Nachweisbarkeit des Vertragsinhalts und soll dem Verbraucher ermöglichen, sich die Informationen jederzeit zu vergegenwärtigen. Im Hinblick auf die Fernabsatzrichtlinie wurde bereits erörtert, daß „schriftlich" als verkörperte Erklärung zu verstehen ist, vornehmlich also in papiergebundener Form[618]. Soweit in Deutschland durch einzelne Gesetze bereits die Informationspflicht des Finanzdienstleisters geregelt wird, gilt bisher regelmäßg das Schriftformerfordernis[619]. Zu nennen sind hier die Informationspflichten bei Versicherungsverträgen gemäß § 10 VAG oder bei Verbraucherkreditverträgen gemäß § 4 VerbrKrG. Dieses dürfte sich durch die Regelungen in der Finanz-Fernabsatzrichtlinie ändern, wonach auch der dauerhafte Datenträger für die Informationsübermittlung ausreichend ist. Dieser ist anders als das „Schriftstück" gerade dadurch gekennzeichnet, daß sein Inhalt nicht verkörpert wird, sondern erst durch spezielle Geräte sichtbar gemacht werden muß.

Erfreulicherweise ist für die Finanz-Fernabsatzrichtlinie geplant, den Begriff des dauerhaften Datenträgers konkret zu definieren, wodurch die bei der Fernabsatzrichtlinie vorhandenen Auslegungsprobleme vermieden werden sollen. Schon im ersten Entwurf zur Finanz-Fernabsatzrichtlinie beabsichtigte die Kommission[620], lediglich CD-ROMs, Disketten oder selbstverständlich Papier als dauerhaften Datenträger zu qualifizieren[621].

Diese Definition bestätigte die Auffassung, die hier bereits im Hinblick auf die Fernabsatzrichtlinie vertreten worden war. Dort war die Frage aufgeworfen worden, ob es für das Erfordernis des dauerhaften Datenträgers ausreicht, wenn der Anbieter die Informationen lediglich auf seiner Homepage abbildet, so daß sie sich im Computer-Arbeitsspeicher des Bestellers befindet[622]. Nach der hier vertretenen Auffassung genügt dieses nicht den Anforderungen eines dauerhaften Datenträgers, da der Inhalt des Arbeitsspeichers alles andere als dauerhaft ist, sondern bereits beim Aufrufen einer anderen Website, einer anderen Software oder beim Ausschalten des Computers abgeändert oder gelöscht wird. Der aktuelle Entwurf der Finanz-Fernabsatzrichtlinie bestätigt dieses Ergebnis, durch die Definitionen des dauerhaften Datenträgers im Erwägungsgrund Nr. 20 und Artikel 2f). Diese Definitionen heben nunmehr in aller Deutlichkeit hervor, daß der Richtliniengeber Internet-Websites und damit also den Arbeitsspeicher nicht als dauerhaften Datenträger ansieht, sondern lediglich Speichermedien, die eine unveränderte Wiedergabe der Information über einen angemessenen Zeitraum, also beispielsweise die Vertragslaufzeit, gewährleisten. Etwas anderes soll nur dann gelten, wenn die Website selbst die Kriteri-

---

[618] vgl. Ziffer III.3.2.2.
[619] Der Bundesrat kritisiert in seiner Empfehlung a.a.O. S. 7, daß das Schriftformerfordernis durch die Richtlinie aufgeweicht würde und der dauerhafte Datenträger die Warn- und Beweisfunktion des Schriftstücks nicht ersetzen könne.
[620] vgl. Artikel 2 f im ersten Entwurf sowie Begründung in KOM (98) 468 endg. S. 12
[621] so auch noch Hoppmann a.a.O. S. 676
[622] vgl. Ziffer III.3.2.2.

en eines „dauerhaften Mediums" erfüllt. Hierdurch wird der Begriff des „dauerhaften Mediums" in den Richtlinienentwurf eingeführt, ohne daß allerdings eine Definition dieses Wortpaares vorgenommen worden wäre. Hierdurch entstehen wieder die üblichen Auslegungsschwierigkeiten, im vorliegenden Fall zu der Frage, wann eine Internet-Website die Kriterien eines „dauerhaften Mediums" erfüllt. Letztlich ist hierbei jedoch auf dieselben Voraussetzungen abzustellen, wie bei der Definition des dauerhaften Datenträgers, nämlich die unveränderte Wiedergabe der Website für einen längeren Zeitraum. Dieses ist nach dem jetzigen Stand des Internet nur dann gewährleistet, wenn die Website selbst in einer bereits abgespeicherten Form präsentiert wird, etwa auf einer CD-ROM. Angesichts der sich ändernden technischen Möglichkeiten ist jedoch nicht auszuschließen, daß Websites künftig in einer Form präsentiert werden können, die eine inhaltliche Veränderung ausschließen.

Soweit die vorliegende Fassung der Finanz-Fernabsatzrichtlinie endgültig verabschiedet wird, dürfte somit feststehen, daß der Arbeitsspeicher eines Rechners kein dauerhafter Datenträger ist, wodurch die bei der Fernabsatzrichtlinie aufgeworfene Streitfrage abschließend geklärt wäre. Es würde daher nicht ausreichen, wenn der Anbieter die zu gewährenden Informationen lediglich auf seiner Homepage abbildet, da er nicht darauf vertrauen kann, daß der Verbraucher diese ausdruckt oder auf der Festplatte abspeichert. Gleiches gilt für die Versendung der Informationen per e-mail. Um sicherzustellen, daß der Verbraucher die Informationen auf einem dauerhaften Datenträger vorliegen hat, empfiehlt es sich daher für den Anbieter, die Informationen in gedruckter oder auf einer Diskette oder CD-ROM abgespeicherten Form an den Verbraucher zu übersenden. Dieses verlangsamt zwar die Abläufe im Fernabsatz, erhöht aber andererseits die Rechtssicherheit für alle Beteiligten.

Im übrigen sieht Artikel 5 Abs. 3 des jetzigen Entwurfs ohnehin vor, daß der Verbraucher beim Fernabsatz von Finanzdienstleistungen jederzeit berechtigt sein soll, die Informationen und Bedingungen des Anbieters auch in papiergebundener Form zu verlangen. Es dürfte daher für den Anbieter am einfachsten sein, bei den Vertragsunterlagen und der Informationsgewährung von Anfang an auf die altbewährte Papierform zurückzugreifen.

IV.2.3.3. Sanktionierung fehlender oder fehlerhafter Informationen

Ähnlich der Fernabsatzrichtlinie läßt der Entwurf zur Finanz-Fernabsatzrichtlinie weitestgehend offen, wie Verstöße des Anbieters gegen die ihm obliegenden Informationspflichten zu ahnden sind. Gerade in diesem Punkt wären jedoch Vorgaben wünschenswert, da zumindest die Versicherungen in Deutschland die ihnen bereits heute nach § 10 VAG obliegenden Informationspflichten nur ungenügend erfüllen. So stellte der Bund der Versicherten (BdV) bei allen in Deutschland nach 1999 angebotenen Versicherungsverträgen fest, daß diese die gesetzlich vorgesehenen Informationspflichten durchweg nicht erfüllten und daher vom Verbraucher gemäß § 5 a Versicherungsvertragsgesetz (VVG) hätten widerrufen werden können[623]. Exemplarisch

[623] vgl. Hans Dieter Meyer in „Reformbedarf des Versicherungsrechts aus der Sicht des Bundes der Versicherten" in VersWissStud Band 6 S. 69 ff, Fn. 44

kann der derzeitige Stand der Informationsgewährung seitens der Versicherungen auf deren Internetseiten überprüft werden. Die beispielsweise bei der ARAG[624] und der Allianz[625] abrufbaren Versicherungsbedingungen sind durch deren Umfang und die Unübersichtlichkeit kaum geeignet, um den Verbraucher ausreichend zu informieren. Die Hinweise auf etwaige Widerrufsrechte sind in sehr kleiner Schrift gehalten und werden daher leicht überlesen. Diese Art der Präsentation dürfte bereits gegen die Informationspflichten verstoßen. Für die Änderung dieser Situation wären daher „schärfere" Sanktionen von Verletzungen der Informationspflicht wünschenswert. Der Richtlinienentwurf verzichtet jedoch weitestgehend auf die Regelung von konkreten Sanktionsmöglichkeiten. Wie im Hinblick auf das Widerrufsrecht noch aufzuzeigen sein wird, verzögert sich lediglich der Beginn der Widerrufsfrist, wenn die Informationen nicht schriftlich oder via dauerhaftem Datenträger übermittelt wurden. Ein Verstoß gegen die „Vorabinformation" wirkt sich jedoch nach Maßgabe der Richtlinie nicht aus.

Es ist daher an den Mitgliedstaaten, die Auswirkungen solcher Verstöße zu regeln. Hierzu sind diese trotz der angestrebten Vollharmonisierung auch ermächtigt, wie sich aus Artikel 11 des Entwurfes ergibt. Diese Regelung, die sich mit den Sanktionsmöglichkeiten der Mitgliedstaaten befaßt, wurde erstmals im Rahmen des Gemeinsamen Standpunkts in den Entwurf zur Richtlinie aufgenommen. Die Regelung stellt es grundsätzlich in das Ermessen der Mitgliedstaaten, inwieweit Verstöße von Anbietern gegen die Vorgaben der Richtlinie sanktioniert werden sollen. Allerdings sind die Mitgliedstaaten insoweit eingeschränkt, als die Sanktionen angemessen sein müssen, also im Hinblick auf die Verstöße des Anbieters verhältnismäßig sein sollen, aber auch wirksam und abschreckend. Aufgrund des letztgenannten Kriteriums wäre ernsthaft zu prüfen, ob alleine zivilrechtliche Instrumentarien ausreichen, um Anbieter zu einer gesetzeskonformen Handlungsweise anzuhalten. Das jederzeitige kostenlose Kündigungsrecht für den Verbraucher, welches Artikel 11 beispielhaft als Sanktion vorschlägt, dürfte allerdings ein effektives zivilrechtliches Mittel sein, um Praktiken zu bestrafen, bei denen der Verbraucher rechtswidrig oder unter Mißachtung seiner Rechte zum Vertragsschluß verleitet wird.

IV.2.4. Das Widerrufsrecht

Nachdem der Verbraucher die Informationen bezüglich des Vertrages in einer konservierbaren Form (schriftlich oder dauerhafter Datenträger) erhalten hat, soll er diese in Ruhe prüfen und gegebenenfalls – bei Nichtgefallen - noch widerrufen können. Diese Möglichkeit zum Widerruf wird in Artikel 6 des Entwurfs zur Finanz-Fernabsatzrichtlinie geregelt. Hierdurch wird die Rechtslage für den deutschen Verbraucher verbessert, da diesem bisher gem. § 8 VVG ein Widerrufsrecht (14 Tage Frist) nur dann zusteht, wenn ein Versicherungsverhältnis mit einer Laufzeit von über einem Jahr geschlossen wurde, wobei Lebensversicherungen von diesem Widerrufsrecht wiederum ausgenommen sind. Darüberhinaus existiert das bereits beschriebene Widerrufsrecht gem. § 5 a VVG für den Fall, daß der Verbraucher nicht ausrei-

[624] http://www.arag.de
[625] http://www.allianz-makler.de

chend informiert worden ist. Im Bereich von Versicherungsverträgen mit kürzeren Laufzeiten sowie bei Lebensversicherungen wird somit das Schutzniveau für den deutschen Verbraucher durch den vorliegenden Entwurf zur Widerrufsregelung verbessert.

IV.2.4.1. Die Widerrufsfrist

Anders als bei der Fernabsatzrichtlinie soll die Widerrufsfrist bei Finanzdienstleistungen jedoch nicht 7 Werktage, sondern 14 **Kalender**tage bzw. bei Lebensversicherungen und anderen Verträgen zur Altersvorsorge[626] sogar 30 **Kalender**tage betragen[627]. Eine Begründung für diese wesentlich längere Frist findet sich im Richtlinienentwurf allerdings nicht. Es kann lediglich vermutet werden, daß die Kommission hiermit der Komplexität und der Wichtigkeit von Finanzdienstleistungen für das Leben des Verbrauchers Rechnung tragen wollte. Diese Erwägung wäre zwar nachvollziehbar, jedoch führt diese Verlängerung der Widerrufsfrist zu einer weiteren Zersplitterung des Rechts des Fernabsatzes, die den Verbraucher eher zusätzlich verwirren dürfte[628].

Bei der Bemessung der Widerrufsfrist ist ein weiterer Unterschied zur Fernabsatzrichtlinie zu beachten. Während dort die Widerrufsfrist nach **Werktagen** berechnet werden, bezieht sich der vorliegende Entwurf lediglich **Kalendertage**. In den Entwürfen der Kommission wurde dagegen lediglich die Frist in „Tagen" gerechnet, so daß die Frage aufzuwerfen war, ob es sich hierbei um ein redaktionelles Versehen gehandelt hat. Daher hatte der Wirtschafts- und Sozialausschuß in einer Stellungnahme zum ersten Richtlinienentwurf um „Klarstellung" gebeten, ob hier auf Werktage oder auf Kalendertage abgestellt werden soll[629]. Diese Unklarheit wurde nunmehr durch den Gemeinsamen Standpunkt dahingehend beseitigt, daß die Frist in Kalendertagen gerechnet werden soll, obwohl in der „Schwesterrichtlinie" Werktage zugrundegelegt werden. Die Entscheidung für die Kalendertage und gegen die Werktage ist einerseits zwar zu begrüßen, da hierdurch das Problem umgangen wird, daß Werktage in den Mitgliedstaaten unterschiedlich definiert werden und auch die Feiertage in den Mitgliedstaaten unterschiedlich sind. Andererseits schadet der Unterschied bei der Fristberechnung der Transparenz der beiden Richtlinien bzw. deren Umsetzungsgesetzen. Beispielsweise wird in den niederländischen und italienischen Umsetzungsgesetzen zur Fernabsatzrichtlinie auf Werktage abgestellt. Nach der jetzigen Fassung des Entwurfs zur Finanz-Fernabsatzrichtlinie müßten diese Staaten wegen der angestrebten Vollharmonisierung zwingend die dortigen Widerrufsfristen nach Kalendertagen berechnen, wodurch eine einheitliche Fristberechnung unmöglich wird. Im Rahmen des weiteren Richtliniengebungsverfahrens sollte daher überprüft werden, ob im Sinne einer einheitlichen Systematik hier nicht ebenfalls Werktage zugrundegelegt werden sollten.

---

[626] hierunter dürften auch die Verträge zur sogenannten „Riester-Rente" fallen
[627] dieser Auffassung ist auch Hoppmann a.a.O. S. 7
[628] Amtsblatt der EG Nr. C 169 vom 16.06.1999 S. 45

[629] Amtsblatt der EG Nr. C 169 vom 16.06.1999 S. 45

IV.2.4.2. Widerrufsfrist bei grenzüberschreitenden Verträgen

Der aktuelle Entwurf der Richtlinie sieht im Rahmen der Vollharmonisierung vor, daß sämtliche Widerrufsfristen in den Mitgliedstaaten einheitlich sind. Daher dürften die Widerrufsfristen bei grenzüberschreitenden Verträgen grundsätzlich keine Schwierigkeiten bereiten. Anders jedoch die Vorentwürfe, die unterschiedliche Widerrufsfristen zulassen wollten. Es ist nicht auszuschließen, daß diese ursprüngliche Konzeption im weiteren Gesetzgebungsverfahren wieder aufgegriffen wird, weshalb die insoweit relevanten Punkte hier kurz dargestellt werden sollen:

Im zweiten Entwurf der Kommission war in Artikel 4 vorgesehen, daß die Mitgliedstaaten je nach Finanzdienstleistung eine Widerrufsfrist zwischen 14 und 30 Tagen nach eigenem Ermessen festlegen sollten, mit der Folge, daß die Widerrufsfristen in den einzelnen Mitgliedstaaten unterschiedlich gewesen wären. Dieses hätte für die Anbieter das Problem aufgeworfen, daß sie die jeweiligen Widerrufsfristen in den einzelnen Mitgliedstaaten hätten kennen und ihre Vertragsinformationen auch entsprechend hätten anpassen müssen. Diese Schwierigkeit wollte die Kommission durch den damaligen Artikel 4 Absatz 1 umgehen. Zusammengefaßt hieß es dort, daß sich bei grenzüberschreitenden Verträgen die Bemessung der Widerrufsfrist nach dem Staat richtet, in welchem der Anbieter seinen Sitz hat. Dieses bedeutete für den Anbieter eine erhebliche Vereinfachung des grenzüberschreitenden Handels mit Finanzdienstleistungen, da er ausschließlich die Widerrufsfrist in seinem Herkunftsland beachten mußte. Als Grund für diese eindeutige Begünstigung der Anbieter nennt die Kommission die Förderung des freien Finanzdienstleistungsverkehrs[630].. Demgegenüber wurde allerdings der Verbraucher damit belastet, bei grenzüberschreitenden Finanzdienstleistungen die Widerrufsfrist eines anderen Staates kennen und einhalten zu müssen. Da der Verbraucher noch weniger als der Anbieter die Möglichkeit hat, sich über die Widerrufsfristen in anderen Staaten zu informieren, stellte diese Regelung eine schwere Benachteiligung der Verbraucher dar. Dieses gilt um so mehr, als der Verbraucher im Normalfall davon ausgehen darf, daß die ihm bekannten Regelungen seines Heimatstaates ohne Einschränkung gelten.

Daher ist es im Sinne des Verbraucherschutzes zu begrüßen, daß man im Gemeinsamen Standpunkt einen anderen Weg gegangen ist und die Widerrufsfristen vereinheitlicht hat. Nur auf diese Weise kann der grenzüberschreitende Fernabsatz von Finanzdienstleistungen auch gefördert werden. Bei der im Vorentwurf gewählten Ausgestaltung hätte man einem Verbraucher dringend davon abgeraten werden müssen, grenzüberschreitend Finanzdienstleistungsverträge abzuschließen.

---

[630] KOM (99) 385 endg. S. 7

IV.2.4.3. Beginn der Widerrufsfrist

Wie bei der Fernabsatzrichtlinie soll nach Artikel 6 Absatz 1 des Gemeinsamen Standpunkts die Widerrufsfrist mit dem Vertragsschluß beginnen. Hat der Verbraucher ausnahmsweise jedoch vor dem Vertragsschluß die ihm zu gewährenden Informationen nicht auf einem dauerhaften Datenträger erhalten, beginnt die Widerrufsfrist erst mit der Übermittlung dieser Informationen in der vorgeschriebenen Form zu laufen.

Bei Lebensversicherungen gilt allerdings nicht nur die Besonderheit einer 30-tägigen Widerrufsfrist, vielmehr soll diese Frist auch erst dann zu laufen beginnen, wenn der Vertragsschluß dem Verbraucher bestätigt wird. Hierdurch wird der Verbraucher vor der Unsicherheit geschützt, den Zeitpunkt des Vertragsschlusses selbst nicht ohne weiteres beurteilen zu können. Diese Schwierigkeit läßt sich an der deutschen Rechtslage darstellen:

Die Werbung eines Anbieters von Lebensversicherungen mit konkreten Versicherungsangeboten stellt nach deutschem Recht selbst noch kein Vertragsangebot dar, sondern lediglich eine invitatio ad offerendum, auf welche der etwaige Kunde seinerseits mit einem Vertragsangebot reagieren kann. Im Fernabsatz wird dieses Angebot häufig durch das Ausfüllen und Absenden eines Vertragsformulars erfolgen. Zum Vertragsschluß kommt es im Regelfall daher erst beim Anbieter, sobald dieser die Vertragsunterlagen erhalten hat. Im Hinblick auf Lebensversicherungen gilt hierbei noch die Besonderheit, daß der Vertragsschluß im Regelfall nicht unmittelbar dann erfolgen wird, wenn die Vertragsunterlagen beim Anbieter eingehen. Vielmehr ist es gerade bei Lebensversicherungen erforderlich, weitere Informationen über den künftigen Kunden einzuholen, insbesondere über dessen bisherigen Gesundheitszustand beispielsweise durch die Konsultation von Ärzten. Erst danach kann der Anbieter entscheiden, ob er den Lebensversicherungsvertrag abschließen möchte. Da der Verbraucher von diesen internen Vorgängen beim Versicherer jedoch keinerlei Kenntnis hat, wird er auch nicht wissen, wann es konkret zu einem Vertragsschluß gekommen ist. Daher wird der Fristenlauf bei Lebensversicherungen erst dann in Gang gesetzt, wenn der Verbraucher über den Vertragsschluß informiert wird. Es wäre allerdings zu erwägen, diesen Grundsatz auf sämtliche Verträge auszuweiten, bei welchen weitere Ermittlungen des Anbieters erforderlich sind. Hierbei dürfte es sich im Regelfall um Versicherungsverträge handeln.

Nach Artikel 6 Absatz 1 haben die Mitgliedstaaten ferner die Möglichkeit zu bestimmen, daß die Wirksamkeit von Verträgen über Geldanlagedienstleistungen ausgesetzt wird. Wie später noch aufzuzeigen sein wird, hat der Verbraucher nach der Konzeption der geplanten Richtlinie Finanzdienstleistungen zu vergüten, die mit seiner Zustimmung bereits vor Ablauf der Widerrufsfrist erbracht worden sind (Artikel 7). Für Finanzdienstleistungen, die den Schwankungen am Finanzmarkt unterliegen, soll im übrigen ohnehin kein Widerrufsrecht gewährt werden (Artikel 6 Abs. 2), weshalb diese Defizite durch ein Hinausschieben der Wirksamkeit des Vertrages kompensiert werden könnte. Umgekehrt könnte der Verbraucher in dieser Zeit allerdings auch die entsprechende Finanzdienstleistung nicht beanspruchen.

IV.2.4.4. Keine Höchstgrenze für die Dauer der Widerrufsfrist

Die Fernabsatzrichtlinie regelt in Artikel 6 Absatz 1 Satz 4, daß bei Verletzung der Informationspflicht des Lieferers die Widerrufsfrist auf bis zu drei Monate nach Vertragschluß bzw. Warenlieferung ausgedehnt werden kann. Im Umkehrschluß bedeutet dieses jedoch, daß das Widerrufsrecht des Verbrauchers einer zeitlichen Höchstgrenze von drei Monaten unterliegt, selbst wenn er bis zu diesem Zeitpunkt noch nicht einmal über sein Widerrufsrecht informiert wurde. Diese Beschränkung belastet den Verbraucher, da der Verbraucher mangels entsprechender Information kaum sein Widerrufsrecht ausüben kann. Erfährt er also Monate nach Vertragsschluß von dem eigentlich ihm zustehenden Widerrufsrecht, so kann es wegen der Beschränkung bereits zu spät sein.

In dem sensiblen Bereich der Finanzdienstleistungen wollten die Kommission und der Rat einen anderen Weg beschreiten. In Artikel 6 des Entwurfs der Finanz-Fernabsatzrichtlinie findet sich keine Höchstgrenze für die Widerrufsfrist. Nach Absatz 1 zweiter Spiegelstrich ist der Fristbeginn an die vollständige Übermittlung der Informationen geknüpft. Erfolgt dieses erst Jahre nach Vertragsschluß, etwa im Fall einer lang laufenden Versicherung, kann der Verbraucher auch noch Jahre später den Vertrag widerrufen. Dieses Ergebnis ist zwar für den Anbieter der Finanzdienstleistung kaum angenehm. Andererseits ist diese Konzeption aus der Sicht des Verbraucherschutzes zu begrüßen, da sich jeder Anbieter nun tunlichst bemühen wird, seinen Informationspflichten nachzukommen.

Eine zeitliche Begrenzung des Widerrufsrechts ist allerdings auch bei Finanzdienstleistungen indirekt gegeben. Nach Artikel 6 Absatz 2 Buchstabe c) des Entwurfs soll ein Widerrufsrecht ausgeschlossen sein, wenn die Finanzdienstleistung auf ausdrücklichen Wunsch des Verbrauchers bereits vollständig erbracht worden ist. Die Anbieter kurzfristiger Finanzdienstleistungen werden insoweit begünstigt, als diese selbst bei fehlender Informationsübermittlung eher einem Widerruf des Verbrauchers entgehen können. Hier sollte erwogen werden, auch den Widerruf einer bereits erbrachten Leistung zuzulassen, zumindest wenn die verspätete Informationsübermittlung auf einem Verschulden des Anbieters beruht.

IV.2.4.5. Ausnahmen vom Widerrufsrecht

Auch und gerade im Falle von Finanzdienstleistungen soll dem Verbraucher das Widerrufsrecht nicht ausnahmslos gewährt werden.

IV.2.4.5.1. Zwingende Ausnahmen

Zu berücksichtigen ist hierbei vor allem, daß eine Vielzahl von Finanzdienstleistungen Spekulationsgeschäfte sind, bei welchen ein Widerrufsrecht für den Anbieter kaum akzeptabel wäre. Man stelle sich nur vor, der Verbraucher dürfe einen Aktienkauf widerrufen, nachdem er festgestellt hat, daß sich die Aktie ungünstig entwickelt.

Dieses würde binnen kurzer Zeit zum Zusammenbruch des Wertpapierhandels führen.

Infolgedessen ist das Widerrufsrecht für sämtliche Finanzdienstleistungen ausgeschlossen, die auf dem Spekulationsprinzip basieren. Diese Gattungen von Finanzdienstleistungen sind in Artikel 6 Absatz 2 Buchstabe a) zusammengefaßt. Zu nennen sind hier beispielsweise Wertpapiere, Optionsgeschäfte, Warentermingeschäfte, Organismen zur gemeinsamen Anlage von Wertpapieren (z.B. Fonds), aber auch das Tauschen bzw. Kaufen von Geldsorten.

Weiterhin sind nach Artikel 6 Absatz 2 Buchstabe b) vom Widerrufsrecht alle Versicherungen ausgenommen, die eine kürzere Laufzeit als 1 Monat haben. Dieses dürfte auf Urlaubskrankenversicherungen, kurzfristige Transportversicherungen oder auf Gepäckversicherungen zutreffen, welche in der Regelung auch beispielhaft erwähnt werden. Die Kommission begründete die Einschränkung in ihrem ersten Richtlinienentwurf damit, daß der Verbraucher bei Versicherungsverträgen mit kurzen Laufzeiten ohnehin schnell aus der vertraglichen Verpflichtung entlassen wird, selbst wenn er mit dem Angebot oder der Leistung nicht zufrieden ist[631]. Dieses Argument vermag allerdings nicht vollständig zu überzeugen. Im ersten Entwurf der Finanz-Fernabsatzrichtlinie bezog sich dieser Ausnahmetatbestand noch auf Versicherungen mit einer Laufzeit unter einem Monat. Der Zeitraum wurde dann im zweiten Entwurf der Kommission auf zwei Monate erweitert, um jetzt im Gemeinsamen Standpunkt auf einen Monat verkürzt zu werden . Bereits dieses zeigt, daß die Festlegung auf nunmehr 1 Monat willkürlich ist, ein stichhaltiger Grund für diesen Zeitraum ist jedenfalls nicht ersichtlich. Nach der jetzigen Konzeption genießt ein Verbraucher einen weit höheren Schutz, wenn er einen Versicherungsvertrag für den Zeitraum von fünf Wochen abschließt, als derjenige, dessen Vertrag eine Laufzeit von nur vier Wochen hat. Beide Verbraucher dürften angesichts dieses geringen zeitlichen Unterschieds jedoch gleichermaßen schutzbedürftig sein.

Die Argumentation der Kommission, die sich offenkundig auch der Rat zu eigen macht, läßt im übrigen unberücksichtigt, daß nicht alleine die Laufzeit eines Vertrages entscheidend ist für eine unterschiedliche Schutzbedürftigkeit des Verbrauchers. Auch Versicherungsverträge, die lediglich für einen kurzen Zeitraum abgeschlossen werden, können ein hohes finanzielles Volumen haben oder aus anderen Gründen für den Verbraucher von großer Wichtigkeit sein. Zu nennen wäre hier die kurzzeitige Versicherung eines besonders wertvollen Gutes, etwa anläßlich eines Transportes. Auch hier sollte der Verbraucher die Möglichkeit haben, beim Vertragsabschluß im Fernabsatz die Vertragsbedingungen hinreichend zu überprüfen und gegebenenfalls noch mit anderen Anbietern zu vergleichen. Im Falle der Unterbreitung eines besseren Angebotes muß er dann die Möglichkeit haben, sich binnen der Widerrufsfrist noch vom Vertrag zu lösen. Aus diesem Grunde sollte die vorliegende Bereichsausnahme gestrichen werden.

Auch die unter Artikel 6 Absatz 2 Buchstabe c) aufgeführte Bereichsausnahme ist nicht unbedenklich. Hiernach soll dem Verbraucher ein Widerrufsrecht nicht zuste-

---

[631] vgl. KOM (98) 495 endg. S. 14

hen, wenn der Vertrag mit seiner Zustimmung bereits voll erfüllt wurde, bevor er das Widerrufsrecht ausübt. Dieser Regelung dürfte die Überlegung zu Grunde liegen, daß eine vollständig erbrachte Leistung auch in voller Höhe zu vergüten ist, ein Widerrufsrecht also letztlich ins Leere laufen würde. Häufig wird es auch an der Möglichkeit fehlen, die jeweils erbrachten Leistungen zurückzugewähren. Finanzdienstleistungen sind als Dienstleistungen in der Regel immateriell, weshalb eine „Rückgabe" dieser Leistungen nicht selten unmöglich sein wird. Andererseits sind aber auch Finanzdienstleistungen denkbar, die ohne weiteres auch nach vollständiger Leistungserbringung noch rückabgewickelt werden könnten. Zu nennen sind hier beispielsweise Kreditverträge, bei welchen sowohl das gewährte Darlehen zurückerstattet werden kann, als auch die gezahlten Zinsen und Gebühren. Es besteht keinerlei praktische Notwendigkeit auch bei solchen Finanzdienstleistungen das Widerrufsrecht nach vollständiger Vertragserfüllung zu versagen. Vielmehr sollte bei dieser Bereichsausnahme danach differenziert werden, ob bei der konkreten Finanzdienstleistung eine Rückabwicklung unmöglich ist. Nur in diesem Fall sollte das Widerrufsrecht ausgeschlossen sein, um eine überflüssige Verkürzung der Verbraucherrechte zu vermeiden.

Die derzeitige Fassung der Bereichsausnahme gemäß Artikel 6 Absatz 2 c) ist auch insoweit ergänzungsbedürftig, als sie die Anbieterseite ungerechtfertigt begünstigen würde. Der jetzige Wortlaut läßt nämlich den Schluß zu, daß ein Widerruf bei vollständig erfüllten Verträgen grundsätzlich ausgeschlossen sein soll. Demnach wäre ein Widerruf nach Vertragserfüllung selbst dann nicht mehr möglich, wenn der Anbieter zuvor seine Informationspflichten verletzt hat. In Artikel 6 Absatz 1 ist zwar geregelt, daß die Widerrufsfrist erst nach dem Zugang sämtlicher Informationen zu laufen beginnt. Ist der Vertrag aber vorher vollständig erfüllt worden, so ist nach der vorliegenden Bereichsausnahme das Widerrufsrecht ausgeschlossen. Hierdurch würde das richtlinienwidrige Verhalten eines Anbieters letztlich nicht bestraft werden, der Verbraucher wäre trotz fehlender Informationen an den Vertrag gebunden. Es wäre dem Recht der Mitgliedstaaten überlassen, ob dieses Verhalten aufgrund anderer Rechtsgrundlagen zur Auflösung des Vertrages führt. Daher sollte in Artikel 6 Absatz 2 c) ausdrücklich geregelt werden, daß der Verbraucher das Widerrufsrecht zumindest immer dann ausüben kann, wenn der Anbieter seinen Informationspflichten nicht hinreichend nachgekommen ist.

IV.2.4.5.2. Fakultative Ausnahme

Die zuvor genannten Bereichsausnahmen sind mangels einer anderweitigen Ermächtigung für die Gesetzgeber der Mitgliedstaaten zwingend zu beachten. Ausdrücklich freigestellt wurde ihnen jedoch im Entwurf, ob sie bei Immobilienkrediten das Widerrufsrecht der Verbraucher einschränken oder ausschließen. Dieses ergibt sich jetzt aus Artikel 6 Absatz 3. Während des vorangegangenen Verfahrens war insgesamt fraglich, inwieweit Kreditleistungen überhaupt einem Widerrufsrecht unterliegen dürften[632]. Diesbezüglich wurde vor allem eingewandt, daß Kredite, vor allem Immobilienkredite, kurzfristigen Marktpreisschwankungen unterliegen würden[633]. Ei-

---

[632] vgl. KOM (99) 385 endg. S.7
[633] vgl. Hoppmann a.a.O. S. 677; Empfehlung des Bundesrates a.a.O. S. 5

ne Ähnlichkeit mit den vom Widerrufsrecht gänzlich ausgeschlossenen Spekulationsgeschäften ist somit gegeben. Für Hypothekendarlehen hat das Bundesjustizministerium geschätzt, daß binnen eines Widerrufszeitraumes von einem Monat Schwankungen von bis zu 1 % eintreten können. Bei den üblicher Weise länger laufenden Hypothekendarlehen hat diese gering erscheinende Schwankung bereits eine erhebliche Abweichung in der Gesamtzinsbelastung zur Folge. Soweit dem Verbraucher ein Widerrufsrecht bei Immobilienkrediten zur Verfügung steht, ist folglich davon auszugehen, daß insbesondere bei größeren Zinssprüngen viele neu vereinbarte Immobiliendarlehen widerrufen werden. Um diesen spekulativen Auswüchsen zu Lasten der Anbieter entgegenzuwirken, stellt nunmehr der aktuelle Entwurf den Mitgliedstaaten frei, ob diese bei Immobilienkrediten ein Widerrufsrecht gewähren wollen. Das Erfordernis einer Einschränkung des Widerrufsrechts erklärte die Kommission aber auch damit, daß Immobilienkredite wegen des hiermit verbundenen Immobilienrechts in den Mitgliedstaaten höchst unterschiedlich geregelt werden[634]. In vielen Mitgliedstaaten ist bei derartigen Rechtsgeschäften ein Notar zu beteiligen, Eintragungen in Grundbüchern sind vorzunehmen, so daß das Widerrufsrecht nur unter erheblichen Schwierigkeiten rechtlich und praktisch umzusetzen ist. Im übrigen sind bei Immobilienkrediten auch die Rechtsverhältnisse häufig sehr komplex, da hierbei regelmäßig Dreiparteienverhältnisse entstehen zwischen Käufer, Verkäufer und Kreditgeber. Der Kreditgeber zahlt den Kaufpreis im Regelfall unmittelbar an den Verkäufer, weshalb er im Falle eines Vertragswiderrufs durch den Käufer den verauslagten Kaufpreis vom Verkäufer zurückfordern müßte. Hierdurch trägt er beispielsweise das Insolvenzrisiko des Verkäufers, obwohl er mit diesem grundsätzlich in keiner vertraglichen Beziehung steht. Demgegenüber sieht sich der Verkäufer mit einer Rückforderung des Kaufpreises konfrontiert, obwohl er das Grundstück – in den meisten Mitgliedstaaten notariell – an den Käufer veräußert hat. Zur Vermeidung solcher unbilligen Ergebnisse ist daher eine gesonderte Regelung des Immobilienkredites im Hinblick auf das Widerrufsrecht erforderlich[635].
Den Mitgliedstaaten ist es zwar nach Artikel 6 Absatz 3 des Entwurfs freigestellt, ob sie in den jeweiligen Umsetzungsgesetzen Immobilienkredite aus dem Anwendungsbereich des Widerrufsrechts herausnehmen. Wenn sie hiervon jedoch Gebrauch machen, sind sie an die Definition des Immobilienkredites gebunden, die in den Buchstaben a) und b) enthalten ist. Danach ist immer dann von einem Immobilienkredit auszugehen, wenn dieser zur Finanzierung von Eigentumsrechten an einem Gebäude oder einem Grundstück dienen soll. Ein Widerrufsrecht wäre bei derartigen Krediten auch nicht sinnvoll, da die Verknüpfung mit Grundstückseigentumsrechten dazu führt, daß derartige Verträge nur unter erheblichem Aufwand rückabgewickelt werden können.

Ferner soll ein Immobilienkredit aber auch dann vorliegen, wenn damit lediglich die Renovierung oder Aufwertung eins Gebäudes finanziert werden soll. Hier wäre die

---

634 vgl. KOM (99) 385 endg. S. 8

635 Zu berücksichtigen ist allerdings, daß die Kommission auch Kredite für die Renovierung oder Erhaltung einer eigenen Immobilie als Immobilienkredit ansehen und somit hinsichtlich des Widerrufsrechts abweichend regeln. Hier fehlt es jedoch an der spezifischen rechtlichen Komplexität von Immobilienkäufen. Es muß daher bezweifelt werden, ob eine abweichende rechtliche Behandlung für solche „Renovierungskredite" gerechtfertigt ist.

Ausnahme vom Widerrufsrecht weniger nachzuvollziehen, da die Renovierung eines Gebäudes nicht zur Veränderung von Eigentumsrechten am Grundstück führt, sondern allenfalls im Hinblick auf das verarbeitete Baumaterial. Ob dieses jedoch eine Sonderbehandlung der zugrundeliegenden Kredite rechtfertigt, ist zumindest fraglich. Darüberhinaus entstehen Abgrenzungsprobleme bei der Frage, wann ein Kredit der „Aufwertung" eines Gebäudes dient. Der Aufwertung eines Gebäudes dient sicherlich schon der Kauf einer neuen Einbauküche oder neuer Vorhänge, so daß bei Krediten, die derartigen Anschaffungen dienen, das Widerrufsrecht versagt werden könnte. Im Sinne der Rechtssicherheit sollte daher überlegt werden, die Kredite für eine Renovierung oder Aufwertung von Gebäuden aus der Definition des Immobilienkredites herauszunehmen.

Schließlich sollen nach Artikel 6 Absatz 3 Buchstabe b) auch solche Kredite als Immobilienkredite gelten, die durch die Belastung eines unbeweglichen Gegenstandes abgesichert werden, also etwa durch eine Hypothek oder eine Grundschuld auf ein Grundstück. Unwesentlich wäre insoweit, ob der Kredit auch tatsächlich für das Grundstück bzw. das Gebäude verwendet werden soll. Somit würden auch Kredite für gänzlich andersartige Anschaffungen , z.B. eines PKW, als Immobilienkredite gelten. Die Versagung des Widerrufsrechts kann in diesem Fall damit gerechtfertigt werden, daß auch die Belastung von Eigentumsrechten an Grundstücken einer Vielzahl von Formvorschriften unterworfen ist und daher die Rückabwicklung einen erheblichen Aufwand bedeuten würde.

Grundsätzlich ist die Herausnahme solcher Immobilienkredite aus dem Anwendungsbereich des Widerrufsrechts zu begrüßen, die mit der Veränderung von Eigentumsrechten an Grundstücken verknüpft sind. Allerdings könnte der betreffende präziser formuliert werden. Hierbei wäre auch zu klären, ob die Mitgliedstaaten, soweit sie das Widerrufsrecht im Hinblick auf Immobilienkredite einschränken wollen, die in der geplanten Richtlinie enthaltene Definition eines solchen Kredites vollständig übernehmen müssen, oder ob auch Teile aus der Definition herausgestrichen werden dürfen, etwa die erwähnten Kredite zur Aufwertung eines Gebäudes.

IV.2.4.6. Unlautere Verleitung zum Vertragsschluß

Unter Artlikel 4 Absatz 2 des zweiten Entwurfs der Kommission sollte noch ausdrücklich geregelt werden, daß ein auf unlautere Weise zum Vertragsschluß verleiteter Verbraucher nicht allein auf das Widerrufsrecht angewiesen ist. Vielmehr könne er auf der Grundlage der jeweiligen nationalen Regelungen vom Vertrag zurücktreten und gegebenenfalls Schadenersatz oder eine sonstige Kompensation verlangen. Diese Regelung gab letztlich eine Selbstverständlichkeit wieder, nämlich daß das unlautere Verführen oder Zwingen eines Verbrauchers zur Auflösung des Vertrages führt, wobei hier im einzelnen das jeweilige mitgliedstaatliche Lauterkeits- und Vertragsrecht anzuwenden sein sollte, in Deutschland beispielsweise die Anfechtbarkeit eines Vertrages wegen arglistiger Täuschung oder Drohung gemäß § 123 BGB, aber auch die Haftung im Rahmen von culpa in contrahendo. Diese Selbstverständlichkeit ist im Gemeinsamen Standpunkt nicht mehr erwähnt, obwohl der Entwurf der Kommission in diesem Kontext noch einen interessanten Punkt regeln wollte, nämlich welche Handlungen eines Anbieters nicht als unlauteres Verleiten zum Vertragsschluß angesehen werden können.

Grundsätzlich ist für die Eingrenzung des unlauteren Anbieterverhaltens das nationale Recht heranzuziehen, zumal die aktuelle Regelung selbst keine Definition enthält[636]. Bei der Begründung des ersten, inhaltlich abweichenden Regelungsentwurfs hatte die Kommission lediglich ausgeführt, daß das „unlautere Verhalten" des Anbieters nicht alleine im Sinne des unlauteren Wettbewerbs zu verstehen sei[637]. Vielmehr müsse sich das Verhalten des Anbieters aus der Sicht des mündigen Verbrauchers als treuewidrig darstellen[638]. Ob zum Beispiel bereits ein agressives Verkaufsgespräch ausreicht, um diesen Tatbestand zu erfüllen, oder ob der Verkäufer hierfür falsche oder beschönigende Angaben machen muß, bemißt sich alleine nach dem nationalen Recht.

Daneben regelte der Vorentwurf jedoch auch noch, daß der Anbieter dem Verbraucher objektive Angaben über den Preis der Finanzdienstleistungen mitteilen darf, auch wenn dieser Preis Schwankungen am Markt unterworfen ist. Diese Bestimmung ist zwar im Gemeinsamen Standpunkt nicht mehr enthalten, eine Wiederaufnahme des Wortlautes, zumindest in desn Erwägungsgründen würde sich jedoch empfehlen, da hieraus dreierlei Schlußfolgerungen für den Vertrieb von Finanzdienstleistungen gezogen werden können:
Der Anbieter soll dem Verbraucher die Entwicklung eines Aktienfonds in den letzten Jahren darstellen dürfen, wie dieses häufig in Prospekten der Fall ist. Es mag sein, daß dadurch Erwartungen geschürt werden („...+ 30% pro Jahr..."), die die Finanzdienstleistung infolge der Marktschwankungen letztlich nicht halten kann. Dennoch ist der Verbraucher nicht unlauter zum Vertragsschluß verleitet worden, wenn ihm zuvor die Daten vom Anbieter in einer objektiven Weise mitgeteilt worden sind.
Wohlgemerkt hat die Präsentation der Preisangaben objektiv zu erfolgen, im Gegensatz zu einer subjektiven Darstellung, welche Wertungen oder Beschönigungen beinhalten würden. Welches Maß an Objektivität gewahrt werden muß, bzw. wieviel häufig einseitig und subjektiv ausgerichtete Werbung zulässig ist, muß anhand der jeweiligen einzelstaatlichen Regelungen bestimmt werden. Die Grenze dürfte dort überschritten sein, wo die Angaben als Halbwahrheiten zu bezeichnen sind und dem Verbraucher ein Bild vermitteln, welches nicht (mehr) den objektiven Gegebenheiten entspricht.

Drittens dürfte es dem Anbieter gestattet sein, mit Hinweis auf die aktuellen Tagespreise einer Finanzdienstleistung eine Kaufempfehlung abzugeben, auch wenn hierdurch der Verbraucher unter zeitlichen Druck gesetzt wird. Im Wertpapiergeschäft beispielsweise kann der Finanzdienstleister daher ohne weiteres herausheben, daß ein spezielles Wertpapier im Vergleich zu den Kursen der letzten Monate zum Ta-

---

636 Dieser Umstand wurde vom Bundesrat in seiner Empfehlung an die Bundesregierung kritisiert, vgl. BR-Drucksache 987/1/98 vom 11.02.1999, S. 6 – allerdings dürfte eine für alle Mitgliedstaaten verbindliche, umfassende Definition des unlauteren Verhaltens den Rahmen der Finanz-Fernabsatzrichtlinie sprengen.
637 KOM (98) 468 endg. S. 15
638 vgl. Riesenhuber a.a.O. S. 2445

geskurs günstig zu haben ist. Kauft der Verbraucher deswegen sofort das Wertpapier und erleidet hierdurch Verluste, ist dieser Vorgang nicht als unlauter zu bewerten.

Eine neuerliche Aufnahme der Regelung nach Artikel 4 Absatz 2 des zweiten Entwurfs in die endgültige Fassung der Richtlinie wäre daher zu erwägen, um zumindest in einem Teilbereich die Maßstäbe für das unlautere Verleiten zum Vertragsschluß in der europäischen Union anzugleichen.

IV.2.4.7. Erklärung des Widerrufs

Es wurde bereits dargestellt, daß die Fernabsatzrichtlinie bedauerlicherweise keine Bestimmung darüber enthält, in welcher Form der Vertragswiderruf zu erklären ist, ob mündlich, schriftlich oder via sonstigem Datenträger[639]. Somit ist diese Frage den Mitgliedstaaten überlassen, was wegen rechtlicher Unterschiede im grenzüberschreitenden Fernabsatz zu größeren Unsicherheiten führen dürfte. Dem gegenüber enthält der Entwurf der Finanz-Fernabsatzrichtlinie nunmehr eine Bestimmung darüber, wie der Verbraucher seinen Widerruf zu erklären hat. Nach Artikel 6 Absatz 6 hat der Verbraucher seinen Widerruf bei Finanzdienstleistungen in einer Weise zu erklären, die einen Nachweis im Sinne der jeweiligen mitgliedstaatlichen Rechtsordnungen ermöglicht, wobei es in jedem Fall ausreicht, wenn der Widerruf auf Papier oder einem dauerhaften Datenträger zu erfolgt. Wesentliches Kriterium ist also die Beweisbarkeit des Widerrufs, um diesbezüglichen rechtlichen Auseinandersetzungen vorzubeugen. Anders als bei der Fernabsatzrichtlinie reicht es also grundsätzlich nicht aus, dem Anbieter am Telefon den Widerruf zu erklären. Das Kriterium einer „den Nachweis entsprechend den einzelstaatlichen Rechtsvorschriften" ermöglichenden Form könnte sogar dahingehend ausgelegt werden, daß die Beweisbarkeit des Widerrufs in zivilprozessualer gewährleistet sein muß, etwa durch Versenden des Widerrufs per Einschreiben mit Rückschein. Ob dieses tatsächlich beabsichtigt ist, sollte in der endgültigen Fassung der Richtlinie geklärt werden.

Fraglich ist, ob eine derartige Formvorschrift für den Widerruf tatsächlich sinnvoll ist. Einerseits wird hierdurch zwar für Finanzdienstleistungen eine Vereinheitlichung der Widerrufserklärung in den Mitgliedstaaten erreicht, was zweifellos zu begrüßen ist. Andererseits wird der Verbraucher durch diese zusätzlichen Formerfordernisse eher belastet als begünstigt. Er kann dieses Formerfordernis nur dann einhalten, wenn er hierüber informiert wurde. Da derartige Widerrufs- oder Rücktrittserklärungen bei anderen Rechtsgeschäften des Verbrauchers regelmäßig jedoch formfrei vorgenommen werden können, besteht die Gefahr, daß der Verbraucher auch bei Finanzdienstleistungen lediglich telefonisch seine Widerrufserklärung abgibt. Dieser formale Verstoß könnte dem Verbraucher angesichts der jetzigen Regelung entgegengehalten werden, mit der Folge, daß sein Vertragswiderruf unbeachtlich ist, und er nach Fristablauf an den Vertrag gebunden bleibt. Im Interesse des Verbrauchers wäre daher eine, für alle Mitgliedstaaten bindende Regelung sinnvoll, wonach der Widerruf grundsätzlich formfrei erfolgen kann.

---

639 vgl. oben Ziffer II.3.3.1.

IV.2.4.8. Folgen des Widerrufs

Die Folgen des Widerrufs ergeben sich aus Artikel 7 des Entwurfs der Finanz-Fernabsatzrichtlinie. Dort ist vor allem geregelt, inwieweit der Verbraucher nach seinem Widerruf noch mit Kosten belastet werden darf. Während der Verbraucher gemäß der Fernabsatzrichtlinie lediglich mit „den unmittelbaren Kosten der Rücksendung der Waren" belegt werden durfte, hat der Verbraucher nach dem jetzigen Entwurf der Finanz-Fernabsatzrichtlinie auch die bereits erbrachte Finanzdienstleistung zumindest teilweise zu vergüten. Dieses läßt sich dadurch erklären, daß die Finanzdienstleistungen häufig immateriell erbracht werden, anders als Waren also Im Falle eines Widerrufs meistens nicht zurückerstattet werden können. Bei der Fernabsatzrichtlinie stellte sich dieses Problem nur begrenzt, da dort bei bereits teilweise erbrachten Dienstleistungen das Widerrufsrecht regelmäßig ausgeschlossen ist[640]. Anders bei Finanzdienstleistungen, die grundsätzlich auch noch dann widerrufen werden können, wenn der Verbraucher diese schon zum Teil in Anspruch genommen hat. Die hieraus folgenden komplizierteren Rechtsfolgen sollen aber auch nach der Finanz-Fernabsatzrichtlinie weitestgehend vermieden werden. Daher bestimmt Artikel 7 Absatz 3 Satz 3 des Gemeinsamen Standpunkts, daß der Anbieter im Falle eines Widerrufs nur dann Ansprüche gegen den Verbraucher wegen bereits erbrachter Dienstleistungen geltend machen kann, wenn der Verbraucher ausdrücklich seine Zustimmung[641] dazu erklärt hat, daß er bereits vor Ablauf der Widerrufsfrist Leistungen erhält. Dieses wird die Parteien eines Finanz-Fernabsatzvertrages im Umkehrschluß regelmäßig dazu veranlassen, den Leistungsaustausch erst nach Ablauf der Widerrufsfrist vorzunehmen.

Es wird daher er die Ausnahme sein, daß der Anbieter vor Ablauf dieser Frist eine Leistung erbringt. Hat der Anbieter dennoch mit der ausdrücklichen Zustimmung des Verbrauchers vor Fristablauf mit der Leistungserbringung begonnen und widerruft dieser dann den Vertrag, so hat er für die bereits empfangenen Leistungen nach Maßgabe des Artikel 7 Ersatz zu leisten. Hierbei gilt folgende Systematik:

Der Verbraucher kann gemäß Artikel 5 Ziffer 2 nur dann zum Kostenersatz verpflichtet werden, wenn er zuvor auf diese Verpflichtung schriftlich oder via dauerhaftem Datenträger hingewiesen wurde (Artikel 3 Absatz 1Nummer 3 Buchstabe a) i.V.m. Artikel 7 Absatz 3)[642]. Bei dieser Information muß der Anbieter auch bereits die voraussichtlichen Kosten für den Fall eines Widerrufs angeben, so daß der Verbraucher unproblematisch den anfallenden Betrag zumindest selbst errechnen kann.

---

[640] vgl. dort Artikel 5 Absatz 3, erster Spiegelstrich

[641] Der Verbraucher muß also konkret erklären, daß die Dienstleistung vor dem Ende der Widerrufsfrist beginnen soll. Eine konkludente oder stillschweigende Erklärung des Verbrauchers reicht nicht aus.

[642] Riesenhuber a.a.O. S. 1446 kritisiert dieses Erfordernis, da nach seiner Auffassung jedem Verbraucher bewußt sein, dürfte, daß auch die vor Ablauf der Widerrufsfrist erhaltenen Leistungen nicht kostenlos sein können, aus diesem Grund hält er es für zu „harsch", bei fehlender Information über die mögliche Kostenerstattung den Kostenerstattungsanspruch des Anbieters entfallen zu lassen.

Im Vorentwurf wurde für die Ausgestaltung der Kostenerstattung noch danach differenziert, welche Leistungen erbracht wurden[643]. Hierbei wurden zwei Fallgruppen unterschieden. Auf der einen Seite standen Leistungen, deren Kosten unabhängig von der Vertragsdauer feststehen, die also auch bereits vor Vertragsschluß genau beziffert werden können. Die Begründung des ersten Entwurfs nannte insoweit beispielhaft die Kosten eines Sachverständigen, der im Rahmen eines Hypothekendarlehensvertrages den Wert einer Liegenschaft zu schätzen hat[644] . Auf der anderen Seite standen die Leistungen, deren Wert abhängig ist von der Laufzeit des Vertrages, die also gerade nicht vor einem etwaigen Widerruf genau bestimmt werden können. Beispielhaft zu nennen ist hier der im Rahmen eines Versicherungsvertrages gewährte Schutz, bei welchem mit zunehmender Dauer auch die zu zahlende Prämie kumuliert.

Im Gemeinsamen Standpunkt wurde diese Differenzierung aufgegeben und durch eine Bestimmung ersetzt, nach welcher der im Falle des Widerrufs zu zahlende Betrag lediglich nach oben begrenzt wird: der Betrag darf nicht höher sein, als der Anteil der bereits erbrachten Dienstleistung an der nach dem Vertrag insgesamt zu erbringenden Leistung. Der konkrete Inhalt dieser Neuregelung erschließt sich allerdings nicht auf den ersten Blick. Das Ziel der Regelung soll sein, daß eine bereits vollumfänglich vom Anbieter erbrachte Dienstleistung auch voll zu vergüten ist, hat er dagegen erst einen Bruchteil erbracht, so hat der Verbraucher eine diesem Bruchteil entsprechende Vergütung zu leisten. Diese dem bereits erbrachten Leistungsanteil entsprechende Vergütung ist allerdings nicht ohne weiteres zu errechnen. Einfach wäre dieses nur dann, wenn der Finanzdienstleistungsvertrag einen fest umrissenen Zeitrahmen enthält, beispielsweise 100 Tage und rechnerisch pro Tag eine feste Vergütung zu zahlen ist, also beispielsweise 1 Euro. In diesem Fall kann ohne weiteres errechnet werden, daß bei einem Widerruf nach 7 Tagen 7 Euro zu zahlen werden. Die Kosten- und Entgeltestruktur wird jedoch in den seltensten Fällen derartig einfach sein. Häufig wird eine Mischform von fixen und zeitabhängigen Kosten bei einer Finzanzdienstleistung vorliegen. Beispielsweise werden für den Abschluß von Verträgen nicht selten einmalige Abschlußpauschalen beansprucht, welche den Personal- und Verwaltungsaufwand des Anbieters für den Vertragsabschluß ausgleichen sollen. Für die anschließende dauerhafte Leistung, etwa bei Konten oder Versicherungen, sind die weiteren Kosten von der Laufzeit abhängig. Ferner entstehen auf Anbieterseite häufig gerade in der Anfangsphase fixe Kosten, etwa für das bereits erwähnte Sachverständigengutachten zur Ermittlung eines Immobilienwertes. Aufgrund dieser Ungleichförmigkeit von Finanzdienstleistungen dürfte es im Einzelfall erhebliche Schwierigkeiten bereiten, den bereits erbrachten Anteil an der Gesamtleistung zu ermitteln.

Daher ist der Lösungsansatz des Vorentwurfs zu bevorzugen, der nach Fixkosten und laufenden Kosten differenziert und somit den praktischen Gegebenheiten viel eher entspricht und wegen der konkreteren Vorgaben eine einfachere und vor allem transparentere Berechnung ermöglicht.

---

643 vgl. Art. 5 des Entwurfs der Kommission vom 23.07.1999

644 vgl. KOM (98) 468 endg. S. 15

Wie der Vorentwurf knüpft auch der Gemeinsame Standpunkt noch eine weitere Voraussetzung an das Entgelt, welches im Falle des Widerrufs für bereits erbrachte Leistungen zu zahlen wäre. In Artikel 7 Ziffer 1 zweiter Spiegelstrich ist insoweit geregelt, daß die im Falle eines Widerrufs geschuldeten Beträge nicht den Charakter von Strafzahlungen haben dürfen. Hierdurch wird die Möglichkeit geschaffen, die Entgeltstruktur insgesamt und deren psychologische Wirkung auf den Verbraucher zu überprüfen. Im Falle von Bausparverträgen ist es beispielsweise üblich, eine Abschlußgebühr zu verlangen, die ohne weiteres einige hundert EURO ausmachen kann[645]. Aufgrund der jetzigen Fassung des Richtlinienentwurfs dürfte es nicht möglich sein, im Falle des Widerrufs die gesamte Abschlußgebühr zu beanspruchen, da lediglich ein der erbrachten Dienstleistung entsprechender Anteil verlangt werden kann. Man könnte jedoch durchaus die Auffassung vertreten, daß der Vertragsabschluß einschließlich etwaiger (telefonischer) Beratungsgespräche einen wesentlichen Teil der Gesamtdienstleistung ausmacht, so daß dieser auch bereits bei einem frühzeitigen Widerruf entsprechend zu vergüten wäre. Bei den hieraus folgenden höheren Widerrufskosten wird der Verbraucher häufig vor der Auflösung des Vertrages zurückschrecken, da er in diesem Fall diese Beträge umsonst investiert hätte. Somit kann der Anbieter über hohe „Abschlußkosten" die Gefahr eines Vertragswiderrufs durch den Verbraucher steuern bzw. reduzieren. Eine solche, nicht ganz lautere Praxis dürfte dann jedoch ihre Grenze im Verbot von Strafzahlungen haben. Soweit die auch im Falle eines Widerrufs zu zahlenden Beträge aufgrund ihrer Höhe als „vorweggenommene Strafzahlungen" einzustufen sind, braucht der Verbraucher diese nicht zu zahlen. Hierbei ist nicht die absolute Höhe der Beträge maßgeblich. Entscheidend ist vielmehr, ob diesen Beträgen ein gleichwertiges Leistungsäquivalent des Anbieters gegenübersteht. Ergibt die Gegenüberstellung von Leistung – wie z.B. der Aufwand für den Vertragsabschluß – einerseits und der beanspruchten pauschalen Kostenerstattung andererseits, daß die Kosten weit über dem tatsächlichen Aufwand liegen, so handelt es sich um eine verdeckte Strafzahlung mit dem Zweck, den Verbraucher am Widerruf des Vertrages zu hindern[646].

Als weitere Folge des Widerrufs hat der Anbieter dem Verbraucher sämtliche bereits geleisteten Zahlungen zu erstatten, soweit diese nicht bereits durch erbrachte Leistungen verbraucht wurden. Für diese Rückerstattung sieht Artikel 7 Ziffer 4 des Entwurfs eine Frist von 30 Kalendertagen vor, beginnend ab dem Tag des Zugangs des Widerrufs. Nach dem Fristablauf tritt ohne jede weitere Mahnung Verzug ein.

Außerdem muß der Verbraucher gemäß Artikel 7 Ziffer 5 des Entwurfs im Falle des Widerrufs binnen 30 Kalendertagen ab dem Absenden des Widerrufs sämtliche Geldbeträge erstatten und ferner sämtliche Gegenstände zurückgeben, die er vom Anbieter erhalten hat. Die Rückerstattung von Geldbeträgen dürfte insbesondere bei Krediten relevant sein. Auf welche Gegenstände sich die Regelung beziehen soll ist allerdings nicht erkennbar, da bei Finanzdienstleistungen in der Regel keine Gegenstände ausgetauscht werden. Denkbar ist lediglich, daß auch Informationsmaterial,,

[645] häufig 1% der Vertragssumme

[646] Der Bundesrat ist in seiner Empfehlung a.a.O. S. 6 ebenfalls der Auffassung, daß der Verbraucher nur den objektiven Wert der Leistung im Falle der Vertragsauflösung schuldet, nicht jedoch den vom Anbieter festgesetzen Preis.

Broschüren etc. hierunter fallen sollen. Entsprechend der Absicht des Europäischen Parlaments[647] könnte man auch die schriftlichen Vertragsunterlagen unter dem Begriff Gegenstände subsummieren, so daß diese im Falle des Widerrufs ebenfalls zurückzugeben wären.

IV.2.5. Nichtverfügbarkeit der Dienstleistung

Artikel 8 des Entwurfs regelt die Fälle, in denen eine bestellte Dienstleistung wegen fehlender Verfügbarkeit nicht erbracht werden kann. Diese Situation dürfte beispielsweise im Wertpapierhandel häufiger auftreten, wenn Neuemissionen am Ausgabetag überzeichnet sind. Bezüglich der Rechtsfolgen der Nichterfüllung des Vertrages durch den Anbieter verweist Artikel 8 des Entwurfs, im Gegensatz zum vergleichbaren Artikel 7 der Fernabsatzrichtlinie, ausdrücklich auf das Bürgerliche Recht der Mitgliedstaaten. Der Anbieter wird also nicht automatisch frei von seiner Lieferverpflichtung, wenn die von ihm angebotene Leistung nicht mehr verfügbar ist. Das richtet sich vielmehr nach den vertraglichen Vereinbarungen und dem jeweils anwendbaren nationalen Recht. Unabhängig hiervon trifft den Anbieter aber in jedem Fall die Verpflichtung, den Verbraucher „unverzüglich" über die Nichtverfügbarkeit der Dienstleistung zu informieren (Artikel 8 Absatz 1). Nach deutschem Rechtsverständnis würde das bedeuten, daß der Anbieter den Verbraucher ohne schuldhaftes Zögern unterrichtet. Nicht geregelt ist allerdings, inwieweit ein Verstoß gegen diese Bestimmung überhaupt sanktioniert werden soll, zumal im vergleichbaren Artikel 7 der Fernabsatzrichtlinie eine Pflicht zur unverzüglichen Mitteilung nicht enthalten ist.
Ist die Leistung nur teilweise verfügbar, so darf die Teilleistung nur erbracht werden, wenn sich der Verbraucher hiermit ausdrücklich einverstanden erklärt hat (Artikel 8 Absatz 3). Dieses bedeutet, daß der Anbieter von dem Verbraucher eine konkrete Erklärung darüber einholen muß, ob er auch mit einer Teilleistung einverstanden ist. Es dürfte daher nicht ausreichen, wenn der Anbieter wegen konkludentem oder stillschweigendem Verhalten des Verbrauchers von dessen Einverständnis ausgeht.
Soweit der Verbraucher auch mit einer Teilleistung einverstanden ist stellt sich die Frage, wie diese dann hinsichtlich der Informationspflicht und des Widerrufsrechtes zu behandeln ist. Dieser Punkt wird in der Bestimmung leider nicht geregelt. Da es sich bei der Teilleistung einer ursprünglich vereinbarten Leistung aber um einen neuen Vertragsgegenstand handelt, muß der Verbraucher nach dem Sinn und Zweck von Information und Widerruf über die veränderten Vertragskonditionen erneut informiert werden (schriftlich oder auf einem dauerhaften Datenträger). Die neuerliche Widerrufsfrist beginnt dann auch erst ab diesem Zeitpunkt zu laufen. Andernfalls müßte der Verbraucher einen Vertrag abschließen, dessen Konditionen ihm nicht in einer konservierbaren Form vorliegen, wobei sein Widerrufsrecht zusätzlich zeitlich eingeschränkt wäre.

Soweit der Verbraucher die vereinbarte Leistung wegen Nichtverfügbarkeit ganz oder teilweise nicht in Anspruch nimmt, sind die von ihm geleisteten Vorauszahlungen

---

[647] Die Rückgabe der Vertragsunterlagen war im Vorschlag des Parlaments ausdrücklich vorgesehen, da daß Parlament der Auffassung war, die Originalunterlagen könnten betrügerisch verwendet werden, vgl. KOM (99) 385 endg. S. 10.

entsprechend zurückzuerstatten. Artikel 8 nennt hierfür jeweils eine Frist von 30 Tagen, wobei wiederum nicht erkennbar ist, ob es sich hierbei um Kalendertage handeln soll und wann die Frist zu laufen beginnt. Mangels anderer Anhaltspunkte muß hier ebenfalls davon ausgegangen werden, daß die Frist nach Kalendertagen berechnet werden soll. Hinsichtlich des Fristbeginns stellt der Entwurf offenkundig auf den Zeitpunkt ab, an welchem der Anbieter mitteilt, daß die vereinbarte Leistung nicht verfügbar ist. Diese Lesart würde auch das Erfordernis der unverzüglichen Mitteilung erklären, da eine spätere Mitteilung auch die Verzögerung der 30 Tage Frist für die Rückzahlung zur Folge hätte. Im Sinne der Klarheit der Regelung sollte der Zeitpunkt des Fristbeginns jedoch eindeutig ausformuliert werden. Zur Beschleunigung der Rückzahlung wäre insoweit jedoch auch zu erwägen, den Fristbeginn an den Zeitpunkt der Zahlung durch den Verbraucher zu knüpfen. In diesem Fall hätte es der Lieferer selbst nicht mehr in der Hand, den Zeitpunkt des Fristbeginns nach hinten zu verschieben.

IV.2.6. Lauterkeitsrechtliche Vorschriften

Wie auch die Fernabsatzrichtlinie enthält der Entwurf zur Finanz-Fernabsatzrichtlinie Regelungen zur lauterkeitsrechtlichen Beurteilung bestimmter Sachverhalte und Geschäftspraktiken. Diese betreffen ebenfalls die Kartenzahlung, die Erbringung unbestellter Leistungen sowie die ungefragte Kontaktaufnahme via Fernkommunikationstechniken. Der die betrügerische Verwendung einer Bezahlkarte regelnde Artikel 8 des Entwurfs weicht zwar im Wortlaut vom entsprechenden Artikel 8 der Fernabsatzrichtlinie ab, inhaltlich sind jedoch beide Regelungen identisch, so daß insoweit auf die diesbezüglichen Ausführungen weiter oben verwiesen werden kann[648].

IV.2.6.1. Unbestellte Dienstleistungen

Auch der die Erbringung von unbestellten Finanzdienstleistungen regelnde Artikel 9 des Entwurfs entspricht inhaltlich weitestgehend Artikel 9 der Fernabsatzrichtlinie. Kernaussage ist in beiden Regelungen, daß der Verbraucher im Falle von unbestellten Leistungen von jeglicher Verpflichtung befreit ist. Er hat weder auf die Leistung zu reagieren, noch muß er eine Gegenleistung oder sonstige Kompensation erbringen[649]. Vielmehr darf er die erbrachte Leistung ersatzlos behalten.

Neu ist lediglich der Hinweis darauf, daß die Regelungen der Mitgliedstaaten über die stillschweigende Verlängerung von Verträgen unberührt bleiben. Diese Regelung ist sinnvoll, da sie im Vergleich zur entsprechenden Regelung der Feranabsatzrichtlinie Unklarheiten vermeidet. Nicht selten werden Verträge über einen vorab festgelegten Zeitraum geschlossen, verlängern sich jedoch mangels Kündigung automatisch. Erbringt nun ein Anbieter nach einer solchen automatischen Vertragsverlänge-

---

[648] vgl. Ziffer III.3.5.

[649] Die Regelung im Entwurf der Finanz-Fernabsatzrichtlinie ist sogar insoweit eindeutiger, als der Verbraucher ausdrücklich von jeglicher Verpflichtung freigestellt sein soll, nicht nur von jeglicher „Gegenleistung", vgl. im übrigen die Erläuterung zu Artikel 9 der Fernabsatzrichtlinie unter Ziffer III.3.6.

rung eine Leistung, ohne daß diese nochmals aktiv vom Verbraucher bestellt worden wäre, stellt sich die Frage nach der Zulässigkeit. Die Ergänzung in Artikel 9 klärt dieses Problem dahingehend, daß bei einer stillschweigenden Vertragsverlängerung die Leistung nicht als unbestellt gilt.

IV.2.6.2. Beschränkung der Verwendung von Kommunikationstechniken

Wie auch in der Fernabsatzrichtlinie wird im Entwurf der Finanz-Fernabsatzrichtlinie geregelt, in welcher Weise und unter welchen Voraussetzungen die einzelnen Fernkommunikationstechniken zur Kundenwerbung eingesetzt werden dürfen. Der diese Frage betreffende Artikel 10 entspricht trotz einiger Abweichungen im Wortlaut weitestgehend den Bestimmungen in der Fernabsatzrichtlinie. Es gilt grundsätzlich das opt-out Prinzip für sämtliche Fernkommunikationstechniken, nur bei Telefax und Voice-mail-Systemen muß der Verbraucher zuvor einer Kontaktaufnahme durch den Anbieter zugestimmt haben.

Erfreulicherweise klärt der Gemeinsame Standpunkt, im Gegensatz zum Vorentwurf[650], auch die Frage, inwieweit die Mitgliedstaaten strengere Regelungen erlassen können, also beispielsweise für Telefon und e-mail das opt-in Prinzip vorsehen können. Im aktuellen Entwurf heißt es unter Artikel 10 Absatz 2:

„Die Mitgliedstaaten tragen dafür Sorge, daß andere Fernkommunikationsmittel als die in Absatz 1 genannten, die eine individuelle Kommunikation erlauben,
a) ohne die Zustimmung des betreffenden Verbrauchers nicht zulässig sind, oder
b) nur benutzt werden dürfen, wenn der Verbraucher keine deutlichen Einwände dagegen erhebt."

Die Aussage dieser Regelung erschließt sich erst beim zweiten Hinsehen. Nach dem Buchstaben a) ist die Zustimmung des Verbrauchers erforderlich, dieser Abschnitt bezieht sich folglich auf ein opt-in Prinzip. Demgegenüber stellt Buchstabe b) auf die Ablehnung des Verbrauchers ab, wodurch das opt-out Prinzip bezeichnet wurde. In dieser Regelung waren somit zwei Alternativen enthalten, die den Mitgliedstaaten eine Entscheidung für das opt-in- **oder** das opt-out-Prinzip bezüglich der weiteren Fernkommunikationstechniken ermöglichen sollen[651]. Zur Gewährung der Wahlmöglichkeit ist auch die ausdrückliche Erwähnung beider Alternativen zwingend erforderlich, da es sich hier bekanntlich um eine Richtlinie mit dem Ziel maximaler Harmonisierung handeln soll. Von den Regelungen der Richtlinie dürfen die Mitgliedstaaten daher nur dort abweichen, wo dieses – wie hier – ausnahmsweise ausdrücklich erlaubt ist. Durch diesen Entwurf des Artikel 10 wird eine Übereinstimmung mit der entsprechenden Regelung der Fernabsatzrichtlinie erzielt. Nach der hier vertreten

[650] Im zweiten Entwurf der Kommission war der Artikel 10 völlig mißlungen, da dieser offensichtlich aufgrund eines Versehens fehlerhafte Formulierungen enthielt, die den Schluß zuließen, die Mitgliedstaaten könnten für Telefon, e-mail etc. nur ein opt-out Prinzip vorsehen, obwohl das Gegenteil beabsichtigt war, vgl. KOM (99) 385 endg. S. 11.
[651] Die fehlende Festlegung auf eines der beiden Systeme wurde auch von Hoppmann a.a.O. S. 679 festgestellt.

Auffassung steht es den Mitgliedstaaten frei, wegen der in der Fernabsatzrichtlinie lediglich angestrebten Mindestharmonisierung auch strengere Vorschriften zu erlassen, sich also auch bezüglich einzelner zusätzlicher Fernkommunikationstechniken für das opt-in Prinzip zu entscheiden[652]. Der Artikel 10 des Gemeinsamen Standpunktes zur Finanz-Fernabsatzrichtlinie bestätigt somit die hier vertretene Auffassung.

Für die telefonische Kontaktaufnahme gilt nach Artikel 3 Absatz 3 des Entwurfs dasselbe, wie nach der Fernabsastzrichtlinie[653]: Der Anbieter muß zu Beginn des Gesprächs seine Identität und den kommerziellen Zweck des Anrufs angeben. Dieses gilt auch, wenn der Anbieter einen anderen Dienstleister für die Kontaktaufnahme beauftragt, etwa ein Telefonmarketingunternehmen. Diese Pflichten dürften den Einsatz des Telefonmarketing für die Kundengewinnung im Bereich Finanzdienstleistungen verringern. Hierbei ist zu berücksichtigen, daß der zu Werbezwecken Anrufende ohnehin schnell auf Verärgerung und Ablehnung stößt. Diese Schwierigkeit dürfte sich verstärken, wenn er eingangs des Gesprächs bereits bekennen muß, eine Versicherung verkaufen zu wollen. Daher steht zu befürchten, daß nicht wenige Anbieter und Telemarketingdienstleister gegen die Bestimmung verstoßen werden. Um diese Pflichten bei der Gesprächsführung durchzusetzen, sollten die Mitgliedstaaten folglich die in Artikel 11 des Entwurfs vorgesehenen Strafmaßnahmen einführen.

IV.2.7. Zwingendes Recht

Artikel 12 des Entwurfs regelt die bereits aus dem selben Artikel der Fernabsatzrichtlinie bekannte Unabdingbarkeit der verbraucherschützenden Bestimmungen. Der Verbraucher kann auf den ihm gewährten Schutz nicht verzichten. Anders als die Fernabsatzrichtlinie verweist der vorliegende Entwurf hierbei jedoch ausschließlich auf den durch die Richtlinie eingeräumten Schutz und nicht auf jenen, der aus den nationalen Umsetzungsgesetzen folgt. Dieses könnte den Schluß zulassen, daß die Finanz-Fernabsatzrichtlinie unmittelbare Wirkung entfalten soll, sich der Verbraucher also auch ohne nationale Umsetzungsgesetze auf deren Schutz berufen kann. Dieses würde jedoch dem nunmehr unbestrittenen[654] Grundsatz widersprechen, daß Richtlinien im Verhältnis der Bürger zueinander keine unmittelbare Wirkung entfalten. Daher muß hier davon ausgegangen werden, daß auch an dieser Stelle ein rechtssystematischer Fehler im Richtlinienentwurf enthalten ist, der Wortlaut also entsprechend zu korrigieren wäre. Infolgedessen wäre der Hinweis aufzunehmen, daß der Verbraucher nicht auf den Schutz verzichten kann, welcher ihm durch die Umsetzung der Richtlinie in innerstaatliches Recht zusteht.

Für die Fälle mit Drittstaatenbezug gilt gemäß Artikel 11 Absatz 2 des Entwurfs, daß der Verbraucher dem Schutz der Richtlinie auch dann nicht entzogen werden darf, wenn auf den Vertrag das Recht eines Drittstaats anzuwenden ist. Der Wortlaut entspricht weitestgehend dem des Artikel 12 Absatz 2 der Fernabsatzrichtlinie, so daß

---

[652] vgl. Ziffer III.3.7.2.
[653] dort geregelt unter Artikel 4 Absatz 3, vgl. im einzelnen oben unter Ziffer III.3.2.1. d)
[654] vgl. Ausführungen Ziffer III.3.8.2.

grundsätzlich auf die dortigen Ausführungen verwiesen werden kann[655], insbesondere was die Erforderlichkeit der Umsetzung und das Verhältnis zum EVÜ[656] betrifft.

IV.2.8. Rechtsdurchsetzung

Der Entwurf der Finanz-Fernabsatzrichlinie enthält in Artikel 13 und 14 eine ausführliche Regelung über die gerichtlichen und außergerichtlichen Möglichkeiten, welche die Mitgliedstaaten den Verbrauchern zur Rechtsdurchsetzung zur Verfügung zu stellen haben. Danach haben die Mitgliedstaaten zwingend die Möglichkeit der Verbandsklage zu eröffnen und Einrichtungen zu schaffen, die die Verbraucherinteressen auch und vor allem bei grenzüberschreitendem Handel wahrnehmen. Insoweit ist die Regelung vergleichbar mit Artikel 11 der Fernabsatzrichtlinie, bezüglich des Verbandsklagerechts sogar nahezu wortgleich. Wie die Fernabsatzrichtlinie überschneidet sie sich daher weitgehend mit der Richtlinie 98/27/EG über Unterlassungsklagen zum Schutz der Verbraucherinteressen vom 19.05.1998[657], auf welche durch Artikel 19 des Entwurfs auch wechselseitig Bezug genommen werden soll. Bei seiner Stellungnahme zum Richtlinienentwurf kritisierte der Bundesrat die in Artikel 13 enthaltene Regelung, da diese über die Bestimmungen hinausgehe, welche in der Richtlinie für Unterlassungsklagen enthalten sind[658]. Hier verkennt der Bundesrat jedoch, daß der Regelungsbereich der jeweiligen Bestimmungen einheitlich ist, der Artikel 13 also inhaltlich nicht über das Niveau der Unterlassungsklagen-Richtlinie hinausgeht. Vielmehr wird Artikel 13 Absatz 2 durch die umfassende Regelung der Unterlassungsklagen-Richtlinie ausgefüllt und konkretisiert.

Ein begrüßenswerter Vorstoß des Europäischen Parlaments im Hinblick auf die Rechtsdurchsetzung soll hier nicht unerwähnt bleiben, auch wenn die Kommission diesen vorerst ablehnte. Das Parlament hatte als Ergänzung des Artikel 13 (des damaligen Artikel 12) eine Regelung vorgeschlagen, wonach der Verbraucher in Fällen der Klageerhebung selbst den Gerichtsstand wählen können soll[659]. Eine solche Regelung wäre insgesamt bei Verbraucherstreitigkeiten sinnvoll. Sie hätte aber insbesondere wegen der exestenziellen Risiken von Finanzdienstleistungen gerade in diesem Bereich besondere Bedeutung. Dieses gilt um so mehr, als Versicherungen häufig dazu tendieren, die an sie gerichteten Forderungen mit einem gewissen Argwohn zu prüfen und entsprechend zu kürzen, wodurch rechtliche Auseinandersetzungen an der Tagesordnung sind. Jeder im Bereich der Haftpflichtversicherung tätige Rechtsanwalt wird hierbei bestätigen können, wie schwierig es ist, bei einem im Ausland ansässigen Versicherer Ansprüche durchzusetzen. Man stelle sich die Folgen beim Verbraucher vor, wenn dieser eine Forderung gegen die existentiell noch wichtigere Lebensversicherung im Ausland einklagen muß. Mittlerweile gilt für solche Auseinandersetzungen innerhalb der EU regelmäßig die neue Verordnung Nr. 44/2001 des Rate über die gerichtliche Zuständigkeit und die Anerkennung und Voll-

---

[655] vgl. oben Ziffer III.3.8.3.

[656] Römisches Übereinkommen bezüglich vertraglicher Schuldverhältnisse vom 19.06.1980

[657] Amtsblatt der EG Nr. L 166 vom 11.06.1998 S. 51; vgl. hierzu eingehend unter Ziffer II.3.8.1.

[658] vgl. BR-Drucksache 987/1/98 vom 11.02.1999 S. 9

[659] vgl. Stellungnahme des Europäischen Parlaments zum Entwurf in Amtsblatt der EG C 279 vom 01.10.1999

streckung von Entscheidungen in Zivil- und Handelssachen (VO Brüssel I) welche das Brüsseler Abkommen über die gerichtliche Zuständigkeit und die Vollstreckung gerichtlicher Entscheidungen in Zivil- und Handelssachen vom 27.09.1968[660] (EuGVÜ) abgelöst hat. Dieses Verordnung, welche abgesehen von Dänemark in sämtlichen Mitgliedstaaten der EU ohne Umsetzungsgesetze unmittelbare Wirkung entfaltet, enthält für die Zuständigkeit in Versicherungssachen einen eigenen Abschnitt. In den Artikeln 8 ff der VO Brüssel I ist geregelt, daß der Versicherer im Heimatstaat des Versicherungsnehmers verklagt werden kann, auch wenn der Versicherer nicht in diesem Mitgliedstaat ansäassig ist. Im Unterschied zu dem bisher geltenden EuGVÜ gilt diese Regelung auch für den Versicherten oder sonstigen Begünstigten eines Versicherungsvertrages, also beispielsweise den Begünstigten einer Lebensversicherung. Im Rahmen der Versicherungen wurde somit die rechtliche Position etwaiger Kläger verbessert.

Die besondere Klagemöglichkeit im Heimatstaat gilt jedoch nur dann, wenn der Versicherer seinen Sitz oder zumindest eine Niederlassung in einem Mitgliedstaat der EU hat. Ist dieses nicht der Fall, so muß der Versicherungsnehmer, Versicherte oder sonstige Begünstigte den betreffenden Versicherer weiterhin in dessen Herkunftsstaat, also außerhalb der EU; verklagen. Da der Verbraucher jedoch auch geschützt werden sollte, wenn er im Fernabsatz einen Finanzdienstleistungsvertrag mit einem Unternehmen aus einem Drittstaat abschließt, ist die bestehende Regelung in der VO Brüssel I unzureichend. Eine zusätzliche Regelung der gerichtlichen Zuständigkeit in der Finanz-Fernabsatzrichtlinie wäre daher sinnvoll. Dennoch lehnte die Kommission die vom Parlament vorgeschlagene Regelung mit dem Hinweis ab, sie widerspreche den Regelungen des damaligen EuGVÜ[661]. Für die Mitgliedstaaten der EU trifft dieses jedoch nicht zu, da nach der VO Brüssel I und dem vorherigen EuGVÜ die in diesen Staaten ansässigen Unternehmen ohnehin von den EU-Bürgern im jeweils eigenen Land verklagt werden können. Daher sollte der vom Europäischen Parlament vorgeschlagene Ansatz weiterverfolgt werden.

IV.2.9. Beweislastverteilung

Schließlich enthält der Entwurf in Artikel 15 eine Bestimmung zur Beweislastverteilung, ähnlich dem Artikel 11 Absatz 3 a der Fernabsatzrichtlinie[662]. Anders als noch in dem Vorentwurf der Kommission vorgesehen, soll es grundsätzlich den Mitgliedstaaten überlassen bleiben, wie diese die Beweislast im Hinblick auf das Zustandekommen des Vertrages und der Erfüllung wesentlicher Pflichten ausgestalten. Nach dem jetzigen Wortlaut der Regelung **können** die Mitgliedstaaten bestimmen, daß den Anbieter die Beweislast für die Gewährung der geschuldeten Informationen, das Zustandekommen des Vertrages sowie die „Zustimmung des Verbrauchers (...) zur Durchführung des Vertrags" trifft. Aufgrund der letztgenannten Formulierung kann dem Anbieter somit auch die Beweislast dafür auferlegt werden, daß der Verbraucher den Vertrag nicht widerrufen hat, der Vertrag also durchgeführt werden soll.

---

[660] Amtsblatt der EG Nr. C 189 vom 28.07.1990
[661] vgl. KOM (99) 385 endg. S. 12
[662] hierzu eingehend oben unter Ziffer III.3.2.2. c)

Der Beweis für die Gewährung der geschuldeten Informationen sowie für das Zustandekommen des Vertrages dürfte zumindest nach deutschem Recht zwingend den Anbieter treffen[663]. Eine solche Beweislastverteilung entspricht dem Sphärengedanken, da es der Sphäre des Anbieters zuzuordnen ist, ob er den Verbraucher hinreichend informiert hat, und ob es daraufhin zu einem Vetragsabschluß gekommen ist[664]. Es dürfte eher unwahrscheinlich sein, daß andere Mitgliedstaaten die Beweislast hier abweichend regeln, da dieses den Interessen des Verbrauchers erheblich zuwiderlaufen würde, da dieser kaum die fehlende Informationsgewährung und den fehlenden Vertragsschluß, also negative Tatsachen beweisen kann.

Diese Wertung ergibt letztlich auch aus dem zweiten Absatz der Regelung. Danach wäre eine Vertragsbedingung als mißbräuchlich im Sinne der Richtlinie 93/13/EWG[665] anzusehen, die dem Verbraucher die Beweislast dafür auferlegt, ob der Anbieter seine Pflichten – etwa die Informationspflicht – erfüllt hat. Dieses gilt jedoch nicht nur für Vertragsbedingungen im Sinne von allgemeinen Geschäftsbedingungen. Hiervon erfaßt sind auch einzeln ausgehandelte Individualvereinbarungen. Da es sich bei letzteren jedoch nicht um Klauseln im Sinne der Klauselrichtlinie handelt, enthält Artikel 13 Absatz 2 für den Bereich der Individualvereinbarungen eine Rechtsfolgenverweisung[666]. Somit sind mit der Klauselrichtlinie auch die jeweiligen mitgliedstaatlichen Umsetzungsgesetze[667] ausnahmsweise auf Individualvereinbarungen vollständig anwendbar, wenn diese die Beweislast bezüglich der Anbieterpflichten auf den Verbraucher abwälzen. *Riesenhuber* geht sogar so weit, diese Verweisung in Absatz 2 als Ausprägung neuen gemeinschaftrechtlichen Grundsatzes zur Beweislastverteilung zu sehen[668]. Danach sollen auch Individualvereinbarungen immer dann mißbräuchlich und damit unwirksam sein, wenn sie eine dem Sphärengedanken widersprechende Beweislastverteilung vornehmen. Diese Auffassung wird allerdings vom Gemeinsamen Standpunkt nicht getragen. Anders als der Vorentwurf überläßt es der Gemeinsame Standpunkt in Absatz 1 den Mitgliedstaaten, eine dem Sphärengedanken widersprechende Beweislastverteilung vorzunehmen, weshalb eine Grundaussage für eine bestimmte Beweislastverteilung hier gerade nicht getroffen werden sollte.

Unverkennbar enthält die jetzige Regelung allerdings einen schwer zu lösenden Wertungswiderspruch. Einerseits soll es durch mitgliedstaatliches Recht möglich sein, dem Verbraucher die Beweislast für Verpflichtungen aufzuerlegen, die vom Anbieter zu erbringen sind. Erfolgt dieses anderseits aufgrund von vertraglichen Vereinbarungen, soll dieses mißbräuchlich sein. Hier stellt sich bereits die Frage, wie

---

[663] Margareta Wiesgickl weist in ihrem Beitrag „Rechtliche Aspekte des Online-Banking" WM 2000; S. 1039 allerdings zu Recht darauf hin, dass wegen der Stofflosigkeit und Anonymität der Kommunikation im Distanzvertrieb regelmäßig Beweisschwierigkeiten auftreten dürften.

[664] so auch Riesenhuber a.a.O. S. 1450; in der Begründung des Vorentwurfs, der noch eine zwingende Beweislast des Anbieters vorsah, wird ebenfalls auf die den Vetragsparteien zuzuordnenden Sphären verwiesen – KOM (98) 465 endg.

[665] Amtsblatt EG Nr. L 95 vom 21.04.1993 S. 29ff

[666] so auch Riesenhuber a.a.O. S. 1450

[667] in Deutschland das Gesetz über die Allgemeinen Geschäftsbedingungen (AGBG)

[668] Riesenhuber a.a.O. S. 1450

Absatz 2 in den Staaten zu interpretieren wäre, die entgegen dem Sphärengedanken dem Verbraucher die Beweislast für die Erfüllung von Anbieterpflichten auferlegen. In diesen Staaten können entsprechende vertragliche Vereinbarungen kaum mißbräuchlich sein. Daher kann Absatz 2 nur dahingehend ausgelegt werden, daß entsprechende vertragliche Vereinbarungen nur dann unwirksam sind, wenn diese der Grundentscheidung des Mitgliedstaates nach Absatz 1 widersprechen. Dieses wäre auch damit zu begründen, daß ein Verbraucher nicht mit einer vertraglichen Ausgestaltung zu rechnen hat, die der gesetzlichen Beweislastverteilung zuwiderläuft. Eine abweichende vertragliche Vereinbarung wäre somit überraschend.

Die obigen Ausführungen zeigen allerdings, daß im Hinblick auf die jetzige Fassung des Artikel 15 noch Nachbesserungsbedarf besteht, insbesondere um den vorhandenen Wertungswiderspruch zu beseitigen. Nicht zuletzt im Interesse des Verbraucherschutzes wäre es daher zweckmäßig, die Beweislastverteilung für die Mitgliedstaaten insoweit verbindlich zu regeln, daß der Anbieter die Erfüllung der ihm obliegenden Pflichten zu beweisen hat.

IV.3. Resümee

Der derzeitige Entwurf der Finanz-Fernabsatzrichtlinie ist zu begrüßen. Die Konstruktion und die Regelungsstruktur entspricht der der Fernabsatzrichtlinie, so daß sich beide Regelungen nahtlos ergänzen. Vor allem ist es mit dem Gemeinsamen Standpunkt gelungen, die gesetzestechnischen Fehler und Widersprüche des Vorentwurfs zu beseitigen.

Lediglich in einigen wenigen Punkten ist noch Nachbesserungsbedarf gegeben, etwa in der Ausgestaltung der Zahlungen, die der Verbraucher im Falle des Widerrufs für bereits empfangene Leistungen schuldet. Der jetzige Artikel 7enthält keine praktikable Berechnungsgrundlage, was der Transparenz bei der Kostengestaltung und damit der Rechtssicherheit schadet. Ferner wäre es wünschenswert, wenn die Richtlinie konkrete Sanktionen vorgeben würde, die den Anbieter im Falle von Pflichtverletzungen treffen sollen. Schließlich ist die Regelung zur Beweislastverteilung mißglückt, da sie den Mitgliedstaaten die Möglichkeit einräumt, die Beweislast entgegen dem Sphärengedanken auszugestalten und hierbei sogar einen Wertungswiderspruch in Kauf nimmt.

Auf der anderen Seite ist der Umstand positiv hervorzuheben, daß der Entwurf bei der Verletzung der Informationspflichten grundsätzlich eine unbegrenzte Verlängerung des Widerrufsrechts vorsieht. Da bereits vollständig erbrachte Dienstleistungen jedoch nicht mehr widerrufen werden können, sind die Erbringer kurzfristiger Finanzdienstleistungen begünstigt bzw. deren Abnehmer benachteiligt. Diese Einschränkung sollte daher gestrichen werden.

Wegen der besonderen Schutzbedürftigkeit der Verbraucher im Bereich der Finanzdienstleistungen sollte darüber hinaus erwogen werden, die Richtlinie auf sämtliche Vertragsabschlüsse im Bereich der Finanzdienstleistungen auszudehnen, unabhängig davon, ob diese im Fernabsatz getätigt wurden. Andernfalls wird der Finanzdienstleistungskunde im Fernabsatz gegenüber dem in der „Filiale" unangemessen privilegiert.

Im übrigen ist davon auszugehen, daß der Gemeinsame Standpunkt – wie bei der Fernabsatzrichtlinie – bereits weitestgehend der endgültigen Fassung der Richtlinie entsprechen wird. Daher dürfte bereits jetzt absehbar sein, auf welche Änderungen sich die Finanzwirtschaft einerseits und der Verbraucher andererseits einstellen kann. Aufgrund des bisher vorgegebenen Zeitrahmens, der die mitgliedstaatliche Umsetzung der Richtlinie bis Mitte 2004 vorsieht, sollte der Richtlinienerlaß spätestens Anfang 2003 erfolgen.

V. Anhänge

V.1. Text der Fernabsatzrichtlinie 97/7/EG

Fernabsatzrichtlinie

Richtlinie 97/7/EG des Europäischen Parlaments und des Rates vom 20. Mai 1997 über den Verbraucherschutz bei Vertragsabschlüssen im Fernabsatz – Erklärung des Rates und des Parlaments zu Artikel 6 Absatz 1 – Erklärung der Kommission zu Artikel 3 Absatz 1 erster Gedankenstrich
Amtsblatt Nr. L 144b vom 04.06.1997 S. 19 – 27

Richtlinientext

auf Vorschlag der Kommission[1],
nach Stellungnahme des Wirtschafts- und Sozialausschusses[2],
gemäß dem Verfahren des Artikels 189b des Vertrages[3], aufgrund des am 27. November 1996 vom Vermittlungsausschuß gebilligten gemeinsamen Entwurfs,
in Erwägung nachstehender Gründe:

(1) Im Rahmen der Verwirklichung der Ziele des Binnenmarkts sind Maßnahmen zu dessen schrittweiser Festigung zu ergreifen.

(2) Der freie Verkehr von Waren und Dienstleistungen betrifft nicht nur den gewerblichen Handel, sondern auch Privatpersonen. Er bedeutet für den Verbraucher, daß dieser zu den Gütern und Dienstleistungen eines anderen Mitgliedsstaats zu den gleichen Bedingungen Zugang hat wie die Bevölkerung dieses Staates.

(3) Die Vollendung des Binnenmarkts kann für den Verbraucher besonders im grenzüberschreitenden Fernabsatz sichtbar zum Ausdruck kommen, wie dies unter anderem in der Mitteilung der Kommission an den Rat „Auf dem Weg zu einem Binnenmarkt für den Handel" festgestellt wurde. Es ist für das Reibungslose Funktionieren des Binnenmarkts unabdingbar, daß der Verbraucher sich an ein Unternehmen außerhalb seines Landes wenden kann, auch wenn dieses Unternehmen über eine Filiale in dem Land verfügt, in dem der Verbraucher lebt.

---

[1] ABl. Nr. C 156 vom 23.6. 1992, S. 14 und
ABl. Nr. C 308 vom 15.11.1993, S. 18.
[2] AB1.Nr.C 19 vom 25. 1.1993,S.111
[3] Stellungnahme des Europäischen Parlaments vom 26. Mai 1993 (AB1. Nr. C 176 vom 28.6.1993, S. 95), gemeinsamer Standpunkt des Rates vom 29. Juni 1995 (AB1. Nr. C 288 vom 30. 10. 1995, S. 1) und Beschluß des Europäischen Parlaments vom 13. Dezember 1995 (AB1. Nr. C 17 vom 22. 1. 1996, S. 51). Entscheidung des Europäischen Parlaments vom 16. Januar 1997 und Entscheidung des Rates vom 20.Januar 1997.

(4) Mit der Einführung neuer Technologien erhalten die Verbraucher einen immer besseren Überblick über das Angebot in der ganzen Gemeinschaft und zahlreiche neue Möglichkeiten, Bestellungen zu tätigen. Einige Mitgliedstaaten haben bereits unterschiedliche oder abweichende Verbraucherschutzbestimmungen für den Fernabsatz erlassen, was negative Auswirkungen auf den Wettbewerb zwischen den Unternehmen im Binnenmarkt zur Folge hat. Es ist daher geboten, auf Gemeinschaftsebene eine Mindestzahl gemeinsamer Regeln in diesem Bereich einzuführen.

(5) Unter den Nummern 18 und 19 des Anhangs zur Entschließung des Rates vom 14. April 1975 über das erste Programm der Europäischen Wirtschaftsgemeinschaft für eine Politik zum Schutz und zur Information der Verbraucher[4] wird von der Notwendigkeit gesprochen, die Käufer von Gütern oder Dienstleistungen vor der Forderung nach Zahlung nicht bestellter Waren und vor aggressiven Verkaufsmethoden zu schützen.

(6) In der Mitteilung der Kommission an den Rat mit dem Titel „Neuer Impuls Für die Verbraucherschutzpolitik", die durch die Entschließung des Rates vom 23. Juni 1986[5] gebilligt wurde, wird unter Nummer 33 erklärt, daß die Kommission Vorschläge zur Verwendung neuer Informationstechnologien unterbreiten wird, die es dem Verbraucher ermöglichen, Bestellungen an einen Lieferer von Haus zu Haus zu tätigen.

(7) In der Entschließung des Rates vom 9. November 1989 über künftige Prioritäten bei der Neubelebung der Verbraucherschutzpolitik[6] wird die Kommission aufgefordert, ihre Bemühungen vor allem auf die im Anhang der Entschließung angegebenen Bereiche zu konzentrieren. In diesem Anhang werden die neuen Technologien, die den Fernabsatz ermöglichen, erwähnt. Die Kommission ist dieser Entschließung durch die Annahme des „Dreijahresplans für die Verbraucherpolitik in der EWG (1990-1992) nachgekommen; dieser Plan sieht die Verabschiedung einer diesbezüglichen Richtlinie vor.

(8) Die Frage, welche Sprachen bei Vertragsabschlüssen im Fernabsatz zu verwenden sind, fällt in den Zuständigkeitsbereich der Mitgliedstaaten.

(9) Der Abschluß von Verträgen im Fernabsatz ist durch die Verwendung einer oder mehrerer Fernkommunikationstechniken gekennzeichnet. Diese verschiedenen Techniken werden im Rahmen eines für den Fernabsatz organisierten Vertriebs- bzw. Dienstleistungssystems ohne gleichzeitige Anwesenheit des Lieferers oder Dienstleistungserbringers und des Verbrauchers eingesetzt. Aufgrund ihrer ständigen Weiterentwicklung können diese Techniken nicht in einer erschöpfenden Liste erfaßt werden; es ist daher notwendig, brauchbare Prinzipien auch für die wenigen verwendeten unter ihnen festzulegen.

---

[4] ABl. Nr. C 92 vom 25.4.1975, S. 1
[5] ABl. Nr. C 167 vom 5.7.1986, S. 1.
[6] ABl.Nr.C 294 vom 22. 11. 1989,S.1.

(10) Dieselbe Transaktion, die sukzessive Vorgänge oder eine Reihe von getrennten Vorgängen, die sich über einen bestimmten Zeitraum erstrecken, umfaßt, kann je nach Gesetzeslage in den Mitgliedstaaten in rechtlicher Hinsicht unterschiedlich ausgestaltet sein. Die Bestimmungen dieser Richtlinie können –vorbehaltlich der Inanspruchnahme von Artikel 14 – nicht unterschiedlich je nach den Rechtsvorschriften der Mitgliedstaaten angewandt werden. Es erscheint deshalb angebracht, daß den Bestimmungen der Richtlinie zumindest zu dem Zeitpunkt nachgekommen werden muß, zu dem der erste einer Reihe von sukzessiven Vorgängen oder der erste einer Reihe von getrennten Vorgängen erfolgt, die sich über einen bestimmten Zeitraum erstrecken und als ein Gesamtvorgang gelten können, und zwar ungeachtet, ob dieser Vorgang oder diese Reihe von Vorgängen Gegenstand eines einzigen Vertrages oder aufeinanderfolgender getrennter Verträge ist.

(11) Die Verwendung dieser Techniken darf nicht zu einer Verringerung der dem Verbraucher vermittelten Informationen führen. Es sind daher die Informationen festzulegen, die dem Verbraucher unabhängig von der verwendeten Kommunikationstechnik zwingend übermittelt werden müssen. Außerdem muß die Übermittlung dieser Informationen entsprechend den sonstigen einschlägigen Gemeinschaftsvorschriften erfolgen, und zwar insbesondere gemäß der Richtlinie 84/450/EWG des Rates vom 10. September 1984 über die Angleichung der Rechts- und Verwaltungsvorschriften der Mitgliedstaaten auf dem Gebiet der irreführenden Werbung[7]. Falls Ausnahmen von der Pflicht zur Übermittlung der Informationen gemacht werden, obliegt es dem Verbraucher, nach seiner Wahl bestimmte grundlegende Angaben wie Identität des Lieferers, wesentliche Eigenschaften und Preis der Waren oder Dienstleistungen zu verlangen.

(12) Bei der Benutzung des Telefons sollte der Verbraucher zu Beginn des Gesprächs genügend Informationen erhalten, um zu entscheiden, ob er das Gespräch fortsetzen will oder nicht.

(13) Die mit Hilfe bestimmter elektronischer Technologien verbreitete Information ist häufig nicht beständig, soweit sie nicht auf einem dauerhaften Datenträger empfangen wird. Infolgedessen ist es notwendig, daß der Verbraucher rechtzeitig schriftlich Informationen erhält, die zur korrekten Ausführung des Vertrages erforderlich.

(14) Der Verbraucher hat in der Praxis keine Möglichkeit, vor Abschluß des Vertrages das Erzeugnis zu sehen oder die Eigenschaften der Dienstleistung im einzelnen zur Kenntnis zu nehmen. Daher sollte ein Widerrufsrecht bestehen, sofern in dieser Richtlinie nicht etwas anderes bestimmt ist. Damit es sich um mehr als ein bloß formales handelt, müssen die Kosten, die, wenn überhaupt, vom Verbraucher im Fall der Ausübung des Widerrufsrechts getragen werden, auf die unmittelbaren Kosten der Rücksendung begrenzt werden. Das Widerrufsrecht berührt nicht die im einzelstaatlichen Recht vorgesehenen Rechte des Verbrauchers, insbesondere bei Erhalt von beschädigten Erzeugnissen oder unzulänglichen

---

[7] ABl. Nr. L 250 vom 19.9. 1984, S. 17

Dienstleistungen, die mit der Beschreibung in der Aufforderung nicht übereinstimmen. Es ist Sache der Mitgliedstaaten, weitere Bedingungen und Einzelheiten für den Fall der Ausübung des Widerrufsrechts festzulegen.

(15) Ebenso ist eine Frist für die Erfüllung des Vertrags vorzusehen, wenn sie nicht bei der Bestellung festgelegt worden ist.

(16) Die Absatztechnik, die darin besteht, dem Verbraucher ohne vorherige Bestellung oder ohne ausdrückliches Einverständnis gegen Entgelt Waren zu liefern oder Dienstleistungen zu erbringen, ist als nicht zulässig anzusehen, es sei denn, es handele sich um eine Ersatzlieferung.

(17) Die in den Artikeln 8 und 10 der Europäischen Konvention zum Schutz der Menschenrechte und Grundfreiheiten vom 4. November 1950 festgelegten Prinzipien sind zu berücksichtigen. Es ist daher angezeigt, dem Verbraucher ein Recht auf den Schutz des Privatlebens, insbesondere vor Belästigungen durch gewisse besonders aufdringliche Kommunikationstechniken, zuzuerkennen und mithin die spezifischen Grenzen der Nutzung solcher Techniken genau zu bestimmen. Die Mitgliedstaaten sollten die geeigneten Maßnahmen ergreifen, um die Verbraucher , die keine Kontaktaufnahme durch bestimmte Kommunikationsmittel wünschen, auf wirksame Weise vor derartigen Kontakten zu schützen, und zwar ohne Beeinträchtigung der zusätzlichen Garantien, die dem Verbraucher aufgrund gemeinschaftlicher Regelungen über den Schutz personenbezogener Daten und der Privatsphäre zustehen.

(18) Es ist wichtig, daß die verbindlichen Grundregeln dieser Richtlinie im Einklang mit der Empfehlung 92/295!EWG der Kommission vom 7. April 1992 über Verhaltenskodizes zum Verbraucherschutz bei Vertragsabschlüssen im Fernabsatz[8] gegebenenfalls durch freiwillige Bestimmungen der betreffenden Berufszweige ergänzt werden.

(19) Im Hinblick auf einen optimalen Verbraucherschutz ist es wichtig, daß der Verbraucher in ausreichendem Umfang über die Bestimmungen dieser Richtlinie und etwaige Verhaltenskodizes auf diesem Gebiet unterrichtet wird.

(20) Die Nichteinhaltung der Bestimmungen dieser Richtlinie kann den Verbrauchern. aber auch Mitbewerbern, schaden. Es können daher Bestimmungen vorgesehen werden, die es öffentlichen Einrichtungen oder deren Vertretern oder Verbraucherverbänden, die nach dem innerstaatlichen Recht ein berechtigtes Interesse am Schutz der Verbraucher haben, oder Berufsverbänden mit berechtigtem Interesse erlauben, auf Anwendung dieser Richtlinie zu dringen.

(21) Im Hinblick auf den Verbraucherschutz ist es wichtig, die Frage grenzüberschreitender Beschwerden so bald wie möglich zu behandeln. Die Kornmission hat am 14. Februar 1996 einen Aktionsplan für den Zugang der Verbraucher zum

[8] ABl. Nr. L 156 vom 10.6.1992, S. 21

Recht und die Beilegung von Rechtsstreitigkeiten der Verbraucher irn Binnenmarkt veröffentlicht. Dieser Aktionsplan umfasst spezifische Initiativen zur Förderung außergerichtlicher Verfahren. Es werden objektive Kriterien (Anhang II) vorgeschlagen, um die Verläßlichkeit jener Verfahren sicherzustellen, und es wird die Verwendung von genormten Formblättern (Anhang III) vorgesehen.

(22) Bei den neuen Technologien entzieht sich die technische Seite dem Einfluß des Verbrauchers. Es ist daher vorzusehen. daß die Beweislast dem Lieferer auferlegt werden kann.

(23) In bestimmten Fällen besteht die Gefahr, daß dem Verbraucher der in dieser Richtlinie aufgestellte Schutz entzogen wird, indem das Recht eines Drittlands zum auf den Vertrag anwendbaren Recht erklärt wird. Diese Richtlinie sollte deshalb Bestimmungen enthalten, die dies ausschließen.

(24) Ein Mitgliedstaat kann im Interesse der Allgemeinheit in seinem Hoheitsgebiet die Vermarktung bestimmter Erzeugnisse und Dienstleistungen im Rahmen von Vertragsabschlüssen im Fernabsatz untersagen. Dieses Verbot muß unter Einhaltung der Rechtsvorschriften der Gemeinschaft gehandhabt werden. Entsprechende Verbote sind insbesondere im Hinblick auf Arzneimittel im Rahmen der Richtlinie 89/552/EWG des Rates vom 3. Oktober 1989 zur Koordinierung bestimmter Rechts- und Verwaltungsvorschriften der Mitgliedstaaten über die Ausübung der Fernsehtätigkeit[9] und der Richtlinie 92/28/EWG des Rates vom 31. März 1992 über die Werbung für Humanarzneimittel[10] bereits vorgesehen

HABEN FOLGENDE RICHTLINIE ERLASSEN :

Artikel 1 - **Gegenstand**

Gegenstand dieser Richtlinie ist die Angleichung der Rechts- und Verwaltungsvorschriften der Mitgliedstaaten über Vertragsabschlüsse im Fernabsatz zwischen Verbrauchern und Lieferern.

Artikel 2 - **Definitionen**

Im Sinne dieser Richtlinie bezeichnet der Ausdruck

1. "Vertragsabschluß im Fernabsatz" jeden zwischen einem Lieferer und einem Verbraucher geschlossenen, eine Ware oder eine Dienstleistung betreffenden Vertrag, der im Rahmen eines für den Fernabsatz organisierten Vertriebs- bzw. Dienstleistungssystems des Lieferers geschlossen wird, wobei dieser für den Vertrag bis zu dessen Abschluß einschließlich des Vertragsabschlusses selbst ausschließlich eine oder mehrere Fernkommunikationstechniken verwendet;

[9] ABl. Nr. L 298 vom 17. 10. 1989, S. 23
[10] ABl. Nr. L 113 vom 30.4. 1992, S. 13.

2. "Verbraucher" jede natürliche Person, die beim Abschluß von Verträgen im Sinne dieser Richtlinie zu Zwecken handelt, die nicht ihrer gewerblichen oder beruflichen Tätigkeit zugerechnet werden können;

3. "Lieferer" jede natürliche oder juristische Person, die beim Abschluß von Verträgen im Sinne dieser Richtlinie im Rahmen ihrer gewerblichen oder beruflichen Tätigkeit handelt;

4. "Fernkommunikationstechnik" jedes Kommunikationsmittel, das zum Abschluß eines Vertrags zwischen einem Verbraucher und einem Lieferer ohne gleichzeitige körperliche Anwesenheit der Vertragsparteien eingesetzt werden kann. Eine beispielhafte Liste der Techniken im Sinne dieser Richtlinie ist in Anhang I enthalten;

5. "Betreiber einer Kommunikationstechnik" jede natürliche oder juristische Person des öffentlichen oder privaten Rechts, deren gewerbliche oder berufliche Tätigkeit darin besteht, den Lieferern eine oder mehrere Fernkommunikationstechniken zur Verfügung zu stellen.

Artikel 3 - **Ausnahmen**

(1) Diese Richtlinie gilt nicht für Verträge, die
- in einer nicht erschöpfenden Liste in Anhang II angeführte Finanzdienstleistungen betreffen;
- unter Verwendung von Warenautomaten oder automatisierten Geschäftsräumen geschlossen werden;
- mit Betreibern von Telekommunikationsmitteln aufgrund der Benutzung vonöffentlichen Fernsprechern geschlossen werden;
- für den Bau und den Verkauf von Immobilien geschlossen werden oder die sonstige Rechte an Immobilien mit Ausnahme der Vermietung betreffen;
- bei einer Versteigerung geschlossen werden.

(2) Die Artikel 4, 5 und 6 sowie Artikel 7 Absatz I gelten nicht für

- Verträge über die Lieferung von Lebensmitteln, Getränken oder sonstigen Haushaltsgegenständen des täglichen Bedarfs, die am Wohnsitz, am Aufenthaltsort oder am Arbeitsplatz eines Verbrauchers von Händlern im Rahmen häufiger und regelmäßiger Fahrten geliefert werden;
- Verträge über die Erbringung von Dienstleistungen in den Bereichen Unterbringung, Beförderung, Lieferung von Speisen und Getränken sowie Freizeitgestaltung, wenn sich der Lieferer bei Vertragsabschluß verpflichtet, die Dienstleistungen zu einem bestimmten Zeitpunkt oder innerhalb eines genau angegebenen Zeitraums zu erbringen; ausnahmsweise kann der Lieferer sich bei Freizeitveranstaltungen unter freiern Himmel das Recht vorbehalten, Artikel 7 Absatz 2 unter besonderen Umständen nicht anzuwenden.

Artikel 4 - **Vorherige Unterrichtung**

(1) Der Verbraucher muß rechtzeitig vor Abschluß eines Vertrags im Fernabsatz überfolgende Informationen verfügen:

a) Identität des Lieferers und im Fall von Verträgen, bei denen eine Vorauszahlung erforderlich ist, seine Anschrift;
b) wesentliche Eigenschaften der Ware oder Dienstleistung;
c) Preis der Ware oder Dienstleistung einschließlich aller Steuern;
d) gegebenenfalls Lieferkosten;
e) Einzelheiten hinsichtlich der Zahlung und der Lieferung oder Erfüllung;
f) Bestehen eines Widerrufrechts, außer in den in Artikel 6 Absatz 3 genannten Fällen;
g) Kosten für den Einsatz der Fernkommunikationstechnik, sofern nicht nach dem Grundtarif berechnet;
h) Gültigkeitsdauer des Angebots oder des Preises;
i) gegebenenfalls Mindestlaufzeit des Vertrags über die Lieferung von Waren oder Erbringung von Dienstleistungen, wenn dieser eine dauernde oder regelmäßig wiederkehrende Leistung zum Inhalt hat.

(2) Die Informationen nach Absatz I, deren kommerzieller Zweck unzweideutig erkennbar sein muß, müssen klar und verständlich auf jedwede der verwendeten Fernkommunikationstechnik angepasste Weise erteilt werden; dabei sind insbesondere die Grundsätze der Lauterkeit bei Handelsgeschäften sowie des Schutzes solcher Personen, die nach den Gesetzen der einzelnen Mitgliedstaaten nicht geschäftsfähig sind (wie zum Beispiel Minderjährige), zu beachten.

(3) Bei Telefongesprächen mit Verbrauchern ist darüber hinaus zu Beginn des Gesprächs die Identität des Lieferers und der kommerzielle Zweck des Gesprächs ausdrücklich offenzulegen.

Artikel 5 - **Schriftliche Bestätigung der Informationen**

(1) Der Verbraucher muß eine Bestätigung der Informationen gemäß Artikel 4 Absatz 1 Buchstaben a) bis i) rechtzeitig während der Erfüllung des Vertrags, bei nicht zur Lieferung an Dritte bestimmten Waren spätestens zum Zeitpunkt der Lieferung, schriftlich oder auf einem anderen für ihn verfügbaren dauerhaften Datenträger erhalten, soweit ihm diese Informationen nicht bereits vor Vertragsabschluß schriftlich oder auf einem anderen für ihn verfügbaren dauerhaften Datenträger erteilt wurden.

Auf jeden Fall ist folgendes zu übermitteln:

- schriftliche Informationen über die Bedingungen und Einzelheiten der Ausübung des Widerrufsrechts im Sinne des Artikels 6, einschließlich der in Artikel 6 Absatz 3 ersterGedankenstrich genannten Fälle;
- die geographische Anschrift der Niederlassung des Lieferers, bei der der

Verbraucher seine Beanstandungen vorbringen kann;
- Informationen über Kundendienst und geltende Garantiebedingungen;
- die Kündigungsbedingungen bei unbestimmter Vertragsdauer bzw. einer mehr alseinjährigen Vertragsdauer .

(2) Absatz 1 ist nicht anwendbar auf Dienstleistungen, die unmittelbar durch Einsatz einer Fernkommunikationstechnik erbracht werden, sofern diese Leistungen in einem Mal erfolgen und über den Betreiber der Kommunikationstechnik abgerechnet werden. Allerdings muß der Verbraucher in jedem Fall die Möglichkeit haben, die geographische Anschrift der Niederlassung des Lieferers zu erfahren, bei der er seine Beanstandungen vorbringen kann.

Artikel 6 - **Widerrufsrecht**

(1) Der Verbraucher kann jeden Vertragsabschluß im Fernabsatz innerhalb einer Frist von mindestens sieben Werktagen ohne Angabe von Gründen und ohne Strafzahlung widerrufen. Die einzigen Kosten, die dem Verbraucher infolge der Ausübung seines Widerrufsrechts auferlegt werden können, sind die unmittelbaren Kosten der Rücksendung der Waren.

Die Frist für die Wahrnehmung dieses Rechts beginnt
- bei Waren mit dem Tag ihres Eingangs beim Verbraucher, wenn die Verpflichtungen im Sinne des Artikels 5 erfüllt sind;
- bei Dienstleistungen mit dem Tag des Vertragsabschlusses oder dem Tag, an dem die Verpflichtungen im Sinne des Artikels 5 erfüllt sind, wenn dies nach Vertragsabschluß der Fall ist, sofern damit nicht die nachstehend genannte Dreimonatsfrist überschritten wird.

Falls der Lieferer die Bedingungen im Sinne des Artikels 5 nicht erfüllt hat. beträgt die Frist drei Monate. Diese Frist beginnt
- bei Waren mit dem Tag ihres Eingangs beim Verbraucher;
- bei Dienstleistungen mit dem Tag des Vertragsabschlusses.

Werden innerhalb dieser Dreimonatsfrist die Informationen gemäß Artikel 5 übermittelt, so beginnt die Frist von sieben Werktagen gemäß Unterabsatz 1 mit diesem Zeitpunkt.

(2) Übt der Verbraucher das Recht auf Widerruf gemäß diesem Artikel aus, so hat der Lieferer die vom Verbraucher geleisteten Zahlungen kostenlos zu erstatten. Die einzigen Kosten, die dem Verbraucher infolge der Ausübung seines Widerrufsrechts auferlegt werden können, sind die unmittelbaren Kosten der Rücksendung der Waren. Die Erstattung hat so bald wie möglich, in jedem Fall jedoch binnen 30 Tagen zu erfolgen.

(3) Sofern die Parteien nichts anderes vereinbart haben, kann der Verbraucher das in Absatz 1 vorgesehene Widerrufsrecht nicht ausüben bei

- Verträgen zur Erbringung von Dienstleistungen, deren Ausführung mit Zustimmung des Verbrauchers vor Ende der Frist von sieben Werktagen gemäß Absatz 1 begonnen hat;
- Verträgen zur Lieferung von Waren oder Erbringung von Dienstleistungen, deren Preis von der Entwicklung der Sätze auf den Finanzmärkten, auf die der Lieferer keinen Einfluß hat, abhängt;
- Verträgen zur Lieferung von Waren, die nach Kundenspezifikation angefertigt werden oder eindeutig auf die persönlichen Bedürfnisse zugeschnitten sind oder die aufgrund ihrer Beschaffenheit nicht für eine Rücksendung geeignet sind oder schnell verderben können oder deren Verfallsdatum überschritten würde;
- Verträgen zur Lieferung von Audio- oder Videoaufzeichnungen oder Software, die vom Verbraucher entsiegelt worden sind;
- Verträgen zur Lieferung von Zeitungen, Zeitschriften und Illustrierten;
- Verträgen zur Erbringung von Wett- und Lotterie-Dienstleistungen.

(4) Die Mitgliedstaaten sehen in ihren Rechtsvorschriften folgendes vor:

- Wenn der Preis einer Ware oder einer Dienstleistung vollständig oder zum Teil durch einen vom Lieferer gewährten Kredit finanziert wird, oder
- wenn dieser Preis vollständig oder zum Teil durch einen Kredit finanziert wird, der dem Verbraucher von einem Dritten aufgrund einer Vereinbarung zwischen dem Dritten und dem Lieferer gewährt wird,

wird der Kreditvertrag entschädigungsfrei aufgelöst, falls der Verbraucher von seinem Widerrufsrecht gemäß Absatz 1 Gebrauch macht. Die Mitgliedstaaten legen die Einzelheiten der Auflösung des Kreditvertrags fest.

Artikel 7 - **Erfüllung des Vertrags**

(1) Sofern die Parteien nichts anderes vereinbart haben, hat der Lieferer die Bestellung spätestens 30 Tage nach dem Tag auszuführen, der auf den Tag, an dem der Verbraucher dem Lieferer seine Bestellung übermittelt hat, folgt.

(2) Wird ein Vertrag vom Lieferer nicht erfüllt, weil die bestellte Ware oder Dienstleistung nicht verfügbar ist, so ist der Verbraucher davon zu unterrichten, und er muß die Möglichkeit haben, sich geleistete Zahlungen möglichst bald, in jedem Fall jedoch binnen 30 Tagen, erstatten zu lassen.

(3) Die Mitgliedstaaten können indessen vorsehen, daß der Lieferer dem Verbraucher eine qualitätsmäßig und preislich gleichwertige Ware liefern oder eine qualitätsmäßig und preislich gleichwertige Dienstleistung erbringen kann, wenn diese Möglichkeit vor Vertragsabschluß oder in dem Vertrag vorgesehen wurde. Der Verbraucher ist von dieser Möglichkeit in klarer und verständlicher Form zu unterrichten. Die Kosten der Rücksendung infolge der Ausübung des Widerrufsrechts gehen in diesem Fall zu Lasten des Lieferers; der Verbraucher ist davon zu unterrichten. In diesem Fall handelt es sich bei der

Lieferung einer Ware oder der Erbringung einer Dienstleistung nicht um eine unbestellte Ware oder Dienstleistung im Sinne des Artikels 9.

Artikel 8 - **Zahlung mittels Karte**

Die Mitgliedstaaten tragen dafür Sorge, daß geeignete Vorkehrungen bestehen, damit

- der Verbraucher im Fall einer betrügerischen Verwendung seiner Zahlungskarte im Rahmen eines unter diese Richtlinie fallenden Vertragsabschlusses im Fernabsatz die Stornierung einer Zahlung verlangen kann;
- dem Verbraucher im Fall einer solchen betrügerischen Verwendung die Zahlungen gutgeschrieben oder erstattet werden.

Artikel 9 - **Unbestellte Waren oder Dienstleistungen**

Die Mitgliedstaaten treffen die erforderlichen Maßnahmen, um

- zu untersagen, daß einem Verbraucher ohne vorherige Bestellung Waren geliefert oder Dienstleistungen erbracht werden, wenn mit der Warenlieferung oder Dienstleistungserbringung eine Zahlungsaufforderung verbunden ist;
- den Verbraucher von jedweder Gegenleistung für den Fall zu befreien, daß unbestellte Waren geliefert oder unbestellte Dienstleistungen erbracht wurden, wobei das Ausbleiben einer Reaktion nicht als Zustimmung gilt.

Artikel 10 - **Beschränkungen in der Verwendung bestimmter Fernkommunikationstechniken**

(1) Die Verwendung folgender Techniken durch den Lieferer bedarf der vorherigen Zustimmung des Verbrauchers:

-Kommunikation mit Automaten als Gesprächspartner (Voice- Mail-System);

-Fernkopie (Telefax).

(2) Die Mitgliedstaaten tragen dafür Sorge, daß Fernkommunikationstechniken, die eine individuelle Kommunikation erlauben, mit Ausnahme der in Absatz 1 genanntenTechniken, nur dann verwendet werden dürfen, wenn der Verbraucher ihre Verwendung nicht offenkundig abgelehnt hat.

Artikel 11 - **Rechtsbehelfe bei Gericht oder Verwaltungsbehörden**

(1) Die Mitgliedstaaten sorgen im Interesse der Verbraucher für geeignete und wirksame Mittel, die die Einhaltung der Bestimmungen dieser Richtlinie gewährleisten.

(2) Die in Absatz 1 genannten Mittel schließen Rechtsvorschriften ein, wonach eine oder mehrere der folgenden, im innerstaatlichen Recht festzulegenden Einrichtungen im Einklang mit den innerstaatlichen Rechtsvorschriften die Gerichte oder die zuständigen Verwaltungsbehörden anrufen können, um die Anwendung der innerstaatlichen Vorschriften zur Umsetzung dieser Richtlinie zu erreichen:
a) öffentliche Eimichtungen oder ihre Vertreter;
b) Verbraucherverbände, die ein berechtigtes Interesse am Schutz der Verbraucher haben;
c) Berufsverbände mit berechtigtem Interesse.

(3) a) Die Mitgliedstaaten können bestimmen, daß der Nachweis, daß eine vorherige Unterrichtung stattfand, eine schriftliche Bestätigung erfolgte oder die Fristen eingehalten wurden und die Zustimmung des Verbrauchers erteilt wurde, dem Lieferer obliegen kann.
b) Die Mitgliedstaaten treffen die erforderlichen Maßnahmen, um sicherzustellen, daß die Lieferer und die Betreiber von Kommunikationstechniken, sofern sie hierzu in der Lage sind, Praktiken unterlassen, die nicht mit den gemäß dieser Richtlinie erlassenen Bestimmungen im Einklang stehen.

(4) Die Mitgliedstaaten können zusätzlich zu den Mitteln, die sie zur Gewährleistung der Einhaltung der Bestimmungen dieser Richtlinie vorsehen müssen, eine freiwillige Kontrolle der Einhaltung der Bestimmungen dieser Richtlinie durch unabhängige Einrichtungen sowie die Inanspruchnahme solcher Einrichtungen zwecks Streitschlichtung vorsehen.

Artikel 12 - **Unabdingbarkeit**

(1) Der Verbraucher kann auf die Rechte, die ihm aufgrund der Umsetzung dieser Richtlinie in innerstaatliches Recht zustehen, nicht verzichten.

(2) Die Mitgliedstaaten ergreifen die erforderlichen Maßnahmen, damit der Verbraucher den durch diese Richtlinie gewährten Schutz nicht verliert. wenn das Recht eines Drittlands als das auf den Vertrag anzuwendende Recht gewählt wurde und der Vertrag einen engen Zusammenhang mit dem Gebiet eines oder mehrerer Mitgliedstaaten aufweist.

Artikel 13 - **Gemeinschaftsbestimmungen**

(1) Die Bestimmungen dieser Richtlinie gelten, soweit es im Rahmen von Rechtsvorschriften der Gemeinschaft keine besonderen Bestimmungen gibt, die bestimmte Vertragstypen im Fernabsatz umfassend regeln.

(2) Enthalten spezifische Rechtsvorschriften der Gemeinschaft Bestimmungen, die nur gewisse Aspekte der Lieferung von Waren oder der Erbringung von Dienstleistungen regeln, dann sind diese Bestimmungen -und nicht die Bestimmungen der vorliegenden Richtlinie für diese bestimmten Aspekte der Verträge im Fern-

absatz anzuwenden.

Artikel 14 - **Mindestklauseln**

Die Mitgliedstaaten können in dem unter diese Richtlinie fallenden Bereich mit dem EG- Vertrag in Einklang stehende strengere Bestimmungen erlassen oder aufrechterhalten, um ein höheres Schutzniveau für die Verbraucher sicherzustellen. Durch solche Bestimmungen können sie im Interesse der Allgemeinheit den Vertrieb im Fernabsatz für bestimmte Waren und Dienstleistungen, insbesondere Arzneimittel, in ihrem Hoheitsgebiet unter Beachtung des EG- Vertrags verbieten.

Artikel 15 - **Durchführung**

(1) Die Mitgliedstaaten setzen die erforderlichen Rechts- und Verwaltungsvorschriften in Kraft, um dieser Richtlinie spätestens drei Jahre nach ihrem Inkrafttreten nachzukommen. Sie setzen die Kommission unverzüglich davon in Kenntnis.

(2) Wenn die Mitgliedstaaten Vorschriften nach Absatz 1 erlassen, nehmen sie in den Vorschriften selbst oder durch einen Hinweis bei der amtlichen Veröffentlichung auf diese Richtlinie Bezug. Die Mitgliedstaaten regeln die Einzelheiten der Bezugnahme.

(3) Die Mitgliedstaaten teilen der Kommission die innerstaatlichen Rechtsvorschriften mit, die sie auf dem durch diese Richtlinie geregelten Gebiet erlassen.

(4) Spätestens vier Jahre nach Inkrafttreten dieser Richtlinie legt die Kommission dem Europäischen Parlament und dem Rat einen Bericht über die Anwendung dieser Richtlinie, gegebenenfalls verbunden mit einem Änderungsvorschlag, vor .

Artikel 16 - **Unterrichtung der Verbraucher**

Die Mitgliedstaaten sehen angemessene Maßnahmen zur Unterrichtung der Verbraucher über das zur Umsetzung dieser Richtlinie erlassene innerstaatliche Recht vor und fordern, falls angebracht, Berufsorganisationen auf. die Verbraucher über ihreVerhaltenskodizes zu unterrichten.

Artikel 17 - **Beschwerdesysteme**

Die Kommission untersucht, ob wirksame Verfahren zur Behandlung von Verbraucherbeschwerden, die den Fernabsatz betreffen, geschaffen werden können. Binnen zwei Jahren nach Inkrafttreten dieser Richtlinie legt die Kommission dem Europäischen Parlament und dem Rat einen Bericht über die Untersuchungsergebnisse gegebenenfalls zusammen mit Vorschlägen vor .

Artikel 18 - **Inkrafttreten**

Diese Richtlinie tritt am Tag ihrer Veröffentlichung im Amtsblatt der Europäischen Gemeinschaften in Kraft.

Artikel 19 - **Adressat**

Diese Richtlinie ist an die Mitgliedstaaten gerichtet.

Geschehen zu Brüssel am 20. Mai 1997. Im Namen des Europäischen Parlaments
Der Präsident
J.M. GIL-ROBLES

Im Namen des Rates
Der Präsident
J. VAN AARTSEN

Anhang I

Kommunikationstechniken nach Artikel 2 Nummer 4
-Drucksache ohne Anschrift,
-Drucksache mit Anschrift,
-vorgefertigter Standardbrief,
-Pressewerbung mit Bestellschein,
-Katalog,
-telefonische Kommunikation mit Person als Gesprächspartner,
-telefonische Kommunikation mit Automaten als Gesprächspartner (Voice-Mail-System, Audiotext),
-Hörfunk,
-Bildtelefon,
-Videotext (Mikrocomputer, Fernsehbildschirm) mit Tastatur oder Kontaktbildschirm, -elektronische Post,
-Fernkopie (Telefax),
-Fernsehen (Teleshopping).

Anhang II

Finanzdienstleistungen nach Artikel 3 Absatz 1
-Wertpapierdienstleistungen;
-Versicherungs- und Rückversicherungsgeschäfte;
-Bankdienstleistungen;
-Tätigkeiten im Zusammenhang mit Versorgungsfonds;
-Dienstleistungen im Zusammenhang mit Termin- oder Optionsgeschäften. Diese Dienstleistungen umfassen insbesondere:

- Wertpapierdienstleistungen gemäß dem Anhang der Richtlinie 93/22/EWG[11]; Dienstleistungen von Wertpapierfirmen für gemeinsame Anlagen; - Dienstleistungen im Zusammenhang mit den Tätigkeiten, die im Anhang zur Richtlinie 89/646/EWG[12] genannt sind und für die die gegenseitige Anerkennung gilt;
- Versicherungs- und Rückversicherungsgeschäfte gemäß
  - Artikel 1 der Richtlinie 73/239/EWG[13];
  - dem Anhang der Richtlinie 79/267/EWG[14];
  - der Richtlinie 64/225/EWG[15];
  - den Richtlinien 92/49/EWG[16] und 92/96/EWG[17].

Erklärung des Rates und des Parlaments zu Artikel 6 Absatz 1

Der Rat und das Parlament nehmen zur Kenntnis, daß die Kommission prüfen wird, ob es möglich und wünschenswert ist, die Berechnungsmethode für die Bedenkzeit in den derzeit geltenden Verbraucherschutzvorschriften, insbesondere der Richtlinie 85/577/EWG vom 20. Dezember 1985 betreffend den Verbraucherschutz im Falle von außerhalb von Geschäftsräumen geschlossenen Verträgen ("Haustürgeschäfte")[18] zu
harmonisieren.

Erklärung der Kommission zu Artikel 3 Absatz 1 erster Gedankenstrich :

Die Kommission erkennt die Bedeutung des Verbraucherschutzes für Vertragsabschlüsse im Fernabsatz bei finanziellen Dienstleistungen an und hat daher ein Grünbuch "Finanzdienstleistungen -Wahrung der Verbraucherinteressen " vorgelegt. Im Lichte der Ergebnisse dieses Grünbuchs wird die Kommission prüfen, wie der Verbraucherschutz in die Finanzdienstleistungspolitik und in etwaige Rechtsvorschriften in diesem Bereich einbezogen werden kann, und erforderlichenfalls geeignete Vorschläge unterbreiten.

---

[11] ABl. Nr. L 141 vom 11.6.1993, S. 27
[12] AB1. Nr. L 386 vom 30. 12. 1989, S. 1. Richtlinie zuletzt geändert durch die Richtlinie 92/30/EWG (AB1. Nr. L 110 vom 28.4. 1992, S. 52).
[13] ABl. Nr. L 228 vom 16.8. 1973, S. 3. Richtlinie zuletzt geändert durch die Richtlinie 92/49/EWG (AB1. Nr. L 228 vom 11. 8. 1992, S. 1)
[14] ABl. Nr. L 63 vom 13.3. 1979, S. 1. Richtlinie zuletzt geändert durch die Richtlinie 90/619/EWG (AB1. Nr. L 330 vom 29. 11. 1990, S. 50).
[15] AB1. Nr. 56 vom 4. 4. 1964, S. 878/64. Richtlinie geändert durch die Beitrittsakte von 1973.
[16] AB1. Nr. L 228 vom 11.8.1992, S. 1.
[17] ABl. Nr. L 360 vom 9. 12.1992, S. 1
[18] ABl. Nr. L 372 vom 31. 12.1985, S. 31.

V.2. Text des aktuellen Entwurfs der Finanz-Fernabstzrichtlinie

Gemeinsamer Standpunkt (EG) Nr. 16/2002
vom Rat festgelegt am 19. Dezember 2001

im Hinblick auf den Erlaß der RICHTLINIE ... DES EUROPÄISCHEN PARLAMENTS UND DES RA TES über den Fernabsatz von Finanzdienstleistungen an Verbraucher und zur Änderung der Richtlinien 97/7/EG und 98/27/EG

DAS EUROPÄISCHE PARLAMENT UND DER RA T DER EUROPÄISCHEN UNION

gestützt auf den Vertrag zur Gründung der Europäischen Gemeinschaft, insbesondere auf Artikel 47 Absatz 2, Artikel 55 und Artikel 95,
auf Vorschlag der Kornmission,
nach Stellungnahme des Wirtschafts- und Sozialausschusses,
gemäß dem Verfahren des Artikels 251 des Vertrags ,
in Erwägung nachstehender Gründe:

(1) Im Ramen der Verwirklichung der Ziele des Binnenmarkts sind Maßnahmen zu dessen schrittweiser Festigung zu ergreifen. Diese Maßnahmen müssen gemäß den Artikeln 95 und 153 des Vertrags zur Erreichung eines hohen Verbraucherschutzniveaus beitragen.

(2) Für die Verbraucher wie auch für die Anbieter von Finanzdienstleistungen gehört der Fernasatz von Finandienstleistungen zu den wichtigsten greifbaren Ergebnissen des vollendeten Binnenmarkts.

(3) Im Binnenmarkt liegt es im Interesse der Verbraucher, gleichen Zugang zum breitestmöglichen Angebot an Finanzdienstleistungen zu haben, die in der Gemeinschaft verfügbar sind, damit die Verbraucher sich für die Leistungen entscheiden können, die ihren Bedürfnissen am meisten entsprechen. Um den Verbrauchern die Freiheit der wahl zu gewährleisten, die für sie ein wesentliches Recht darstellt, ist ein höheres Verbraucherschutzniveau unerläßlich, um sicherzustellen, daß das Vertrauen des Verbrauchers in den Fernabsatz wächst.

(4) Für das reibungslose Funktionieren des Binnenmarkts ist es wesentlich , daß die Verbraucher mit Anbietern außerhalb ihres Landes Verträge aushandeln und schließen können, und zwar unabhängig davon, ob der Anbieter auch in dem Mitgliedstaat über eine Niederlassungverfugt, in dem der Verbraucher ansässig ist.

(5) Aufgrund ihrer immateriellen Beschaffenheit eignen sich Finanzdienstleistungen insbesondere für Transaktionen im Fernabsatz; auch dürfte die Schaffung eines rechtlichen Rahmens für den Fernabsatz von Finanzdienstleistungen das Vertrauen des Verbrauchers in die Nutzung der neuen Fernabsatztechniken für Finanzdienstleistungen wie beispielsweise den elektronischen

Geschäftsverkehr stärken.

(6) Diese Richtlinie sollte im Einklang mit dem Vertrag unddem abgeleiteten Recht, einschließlich der Richtlinie 2000/31/EG über den elektronischen Geschäftsverkehr, angewendet werden, wobei die genannte Richtlinie nur fürdie von ihr erfassten Transaktionen gilt.

(7) Mit dieser Richtlinie sollen die vorgenannten Ziele erreichtwerden, ohne dass davon gemeinschaftliche oder nationale Vorschriften betreffend den freien Dienstleistungsverkehr oder gegebenenfalls die Kontrolle durch den Aufnahmemitgliedstaat und/oder die Zulassungs- oder Aufsichtsregelungen der Mitgliedstaaten berührt werden, soweit dies mit den Rechtsvorschriften der Gemeinschaft vereinbar ist.

(8) Außerdem berühren diese Richtlinie und insbesondere ihre Bestimmungen betreffend Informationen über Vertragsklauseln über das auf den Vertrag anwendbare Recht und/oder das zuständige Gericht nicht die Anwendbarkeit der Verordnung (EG) Nr. 44/2001 des Rates vom 22. Dezember 2000 über die gerichtliche Zuständigkeit und die Anerkennung und Vollstreckung von Entscheidungen in Zivil- und Handelssachen (5) sowie des Übereinkommens von Rom von 1980 über das auf vertragliche Schuldverhältnisse anzuwendende Recht auf den Fernabsatz von Finanzdienstleistungen.

(9) Zur Verwirklichung der Ziele des Aktionsplans für Finanzdienstleistungen ist in bestimmten Bereichen ein noch höheres Verbraucherschutzniveau erforderlich. Dies setzt eine größere Konvergenz, insbesondere bei nicht harmonisierten Investmentfonds, Verhaltensregeln für Investitionsdienstleistungen und Verbraucherkrediten voraus. Bis diese Konvergenz erreicht ist, ist ein hohes Verbraucherschutzniveau aufrechtzuerhalten.

(10)Die Richtlinie 97/7/EG des Europäischen Parlaments und des Rates vom 20. Mai 1997 über den Verbraucherschutz bei Vertragsabschlüssen im Fernabsatz[1] enthält die Kernbestimmungen über Verträge, die im Fernabsatz von Waren und Dienstleistungen zwischen einem Lieferer und einem Verbraucher geschlossen werden. Aus dieser Richtlinie sind Finanzdienstleistungen allerdings ausgeklammert.

(11)Im Rahmen ihrer Untersuchungen zur Feststellung des Bedarfs an spezifischen Maßnahmen in dem anstehenden Bereich hat die Kommission u.a. anläßlich ihres Grünbuchs „Finanzdienstleistungen -Wahrung der Verbraucherinteressen"[2] alle betroffenen Kreise um Stellungnahme gebeten. Die entsprechende Konsultierung hat gezeigt, daß eine Stärkung des Verbraucherschutzes in dem betreffenden Bereich erforderlich ist. Demzufolge hat die Kommmission beschlossen, einen Vorschlag für ein Regelungsinstrument

[1] Amtsblatt L 144 vom 04.06.1997, S. 19
[2] KOM (96) 209 endg. Vom 22.05.1996

betreffend den Fernabsatz von Finanzdienstleistungen vorzulegen[3].

(12)Gegensätzliche oder voneinander abweichende Verbraucherschutzbestimmungen der Mitgliedstaaten im Bereich Fernabsatz von Finanzdienstleistungen an Verbraucher könnten negative Auswirkungen auf den Binnenmarkt und den Wettbewerb der Unternehmen im Binnenmarkt zur Folge haben. Es ist daher geboten, auf Gemeinschaftsebene gemeinsame Regeln für den anstehenden Bereich einzuführen, wobei am allgemeinen Verbraucherschutz in den Mitgliedstaaten keine Abstriche vorgenommen werden dürfen.

(13) Mit der vorliegenden Richtlinie soll ein hohes Verbraucherschutzniveau gewährleistet werden, um den freien Verkehr von Finanzdienstleistungen sicherzustellen. Die Mitgliedstaaten sollten für die durch diese Richtlinie harmonisierten Bereiche keine anderen als die darin festgelegten Bestimmungen vorsehen dürfen, es sei denn, die Richtlinie sieht dies ausdrücklich vor.

(14)Diese Richtlinie erfaßt Finanzdienstleistungen jeder Art, die im Fernabsatz erbracht werden können. Für bestimmte Finanzdienstleistungen gelten jedoch besondere gemeinschaftsrechtliche Bestimmungen, die auch weiterhin auf diese Finanzdienstleistungen anwendbar sind. Dennoch sollten Grundsätze für den Fernabsatz solcher Dienstleistungen festgelegt werden.

(15) Der Vertragsabschluss im Fernabsatz setzt den Einsatz von Fernkommunikationsmitteln voraus, die im Rahmen eines für den Fernabsatz von Waren und Dienstleistungen organisierten Vertriebssystems eingesetzt werden, bei dem Anbieter und Verbraucher nicht gleichzeitig anwesend sind. Aufgrund der ständigen Weiterentwicklung dieser Techniken müssen Grundsätze formuliert werden, die auch für die noch wenig verbreiteten unter ihnen Gültigkeit haben. Fernabsatzverträge sind daher alle Verträge, bei denen das Angebot, die Verhandlung und der Abschluss selbst an getrennten Orten erfolgen.

(16) Ein und derselbe Vertrag, der aufeinander folgende oder getrennte Vorgänge der gleichen Art umfasst, die in einem zeitlichen Zusammenhang stehen, kann je nach Mitgliedstaat in rechtlicher Hinsicht unterschiedlich ausgestaltet sein; die vorliegende Richtlinie muss aber in allen Mitgliedstaaten gleichermaßen anwendbar sein. Daher sollte diese Richtlinie für den ersten einer Reihe von aufeinander folgenden oder getrennten Vorgängen der gleichen Art gelten, die in einem zeitlichen Zusammenhang stehen und als ein Gesamtvorgang betrachtet werden können, und zwar unabhängig davon, ob dieser Vorgang oder diese Reihe von Vorgängen Gegenstand eines einzigen Vertrags oder mehrerer aufeinander folgender Verträge ist.

(17) Als erste Dienstleistungsvereinbarung gelten beispielsweise eine Kontoer-

[3] Mitteilung der Kommission „Finanzdienstleistungen: Das Vertrauen der Verbraucher stärken" , KOM (97) 309 endg. Vom 26.06.1997

öffnung, der Erwerb einer Kreditkarte oder der Abschluss eines Portfolioverwaltungsvertrags; als „Vorgänge“ gelten beispielsweise Einzahlungen auf das eigene Konto oder Abhebungen vom eigenen Konto, Zahlungen per Kreditkarte oder Transaktionen im Rahmen eines Portfolioverwaltungsvertrags. Die Erweiterung einer ersten Vereinbarung um neue Komponenten, z. B. um die Möglichkeit, ein elektronisches Zahlungsinstrument zusammen mit dem vorhandenen Bankkonto zu benutzen, ist nicht ein „Vorgang“, sondern ein Zusatzvertrag, auf den diese Richtlinie Anwendung findet. Zeichnungen neuer Anteile desselben Investmentfonds gelten als „aufeinanderfolgende Vorgänge der gleichen Art“.

(18) Unter die Richtlinie fällt die organisierte Bereitstellung von Dienstleistungen durch den Anbieter von Finanzdienstleistungen, nicht jedoch die Bereitstellung von Dienstleistungen auf gelegentlicher Basis und außerhalb einer Absatzstruktur, deren Zweck der Abschluss von Fernabsatzverträgen ist.

(19) Als Anbieter gilt die Person, die Leistungen auf Distanz erbringt. Die Richtlinie sollte aber gleichermaßen Anwendung finden, wenn sich eine der Absatzphasen unter Mitwirkung eines Vermittlers vollzieht. Mit Rücksicht auf die Art und den Umfang dieser Mitwirkung sollten die einschlägigen Bestimmungen dieser Richtlinie unabhängig von der Rechtsstellung des Vermittlers auf diesen anwend bar sein.

(20) Zu den dauerhaften Datenträgern gehören insbesondere Disketten, CD-ROMs, DVDs und die Festplatte des Computers des Verbrauchers, auf der die elektronische Post gespeichert wird, jedoch nicht Internet-Websites, es sei denn, sie erfüllen die in der Definition des Begriffs „dauerhaftes Medium“ enthaltenen Kriterien.

(21) Der Einsatz eines Fernkommunikationsmittels darf nicht zu einer ungerechtfertigten Einschränkung der dem Verbraucher vermittelten Information führen. Aus Trans- parenzgründen werden in dieser Richtlinie Anforderungen festgelegt, die eine angemessene Verbraucherinformation vor und nach Abschluss eines Vertrags gewährleisten. Vor Abschluss eines Vertrags sollten dem Verbraucher die erforderlichen Vorabinformationen zugehen, damit er die ihm angebotene Finanzdienstleistung entsprechend be urteilen und folglich in Kenntnis der Sache seine Entscheidung treffen kann. Der Anbieter sollte ausdrücklich angeben, wie lange sein etwaiges Angebot gültig ist.

(22) Die in dieser Richtlinie aufgeführten Informationselemente betreffen Informationen allgemeiner Art, die für alle Arten von Finanzdienstleistungen gelten. Die sonstigen Informa- tionspflichten in Bezug auf die Merkmale einer bestimmten Dienstleistung, wie der Versicherungsschutz einer Versicherungspolice, sind nicht nur in dieser Richtlinie angegeben. Derartige Informationen sollten gegebenenfalls im Einklang mit den einschlägigen gemeinschaftlichen Rechtsvorschriften oder den gemäß diesen erlassenen nationalen Rechtsvorschriften erteilt werden.

(23)Um einen optimalen Schutz des Verbrauchers zu gewährleisten, muss dieser hinlänglich über die Bestimmungen dieser Richtlinie und die auf diesem Gebiet gegebenenfalls bestehenden Verhaltensmaßregeln informiert werden, und ihm sollte ein Recht auf Widerruf eingeräumt werden.

(24) Besteht das Widerrufsrecht nicht, weil der Verbraucher die Erfüllung eines Vertrags ausdrücklich verlangt hat, dann sollte der Anbieter den Verbraucher davon unterrichten.

(25) Der Verbraucher muss vor unaufgefordert erbrachten Dienstleistungen geschützt werden. Im Falle unaufgefordert erbrachter Leistungen sollte er von jeder Verpflichtung befreit sein; dabei darf das Ausbleiben einer Reaktion nicht als Zustimmung seinerseits verstanden werden. Diese Regel sollte jedoch nicht die stillschweigende Verlängerung wirksamer Verträge zwischen den Parteien berühren, wenn das Recht der Mitgliedstaaten eine solche stillschweigende Verlängerung zulässt.

(26)Die Mitgliedstaaten sollten die geeigneten Maßnahmen ergreifen, um die Verbraucher, die keine Kontaktaufnahme durch bestimmte Kommunikationsmittel oder zu bestimmten Zeiten wünschen, auf wirksame Weise vor derartigen Kontakten zu schützen. Von dieser Richtlinie sollten die zusätzlichen Garantien unberührt bleiben, die dem Verbraucher aufgrund gemeinschaftlicher Regelungen über den Schutz der Privatsphäre und personenbezogener Daten zustehen.

(27)Um die Verbraucher zu schützen, muss es in den Mitgliedstaaten angemessene und wirksame Beschwerde- und Rechtsbehelfsverfahren zur Beilegung etwaiger Streitigkei-ten zwischen Anbietern und Verbrauchern geben; dabei sollten gegebenenfalls bestehende Verfahren genutzt werden.

(28)Die Mitgliedstaaten sollten die bestehenden öffentlichen oder privaten Einrichtungen, denen die außergerichtliche Beilegung von Rechtsstreitigkeiten obliegt, zur Kooperation bei der Beilegung grenzübergreifender Streitfälle ermutigen. Diese Kooperation könnte insbesondere dazu dienen, dem Verbraucher die Möglichkeit zu geben, bei den außergerichtlichen Instanzen, die in dem Mitgliedstaat seines Wohnsitzes bestehen, Beschwerde gegen Anbieter zu erheben, die in einem anderen Mitgliedstaat ansässig sind. Mit der Schaffung von FIN-NET wird Verbrauchern umfassendere Unterstützung gewährt, wenn sie grenzübergreifende Dienste in Anspruch nehmen.

(29)Diese Richtlinie hindert die Mitgliedstaaten nicht daran, im Einklang mit den gemeinschaftlichen Rechtsvorschriften den Schutz dieser Richtlinie auf gemeinnützige Organisationen oder Personen auszuweiten, die Finanzdienstleistungen in Anspruch nehmen, um Unternehmer zu werden.

(30)Die Richtlinie sollte auch für Fälle gelten, in denen die einzelstaatlichen Rechtsvorschriften die Abgabe einer verbindlichen vertraglichen Erklärung durch den Verbraucher vorsehen.

(31)Die Bestimmungen in dieser Richtlinie betreffend die Wahl der Sprache durch den Anbieter sollten unbeschadet der Bestimmungen der einzelstaatlichen, im Einklang mit den Rechtsvorschriften der Gemeinschaft erlassenen Rechtsvorschriften über die Wahl der Sprache gelten.

(32)Im Rahmen des Allgemeinen Übereinkommens über den Handel mit Dienstleistungen (GATS) sind die Gemeinschaft und die Mitgliedstaaten Verpflichtungen hinsichtlich der Möglichkeit für Verbraucher, im Ausland Bank- und Investmentdienstleistungen zu erwerben, eingegangen. Nach dem GATS können die Mitgliedstaaten aus aufsichtsrechtlichen Gründen, unter anderem zum Schutz der Anleger, der Einleger, der Versicherungsnehmer und der Personen, denen der Anbieter einer Finanzdienstleistung eine solche Finanzdienstleistung schuldet, Maßnahmen erlassen. Mit derartigen Maßnahmen sollten keine Einschränkungen auferlegt werden dürfen, die über das zur Gewährleistung des Verbraucherschutzes erforderliche Maß hinausgehen.

(33)Im Hinblick auf die Annahme dieser Richtlinie ist es erforderlich, den Anwendungsbereich der Richtlinie 97/7/EG und der Richtlinie 98/27/EG des Europäischen Parlaments und des Rates vom 19. Mai 1998 über Unterlassungsklagen zum Schutz der Verbraucherinteressen (1) und den Anwendungsbereich der Widerrufsfrist der Richtlinie 90/619/EWG des Rates vom 8. November 1990 zur Koordinierung der Rechts- und Verwaltungsvorschriften für die Direktversicherung (Lebensversicherung) und zur Erleichterung der tatsächlichen Ausübung des freien Dienstleistungsverkehrs (2) anzupassen.

(34)Da das Ziel dieser Richtlinie, nämlich die Aufstellung gemeinschaftlicher Regelungen über den Fernabsatz von Dienstleistungen an Verbraucher, auf Ebene der Mitgliedstaaten nicht ausreichend erreicht werden kann und daher besser auf Gemeinschaftsebene zu erreichen ist, kann die Gemeinschaft im Einklang mit dem in Artikel 5 des Vertrags niedergelegten Subsidiaritätsgrundsatz tätig werden. Entsprechend dem Verhältnismäßigkeitsgrundsatz nach demselben Artikel geht diese Richtlinie nicht über das für die Erreichung dieses Ziels erforderliche Maß hinaus -

HABEN FOLGENDE RICHTLINIE ERLASSEN:

Artikel 1 - **Anwendungsbereich**

(1) Gegenstand dieser Richtlinie ist die Angleichung der Rechts- und Verwaltungsvorschriften der Mitgliedstaaten über den Fernabsatz von Finanzdienstleistungen an Verbraucher .

(2) Bei Verträgen über Finanzdienstleistungen, die eine erstmalige Dienstleistungsvereinbarung mit daran anschließenden aufeinander folgenden Vor-

gängen oder einer daran anschließenden Reihe von Vorgängen der gleichen Art umfassen, die in einem zeitlichen Zusammenhang stehen, gelten die Bestimmungen dieser Richtlinie nur für die erste Vereinbarung.

Falls es keine erstmalige Dienstleistungsvereinbarung gibt, aber die aufeinander folgenden oder getrennten Vorgänge der gleichen Art, die in einem zeitlichen Zusammenhang stehen, zwischen den gleichen Vertragsparteien abgewickelt werden, gelten die Artikel 3 und 4 nur für den ersten Vorgang. Findet jedoch länger als ein Jahr kein Vorgang der gleichen Art mehr statt, so gilt der nächste Vorgang als der erste einer neuen Reihe von Vorgängen, so dass die Artikel 3 und 4 Anwendung finden.

Artikel 2 – **Begriffsbestimmungen**

Im Sinne dieser Richtlinie bezeichnet der Ausdruck

a) „Fernabsatzvertrag" jeden zwischen einem Anbieter und einem Verbraucher geschlossenen, Finanzdienstleistungen betreffenden Vertrag, der im Rahmen eines für den Fernabsatz organisierten Vertriebs- bzw. Dienstleistungssystems des Anbieters geschlossen wird, wobei dieser für den Vertrag bis zu und einschließlich dessen Abschlusses ausschließlich ein oder mehrere Fernkommunikationsmittel verwendet;

b) „Finanzdienstleistung" jede Bankdienstleistung sowie jedeDienstleistung im Zusammenhang mit einer Kreditgewährung, Versicherung, Altersversorgung von Einzelpersonen,Geldanlage oder Zahlung;

c) „Anbieter" jede natürliche oder juristische Person des öffentichen oder privaten Rechts, die im Rahmen ihrer gewerblichen oder beruflichen Tätigkeit Dienstleistungen aufgrundvon Fernabsatzverträgen erbringt;

d) „Verbraucher" jede natürliche Person, die bei Fernabsatzverträgen zu Zwecken handelt, die nicht ihrer gewerblichen oder beruflichen Tätigkeit zugerechnet werden können;

e) „Fernkommunikationsmittel" jedes Kommunikationsmittel, das ohne gleichzeitige körperliche Anwesenheit des Anbieters und des Verbrauchers für den Fernabsatz einer Dienstleistung zwischen diesen Parteien eingesetzt werden kann;

f) dauerhafter Datenträgeri. jedes Medium, das es dem Verbraucher gestattet, an ihn persönlich gerichtete Informationen derart zu speichern, dass er sie in der Folge für eine für die Zwecke der Informationen angemessene Dauer einsehen kann, und das die unveränderte Wiedergabe der gespeicherten Informationen ermöglicht;

g) „Betreiber oder Anbieter eines Fernkommunikationsmittels" jede natürliche oder juristische Person des öffentlichen oder privaten Rechts, deren gewerbliche oder berufliche Tätigkeit darin besteht, den Anbietern eine oder mehrere Fernkommunikationsmittel zur Verfügung zu stellen.

Artikel 3 – **Unterrichtung des Verbrauchers**

(1) Rechtzeitig bevor der Verbraucher durch einen Fernabsatzvertrag oder durch ein Angebot gebunden ist, sind ihm folgende Informationen zur Verfügung zu stellen:

1. betreffend den Anbieter
   a) die Identität und Hauptgeschäftstätigkeit des Anbieters, die Anschrift seiner Niederlassung und jede andere Anschrift, die für die Geschäftsbeziehung zwischen demVerbraucher und dem Anbieter maßgeblich ist;
   b) die Identität des Vertreters des Anbieters in dem Mitgliedstaat, in dem der Verbraucher seinen Wohnsitz hat, und die Anschrift, die für die Geschäftsbeziehung zwischen dem Verbraucher und dem Vertreter maßgeblich ist, wenn es einen Vertreter gibt;
   c) wenn der Verbraucher mit einer anderen gewerblich tätigen Person als dem Anbieter geschäftlich zu tun hat, die Identität dieser Person, die Eigenschaft, in der sie gegen-über dem Verbraucher tätig wird, und die Anschrift, die für die Geschäftsbeziehung zwischen dem Verbraucher und dieser Person maßgeblich ist;
   d) wenn der Anbieter in ein Handelsregister oder ein vergleichbares öffentliches Register eingetragen ist, das Handelsregister, in das er eingetragen ist, und seine Handelsregisternummer oder eine gleichwertige in diesem Register verwendete Kennung;
   e) soweit für die Tätigkeit des Anbieters eine Zulassungerforderlich ist, die Angaben zur zuständigen Aufsichtsbehörde;

2. betreffend die Finanzdienstleistung
   a) eine Beschreibung der wesentlichen Merkmale der Finanzdienstleistung;
   b) den Gesamtpreis, den der Verbraucher dem Anbieter für die Finanzdienstleistung schuldet, einschließlich aller damit verbundenen Provisionen, Gebühren und Abgaben sowie aller über den Anbieter abgeführten Steuern, oder, wenn kein genauer Preis angegeben werden kann, die Grundlage für seine Berechnung, die dem Verbraucher eine Überprüfung des Preises ermöglicht;
   c) gegebenenfalls einen Hinweis darauf, dass sich die Finanzdienstleistung auf Finanzinstrumente bezieht, die wegen ihrer spezifischen Merkmale oder der durchzuführ renden Vorgänge mit speziellen Risiken behaftet sind oder deren Preis Schwankungen auf dem Finanzmarkt unterliegt, auf die der Anbieter keinen Einfluss hat, und einen Hinweis

darauf, dass in der Vergangenheit erwirtschaftete Erträge kein Indikator für künftige Erträge sind;

d) einen Hinweis auf mögliche weitere Steuern und/oder Kosten, die nicht über den Anbieter abgeführt oder von ihm in Rechnung gestellt werden;
e) Angaben zu einer etwaigen Beschränkung des Zeitraums, während dessen die zur Verfügung gestellten Informationen gültig sind;
f) Einzelheiten hinsichtlich der Zahlung und der Erfüllung;
g) alle spezifischen zusätzlichen Kosten, die der Verbraucher für die Benutzung des Fernkommunikationsmittels zu tragen hat, wenn solche zusätzlichen Kosten in Rechnung gestellt werden;

3. betreffend den Fernabsatzvertrag
   a) Bestehen oder Nichtbestehen eines Widerrufsrechts gemäß Artikel 6 sowie für den Fall, dass ein solches Recht besteht, die Widerrufsfrist und Modalitäten für dessen Ausübung, einschließlich des Betrags, den der Verbraucher gegebenenfalls gemäß Artikel 7 Absatz 1 zu entrichten hat, sowie die Folgen der Nichtausübung dieses Rechts;
   b) die Mindestlaufzeit des Fernabsatzvertrags, wenn dieser die Erbringung einer dauernden oder regelmäßig wiederkehrenden Finanzdienstleistung zum Inhalt hat;
   c) Angaben zum Recht der Parteien, den Fernabsatzvertrag vorzeitig oder einseitig aufgrund der Vertragsbedingungen zu kündigen, einschließlich aller Vertragsstrafen, die in einem solchen Fall auferlegt werden;
   d) praktische Hinweise zu der Ausübung des Widerrufsrechts, darunter Angabe der Anschrift, an die die Mitteilung über den Widerruf zu senden ist;
   e) den oder die Mitgliedstaaten, dessen bzw. deren Recht der Anbieter der Aufnahme von Beziehungen zum Verbraucher vor Abschluss des Fernabsatzvertrags zugrunde legt;
   f) Vertragsklausel über das auf den Fernabsatzvertrag anwendbare Recht und/oder über das zuständige Gericht;
   g) Angaben darüber, in welcher Sprache oder in welchen Sprachen die Vertragsbedingungen und die in diesem Artikel genannten Vorabinformationen mitgeteilt werden, sowie darüber, in welcher Sprache oder in welchen Sprachen sich der Anbieter verpflichtet, mit Zustimmung des Verbrauchers die Kommunikation während der Laufzeit dieses Vertrags zu führen;

4. betreffend den Rechtsbehelf
   a) Angaben darüber, ob der Verbraucher, der Vertragspartei ist, Zugang zu einem außergerichtlichen Beschwerde- und Rechtsbehelfsverfahren hat, und gegebenenfalls die Voraussetzungen für diesen Zugang;
   b) Angaben über das Bestehen eines Garantiefonds oder anderer Entschädigungsregelungen, die nicht unter die Richtlinie 94/19/EG des Europäischen Parlaments und des Rates vom 30. Mai 1994 über Einlagensicherungssysteme und die Richtlinie 97/9/EG des Europäischen

Parlaments und des Rates vom 3. März 1997 über Sys teme für die Entschädigung der Anleger fallen.

(2) Die in Absatz 1 genannten Informationen, deren geschäftlicher Zweck unmissverständlich zu erkennen sein muss, sind auf klare und verständliche Weise in einer dem benutzten Fernkommunikationsmittel angepassten Weise zu erteilen; dabei ist insbesondere der Grundsatz von Treu und Glauben im Geschäftsverkehr sowie der Grundsatz des Schutzes der Per sonen, die nach dem Recht der Mitgliedstaaten nicht geschäftsfähig sind, wie zum Beispiel Minderjährige, zu wahren.

(3) Bei fernmündlicher Kommunikation

a) wird die Identität des Anbieters und der geschäftliche Zweck des vom Anbieter initiierten Anrufs zu Beginn eines jeden Gesprächs mit dem Verbraucher offen gelegt;

b) brauchen - vorbehaltlich der ausdrücklichen Zustimmung des Verbrauchers - nur folgende Informationen übermitteltzu werden:

- Identität der Kontaktperson des Verbrauchers und deren Verbindung zum Anbieter;
- Beschreibung der Hauptmerkmale der Finanzdienstleistung;
- Gesamtpreis, den der Verbraucher dem Anbieter für die Finanzdienstleistung schuldet, einschließlich aller über den Anbieter abgeführten Steuern, oder, wenn kein genauer Preis angegeben werden kann, die Grundlage für die Berechnung des Preises, die dem Verbraucher eine Überprüfung des Preises ermöglicht;
- Hinweis auf mögliche weitere Steuern und/oder Kosten, die nicht über den Anbieter abgeführt oder von ihm in Rechnung gestellt werden;
- Bestehen oder Nichtbestehen eines Widerrufsrechts gemäß Artikel 6 sowie für den Fall, dass ein Widerrufsrecht besteht, die Widerrufsfrist und Modalitäten für dessen Ausübung, einschließlich des Betrags, den der Verbraucher gegebenenfalls gemäß Artikel 7 Absatz 1 zu entrichten hat.

Der Anbieter informiert den Verbraucher darüber, dass auf Wunsch weitere Informationen übermittelt werden können, und, welcher Art diese Informationen sind. Der Anbieter erteilt auf jeden Fall sämtliche Informationen, wenn er seinen Verpflichtungen nach Artikel 5 nachkommt.

(4) Informationen über vertragliche Verpflichtungen, die dem Verbraucher im Vorfeld des Vertragsabschlusses mitzuteilen sind, müssen im Einklang mit den vertraglichen Verpflichtungen stehen, die sich aufgrund des Rechts ergeben würden, dessen Anwendbarkeit auf den Fernabsatzvertrag im Falle seines Abschlusses angenommen wird.

Artikel 4 - **Zusätzliche Auskunftpflichten**

(1) Enthalten die gemeinschaftlichen Rechtsvorschriften über Finanzdienstleistungen Bestimmungen mit zusätzlichen Anforderungen an eine vorherige Auskunftserteilung, die über die in Artikel 3 Absatz 1 genannten hinausgehen, so gelten dieseAnforderungen weiterhin.

(2) Bis zu einer weiteren Harmonisierung können die Mitgliedstaaten strengere Bestimmungen über die Anforderungen an eine vorherige Auskunftserteilung aufrechterhalten oder erlassen, wenn diese Bestimmungen mit dem Gemeinschaftsrecht im Einklang stehen.

(3) Die Mitgliedstaaten teilen der Kommission die einzelstaatlichen Bestimmungen über die Anforderungen an eine vorherige Auskunftserteilung im Sinne der Absätze 1 und 2 mit, wenn es sich dabei um Anforderungen handelt, die zu den in Artikel 3 Absatz 1 genannten hinzukommen. Die Kommission berücksichtigt die mitgeteilten einzelstaatlichen Bestimmungen bei der Erstellung des Berichts gemäß Artikel 20 Absatz 2.

(4) Um durch alle geeigneten Mittel ein hohes Maß an Transparenz zu schaffen, trägt die Kommission dafür Sorge, dass die ihr mitgeteilten einzelstaatlichen Bestimmungen auch Verbrauchern und Anbietern zur Verfügung stehen.

Artikel 5 - **Übermittlung der Vertragsbedingungen und Vorabinformationen**

(1) Rechtzeitig bevor der Verbraucher durch einen Fernabsatzvertrag oder durch ein Angebot gebunden ist, übermittelt der Anbieter dem Verbraucher alle Vertragsbedingungen sowie die in Artikel 3 Absatz 1 und Artikel 4 genannten Informatio nen in Papierform oder auf einem anderen dauerhaften Datenträger, der dem Verbraucher zur Verfügung steht und zu dem er Zugang hat.

(2) Der Anbieter kommt der Verpflichtung gemäß Absatz 1 unverzüglich nach Abschluss des Fernabsatzvertrags nach, wenn der Vertrag auf Ersuchen des Verbrauchers mittels eines Fernkommunikationsmittels geschlossen wurde, das die Vorlage der Vertragsbedingungen sowie der entsprechenden Informationen gemäß Absatz 1 nicht gestattet.

(3) Zu jedem Zeitpunkt des Vertragsverhältnisses kann der Verbraucher die Vorlage der Vertragsbedingungen in Papierform verlangen. Außerdem ist der Verbraucher berechtigt, ein anderes Fernkommunikationsmittel zu verwenden, es sei denn, dass dies mit dem geschlossenen Fernabsatzvertrag oder der Art der erbrachten Finanzdienstleistung unvereinbar ist.

Artikel 6 - **Widerrufsrecht**

(1) Die Mitgliedstaaten tragen dafür Sorge, dass der Verbraucher innerhalb einer Frist von 14 Kalendertagen den Vertrag widerrufen kann, ohne Gründe nennen oder eine Vertragsstrafe zahlen zu müssen. Bei Fernabsatzverträgen über Lebensversicherungen, die unter die Richtlinie 90/619/EWG fallen, und bei Fernabsatzverträgen über die Altersversorgung von Einzelpersonen wird diese Frist jedoch auf 30 Kalendertage verlängert.

Die Widerrufsfrist beginnt zu laufen:

- entweder am Tag des Abschlusses des Fernabsatzvertrags, außer bei den genannten Lebensversicherungen, bei denen die Frist mit dem Zeitpunkt beginnt, zu dem der Verbrau-cher über den Abschluss des Fernabsatzvertrags informiert wird;
- oder an dem Tag, an dem der Verbraucher die Vertragsbedingungen und Informationen gemäß Artikel 5 Absatz 1 oder 2 erhält, wenn dieser Zeitpunkt später als der im ersten Gedankenstrich genannte liegt.

Die Mitgliedstaaten können zusätzlich zum Widerrufsrecht vorsehen, dass die Wirksamkeit von Fernabsatzverträgen über Geldanlagedienstleistungen für die Dauer der in diesem Absatz vorgesehenen Frist ausgesetzt wird.

(2) Das Widerrufsrecht ist ausgeschlossen bei

a) Finanzdienstleistungen, deren Preis auf dem Finanzmarkt Schwankungen unterliegt, auf die der Anbieter keinen Einfluss hat und die innerhalb der Widerrufsfrist auftreten können, wie z. B. Dienstleistungen im Zusammenhang mit
   - Devisen,
   - Geldmarktinstrumenten,
   - handelbaren Wertpapieren,
   - Anteilen an Anlagegesellschaften,
   - Finanztermingeschäften (Futures) einschließlich gleichwertiger Instrumente mit Barzahlung,
   - Zinstermingeschäften (FRA),
   - Zins- und Devisenswaps sowie Swaps auf Aktien- oder Aktienindexbasis („equity swaps"),
   - Kauf- oder Verkaufsoptionen auf alle in diesem Buchstaben genannten Instrumente einschließlich gleichwertiger Instrumente mit Barzahlung. Zu dieser Kategorie gehören insbesondere die Devisen- und die Zinsoptionen;

b) Reise- und Gepäckversicherungspolicen oder bei ähnlichen kurzfristigen Versicherungspolicen mit einer Laufzeit von weniger als einem Monat;

c) Verträgen, die auf ausdrücklichen Wunsch des Verbrauchers von beiden Seiten bereits voll erfüllt sind, bevor der Verbraucher sein Widerrufsrecht ausübt.

(3) Die Mitgliedstaaten können bestimmen, dass das Widerrufsrecht in folgenden Fällen ausgeschlossen ist:

a) bei einem Kredit, der hauptsächlich für den Erwerb oder die Erhaltung von Eigentumsrechten an einem Grundstück oder einem bestehenden oder geplanten Gebäude oder zur Renovierung oder Aufwertung eines Gebäudes bestimmt ist; oder
b) bei einem Kredit, der entweder durch eine Hypothek auf einen unbeweglichen Vermögensgegenstand oder durch ein Recht an einem unbeweglichen Vermögensgegenstand gesichert ist.

Das Recht auf eine Bedenkzeit zugunsten der Verbraucher mit Wohnsitz in einem Mitgliedstaat, in dem ein solches Recht zum Zeitpunkt der Annahme dieser Richtlinie besteht, bleibt von diesem Absatz unberührt.

(4) Die Mitgliedstaaten, die von der in Absatz 3 vorgesehenen Möglichkeit Gebrauch machen, teilen dies der Kommission mit.

(5) Die Kommission leitet die von den Mitgliedstaaten übermittelten Informationen an das Europäische Parlament und den Rat weiter und stellt sicher, dass diese auf Wunsch auch den Verbrauchern und Anbietern zur Verfügung stehen.

(6) Übt der Verbraucher sein Widerrufsrecht aus, so teilt er dies vor Fristablauf unter Beachtung der ihm gemäß Artikel 3 Absatz 1 Nummer 3 Buchstabe d) gegebenen praktischen Hinweise in einer Weise mit, die einen Nachweis entsprechend den einzelstaatlichen Rechtsvorschriften ermöglicht. Die Frist gilt als gewahrt, wenn die Mitteilung, sofern sie in Papierform oder auf einem anderen dauerhaften dem Empfänger zur Verfügung stehenden und ihm zugänglichen Datenträger erfolgt, vor Fristablauf abgesandt wird.

(7) Dieser Artikel gilt nicht für Kreditverträge, die gemäß Artikel 6 Absatz 4 der Richtlinie 97/7/EG oder Artikel 7 der Richtlinie 94/47/EG des Europäischen Parlaments und des Rates vom 26. Oktober 1994 zum Schutz der Erwerber im Hinblick auf bestimmte Aspekte von Verträgen über den Erwerb von Teilzeitnutzungsrechten an Immobilien (1) widerrufen wurden.
Wurde einem Fernabsatzvertrag über eine bestimmte Finanzdienstleistung ein anderer Fernabsatzvertrag hinzugefügt, derDienstleistungen des Anbieters oder eines Dritten auf der Grundlage einer Vereinbarung zwischen dem Dritten und dem Anbieter betrifft, so wird dieser Zusatzvertrag ohne Vertragsstrafe aufgelöst, wenn der Verbraucher sein Widerrufsrecht nach Artikel 6 Absatz 1 ausübt.

(8) Dieser Artikel berührt nicht die Rechts- und Verwaltungsvorschriften der Mitgliedstaaten über die Kündigung, die Auflösung oder die Unwirksamkeit eines

Fernabsatzvertrags oder das Recht eines Verbrauchers, seine vertraglichen Verpflichtungen vor der in dem Fernabsatzvertrag festgesetzten Frist zu erfüllen. Dies gilt ungeachtet der Bedingungen für eine Aufhebung des Fernabsatzvertrags und deren rechtliche Wirkungen.

Artikel 7 - **Zahlung für eine vor Widerruf des Vertrags erbrachte Dienstleistung**

(1) Übt der Verbraucher sein Widerrufsrecht gemäß Artikel 6 Absatz 1 aus, so darf von ihm lediglich die unverzügliche Zahlung für die vom Anbieter gemäß dem Fernabsatzvertrag tatsächlich erbrachte Dienstleistung verlangt werden. Der zu zahlende Betrag darf

- einen Betrag nicht überschreiten, der dem Anteil der bereits erbrachten Dienstleistungen im Vergleich zum Gesamtumfang der im Fernabsatzvertrag vorgesehenen Dienstleistungen entspricht;
- nicht so bemessen sein, dass er als Vertragsstrafe verstanden werden könnte.

(2) Die Mitgliedstaaten können bestimmen, dass der Verbraucher keinen Betrag schuldet, wenn er eine Versicherungspolice kündigt.

(3) Der Anbieter darf vom Verbraucher eine Zahlung gemäß Absatz 1 nur verlangen, wenn er nachweisen kann, dass der Verbraucher über den zu zahlenden Betrag gemäß Artikel 3 Absatz 1 Nummer 3 Buchstabe a) ordnungsgemäß unterrichtet worden ist. Er kann eine solche Zahlung jedoch nicht verlangen, wenn er vor Ende der Widerrufsfrist gemäß Artikel 6Absatz 1 ohne ausdrückliche Zustimmung des Verbrauchersmit der Vertragsausführung begonnen hat.

(4) Der Anbieter erstattet dem Verbraucher unverzüglich und spätestens binnen 30 Kalendertagen jeden Betrag, den er von diesem gemäß dem Fernabsatzvertrag erhalten hat; hiervon ausgenommen ist der in Absatz 1 genannte Betrag. Diese Frist beginnt an dem Tag, an dem der Anbieter die Mitteilung überden Widerruf erhält.

(5) Der Verbraucher gibt unverzüglich und nicht später als binnen 30 Kalendertagen vom Anbieter erhaltene Geldbeträge und/oder Gegenstände an den Anbieter zurück. Diese Frist beginnt an dem Tag, an dem der Verbraucher die Mitteilung über den Widerruf abschickt.

Artikel 8 - **Zahlung mittels Karte**

Die Mitgliedstaaten tragen dafür Sorge, dass geeignete Vorkehrungen bestehen, damit

- der Verbraucher im Fall einer betrügerischen Verwendung seiner Zahlungskarte im Rahmen eines Fernabsatzvertrags die Stornierung einer Zahlung verlangen kann;
- dem Verbraucher im Falle einer solchen betrügerischen Verwendung die Zahlung gutgeschrieben oder erstattet wird.

Artikel 9 - **Unaufgefordert erbrachte Dienstleistungen**

Unbeschadet der Rechtsvorschriften der Mitgliedstaaten über die stillschweigende Verlängerung von Fernabsatzverträgen und soweit danach eine stillschweigende Verlängerung möglich ist, treffen die Mitgliedstaaten die erforderlichen Maßnahmen, um

- die Erbringung von Finanzdienstleistungen an Verbraucher,die diese nicht angefordert haben, zu untersagen, wenn mit dieser Leistungserbringung eine Aufforderung zur sofortigen oder späteren Zahlung verbunden ist;
- bei Erbringung unaufgefordert erbrachter Leistungen die Verbraucher von jeder Verpflichtung zu befreien, wobei das Ausbleiben einer Antwort nicht als Einwilligung gelten darf.

Artikel 10 - **Unerwünschte Mitteilungen**

(1) Die Verwendung folgender Fernkommunikationsmittel durch einen Anbieter bedarf der vorherigen Einwilligung des Verbrauchers:

a) telefonische Kommunikation mit einem Anrufautomaten (Voice-Mail-System);
b) Telefax.

(2) Die Mitgliedstaaten tragen dafür Sorge, dass andere Fernkommunikationsmittel als die in Absatz 1 genannten, die eine individuelle Kommunikation erlauben,

a) ohne die Zustimmung des betreffenden Verbrauchers nicht zulässig sind, oder
b) nur benutzt werden dürfen, wenn der Verbraucher keine deutlichen Einwände dagegen erhebt.

(3) Die Maßnahmen nach den Absätzen 1 und 2 dürfen dem Verbraucher keine Kosten verursachen.

Artikel 11 - **Sanktionen**

Die Mitgliedstaaten sehen angemessene Sanktionen zur Ahndung von Verstößen des Anbieters gegen im Einklang mit dieser Richtlinie erlassene einzelstaatliche Vorschriften vor.

Zu diesem Zweck können sie insbesondere vorsehen, dass der Verbraucher den Vertrag jederzeit kündigen kann, ohne dass ihm daraus Kosten entstehen oder er eine Vertragsstrafe zahlen
muss.

Diese Sanktionen müssen wirksam, verhältnismäßig und abschreckend sein.

Artikel 12 - **Unabdingbarkeit der Bestimmungen dieser Richtlinie**

(1) Der Verbraucher kann auf die Rechte, die ihm durch diese Richtlinie eingeräumt werden, nicht verzichten.

(2) Die Mitgliedstaaten treffen die erforderlichen Maßnahmen, um sicherzustellen, dass der Verbraucher den durch diese Richtlinie gewährten Schutz nicht dadurch verliert, dass das Recht eines Drittstaates als das auf den Vertrag anzuwendende Recht gewählt wird, wenn der Vertrag eine enge Verbindung mit dem Hoheitsgebiet eines oder mehrerer Mitgliedstaaten aufweist.

Artikel 13 - **Rechtsbehelfe vor Gericht oder bei den Verwaltungsbehörden**

(1) Die Mitgliedstaaten sorgen für angemessene und wirksame Mittel, mit denen die Einhaltung dieser Richtlinie im Interesse der Verbraucher sichergestellt wird.

(2) Die in Absatz 1 genannten Mittel schließen Rechtsvorschriften ein, nach denen eine oder mehrere der folgenden nach den innerstaatlichen Rechtsvorschriften bestimmten Einrichtungen gemäß dem jeweiligen innerstaatlichen Recht die Gerichte oder die zuständigen Verwaltungsbehörden anrufen kann bzw. können, um die Anwendung der innerstaatlichenVorschriften zur Umsetzung dieser Richtlinie sicherzustellen:
   a) öffentliche Einrichtungen oder ihre Vertreter;
   b) Verbraucherverbände, die ein berechtigtes Interesse am Schutz der Verbraucher haben;
   c) Berufsverbände, die ein Rechtsschutzinteresse haben.

(3) Die Mitgliedstaaten treffen die erforderlichen Maßnahmen, damit die Betreiber und Anbieter von Fernkommunikationsmitteln, sofern sie hierzu in der Lage sind, Praktiken einstellen, die durch eine ihnen zugestellte Entscheidung eines Gerichts, einer Verwaltungsbehörde oder einer Aufsichtsbehörde für nicht mit dieser Richtlinie vereinbar befunden worden sind.

Artikel 14 - **Außergerichtliche Rechtsbehelfe**

(1) Die Mitgliedstaaten fördern die Einrichtung oder die Weiterentwicklung angemessener und wirksamer außergerichtlicher Beschwerde- und Rechtsbehelfsverfahren für die Beilegung von Verbraucherrechtsstreitigkeiten über Finanzdienstleistungen im Fernabsatz.

(2) Die Mitgliedstaaten ermutigen insbesondere die für die außergerichtliche Beilegung von Rechtsstreitigkeiten zuständigen Einrichtungen, bei der Beilegung grenzüberschreitender Rechtsstreitigkeiten über Finanzdienstleistungen im Fernabsatz zusammenzuarbeiten.

Artikel 15 - **Beweislast**

Unbeschadet von Artikel 7 Absatz 3 können die Mitgliedstaaten bestimmen, dass die Beweislast für die Erfüllung der Verpflichtungen des Anbieters zur Unterrichtung des Verbrauchers und für die Zustimmung des Verbrauchers zum Abschluss des Vertrags sowie gegebenenfalls zur Durchführung des Vertrags beim Anbieter liegt.

Eine Vertragsbedingung, nach der die Beweislast für die Erfüllung aller oder eines Teils der Verpflichtungen des Anbieters, die diesem aufgrund dieser Richtlinie obliegen, beim Verbraucher liegt, gilt als missbräuchlich im Sinne der Richtlinie 93/13/EWG des Rates vom 5. April 1993 über missbräuchliche Klauseln in Verbraucherverträgen.

Artikel 16 - **Übergangsmaßnahmen**

Die Mitgliedstaaten können auf Anbieter, die in einem Mitgliedstaat niedergelassen sind, der diese Richtlinie noch nicht umgesetzt hat und nach dessen Recht keine den Verpflichtungen dieser Richtlinie entsprechenden Verpflichtungen bestehen, nationale Bestimmungen anwenden, die den Bestimmungen dieser Richtlinie entsprechen.

Artikel 17 - **Richtlinie 90/619/EWG**

Artikel 15 Absatz 1 Unterabsatz 1 der Richtlinie 90/619/EWG erhält folgende Fassung:

„(1) Jeder Mitgliedstaat schreibt vor, dass der Versicherungsnehmer eines individuellen Lebensversicherungsvertrags von dem Zeitpunkt an, zu dem er davon in Kenntnis gesetzt wird, dass der Vertrag geschlossen ist, über eine Frist von 30 Kalendertagen verfügt, um von dem Vertrag zurückzutreten.".

Artikel 18 - **Richtlinie 97/7/EG**

Die Richtlinie 97/7/EG wird wie folgt geändert:

1. Artikel 3 Absatz 1 erster Gedankenstrich erhält folgende
Fassung:
„- Finanzdienstleistungen betreffen, die unter die Richtlinie 2002/. . ./EG des Europäischen Parlaments und des Rates vom . . . über den Fernabsatz von Finanzdienstleis-
tungen an Verbraucher (*) fallen;

(*) ABl. L . . .i.
2. Anhang II wird gestrichen.

Artikel 19 - **Richtlinie 98/27/EG**

Im Anhang zur Richtlinie 98/27/EG wird folgende Nummer eingefügt:

„11. Richtlinie 2002/. . ./EG des Europäischen Parlaments und des Rates über den Fernabsatz von Finanzdienstleistungen an Verbraucher und zur Änderung der Richtlinie 90/619/EWG des Rates und der Richtlinien 97/7/EG und 98/27/EG (*).
(*) ABl. L . . .i.

Artikel 20 – **Überprüfung**

(1) Im Anschluss an die Umsetzung dieser Richtlinie prüftdie Kommission das Funktionieren des Binnenmarktes für Finanzdienstleistungen, was die Vermarktung dieser Dienstleistungen anbelangt. Sie sollte dabei bestrebt sein, die Schwierigkeiten zu analysieren und im Einzelnen aufzuzeigen, die sich den Verbrauchern und den Anbietern stellen oder stellen können, insbesondere jene, die sich aus den unterschiedlichen einzelstaatlichen Bestimmungen über die Information und das Widerrufsrecht ergeben.

(2) Spätestens am . . . (*) unterbreitet die Kommission dem Europäischen Parlament und dem Rat einen Bericht zu den Problemen, die sich Verbrauchern und Anbietern beim Erwerb oder der Vermarktung von Finanzdienstleistungen stellen, sowie gegebenenfalls entsprechende Vorschläge zur Änderung und/ oder weiteren Harmonisierung der Bestimmungen über die Information und das Widerrufsrecht in den gemeinschaftlichen Regelungen betreffend Finanzdienstleistungen und/oder der Bestimmungen in Artikel 3.

Artikel 21 – **Umsetzung**

(1) Die Mitgliedstaaten setzen die erforderlichen Rechts- undVerwaltungsvorschriften in Kraft, um dieser Richtlinie spätestens am . . . (**) nachzukommen. Sie setzen die Kommission unverzüglich davon in Kenntnis.

Wenn die Mitgliedstaaten diese Vorschriften erlassen, nehmen sie in den Vorschriften selbst oder durch einen Hinweis bei der amtlichen Veröffentlichung auf diese Richtlinie Bezug. Die Mitgliedstaaten regeln die Einzelheiten der Bezugnahme.

(2) Die Mitgliedstaaten teilen der Kommission den Wortlaut der wichtigsten innerstaatlichen Rechtsvorschriften mit, die sie auf dem unter diese Richtlinie fallenden Gebiet erlassen, und übermitteln eine Tabelle der Entsprechungen zwischen den Bestimmungen dieser Richtlinie und den von ihnen erlassenen innerstaatlichen Vorschriften.

Artikel 22 – **Inkrafttreten**

Diese Richtlinie tritt am Tag ihrer Veröffentlichung im Amtsblatt der Europäischen Gemeinschaften in Kraft.

Artikel 23 – **Adressaten**

Diese Richtlinie ist an die Mitgliedstaaten gerichtet.

Geschehen zu Brüssel am

Im Namen des Europäischen Parlaments	*Im Namen des Rates*
Der Präsident	*Der Präsident*

Literaturverzeichnis

Amtenbrink, Fabian, Die europaweite Vereinheitlichung von Verbrauchsgüterkauf und -garantien, VuR 1996, S. 367

Arndt, Hans-Wolfgang / Fetzer, Thomas, Der Richtlinienvorschlag der Europäischen Kommission zur Mehrwertbesteuerung des Elektronischen Handels, BB 2000, S. 2545

Arnold, Dirk, Verbraucherschutz im Internet – Anforderungen an die Umsetzung der Fernabsatz-Richtlinie, CR 1997 S. 526

Artz, Markus, Hürden auf dem Weg zum Fernabsatzgesetz, VuR 1999, S. 393

Albrecht, Frank, Einzelhandel muß sich auf Koexistenz mit elektronischer Konkurrenz einstellen, im „Wirtschaftsforum" der IHK Frankfurt am Main vom Mai 2000, S. 7

Association Européenne de Vente par Correspondance et à Distance (AEVPC) , Mail Order and Distance Selling Today, im Internet abrufbar unter http://www.emota-aevpc.org/mailorder /b_today.htm (Stand: 20.09.01)

Association Européenne de Vente par Correspondance et à Distance (AEVPC), History of distance-selling, im Internet abrufbar unter http://www.emota-aevpc.org/mailorder/b_hist.htm (Stand: 20.09.01)

Baumbach, Adolf / Hefermehl, Wolfgang, Wettbewerbsrecht, 22. Auflage, München 2001

Bleckmann, Albert, Zu den Auslegungsmethoden des Europäischen Gerichtshofs, NJW 1982, S. 1177

Bodewig, Theo, Die neue europäische Richtlinie zum Fernabsatz, in DZWir 1997 S. 447ff

Boele-Woelki, Katharina, Internet und IPR: Wo geht jemand ins Netz, S. 8 dieser Aufsatz ist abrufbar unter http://cui.unige.ch /~billard/ipilec/BOELED1.HTM (Stand: 20.09.01)

Böhm, Steffen, Unerlaubte Telefonwerbung im geschäftlichen Bereich, MMR 1999 S. 643

Borges, Georg, Weltweite Geschäfte per Internet und deutscher Verbraucherschutz, ZIP 1999, S.173

Borges, Georg, Verbraucherschutz beim Internet-Shopping, ZIP 1999, S. 130ff

Bradgate, Rob, The EU Directive on Distance Selling, im Web Journal of Current Legal Issues 1997, im Internet abrufbar unter http://webjcli.ncl.ac.uk/1997/issue4/bradgat4.html (Stand: 20.09.01)

Bülow, Peter, Verbraucherkreditgesetz-Kommentar, 3.Auflage, Köln 1998

Bundesverband des deutschen Versandhandels, „Versandhandel in Deutschland", Informationsschrift des Bundesverbandes des Deutschen Versandhandels (BVH), 4. Auflage Stand 1999

Dauses, Manfred A., Die Rechtsprechung des EuGH zum Verbraucherschutz und zur Werbefreiheit im Binnenmarkt, EuZW 1995, S. 425

Dethloff, Nina, Marketing im Internet und Internationales Wettbewerbsrecht, NJW 1998 S. 1596ff

Deutsche Bundesbank, Monatsbericht - Electronic Banking aus bankenaufsichtlicher Perspektive, Dezember 2000

Ehricke, Ulrich, Die richtlinienkonforme und die gemeinschaftskonforme Auslegung nationalen Rechts, RabelZ 1995, S. 598

Ende, Lothar / Klein, Alexander, Grundzüge des Vertriebsrechts im Internet, München 2001

Ernst, Stefan, Die Online-Versteigerung, in CR 2000, S. 304

Europäische Kommission, Die Mehwertsteuersätze in den Mitgliedstaaten der Europäischen Gemeinschaft, Generaldirektion XXI, Brüssel 1999

Faber, Wolfgang, Elemente verschiedener Verbraucherbegriffe in EG-Richtlinien, zwischenstaatlichen Übereinkommen und nationalem Zivil- und Kollisionsrecht, in ZeuP 1998, S. 865

Fikentscher, Wolfgang / Möllers, Thomas M.J., Die (negative) Informationsfreiheit als Grenze von Werbung und Kunstdarbietung, in NJW 1998 S. 1337

FOCUS Marktstudie, Der Markt der Online-Kommunikation – Fakten 2000, vom Februar 2000, im Internet abrufbar unter http://medialine.focus.de/M/MF/MFF/MFFZ/mffz.htm (Stand: 12.04.01)

Freytag, Stefan, EU-Kommission: Richtlinienentwurf zu Electronic Commerce, MMR 1998, S. V

Fuchs, Andreas, Das Fernabsatzgesetz im neuen System des Verbraucherschutzes, in ZIP 2000 S. 1273

Graf von Westphalen, Friedrich / Emmerich, Volker / von Rottenburg, Franz, Verbraucherkreditgesetz, 2. Auflage, Köln 1996

Göckel, Andreas, Die EU-Fernabsatzrichtlinie, Archiv PT 1998, S. 362ff

Gößmann, Christine, Electronic Commerce. Die EU-Fernabsatzrichtlinie und ihre Auswirkungen auf den Handel über neue Medien, MMR 1998 S.88

Grundamnn, Stefan, EG-.Richtlinie und nationales Privatrecht – Umsetzung und Bedeutung der umgesetzten Richtlinie im nationalen Privatrecht, JZ 1996, S. 274

Günther, Andreas, Erwünschte Regelung zu unerwünschter Werbung, in CR 1999 S.172

Härtling, Referentenentwurf für ein neues Fernabsatzgesetz, CR 1999, S. 507

Heinrichs, Helmut, Umsetzung der EG-Richtlinie über missbräuchliche Klauseln in Verbraucherverträgen durch Auslegung - Erweiterung des Anwendungsbereichs der Inhaltskontrolle, in NJW 1995, S.153

Heiss, Helmut, Verbraucherschutz im Binnenmarkt: Art. 129 a EGV und die wirtschaftlichen Verbraucher-interessen, ZeuP 1996, S. 625

Hensen, Horst-Diether,Das Fernabsatzgesetz oder: Man könnte heulen, ZIP 2000, 1151

Heß, Burkhardt, Die Europäisierung des internationalen Zivilprozessrechts durch den Amsterdamer Vertrag, NJW 2000, S. 23

Hoeren, Thomas, Vorschlag für eine EU-Richtlinie über E-Commerce, MMR 1999, S. 192

Hommelhoff, Peter, Verbraucherschutz im System des deutschen und europäischen Privatrechts, Heidelberg, 1996

Hoppmann, Carsten, Vorschlag für eine Fernabsatzrichtlinie für Finanzdienstleistungen, VersR 1999 S. 673

van Huffel, Michel, Revue européene de droit de la consommation (REDC), 1997, S.33

Huppertz, Stefanie, Rechtliche Probleme von Online Auktionen, MMR 2000 S. 65

Huppertz, Peter, Wettbewerbsrechtliche Zulässigkeit von Verbraucher-Einkaufsgemeinschaften im Web, MMR 2000, S. 329

Kamanabrou, Sudabeh, Die Umsetzung der Fernabsatzrichtlinie, in WM 2000, S. 1417

Kappus, Andreas, Verbraucherschutz am Nadelöhr ?, NJW 1997, S. 2653

Kaufmann, Michael, Handeln heißt dem Wandel auf der www-Spur bleiben, im „Wirtschaftsforum" der IHK Frankfurt am Main vom Mai 2000, S. 8

Kienholz, Gerfried, Die Zahlung mit Kreditkarte im Nah- und Fernabsatz, München 2000

Kronke, Herbert, Electronic-Commerce und Europäisches Verbrauchervertrags-IPR, RIW S. 987

von Lackum, Jens, Der Richtlinienvorschlag der EU-Kommission zum Europäischen Geschäftsverkehr,, Absatz 1 in JurPC Web-Dokument 130/1999, abrufbar unter http://www.jurpc.de/aufsatz/19990130.htm (Stand 14.09.01)

Lando, Ole (Hrsg.), The Principles of European Contract Law – Part I, 1995

Lavery, Paul, Legal implications of doing business on the internet: Terms & conditions, advertising, consumer protection and data protection, Arbeitspapier für die Konferenz „thriving and surviving on-line vom 16. Mai 2000

Leible, Stefan / Sosnitza, Olaf, Telefonwerbung und Fernabsatzrichtlinie in K&R 1998 S. 283

Lorenz, Egon, Die Rechtswahlfreiheit im internationalen Schuldvertragsrecht, in RIW 1987, S. 569

Lüderitz, Alexander, Internationaler Verbraucherschutz in Nöten, IPRax 1990 S. 216

Lorenz, Stefan, Im BGB viel Neues: Die Umsetzung der Fernabsatzrichtlinie, JuS 2000, S. 833

Martinek, Michael, Verbraucherschutz im Fernabsatz-Lesehilfe mit Merkpunkten zur neuen EU-Richtlinie, in NJW 1998, S.207(208)

Meder, Stephan, Die Haftung im beleglosen Fernabsatz-Kreditkartengeschäft, NJW 2000, S. 2076

Meents, Jan Geert, Verbraucherschutz bei Rechtsgeschäften im Internet, Köln 1998

Meents, Jan Geert, Ausgewählte Probleme des Fernabsatzgesetztes bei Rechtsgeschäften im Internet, CR 2000 S.610ff

Meyer, Hans-Dieter, Reformbedarf des Versicherungsrechts aus der Sicht des Bundes der Versicherten, VersWissStud Band 6 S. 69 ff

Micklitz, Hans-W. / Reich, Norbert, Die Fernabsatzrichtlinie im deutschen Recht, Baden-Baden 1998

Micklitz, Hans-W. / Rott, Peter, Fernabsatzgeschäfte in Spanien und Portugal, in RIW 2000 S. 490ff

Micklitz, Hans-W / Tonner, Klaus ,Consumer Protection and Distant-Selling in the Federal Republic of Germany, Typoskript, Berlin 1993

Micklitz, Hans-W., Der Vorschlag für eine Richtlinie des Rates über den Verbraucherschutz bei Vertragsabschlüssen im Fernabsatz, VuR 1993 S. 129ff

Micklitz, Hans-W., Die Verbrauchsgüterkauf–Richtlinie, EuZW 1999, S. 485

Müller-Graf, Peter-Christian, Privatrecht und europäisches Gemeinschaftsrecht, in: ders. Gemeinsames Privatrecht in der Europäischen Gemeinschaft, Baden-Baden 1999

N.N., Arzneimittel aus dem Internet, F.A.Z. vom 13.06.2000

N.N., Bankgeschäfte im Internet nehmen zu, in der F.A.Z. vom 18.10.2000

N.N., Das Versandhaus Otto, in „Deutsche Standards: Klassiker von morgen", Arcum Verlag, 1997

N.N., Geld anlegen im Internet, Beilage zum Magazin Gateway Frankfurt, Stand 2000, S. 1

N.N., Mausklick in die Überschuldung, F.A.Z. vom 26.05.1999, S. 17

N.N. ,Rechtsausschuß wünscht weitere Verbesserungen in Verbraucherschutz-Richtlinie für Fern-Vertragsschlüsse, in „Woche im Bundestag" (WIB) Heft 5 vom 15.03.1995

N.N. ,Tourismusausschuß lehnt Änderungswünsche des Europaparlaments zur Distanzgeschäfterichtlinie ab, in „Woche im Bundestag" (WIB) Heft 8 vom 02.05.1996

N.N., Ungebrochenes Wachstum der Internet-Nuzung in Deutschland, F.A.Z. vom 22.08.2000, S. 18

Oberdanner, Hermann, Umsetzung der Fernabsatzrichtlinie im Österreichischen Recht, Dipl. Arbeit Universität Salzburg, Dezember 1999

Paisant, Gilles, La loi du 6 janvier 1988 sur les opérations de vente à distance et le télé-achat, J.C.P. 1988, I, 3350;

Palandt, Otto, Kommentar zum Bürgerlichen Gesetzbuch, 60. Auflage, München 2001

Pützhoven, Andreas, Europäischer Verbraucherschutz im Fernabsatz, München 2001

Rebmann, Kurt / Säcker, Franz-Jürgen, Münchener Kommentar zum Bürgerlichen Recht, 4. Auflage, München 2000, 3. Auflage, München 1992

Reich, Norbert, Die neue Richtlinie 97/7/EG über den Verbraucherschutz bei Vertragsabschlüssen im Fernabsatz, EuZW 1997, S. 581

Reich, Norbert, Die Umsetzung der Richtlinie 199/44/EG in das deutsche Recht, NJW 1999, S. 2397

Riesenhuber, Karl, Fernabsatz von Finanzdienstleistungen im europäischen Schuldvertragsrecht" WM 1999 S.1441

Ring, Gerhard, Anwaltskommentar zum Fernabsatzgesetz, Bonn 2000

Roth, Herbert, EG-Richtlinien und Bürgerliches Recht, JZ 1999, S. 529

van der Sar, Jan Jaap, Juristische aspecten van electronic commerce, Diss. (niederländisch) Universität Groningen vom August 1999, abrufbar unter http:www.rint.rechten.rug.nl/default.asp?p=/ onderzoek/index.html (Stand: 14.09.01)

Schaefer, E. Bulletin des Direktvertriebes, Ausgabe 5/6, 1992, S. 5ff

Schiessl, Michaela, Rapides Artensterben, im SPIEGEL 29/2001 S. 88

Schmidt, Marek, Privatrechtsangleichende EU-Richtlinien und nationale Auslegungsmethoden, RabelsZ 1995, S. 569

Schmidt-Räntsch, Jürgen, Gedanken zur Umsetzung der kommenden Kaufrechtsrichtlinie, ZeuP 1999, S. 294

Schöbi, Felix, Die Fernabsatzrichtlinie aus schweizerischer Sicht, in „Grenzüberschreitendes Vertragsrecht, 19. Tagung der Europäischen Anwaltsvereinigung e.V. in Bern" 1999, S.8

Schulte-Nölke, Hans, Mitteilung zur Internationalen Konferenz zum Distanz- und Direktvertrieb in Trier am 30. Und 31.10.1997, NJW 1998 S.210

Sellien , Reinhold / Sellien, Helmut (Begr.), Gabler-Wirtschaftslexikon, 12. Auflage, Band 1, Wiesbaden 1988

Spindler, Gerald, Internationales Verbraucherschutzrecht im Internet – Auswirkungen der geplanten neuen Verordnung des Rates über die gerichtliche Zuständigkeit und die Anerkennung und Vollstreckung von Entscheidungen in Zivil- und Handelssachen, MMR 2000, S. 18

Standard & Poor's, European Banks Face Up to the Internet, 9. August 2000, abrufbar im Internet unter http://www.standardpoor.com /MarketWatch/index.html

Staudenmayer, Dirk, Die EG-Richtlinie über den Verbrauchs-güterkauf, NJW 1999, S. 2393

Taupitz, Jochen, Kreditkartenmißbrauch, in NJW 1996 S. 217

Timmermans, Christiaan W.A., Zur Entwicklung des Europäischen Zivilrechts, ZEuP 1999, S. 1

Tonner, Klaus, Das neue Fernabsatzgestz – oder: System statt Flickenteppich, BB 2000, S. 1413

Tonner, Klaus, Die Rolle des Verbraucherrechts bei der Entwicklung eines europäischen zivilrechts, JZ 1996, S. 533

Thorn, Karsten, Verbraucherschutz bei Verträgen im Fernabsatz, IPrax 1999, S.1

Ulmer, Peter, Rabattgesetz und Wettbewerbsordnung" Festschrift für Hefermehl, 1971 S. 201

Ulmer, Peter, Vom deutschen zum europäischen Privatrecht, JZ 1992, S. 1

Vehslage, Thorsten, Auswirkungen der Fernabsatzrichtlinie auf die Telefon- und e-Mail Werbung, in GRUR 1999, S. 656

Vehslage, Thorsten, Das neue Fernabsatzgesetz, in ZAP 2000, S. 891

Wagner, Rolf, Verfahrens und- internationalprivatrechtliche Fragen beim Teleshopping, in WM 1995 S. 1129

Waldenberger, Arthur, Grenzen des Verbraucherschutzes beim Abschluß von Verträgen im Internet, BB 1996 S. 2365

Waldenberger, Arthur, Alles schwebend unwirksam – Distanzgeschäfte nach dem Referentenentwurf eines Fernabsatzgesetzes, K & R 1999, S. 345

Weitnauer, Wolfgang, Der Vertragsschwerpunkt, 1981

Wiebe, Andreas, Vertragsschluß bei Online Auktionen, in MMR 2000, S. 323 ff

Wiesgickl, Margareta, Rechtliche Aspekte des Online-Banking, WM 2000, S. 1039

Willingmann, Armin, Auf dem Weg zu einem einheitlichen Vertriebsrecht für Waren und Dienstleistungen, in VuR 1998, S. 385 (399)

Wilmer, Thomas, Rechtsfragen der Internet Auktion, NJW-CoR 2000 S. 94

Wolf, Manfred / Horn, Norbert / Lindacher, Walter F., AGB-Gesetz – Gesetz zur Regelung der Allgemeinen Geschäftsbedingungen, 4. Auflage, München 1999

Zehentmeier, Ursula, Unaufgeforderte E-Mail-Werbung – Ein wettbewerbswidriger Boom im Internet, BB 2000 S. 940

Ziem, Claudia, Spamming, in MMR 2000, S. 129ff

Zimmermann, Reinhard, Konturen eines Europäischen Vertragsrechts, JZ 1995, S. 477

Zuleeg, Manfred, Wege der Einwirkung des Gemeinschaftsrechts auf das Privatrecht, VersR 1995, S. 861

Peter Lang · Europäischer Verlag der Wissenschaften

Pavel Ravluševièius

Umsetzungskonzepte der EG-Verbraucherschutzrichtlinien

Dargestellt am Beispiel der EG-Produkthaftungsrichtlinie, der EG-Richtlinie über mißbräuchliche Klauseln in Verbraucherverträgen, der EG-Richtlinie über Pauschalreisen und der EG-Richtlinie über den Verbraucherschutz bei Vertragsabschlüssen im Fernabsatz. Rechtsvergleichende Untersuchung der deutschen, österreichischen und polnischen Rechtsordnung

Frankfurt/M., Berlin, Bern, Bruxelles, New York, Oxford, Wien, 2002. 267 S.
ISBN 3-631-39648-1 · br. € 40.40*

Die rechtsvergleichende Untersuchung beschäftigt sich mit den Umsetzungskonzepten der EG-Verbraucherschutzrichtlinien. Ein Hauptaugenmerk gilt der rollenspezifischen Unterlegenheit des Verbrauchers, die sich mit dem Primat formaler Gleichheit der Rechtssubjekte im nationalen Delikts- und Vertragsrecht nicht vereinbaren läßt. Die Arbeit behandelt die Frage, ob und aus welchen Gründen der Umsetzungspflicht durch Aufnahme in BGB/ABGB/ZGB, durch Parallelgesetz, durch Einpassung in nationales Gesetz und nationale Verordnung oder durch richtlinienkonforme Interpretation nachgekommen wurde? Der Autor schlägt eine Trennung der allgemeinen Rechtsnormen von den Verbraucherschutznormen durch Einführung eines Konsumentenschutzgesetzes nach österreichischem Vorbild vor.

Aus dem Inhalt: EG-Richtlinie · Verbraucherschutzrecht · Produkthaftung · Pauschalreisen · Mißbräuchliche Vertragsklauseln · Fernabsatzverträge · Rechtsvergleichende Methode

Frankfurt/M · Berlin · Bern · Bruxelles · New York · Oxford · Wien
Auslieferung: Verlag Peter Lang AG
Moosstr. 1, CH-2542 Pieterlen
Telefax 00 41 (0) 32 / 376 17 27

*inklusive der in Deutschland gültigen Mehrwertsteuer
Preisänderungen vorbehalten

Homepage http://www.peterlang.de